国际经济学

政策视角

INTERNATIONAL ECONOMICS
A POLICY APPROACH

国际商务精选教材译丛

〔美〕莫迪凯·E．克赖宁（Mordechai E．Kreinin）
唐·P．克拉克（Don P．Clark） 著 丁 斗 译

第2版

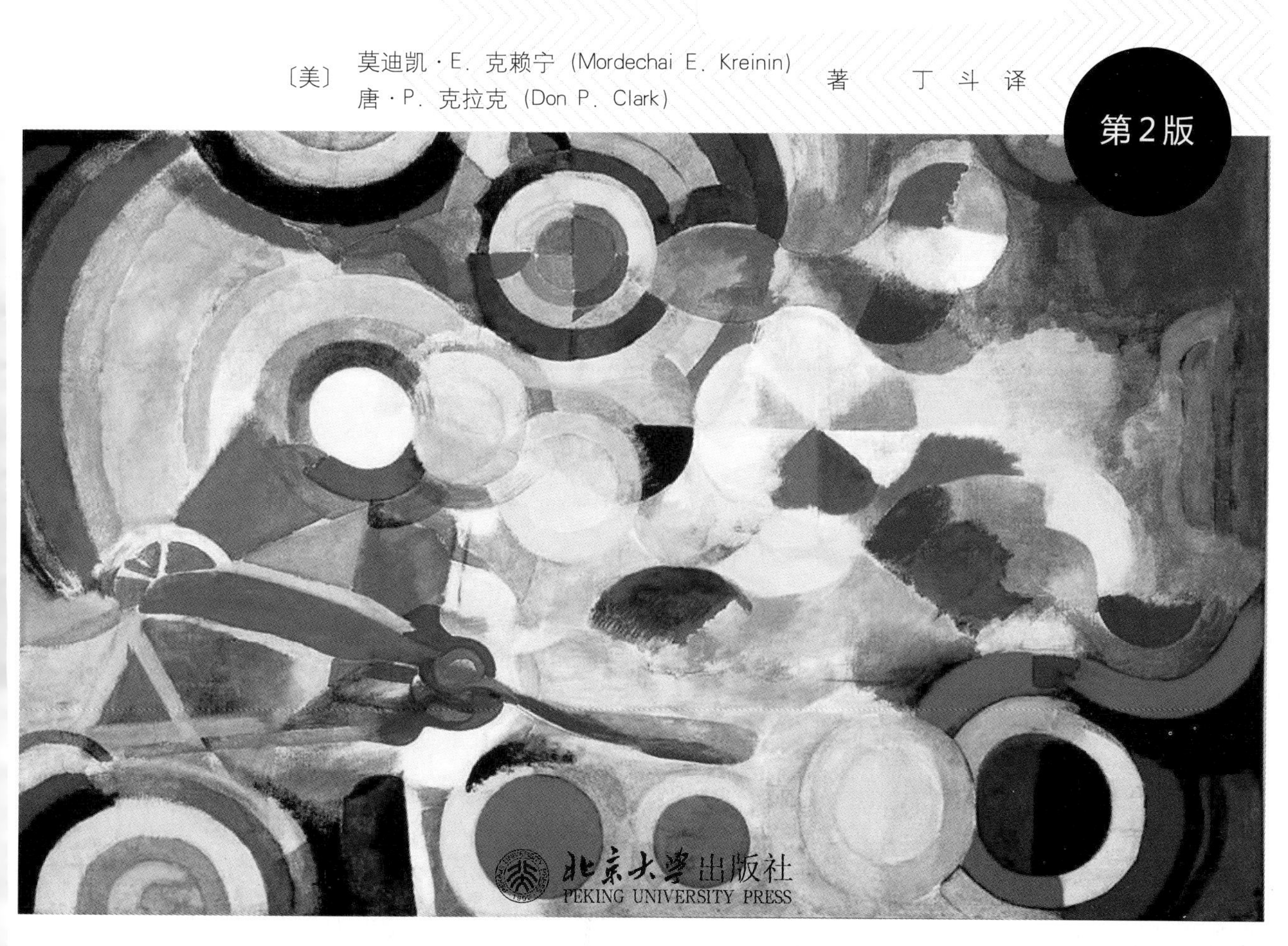

北京大学出版社
PEKING UNIVERSITY PRESS

著作权合同登记号　图字:01-2015-5532

图书在版编目(CIP)数据

国际经济学:政策视角:第 2 版:翻译版/(美)莫迪凯·E. 克赖宁(Mordechai E. Krenin),(美)唐·P. 克拉克(Don P. Clark)著;丁斗译. —北京:北京大学出版社,2017. 9

(国际商务精选教材译丛)

ISBN 978-7-301-28729-3

Ⅰ. ①国…　Ⅱ. ①莫… ②唐… ③丁…　Ⅲ. ①国际经济学—教材　Ⅳ. ①F11-0

中国版本图书馆 CIP 数据核字(2017)第 216389 号

书　　名　国际经济学:政策视角(第 2 版)
GUOJI JINGJIXUE: ZHENGCE SHIJIAO

著作责任者　〔美〕莫迪凯·E. 克赖宁(Mordechai E. Kreinin)　唐·P. 克拉克(Don P. Clark)　著
丁　斗　译

策划编辑　张　燕

责任编辑　王　晶

标准书号　ISBN 978-7-301-28729-3

出版发行　北京大学出版社

地　　址　北京市海淀区成府路 205 号　100871

网　　址　http://www. pup. cn

电子信箱　em@pup. cn　　QQ:552063295

新浪微博　@北京大学出版社　@北京大学出版社经管图书

电　　话　邮购部 62752015　发行部 62750672　编辑部 62752926

印 刷 者　北京大学印刷厂

经 销 者　新华书店

787 毫米×1092 毫米　16 开本　19 印张　416 千字

2017 年 9 月第 1 版　2017 年 9 月第 1 次印刷

定　　价　48.00 元

出版者序

作为一家致力于出版和传承经典、与国际接轨的大学出版社，北京大学出版社历来重视国际经典教材，尤其是经管类经典教材的引进和出版。自2003年起，我们与圣智、培生、麦格劳-希尔、约翰-威利等国际著名教育出版机构合作，精选并引进了一大批经济管理类的国际优秀教材。其中，很多图书已经改版多次，得到了广大读者的认可和好评，成为国内市面上的经典。例如，我们引进的世界上最流行的经济学教科书——曼昆的《经济学原理》，已经成为国内最受欢迎、使用面最广的经济学经典教材。

呈现在您面前的这套引进版精选教材，是主要面向国内经济管理类各专业本科生、研究生的教材系列。经过多年的沉淀和累积、吐故和纳新，这套教材在各方面正逐步趋于完善：在学科范围上，扩展为"经济学精选教材""金融学精选教材""国际商务精选教材""管理学精选教材""会计学精选教材""营销学精选教材""人力资源管理精选教材"七个子系列，每个子系列下又分为翻译版、英文影印/改编版和双语注释版。其中，翻译版以"译丛"的形式出版。在课程类型上，基本涵盖了经管类各专业的主修课程，并延伸到不少国内缺乏教材的前沿和分支领域；即便针对同一门课程，也有多本教材入选，或难易程度不同，或理论和实践各有侧重，从而为师生提供了更多的选择。同时，我们在出版形式上也进行了一些探索和创新。例如，为了满足国内双语教学的需要，我们改变了部分影印版图书之前的单纯影印形式，而是在此基础上，由资深授课教师根据该课程的重点，添加重要术语和重要结论的中文注释，使之成为双语注释版。此次，我们更新了丛书的封面和开本，将其以全新的面貌呈现给广大读者。希望这些内容和形式上的改进，能够为教师授课和学生学习提供便利。

在本丛书的出版过程中，我们得到了国际教育出版机构同行们在版权方面的协助和教辅材料方面的支持。国内诸多著名高校的专家学者、一线教师,更是在繁重的教学和科研任务之余,为我们承担了图书的推荐、评审和翻译工作;正是每一位推荐者和评审者的国际化视野和专业眼光,帮助我们书海拾慧,汇集了各学科的前沿和经典;正是每一位译者的全心投入和细致校译,保证了经典内容的准确传达和最佳呈现。此外,来自广大读者的反馈既是对我们莫大的肯定和鼓舞,也总能让我们找到提升的空间。本丛书凝聚了上述各方的心血和智慧,在此,谨对他们的热忱帮助和卓越贡献深表谢意!

“千淘万漉虽辛苦,吹尽狂沙始到金。”在图书市场竞争日趋激烈的今天,北京大学出版社始终秉承“教材优先,学术为本”的宗旨,把精品教材的建设作为一项长期的事业。尽管其中会有探索,有坚持,有舍弃,但我们深信,经典必将长远传承,并历久弥新。我们的事业也需要您的热情参与!在此,诚邀各位专家学者和一线教师为我们推荐优秀的经济管理图书(em@pup.cn),并期待来自广大读者的批评和建议。您的需要始终是我们为之努力的目标方向,您的支持是激励我们不断前行的动力源泉!让我们共同引进经典,传播智慧,为提升中国经济管理教育的国际化水平做出贡献!

北京大学出版社
经济与管理图书事业部

译 者 序

经济全球化已经深入我们日常生活的很多重要方面。随着全球化的速度越来越快,我们也日益感觉到生活节奏的加快。国际贸易和国际金融正是推动经济全球化的重要力量,也正在越来越快地改变着我们的生活面貌。

国际经济学是理解及研究国际贸易和国际金融的一门学科。国际经济学的理论思想,最早可追溯到以大卫·李嘉图为代表的古典经济学关于国际贸易的认识,比较优势的思想自此成为国际经济分析的起点。自从需求——供给的价格分析法成为西方经济学的主流思想之后,这一分析框架也延伸到了对国际经济活动的分析,并逐步发展成为现代意义上的国际经济学。在这一发展过程中,它吸收了新古典经济学和凯恩斯经济学的很多思想和方法。第二次世界大战结束以后,随着一般经济学的新发展,一些有影响的经济学家也对国际经济学的多个方面作出了自己的改正、补充或精炼。作为一门独立而系统的学科,国际经济学在20世纪60年代后期基本成型。

莫迪凯·E.克赖宁教授是美国知名的、资深的国际经济学家。早在1971年,克赖宁教授就出版了《国际经济学:政策视角》这本教科书。在此后的三十多年时间里,他根据学科的新发展态势对此书进行了多次更新。在20世纪70年代、80年代、90年代和21世纪初期,此书已多次被改版,至2006年,已经出版到第10版(美国Cengage出版社)。这充分表明了此教科书在国际经济学领域内历久弥新的影响力。近年来,他与唐·克拉克教授合作,对此书又进行了适应学科发展的更新,并委托美国Pearson出版社重新出版此书。呈现在读者面前的,正是Pearson出版社出版的此书第二版的中文翻译版。

《国际经济学:政策视角》这本教科书的最大特点是:以政策为导向,以通俗易懂、逻辑严谨、观点平衡的方式来表述复杂的国际经济活动,从而使读者较为容易地理解和接受国际经济学的理论、思想和方法,并进而有利于读者更深刻地认识和更有效地应对现实中错综复杂的国际经济问题。此书适合作为一学期或两学期的国际经济学课程教材,也适合作为国际关系、商业管理等专业的政策导向课程的辅助教材。

在此书的翻译过程中,得到了北京大学出版社的张燕编辑和王晶编辑的诸多支持和帮助,在此致以深深的谢意。

丁斗

2017年8月

前言

虽然美国人在第二次世界大战之后更好地理解了美国的国内经济,但他们的国际经济学知识仍然是有限的。然而近年来,国际经济问题频繁出现在财经报刊的头版,原因就是国际经济对国内经济已经产生了深刻的影响。随着国内经济与国际经济紧密地交织在一起,人们经常关注于世界市场。

本书对国际经济关系进行了虽然简单但全面的分析,其基本目标是用最少的理论工具获取最多的政策见解。本书是专门为以前只学过一门或两门经济学原理课程的学生而编写的,可以用作本科生一个或两个学期国际经济学课程的基础教材。虽然本书包含了分析工具,但在材料安排上,本书的特点是,理论部分可以被忽略,主要内容也可以用于政策导向的非经济类课程。最后,本书可以作为国际关系或者工商管理专业学生的补充读物,也可以作为经济学专业学生学习货币银行学课程的辅助参考书。

在使用任何比简单的供求曲线更难的分析工具之前,我们都清楚地阐释了每个分析工具的含义。这一做法贯通全书。无论什么时候使用技术性的概念和工具,我们都会仔细地予以解释。虽然我们的关注点是政策,但我们会充分地阐述必要的理论基础。

本书的第一篇阐述了国际贸易和商业政策,第二篇阐述了国际金融关系。这两部分内容可以前后调换,先后顺序无关紧要。每一章的结束部分是该章总结、重要概念和复习题。

- 全面更新了所有题目,许多事例取自1995—2013年。统计资料更新到2010—2013年。
- 一些可以跳过而又不失连续性的技术性内容被标示为“补充阅读”,与正文明显区分开,使教师可以更详尽地阐述重要概念。
- 相关书目资料都放在脚注中,而没有放在每章结束部分的尾注中。这种安排使得补充的读物与特定的内容小节联系在一起,并使得那些希望布置学期论文的教师可以方便地使用它们。大多数参考资料都选择在本科生可以接受的水平。那些希望布置书评的教师,可以在脚注和本书最后的参考文献中找到相关政策问题的书目。
- 在本书的最后,除了补充读物一览表之外,我们还提供了广泛使用的统计信息和当前经济发展评估的资料来源。我们列举了23个有用的网站。

- 在正文的页边给出注释,是本书的一个特色。注释包括正文强调的一些概念的定义,以及必要的内容小结和要点陈述。这应该有助于学生复习和消化正文的内容。

所有外汇解释部分(包括第11章、第12章、第14章的贬值分析部分,第2章关于比较优势的案例部分,以及本书的其他部分)都用欧元美元的汇率作为示例。但是,教员仍然可以在每章结尾部分的复习题中用英镑对美元或者日元对美元的汇率作为示例或家庭作业。毋庸讳言,欧元和欧洲中央银行的诞生很有意义,自身既有优点又有缺点。

第16章介绍了欧元的特征、历史及其在1999—2009年期间的波动。第17章的结尾部分还介绍了近年来的货币危机,并评估了2013年之前的全球经济发展情况。

许多事例都取自于1995—2013年,其中包括但不限于下列新话题:

- 发端于美国的2008—2009年全球经济衰退
- 中国和印度作为全球经济主要角色的出现
- 全球经济的不平衡,包括美国的经常账户赤字和中国的贸易盈余
- 全球化及其各种问题,包括工作岗位外包问题
- 区域贸易安排的趋势
- 中国货币制度的争议
- 第17章解释了为什么日本近来一段时期的通货紧缩是危险的
- 美国2002年的钢铁关税及其效应
- 纺织品长期协议的废除,以及它对其后几个月中国纺织品出口迅速增长的意义
- 贸易争议,包括美国—欧盟关于空中客车公司和波音公司的国家补贴的争议,以及《伯德修正案》
- 美元汇率在2003—2009年期间的下降
- 欧元汇率在其1999年诞生之后的下降和其后的上升
- 欧元区主权债务危机
- 外国直接投资的近来趋势
- 跨大西洋贸易和投资伙伴协议
- 韩国—美国自由贸易协定
- 工作外包的近来趋势
- 贸易增加值效应
- 作为贸易壁垒的时间成本和供应链不确定性

许多教授对本书的先前版本都不辞劳苦地提出了鼓励、建议和建设性的批评意见,对此,我们深表感谢。

莫迪凯·E.克赖宁
唐·P.克拉克

目 录
Contents

国际金融关系

第1章
世界贸易与国民经济

本章描述国际经济学的研究领域，区别国际贸易和国内贸易两个概念，并提供有关国际贸易对于全球经济和国民经济重要性的量化综述。

1.1 定义

国际经济学(international economics)研究商品、服务、生产要素(资本和劳动力)的跨国界流动。商品贸易指商品的进口和出口；服务贸易涉及一个国家的公司给另一个国家的居民提供的运输、旅行、保险或旅游观光等活动；资本流动指在外国建立工厂，购买外国债券、股票或开设银行账户；劳动力流动指工人的国际移民。

国际经济学研究商品、服务、资本和劳动力的跨国界流动。国际贸易和国内贸易之间的区别，在于贸易的行为，而不是贸易带来的利益。

1.2 国际经济学的独特性是什么？

国际贸易是国内贸易的延伸。在国际贸易和国内贸易两种情况下，贸易都提供了**专业化**(specialization)的利益。通过个人之间的商品和服务交换，每个人都能够专业化于他的专长。同样地，通过国内贸易，一个国家的每一个地区都能够专业化于它的专长。因此，爱达荷州种植的马铃薯、佛罗里达州种植的橙子、华盛顿州制造的飞机和密歇根州制造的汽车等这些商品之间的贸易，提高了这些州的生产效率，改善了这些州的生活水平。从国际层面看，美国进口德国的相机、日本的汽车和巴西的咖啡，出口谷物、飞机和高级电脑，这些都促进了贸易国的专业化，从而比不发生贸易时生产出更多的商品，并提高了所有贸易国的生活水平。

国际贸易的原因及利益，与国内贸易的原因及利益是一样的：在资源数量既定的情况下，通过更大程度的专业化来得到更多的产出。

为什么需要区别国际经济关系和国内经济关系呢?为什么要把国际经济学作为一个独立的领域来加以研究呢?其原因在于,国家疆界的存在对贸易行为产生了深远的影响。由于国家疆界的存在,国内贸易与对外贸易至少存在如下几个方面的区别:

汇率是以另一种货币表示的一种货币的价格。

汇率 国内贸易是以本国货币为支付手段的,在美国一般可以通过填写支票来进行。可是,国际通用的货币是不存在的,各国发行自己的货币。**汇率**(exchange rate)——以另一种货币表示的一种货币的价格——就是用来把一种货币的价值转换成另一种货币的价值。例如,如果1美元值100日元($1=¥100),那么,一台价格为10 000日元的日本相机,在美国的销售价格会是100美元;而一架1 000万美元的美国民用航空飞机,在日本的价格会是10亿日元。汇率受外汇市场供给和需求状况的影响,每天都在发生变化。国际贸易需要以外国货币进行收付,这些外汇必须通过汇率兑换成本国货币,而汇率本身又是在不断变化的,因而,与国内贸易相比,国际贸易的这一过程就更为复杂和更具有风险性。

欧元(€):17个欧洲国家共同采用的一种货币。

商业政策是一国政府为影响该国国际贸易而采取的一系列措施。

在大多数情况下,每一种货币只适用于一个国家,美元(美国)、日元(日本)和英镑(英国)就是这样。欧元则是一个突出的例外,包括德国、法国和意大利等在内的17个欧洲大陆国家现在只采用一种货币,即**欧元**。整个欧元区的货币政策是由欧洲中央银行(European Central Bank,ECB)负责制定的。欧元是世界上仅次于美元的第二大货币。它对美元浮动,其汇率在2013年3月为1欧元=1.3美元。

商业政策 一国政府可以采取限制国际贸易的一系列措施,这些措施在国内贸易中是不存在的。它们包括:

(1) **关税**:对进口商品征收的税。

(2) **进口配额**:对进入本国的外国商品设定了数量上的最高限制。

(3) **出口补贴**:为了使商品在国外更具有竞争力,政府对出口商出口的每一单位商品给予一定金额的补贴。

(4) **外汇管制**:一个国家限制其居民将本国货币兑换成外国货币的能力,例如印度就限制其居民将本国货币(卢比)兑换成外国货币,如美元。

这些措施可能对经济产生深远的影响。但这些措施只与国际贸易有关,而与国内贸易无关。

不同的国内政策 每个国家都有自己的中央银行和财政部,因而有自己的货币政策和财政政策。这些政策决定着各国的通货膨胀率、经济增长率和失业率。虽然这些政策可以适用于一国之内的所有地区或州,但是这些政策在各个国家之间则是各不相同的。因此,虽然英国各个地区的通货膨胀率是相同的,但英国和德国之间的通货膨胀率却是不同的。这种通货膨胀率的差异不仅影响两个国家的竞争地位,而且也影响它们相对于第三国的竞争地位。

统计数据　相对于国内贸易而言，我们更多地了解国际贸易，例如其构成、规模和方向。正因为一国之内的各州边境不存在“边境检查站”来收集有关贸易的信息，所以我们不能确切地知道纽约与加利福尼亚之间正在进行贸易的商品是什么以及它们的数量。但是，当商品运出或运进某国时，出口商或进口商就必须填写描述商品重量、价值、目的地或来源地以及其他特征的贸易报关单。所有国家都要求填写这种贸易报关单，这样，我们就可以汇编出国际贸易的详细数据。而在国内贸易的情况下，这些数据是很难获得的。

生产要素的相对不可流动性　与生产要素的国际流动性相比，生产要素的国内流动性要大得多。没有人能够阻止工人们在弗吉尼亚州和得克萨斯州之间的迁移，但是，移民限制、语言障碍、社会习俗差异等构成了人们在国家与国家之间迁移的严重障碍。虽然与劳动力相比，资本在国家与国家之间的流动要容易得多，但资本的国内流动性也比其国际流动性要大。

市场因素　需求类型、销售技术、市场准入等因素的差异，使得国际贸易比国内贸易更为困难。许多日本人在榻榻米上睡觉，几乎不用美国式的床单和枕头套。美国出口到欧洲的电器，必须经过调整以适合不同的欧洲电流强度。出口到英国或日本的汽车，需要把方向盘安装在汽车驾驶室的右侧，因为英国人和日本人是在公路的左侧驾驶汽车。总之，为了打入外国市场，出口商经常需要对其出口的商品设计进行一些特别的调整。

小结　上述有关国内贸易和国际贸易六个方面的显著差异，指的是贸易行为的差异，而不是贸易原因和利益的差异。正是这些差异突出了国际经济学的重要而又独有的特征，使得国际经济学成为一个专门的研究领域。

1.3　国际贸易——初步的经验数据

国际经济学是经济学研究中最古老的分支，可以追溯到大卫·休谟(David Hume，1752)、亚当·斯密(Adam Smith，1778)和大卫·李嘉图(David Ricardo，1817)。近年来，人们对国际经济学的兴趣有所扩大，部分原因是国际贸易的大幅增长。

国际商品贸易显著而持续的增长就是一个恰当的例子。世界出口商品的价值从1958 年的 1 080 亿美元增长到 2010 年的 15 万亿美元。其中，制成品贸易的增长幅度最大，其次是矿产品和农产品。2010 年，美国占世界出口总额的 8%，占进口总额的13%，而德国的相关数据则分别是 8%和 7%(见表 1-1. A)。2009 年，中国取代德国成为世界第一大出口国。表 1-1. B 显示了 2010 年世界主要地区总出口的网络。超过1/4 的世界贸易是在欧洲国家之间完成的。虽然绝大多数制成品的出口来源于工业化国家，但近年来，一些发展中国家(特别是亚洲)的制成品出口也在迅速增长。

表 1-1.A　2010 年世界商品贸易的主要出口国和进口国

出口国	价值(10 亿美元)	世界出口份额(%)	进口国	价值(10 亿美元)	世界进口份额(%)
中国	1 578	10.4	美国	1 969	12.8
美国	1 278	8.4	中国	1 395	9.1
德国	1 269	8.3	德国	1 067	6.9
日本	770	5.1	日本	694	4.5
荷兰	573	3.8	法国	606	3.9
世界总值	15 237	100.0	世界总值	15 402	100.0

资料来源:世界贸易组织,《2011 年国际贸易统计》,表Ⅰ.8,2013 年 3 月。

表 1-1.B　2010 年世界贸易网络　(单位:10 亿美元)

来源地	目的地							
	北美洲	中南美洲	欧洲	独联体	亚洲	非洲	中东	世界
北美洲	956	165	330	11	413	32	53	1 965
中南美洲	138	148	108	8	134	15	15	577
欧洲	416	98	3 998	180	524	177	168	5 632
独联体	33	6	308	109	88	9	19	588
亚洲	801	148	808	85	2 464	128	198	4 686
非洲	85	14	184	2	123	62	19	508
中东	79	7	108	5	471	29	89	895
世界	2 508	589	5 844	309	4 216	453	561	14 851

资料来源:世界贸易组织,《2011 年国际贸易统计》,表Ⅰ.4,2013 年 3 月。

上述数据是以现值美元计价的。但是我们知道,贸易价值的增长是由两部分组成的:价格增长和实际贸易量的扩大。在过去的 50 年间,世界出口贸易的实际数量以年均 6.2%的速度增长,而全球总产量的年均增长率为 4%,这表明,许多经济体的贸易开放度提高了。

> 与 GDP 相比,**全球贸易**和投资增长更快。

> **服务贸易**正在迅速发展。

商品贸易并不是迅速扩展的国际贸易的唯一部分。随着服务业在国内生产总值(gross domestic product,GDP)中所占份额的增长(工业化国家的服务业已占其 GDP 的 2/3 以上),国际服务贸易也随之增长。美国的商业性服务进出口处于世界领先地位,包括运输、旅游观光、旅行、银行和保险、通信、专业服务等服务业领域(见表 1-1.C)。2010 年,全球服务贸易的出口额达 3.7 万亿美元。最后,私人资本流动也实现了大规模的增长,国家与国家之间的资本转移额每年达到数万亿美元。在国外建立工厂的外国直接投资,也同样在迅速增长。全球外国直接投资的"存量"估计已达 7.1 万亿美元,其中美国是最大的吸收外国直接投资的"东道国",其次是英国、德国和中国。对于大多数商品和服务的生产和销售而言,一个全球性市场正在形成,这一过程就是所谓的"全

> **全球化**描述了一个国家及其企业、公民逐渐融合到全球经济中的过程。

球化”。[①]

表 1-1.C　2010 年世界商业性服务贸易的主要出口国和进口国

出口国	价值（10 亿美元）	世界出口份额(%)	进口国	价值（10 亿美元）	世界进口份额(%)
美国	518	14.0	美国	358	10.2
德国	232	6.3	德国	260	7.4
英国	227	6.1	中国	192	5.5
中国	170	4.6	英国	161	4.6
法国	143	3.9	日本	156	4.4
日本	139	3.8	法国	129	3.7
世界	3 695	100.0	世界	3 510	100.0

资料来源：世界贸易组织，《2011 年国际贸易统计》，表 I.10，2013 年 3 月。

民用航空飞机的制造就是生产全球化的一个具体案例。美国波音公司和欧洲空中客车公司控制着民用航空飞机的市场，但是，六家美国公司向空中客车公司提供零部件（包括发动机），六家欧洲和日本公司向波音公司提供零部件（包括发动机）。另一个事实是，日本汽车公司在中国市场销售的汽车，就产自它们在美国的工厂。

随着全球经济的转型，贸易关系经历着深刻的变化。东欧变革使苏联解体为 15 个独立国家；东欧国家从苏联控制下独立出来，市场经济逐步取代（前社会主义国家的）计划经济。由于它们从计划经济转向市场经济，这些国家就被称为“转型经济体”。随着东欧逐步融合到世界贸易和金融体系，它在世界贸易中的份额（在 2004 年超过了 4%）很可能上升。

> **全球化**的表现之一就是，国际贸易和外国直接投资的增长快于全球产出的增长。

亚洲环太平洋国家（地区）正在快速发展，其 GDP 年均增长 6%—10%，远远超过了工业化国家（地区）的经济增长率。拥有 13 亿人口的中国就是一例，其政府采用了市场经济体制。韩国、新加坡、中国台湾地区、中国香港地区等新兴工业化经济体（the Newly Industrial Economies，NIEs）是另外一例，它们正在迈入发达经济体的门槛。随着政府管制的放松，印度经济也在快速增长。

拉丁美洲国家已普遍实行了民主政体。虽然允许市场力量取代政府规制，但许多拉丁美洲国家正在实行明智的宏观经济政策，以提高它们的经济增长率。在本世纪内，发达国家和发展中国家之间的差别可能将变得模糊。

1.4　国民经济中的对外贸易

1.4.1　总量

在后述章节中，我们对国际经济关系的分析将证明，美国是世界贸易和金融体系

① 参见 *Journal of Economic Perspectives*，Fall 1998 中关于全球化的专题报告（Symposium on Globalization），以及 *Finance and Development*，December 1999 的有关文章。

的核心成员。美国15.8万亿美元的GDP占全球总产出的1/5,同时它又是贸易领导国。因此,美国无论发生什么事,均会对世界其他国家产生重大的影响。例如,美国经济的衰退会降低其对进口原材料和其他商品的需求,这就可能给依赖于美国市场的出口国带来麻烦。因此,影响美国贸易地位的美国经济政策会对其贸易伙伴国产生冲击。

2010年,美国GDP达到了15.8万亿美元,而商品和服务的出口占GDP的14%,进口占GDP的17%(见表1-2)。

表1-2 美国国内生产总值 (单位:10亿美元)

	1981年	2012年
个人消费支出	1941	11255
私人国内总投资	572	2080
政府对商品和服务的购买	628	3050
商品和服务的净出口	−13	−534
出口	**305**	**2185**
进口	**318**	**2719**
GDP总值	**3128**	**15851**

资料来源:美国经济分析局,《国民收入与产出账户》(National Income and Product Accounts),表1.1.5,2013年3月。

1.4.2 分类

对外贸易的数量重要性不能仅仅根据广义的总量来判断,因为它的影响并不是均匀地扩散到所有经济部门。GDP的很大一部分是由像建筑活动和个人服务这样的项目构成的,它们从未进入国际贸易,因而被称为**非贸易商品**(nontraded goods),贸易政策的变化不会对其造成直接的影响。贸易政策的直接影响大多集中于生产贸易商品的部门。

但是,即使是按部门分类的数据也过于笼统。工业化国家之间的对外贸易是高度专业化的,特别是制造业部门包含着一些部门平均数据反映不出来的差异。如果要评价对外贸易在单个产业中的作用,一般的做法就是考察该产业中出口对产出的比率、进口对消费的比率。在许多产业部门中,出口/产出比率或者进口/消费比率是很高的,有时甚至高达15%—20%。这样的产业经常分别被称为"**出口产业**(export industries)"和"**进口竞争产业**(import-competing industries)"。在美国,钢铁和汽车业是进口竞争产业的代表,其进口超过了美国总消费的1/4;而飞机、化学制品、电脑及一些农业产品,均是出口产业的代表。的确,对外贸易在一些产业中发挥着重要作用。

产业类型:产业可分为出口产业、进口竞争产业和非贸易商品产业。

表1-3列出了一些主要部门的对外贸易额。2010年,美国商品的出口额与进口额分别达到了1.3万亿美元和2万亿美元。美国是农产品、某些特定机械产品、民用飞机(民用飞机的最大出口商是波音公司)的净出口国;同时又是燃料、钢铁、汽车和某些特定消费品的净进口国。它最主要的贸易伙伴国是加拿大,其次是墨西哥。

表 1-3 2010 年主要部门的商品贸易 (单位:10 亿美元)

	出口				进口			
	美国	日本	中国	欧盟(27)	美国	日本	中国	欧盟(27)
农产品	142	10	52	532	116	77	108	557
食品	112	5	44	450	97	64	49	469
原材料	30	5	7	82	19	13	49	88
燃料及矿产品	128	33	48	500	408	255	375	954
矿石及其他材料	31	5	3	66	10	38	137	91
燃料	81	13	27	329	363	199	189	735
有色金属	16	14	18	106	106	18	49	128
制成品	870	680	1 476	4 000	894	347	894	3 745
钢铁	17	42	39	162	30	9	25	152
化学制品	189	78	87	867	177	61	149	736
其他半成品	74	36	115	421	114	25	39	386
机械及交通设施	449	458	781	1 923	728	161	550	1 752
纺织品	12	7	77	67	23	7	18	73
服装	5	1	130	99	82	27	2	164
其他制成品	124	58	247	461	214	57	111	481
总贸易额	1 277	770	1 578	5 153	1 966	693	1 396	5 356

资料来源:世界贸易组织,《2011 年国际贸易统计》,表 A.19、表 A.21 和表 A.22,2013 年 3 月。

专业化:不同国家会在不同产品上表现出专业化。

可以为每个贸易国建立一个类似于表 1-3 的表格。例如日本,由于缺乏自然资源,日本需求的绝大多数原材料和初级产品都是通过进口满足的(见表 1-3)。另一方面,日本在 2010 年分别进口和出口了 3 470 亿美元和 6 800 亿美元的制成品。日本在汽车、某些特定机械产品以及办公设备等制造业部门上具有相当可观的贸易盈余(出口大于进口)。具有丰富土地和自然资源的加拿大,在初级产品贸易上具有相当可观的盈余,但在制成品贸易上却有逆差。最后,所有的欧洲国家都在初级产品贸易上具有逆差,而在制成品贸易上具有顺差,但这些贸易中的大部分发生在它们之间。

1.4.3 定性分析

出口占 GDP 的比率或者进口占 GDP 的比率,不能充分地表明贸易对国民经济的重要性。美国进口的商品包括重要的初级产品,美国本国不能生产出这些初级产品,但它们对很多生产工艺是至关重要的。这些初级产品的匮乏会在很大程度上限制国内生产、降低消费水平,并阻碍国家实现本国目标的能力。美国进口的农产品中有 70%以上是“互补性商品”——例如在美国不易生长的热带农产品。同样地,进口燃料的匮乏会对国内产出和环境产生严重的负面影响。预计其他基础性原材料在将来也可能面临同样的匮乏。尽管大多数进口制成品与国内生产的替代品发生了直接竞争,但对外贸易仍通过商品的多元化而拓展了国内消费者的选择,并扩展了国内生产者营销商品和资本投资的视野。将本国经济置于外国竞争之中,同样有助于增强本国经济的活力,因为它可以抑制国内垄断力量、促进技术进步和产品改进。而且,进口外国商品也有助于减轻国内通货膨胀的压力。例如,美国在2002—2007年间从中国的进口,使得美国的通货膨胀保持在低位。各国经常通过放松进口限制以增加供给来控制国内的通货膨胀。此外,一国的对外贸易情况也影响一国的总产出和总收入,因为出口增加了总需求,而许多进口替代了国内生产。最后,美国的商品和服务进口总额在2010年达到了2.5万亿美元,构成了很多国家重要的美元收入来源,这些国家的稳定对美国而言是非常重要的。对于出口,我们也可以做类似的思考。因此,对外贸易的减少,会给美国经济带来困难。

1.4.4 小结

由于其宏大的经济规模,美国经常被描述为超级大国。无论美国经济发生什么事,都会对其他国家产生重大的影响,而这也使得美国有资格在世界经济中扮演核心的角色。但是,其他经济体的快速发展正在造成经济权力的逐渐转移,从单一霸权(美国)向亚洲、欧洲和美国三足鼎立的体系转变。

1.5 贸易和货币问题的论坛

以下是处理世界贸易和金融问题的主要国际机构和组织。

世界贸易组织(The World Trade Organization,WTO) 由157个国家和地区组成,占据着世界贸易的绝大部分。它是一个多边贸易机构,为贸易谈判提供框架,并为国际贸易的行为制定基本规则。1995年,它取代了关贸总协定(the General Agreement on Tariffs and Trade,GATT)。

国际货币基金组织(International Monetary Fund,IMF) 有188个成员,主要关注于国际货币问题。它对其成员提供它们需要的金融资源,并监督国际货币体系。

世界银行(World Bank) 对发展中国家提供发展贷款,其资金来源于成员的认缴股本和世界资本市场中的募集资金。它不是一个国际的中央银行。

欧盟(The European Union,EU) 是一个紧密的地区集团,拥有27个成员国、4.5亿人口和相当于美国的GDP。其总部设在比利时首都布鲁塞尔。它的17个成员国采用了一种共同货币——欧元(€),并建立了共同的中央银行。

十国集团(Group of Ten) 由10个主要工业国组成,寻求磋商经济问题,并协调经济政策。成员国包括美国、英国、日本、德国、法国(这5个工业国构成了五国集团G-5)和意大利、加拿大(这7个工业国构成了七国集团G-7)以及比利时、荷兰、瑞典和瑞士。

二十国集团(Group of Twenty)　包括主要的工业化国家和发展中国家(例如,中国、印度和巴西)。它于 2009 年成立,对国际经济事务承担重要责任。

联合国贸易和发展会议(The United Nations Conference on Trade and Development,UNCTAD)　是联合国的一个组织,关注国际贸易和发展的问题。

经济合作与发展组织(Organization for Economic Cooperation and Development,OECD)　由北美、西欧、日本、韩国、大洋洲和墨西哥的 30 个发达国家组成,磋商一系列广泛的经济问题。

北美自由贸易区(North American Free Trade Agreement,NAFTA)　美国、加拿大和墨西哥之间的地区性自由贸易协定。

1.6　本书的结构

根据传统,本教科书的内容分为两个部分。第一部分阐述国际贸易关系。在这一部分,我们概述了世界贸易和投资的原理,并讨论了决定贸易方向的因素。接下来,我们分析了阻碍自由贸易的各种政策的影响,并广泛探讨了各种地区性和国际性组织,这些组织建立的目的就是促进贸易体系有序运转,增进发达国家和发展中国家的福利。

本教科书的第二部分阐述国际金融关系。在这一部分,我们解释了当前的货币安排(即国际货币体系),用足够的篇幅分析了国际货币体系框架之下的单一国家的政策,并讨论了可以选择的其他货币安排,最后概述了国际金融历史。在阐述过程中,我们使用了近年来的一些具体金融案例。在本书的最后,我们列出了使用最为广泛的有关各国和世界经济的统计数据来源(包含网站)。

总结

国际经济学关注于商品、服务和生产要素的跨国界流动。国际贸易与国内贸易之间的区别在于贸易行为,而非贸易的原因和贸易的利益。汇率、商业政策、不同的国内政策、统计数据、生产要素的相对不可流动性、市场因素等,都表明了这二者之间的区别。

近年来,国际贸易发展很快,快于全球产出的增长速度。2010 年,全世界商品出口总额已达到 15.2 万亿美元,全世界商业性服务贸易额也达到了 3.7 万亿美元。美国是最大的单一贸易国。

尽管与其他国家相比,美国对外贸易占美国经济的份额比较小,但在美国的某些特定产业(出口产业和进口竞争产业)中,对外贸易发挥着重要作用。

有关贸易和金融谈判的国际和地区论坛包括:世界贸易组织、国际货币基金组织、欧盟、联合国贸易和发展会议、经济合作与发展组织以及北美自由贸易区。

重要概念

专业化
汇率
出口补贴
关税
进口配额
非贸易商品
出口产业
进口竞争产业
外汇管制
服务贸易
欧元(€)

复习题

1. 国际贸易与国内贸易的区别是什么?
2. 你怎样理解世界贸易在名义上和实际上的增长?它比世界产出增长更快吗?
3. 区分下列概念:(a) 出口产业;(b) 进口竞争产业;(c) 非贸易商品。分别举例。
4. 你怎样理解美国、日本和加拿大的贸易结构?
5. 一般而言,一个国家的货币与一个国家的经济情况是紧密联系在一起的。这一规则适用于所有的货币吗?

国际贸易关系

引言

本书的第1篇关注于商品与服务的自由贸易的优势，以及影响贸易流动的公共政策。国际贸易理论部分阐述国际贸易的纯理论，以区别于汇率和相关的货币问题。“纯”这个词不具有道德含义，只是强调了这一事实：国际贸易理论研究的是贸易的物品交换本质，货币现象在其中并不占中心位置。

补充阅读

有关国际商品贸易的数据

因为这一篇的开始是阐释国际贸易的方式，或哪个国家出口什么商品，所以，告诉学生怎样以及从何处着手找到分析这一问题必备的经验数据是很有意义的。统计资料的汇编是用来显示国际贸易的每一商品的来源地及目的地。依据《国际贸易标准分类》(the Standard International Trade Classification，SITC)，联合国与其他国际组织将所有贸易商品进行了分类。SITC以等级为基础，以阿拉伯数字表示商品的等级级别，一位数表示类，一位数以下的二位数表示章，二位数以下的三位数表示组，三位数以下的四位数表示分组，四位数以下的五位数表示项目。一位数等级的商品数字最少，表述最简单；其他等级的商品数字逐渐变得更多，表述也逐渐复杂；五位数等级的商品数字最多，表述也最复杂。一位数等级的商品的第5类到第8类是制成品，其中第5类是化工制品，第7类是机械和运输设备制品，而第6类和第8类则是其他制成品。每一类商品可以进一步细分。例如，SITC 7就可以划分为第71章，非电力机械；第72章，电力机械；第73章，运输设备。第71章又可划分为第711组，非电电力动力机械；第712组，农业机械；第714组，办公机械，等等。第714组又可划分为第714.1分组，打字机；第714.2分组，记账机，等等。

商品分类：参加国际贸易的商品可以依据《国际贸易标准分类》(SITC)进行分类。在单一产业中，同样可以进行贸易与产出的比较。

这些数据的原始来源是进出口商填写的进出口报关单。各国都使用这些信息来汇编各自详尽的统计数据，然后把这些信息转变为SITC的分类项目，提交给联合国。

联合国出版的《商品贸易统计》(*Commodity Trade Statistics*)①，使用四位数的SITC，是最具综合性的季度与年度统计数据。经济合作与发展组织出版的《主要经济指标》(*Main Economic Indicator*)，包含了工业化国家贸易流动和国内经济变量的信息。美国人口普查局每个季度都公布一个贸易商品分类非常详细(十位数)的进出口报告。根据美国人口普

---

① “贸易伙伴国”的统计数据存在着很多相当大的差异：一国某一商品的出口并不总是完全符合进口国关于那种商品的报告。贸易数量和贸易价值的数据都存在着这种情况。其部分原因是：不同国家对同样商品有着不同的分类；商品离港和进港之间的时间差异；贸易商低开或高开进出口货物发票以利用政府政策(补贴、外汇管制等)。

查局出版的《与产出有关的美国商品进出口》(*United States Commodity Imports and Exports as Related to Output*),我们可以比较美国某一商品的贸易与美国该商品的国内生产。至于其他国家的用于这种比较的贸易统计数据和其他相关数据,我们可以从联合国的出版物中寻找。

本教科书的第1篇,从考察国家之间为什么进行贸易,以及什么决定了进口商品和出口商品的种类(即贸易商品的构成是什么)开始。在这个过程中,它帮助我们弄清楚国家间经济情况的关系以及贸易和交换关系。然后,本书的讨论转向了阻碍商品跨国界自由流动的政府政策,因为此时保护国内产业是政府最重要的目标。随后的章节讨论了以促进自由贸易或推动某些特定国家的利益为目标的地区性或国际性组织。第1篇的最后一章讨论生产要素的国际流动。

复习题

- 你怎样对美国与法国的民用航空飞机的出口/产出比率进行比较?

第2章
为什么国家之间进行贸易

国家之间进行贸易的原因,与个人或地区之间进行商品与服务交换的原因,根本上是一致的:获得专业化的利益。像个人一样,国家并不同样地适合于生产所有商品,所以,如果每个国家都专业化于自己最擅长的商品生产,并通过交换来获得它需要的其他商品,那么,所有的国家均会从中受益。这一点是不言而喻的,因为在一个自由社会里,如果人们不能从贸易中获得利益,人们就不会从事贸易。本章关注于单一国家从国际商品贸易中获得的利益,说明贸易国从贸易中获得利益的条件,并在此过程中阐明决定各国应该出口哪些商品、进口哪些商品的方法。

2.1 比较优势原理

2.1.1 从贸易中获益

如果询问任何一个商人为什么从事对外贸易工作,他都能迅速地做出一个简单而又正确的回答:当一个商品的国外价格比国内便宜时,他就从国外购买该商品;当一个商品的国外价格比国内昂贵时,他就到国外出售该商品。他在最便宜的地方购买商品,并在最昂贵的地方出售它,以赚取最大限度的利润。也就是说,国内与国外的相对价格决定了任何一个国家应该出口什么商品、进口什么商品。

但是为什么一些商品在这个国家比较便宜,而另一些商品在那个国家比较便宜呢?对于商人而言,这个问题没有意义;他所做的就是简单地把一种货币按现行汇率转换成另一种货币,从而进行商品的价格比较。但对于经济学家而言,这正是问题的关键,因为只有回答好这个问题,他才能够确定单个贸易商的利润最大化行为是否有利于国家。同样重要的是,如果说一个国家的某一商品比另一个国家便宜,那么这就意味着汇率的使用。但是,汇率本身在某种程度上是由两个贸易国的相对成本和价格决定的。因此,如果回到前述商人的答复,我们至少在部分程度上是用相对价格来解释相对价格。为了打破这种循环论证,我们有必要探究一下,究竟是什么因素决定了两国之间的相对成本-价格状况。

为此我们回顾一下英国经济学家大卫·李嘉图早在19世纪最先提出的一个原理:**比较优势**(comparative advantage)原理,或者反过来表述,比较成本原理。我们用一个简化例子,可以很容易地解释这个原理,这个例子类似于李嘉图曾经举过的例子。假定世界是由两个国家组成的,例如美国和德国,只生产两种商品:小麦和纺织品。更进一步假定这两种商品的生产采用了唯一的生产要素,即同质的劳动力。这就意味着,每个商品的价值仅仅是由它的劳动量决定的(即所谓的劳动价值论)。商品在两国之间自由流动,而劳动力只能在国内流动,不能在国际流动。又假定运输费用不存在,技术不受贸易的影响。虽然这些假定高度简化,但正如我们要看到的,我们可以从中获得具有普遍适用性的深刻见解。

假定两个国家的现行生产条件如简表1所示:

简表1　美国和德国的生产条件

国家	每人每天的劳动产品
美国	60蒲式耳小麦或20码纺织品
德国	20蒲式耳小麦或10码纺织品

显然,与德国相比,美国的劳动力无论在小麦产业还是在纺织产业都具有更高的生产率:美国劳动力一天生产的东西比德国更多。于是,美国的这两种商品生产就具有对德国的**绝对优势**(absolute advantage)。[①] 但是我们不应该就此认为,因为美国的这两种商品生产都更有效率,所以一旦贸易开启,美国就应该生产两种商品,而德国则什么也不会生产。如果真的这样认为,就等于否定了国际贸易赋予的共同利益。这一假定的情况,即一个国家的绝大部分商品都具有对另一个国家的绝对优势,十分常见。可是,即使在生产率相差悬殊的国家(例如美国与印度)之间,互利贸易仍然是可以发生的。

绝对优势:如果A国生产的X商品能比B国便宜,那么A国的X商品生产就具有对B国的绝对优势。

在这里,问题的重要性是比较优势,而非绝对优势。对简表1的数据进行纵向比较,就可以发现,美国在这两种产业上对德国的优势程度是不一样的。美国的小麦生产具有3:1的优势,而纺织品生产只有2:1的优势。因此,相对而言,美国在小麦生

① 早在李嘉图之前的40年,亚当·斯密就提出了基于**绝对优势**的一个贸易解释。假定两个国家的劳动力每人每天能够生产如下数量的产出:

国家	每人每天的劳动产品
美国	60蒲式耳小麦或20码纺织品
德国	20蒲式耳小麦或40码纺织品

那么不言而喻,美国的小麦生产具有对德国的生产率优势,而德国的纺织品生产对美国又具有生产率优势。美国向德国出口小麦,并从德国进口纺织品。但本书假定的李嘉图条件更具有普遍性,对贸易提供了更具全面性的解释。

产上具有更大程度的优势，而在纺织品生产上具有更小程度的优势。德国则处于相反的地位：它在两种商品生产上都具有绝对劣势，但是小麦生产的劣势程度更大，纺织品生产的劣势程度更小，因为德国劳动力生产的小麦只有美国的 1/3，而德国劳动力生产的纺织品是美国的 1/2。由于我们只是比较生产这两种商品的优势和劣势程度，所以我们的分析可以表述为这样的结论：美国在小麦生产上具有比较优势，而德国在纺织品生产上具有比较优势。

> **比较优势**是指优势的程度。A 国的 X、Y 商品生产可以对 B 国都具有绝对优势。但若 X 商品的优势程度较大，我们就可以说 A 国的 X 商品具有比较优势，Y 商品具有比较劣势。反过来，B 国的 Y 商品具有比较优势，X 商品具有比较劣势。

可以用一个例子来说明这种情况。在医疗和医护两个方面，医生都比护士具有绝对的较高效率。然而，医生在医疗方面的优势程度比医护方面更大。所以医院付工资给医生，以使他专注于医疗工作，而雇用护士来从事医护工作。同理，因为美国的比较优势是小麦生产，所以美国应该专业化于小麦的生产，而从德国购买纺织品。

然而，这样的故事是有前提的：只有存在着一种国际共同标准——即给定数量的同质劳动时，我们才可能在这里比较两国之间的生产率。如果缺乏这样一种国际共同标准，那么就不可能进行简表 1 的纵向比较。于是，我们就更多地转向一国之内的横向比较，尽管这两种比较的结论是相同的。

我们从一国之内的横向比较中看到了什么？就国内而言，美国必须放弃 3 蒲式耳的小麦以获得 1 码纺织品。当然，小麦不可能在技术层面转换成纺织品；但放弃 3 蒲式耳小麦的生产，就可以释放出足够的劳动力（以及其他资源）来从事纺织品生产，从而生产出 1 码纺织品。这就是 3∶1（或 60 蒲式耳小麦交换 20 码纺织品）这种国内成本比率的含义：美国 1 码纺织品的资源成本是 3 蒲式耳小麦，它有时也被称为“**机会成本**（opportunity cost）”。反过来，1 蒲式耳小麦的成本是 1/3 码纺织品。从德国的角度看，情况又如何呢？就德国国内而言，2 蒲式耳小麦的资源成本是 1 码纺织品，因为只要放弃 2 蒲式耳小麦的生产，就可以释放出足够的劳动力来生产 1 码纺织品。于是，1 蒲式耳小麦等价于 1/2 码纺织品。美德两国的这两种商品的相对成本情况，可以总结如下：

> **机会成本**，即一国之内一种商品相对于另一商品的价格比率，是衡量比较优势的指标。它只需要比较两国之间的国内成本比率。

> 生产 1 单位纺织品，在美国耗费 3 单位小麦，而在德国耗费 2 单位小麦。纺织品在德国比较便宜（用小麦来衡量）。
>
> 生产 1 单位小麦，在美国耗费 1/3 单位纺织品，而在德国耗费 1/2 单位纺织品。小麦在美国比较便宜（用纺织品来衡量）。

各国都专业化于生产其更能廉价生产的产品，并通过贸易获得其他商品。美国会生产和出口小麦，而德国则会生产和出口纺织品。

建立起各国的专业化生产之后，我们就需要确定一个互利贸易的界限。美国不愿意用 3 蒲式耳小麦在国际上交换任何小于 1 码纺织品的东西，因为它在国内就可以用生产 3 蒲式耳小麦的劳动力来生产出 1 码纺织品。但美国愿意用 3 蒲式耳的小麦在国际上交换多于 1 码纺织品的东西，或者以少于 3 蒲式耳小麦的价格购买国外的 1 码纺织品。同样地,如果德国能通过国际贸易以1码纺织品交换到多于2蒲式耳的小麦,它就会愿意参与贸易,因为此时用纺织品交换小麦的资源成本,低于在国内放弃纺织品生产而从事小麦生产的成本。但是,德国不愿意用1码纺织品在国际上交换到少于2蒲式耳的小麦,因为它在国内就可以用生产1码纺织品的劳动力来生产出2蒲式耳的小麦。

总之,对各国而言,应该适当地比较在国内生产该商品的资源成本与从国外进口该商品的成本。简表1的数据可以转变为简表2所示的互利贸易的界限。

简表2 互利贸易的界限

1码纺织品 = { 对美国而言,最多值3蒲式耳小麦
对德国而言,最少值2蒲式耳小麦 }

贸易的方向:比较优势决定了贸易的方向和互利贸易的界限。

美国愿意用任何小于3蒲式耳小麦的价格来购买1码纺织品,而德国愿意以任何多于2蒲式耳小麦的价格来出售1码纺织品。于是,贸易就存在于这两个界限之间。也就是说,两个国家的两种商品的国内成本比率,构成了互利贸易的界限。在互利贸易的界限之内,各国专业化于其具有比较优势的商品生产,并通过贸易获得其他商品,这对各国都是有利的。

为了弄清楚贸易确实有益于两国,我们在特定的贸易界限之内选取任何一种国际价格比率,例如1码纺织品=2.5蒲式耳小麦。依此比率进行贸易,可以使得各国均比它们不进行贸易时消费更多的商品。让我们看看美国。美国用它全部的劳动力生产出600蒲式耳小麦,其中400蒲式耳小麦用于国内消费,200蒲式耳小麦用于交换纺织品。德国的全部生产能力是制造200码纺织品,其中120码纺织品用于国内消费,80码纺织品用于交换小麦。通过国际贸易,200蒲式耳小麦交换到80码纺织品,这使得美国消费了400蒲式耳小麦和80码纺织品,德国消费了200蒲式耳小麦和120码纺织品。若没有国际贸易,美国只能把200蒲式耳小麦转换成66⅔码纺织品,可用的消费总量只有400蒲式耳小麦和66⅔码纺织品。同样,若没有国际贸易,德国只能把80码纺织品转换成160蒲式耳小麦,可用的消费总量只有120码纺织品和160蒲式耳小麦。表2-1总结了上述内容,表明两国是如何从交换中获得利益的。[②]

重商主义:主张提高出口以获得黄金,认为贸易是不能使贸易双方均受益的。

② 斯密和李嘉图两人都证明了贸易是有利于两国的。为此,他们挑战了17世纪占据统治地位的**重商主义**(mercantilism)学派的观点。重商主义者认为,国家的力量取决于其所储备的黄金数量。若本国没有金矿,一国只能通过贸易盈余来获取黄金。因为所有的国家不能同时具有贸易盈余(例如,一国具有贸易盈余,其他国家就必须具有贸易赤字),所以对于一国而言的好事,对另一国就必然构成了伤害。两国不能均从贸易中获取利益(即使在今天,那些鼓吹人为地促进出口的人士就是所谓的新重商主义者)。李嘉图的研究表明,因为贸易增加了可用于消费的总商品数量,所以两国均受益于贸易。

表 2-1 有贸易和无贸易条件下的生产与消费，假定国际交换比率是1码纺织品=2.5蒲式耳小麦

	美国	德国
最大生产能力	600 蒲式耳小麦	200 码纺织品
有贸易条件下的消费	400 蒲式耳小麦	200 蒲式耳小麦
（80 码换 200 蒲式耳）	80 码纺织品	120 码纺织品
无贸易条件下的消费	400 蒲式耳小麦	160 蒲式耳小麦
	66⅔码纺织品	120 码纺织品

2.1.2 需求因素

再看简表2，我们可以观察到，国内成本比率（即供给条件）决定了互利贸易的界限。在这一界限之内，实际交换比率是由各国对其他国家的产品需求的相对强度决定的。

既然进口商品的需求可以用一国自身出口商品的单位来表示——全部交易均是物物交换的方式——那么，这就是所谓的“相互需求”（reciprocal demand）。也就是说，生产成本决定着互利贸易的界限，而相互需求决定着互利贸易界限之内的实际交换比率是什么。两国的国内成本比率相差越大，互利贸易的空间就越大，两国能够获得的贸易利益也就越大——也就是说，与没有贸易时相比，可获得商品的净增长也就越大。另一种极端情况是，当两国的国内成本比率完全相等时，就不存在贸易优势了。于是，各国在**孤立状态**（无贸易状态）和在有贸易状态的福利处境是一样的，因而也就没有动力去从事贸易。在现实世界中，两国国内成本比率之间的差异还必须大到足以补偿运输成本③和人为的贸易障碍时，贸易才能够开始。

> **需求**：需求条件决定着贸易条件，或者决定着（互利贸易界限之内的）交换比率具体为多少。

最后，在我们的简化例子中，两国之间的贸易利益分配取决于交换比率在什么具体位置。如果交换比率最终确立在1码纺织品=2蒲式耳小麦的德国国内成本比率附近，那么美国获取了绝大多数贸易利益；如果交换比率确立在1码纺织品=3蒲式耳小麦的美国国内成本比率附近，那么德国获取了绝大多数贸易利益。商品交换比率就是所谓的“商品贸易条件”，即用一种商品表示另一种商品的价格。在一个多商品的世界里，这些商品的价格必须用综合指数来表示，各国的**贸易条件**（terms of trade）也转变为出口价格指数与进口价格指数之比。

> **贸易条件**：出口价格与进口价格之比。

当今，商品贸易条件和贸易利益分配之间的关系，在发展中国家的政策争论中占有十分重要的地位。然而，交换比率是衡量贸易利益分配的一个相

---

③ 也就是说，单位产品成本或价格的差异必须大于每单位产品的运输成本，这样贸易才能够开始。那些价格差异少于运输成本的产品，不可能会进入贸易。这些成本因素使非贸易产品增多。

当表面的指标。如果交换比率最终确定在德国国内成本比率附近(例如1码纺织品=2.1蒲式耳小麦),那么其原因是,德国对小麦具有相对较高的需求强度,而美国对纺织品具有相对较低的需求强度。的确,这一贸易比率对美国更有利,因为美国放弃一单位小麦而获得的纺织品的增加量大于德国放弃一单位纺织品而获得的小麦的增加量。但是,美国对纺织品的需求是小于德国对小麦的需求的。因此,按照需求强度反映出来的满足感或效用,美国人的所得并不多于德国人的所得。一旦把"商品利益比率"转换为"效用比率",利益分配就显得相当平均了。

另一方面,如果一国或国家集团能够依靠其在世界市场的垄断力量而提高出口商品的价格,那么它们则从中获利,而其他国家则从中受损。这正是1973年和2004年石油生产国们所做的事情。

与这里描述的情况相比,需求因素在现实中经常占有更重要的地位。在简表1的例子中,两种商品都是同质商品:仅有一种普遍类型的小麦和仅有一种普遍类型的纺织品。但是,世界上发生的大多数贸易商品都是差异化商品:每一商品都有不同等级的质量、尺寸、味道等,甚至包装和品牌名称的差别也是重要的。在这种情况下,完全相等的成本比率不会产生贸易这个论断就不再正确了。例如,我们可以合理地假设,意大利、法国和德国的汽车生产几乎具有同等程度的比较优势。因而,我们很难以它们之间的成本差异为依据来解释菲亚特公司、雷诺公司与大众汽车公司之间的跨国贸易。解释的很大一部分必须在于消费者对国外品牌的偏好,即使国外品牌商品的价格等同于国内相应商品的价格。正因为这些汽车具有大致相似的质量和尺寸,所以其贸易利益是消费者从多样化品牌中获得的心理满足。从更大的多样性中获得的收益可能是大的。

这个例子可以推广到许多工业产品中。即使有关国家的成本比率完全相同,仍然可以进行工业产品的贸易,这是因为消费者可能因为某种原因更偏好国外品牌,而与生产成本无关。既然大多数世界贸易是差异性商品的贸易,需求因素就在决定贸易构成中发挥着重要作用。为简化起见,本章抽离了相关内容。现在,我们回到这个分析前提:所有产品都是同质产品的世界。

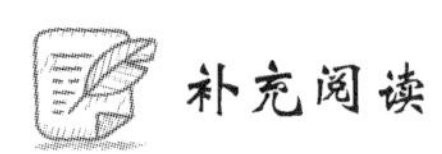

为什么要完全专业化?

李嘉图的举例可能给读者造成的困惑之一,就是贸易使得各国完全专业化于它们具有比较优势的商品生产。在无贸易状态下,如果各国希望消费两种商品,那么各国就必须同时生产这两种商品。生产和消费必然是完全相同的。国际贸易使得生产结构可以不同于消费结构,即通过贸易来弥补生产结构和消费结构之间的差异。但是,难道美国必须完全停止纺织品生产,并完全投入到小麦生产吗?同样地,难道德国必须抛弃小麦生产,并完全专业化于纺织品生产吗?当然,这种情况在现实世界里是不存在的,即便对现实世界最随机的观测也可以发现,各国都生产着与它们进口商品相同类型的一部分商品。

> **完全专业化**是指一国只生产它的出口商品，而不生产任何它的进口商品。

答案就是，**完全专业化**(complete specialization)是一种特例，它源于这样一个假设：当产出增加或减少时，每单位产出的生产成本保持不变。当开启两国贸易时，美国增加它的小麦生产，并减少其纺织品生产，而德国则增加它的纺织品生产，并减少其小麦生产。如果每单位成本随着产出的增加而增大(即所谓的成本递增)，那么美国小麦的价格就随着生产的增加而上升，德国小麦的价格随着生产的减少而下降。而对于纺织品，情况恰恰相反。因此，成本递增的条件构成了一个强制两国价格趋于一致的机制。而且，一旦用于贸易的最后一个单位(边际单位)商品的价格在两国达到相同时，就没有进一步扩张贸易的动机了。在实现完全专业化之前，价格很容易走向相等。

但是，在成本保持不变的条件下，这一机制就不存在了。随着产出的增加或减少，生产成本仍然保持不变，因而也就没有什么两国价格趋于一致的倾向。由于成本曲线是水平的，所以价格不会因一国产出的增加和另一国产出的减少而趋于一致(见图2-1)。因此，直到实现完全专业化，即德国不再生产小麦、美国退出纺织品生产，这一过程才会停止。成本保持不变条件下的生产造成了完全专业化。[④] 当只有一个生产要素(例如劳动力)时，成本保持不变的情况才会出现。

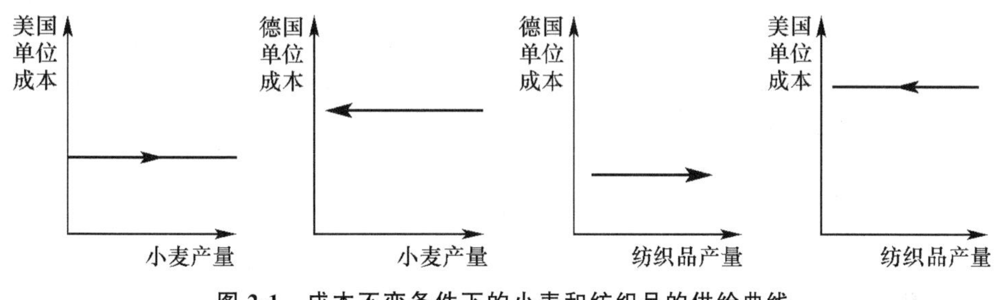

图2-1 成本不变条件下的小麦和纺织品的供给曲线

2.2 比较机会成本

2.2.1 谁出口什么?

接下来，假定劳动力不是唯一的生产要素，而只是多种生产要素中的一种。于是，比较两国之间生产率的共同标准就不再存在了，因为当多种生产要素进入生产过程中，其各自的生产率就变得没那么重要了。反而有必要衡量多种生产要素的联合生产率。

---

④ 如果某一国太小，以至于不能为其贸易伙伴国提供它所需的所有商品，那么才会发生唯一的例外。于是，该小国会完全专业化于其出口商品的生产，而大国会生产出口商品和进口商品，但它仍然会出口其出口商品，进口其进口商品。

单位生产成本:用货币衡量的单位生产成本,它是生产率的倒数。

为方便起见,我们集中研究生产率的倒数,即单位生产成本,它把一单位产出在生产过程中使用到的所有资源加总到一起。但是,生产要素的资源是各不相同的。加总劳动力、土地和资本等生产要素的唯一方式,就是把它们的货币价值加总到一起。因此,我们用生产成本表(简表3)来代替李嘉图的劳动生产率表。在此表中,各国的成本是用其货币衡量的:美国用美元,德国用欧元。虽然是同样的两种商品,但简表3不同于简表1和简表2,因为它处理的是每单位产出的生产成本(生产率的倒数)。[5] 尽管如此,比较优势(或比较成本)原理并没有丧失解释力。

简表3 单位产出的生产成本

	每蒲式耳小麦	每码纺织品
美国	1美元	3美元
德国	1欧元	2欧元

由于我们不知道汇率(因为贸易开始之前是没有汇率的),所以就无法比较两个国家之间的绝对成本。但是,国家之内的(横向)比较仍然是可行的。在美国,1码纺织品的资源或生产要素成本是3蒲式耳小麦。美元表示着综合性的要素成本——生产1码纺织品所需的一篮子资源相当于生产1蒲式耳小麦所需的一篮子资源的三倍。正因如此,这两种商品是可以互相交换的。

相对机会成本:表明了贸易的方向和互利贸易的界限。

这里重复一次,在美国,1码纺织品的机会(或资源)成本是3蒲式耳小麦;在德国,1码纺织品的资源成本是2蒲式耳小麦。因此,比较而言,纺织品的价格在美国比在德国更贵(以小麦来衡量);小麦的价格在美国比在德国更便宜:1蒲式耳小麦在美国的成本是1/3码纺织品,而在德国的成本是1/2码纺织品。它表明了这样一个事实:美国在小麦生产方面具有比较优势,而德国在纺织品生产方面具有比较优势;两国将据此进行专业化分工和贸易。

2.2.2 互利贸易的界限

在确定了贸易方向之后,我们接下来的事就是确立互利贸易的界限。从美国国内角度看,它能够以3蒲式耳小麦交换到1码纺织品,因为它若放弃3蒲式耳小麦的生产,就可以释放出足够生产1码纺织品的资源。只有在以少于3蒲式耳的小麦交换到1码纺织品时,美国才愿意进行贸易。从德国国内角度看,它能够以1码纺织品交换到2蒲式耳小麦。只有在1码纺织品交换到多于2蒲式耳的小麦时,德国才愿意进行贸易。如前所述,国内成本比率限制了交换比率的区间(见简表4)。如果两国之间的成本比率是完全相同的(此时区间缩减为一个点),那么就不会发生贸易,除非需求因

---

⑤ 为了说明生产成本是生产率的倒数,假定一个工人生产小器具每小时赚10美元。如果这个工人1小时生产10个小器具,那么每个小器具的成本就是1美元。如果这个工人的生产率提高到每小时生产20个,那么每个小器具的成本就下降到10/20美元,即50美分。

素推动了差异化商品之间的贸易。

简表 4 互利贸易的界限

1 码纺织品	对美国而言，最多值 3 蒲式耳小麦 对德国而言，最少值 2 蒲式耳小麦

简表 4 可以转化为一个简单的图表形式。在图 2-2 中，以纺织品的数量为横坐标，以小麦的数量为纵坐标。美国 3 蒲式耳小麦与 1 码纺织品的成本比率用一条经过原点、斜率为 3 的直线表示。与之相似，德国 2 蒲式耳小麦与 1 码纺织品的成本比率用一条经过原点、斜率为 2 的直线表示。这两个成本比率直线之间的区域用阴影表示。所有落在这两条直线之间的交换比率，构成了一个互利贸易的区间。在此区间之内，对于各国而言，其出口商品以获得进口商品的机会成本小于其在国内生产该商品的成本。在此区间以外，两国之中总有一国不愿意进行贸易，因为它若在国内生产该商品会更合算。两国的成本或供给比率限制着贸易的区间。因此，成本条件决定着互利贸易的界限。

贸易在互利贸易区间之内的什么具体位置发生，要取决于**需求因素**，即各国对其他国家商品的相对需求强度。如果德国对美国小麦的需求强度远远大于美国对德国纺织品的需求强度，那么交换比率（贸易条件）就会接近于德国 2∶1 的国内成本比率。相反地，如果美国对德国纺织品的需求强度大于德国对美国小麦的需求强度，那么交换比率就会接近于美国 3∶1 的国内成本比率。

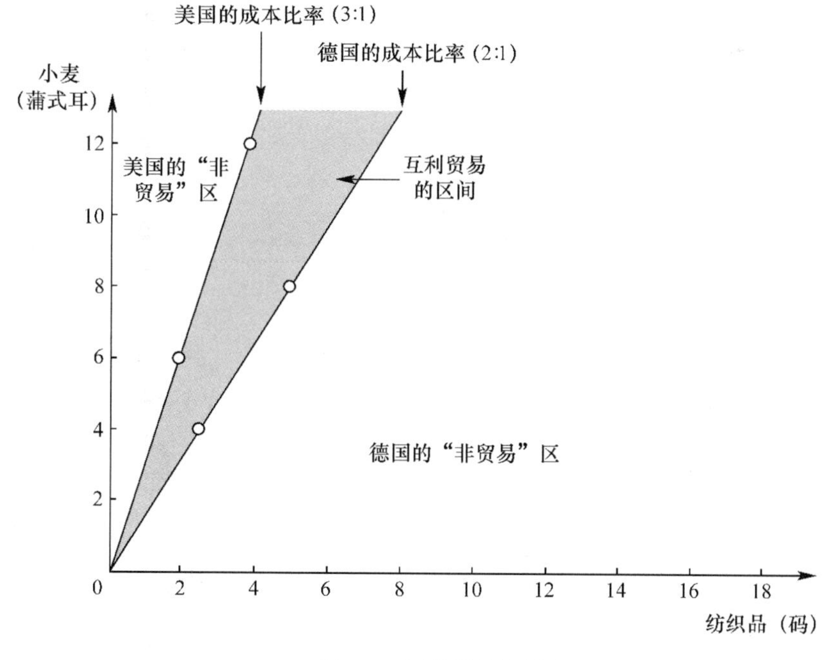

图 2-2 互利贸易的区间

互利贸易的区间处于两国的成本比率之间。在此区间之外，总有两国中的某一个国家不会进行贸易。

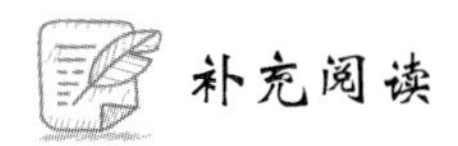

可持续汇率的界限[⑥]

可持续汇率:比较优势可以用两国货币的方式来表示(即机会成本),从而具体表现为劳动力和其他生产要素的成本。这决定了可持续汇率的界限。

我们从上文的示例中知道,美国生产并出口小麦,德国生产并出口纺织品。因此,若用商品生产国的货币表示每种商品的价格,那么,简表4的交换比率的界限就可以从商品转换为货币。例如,1码纺织品的成本是2欧元,而1蒲式耳小麦的成本是1美元。简表4的界限因而可转换为简表5所示的各自货币价值。

简表5　美元-欧元汇率的界限

$$1\text{码纺织品}=2\text{欧元}=\begin{cases}3\text{美元(3蒲式耳小麦)}\\2\text{美元(2蒲式耳小麦)}\end{cases}$$

$$\text{或者}1\text{欧元}=\begin{cases}1.5\text{美元}\\1\text{美元}\end{cases}$$

给定简表3的生产成本,简表5中的货币价值必定是欧元-美元之间汇率的界限。假定我们任意地选取1欧元=1.25美元的中间点,并据此计算这个例子的生产成本(见简表3)。根据这一汇率,我们把欧元成本转换为美元成本,得到了简表6。

简表6　以美元计价的简表3的生产成本,其中1欧元=1.25美元

	每蒲式耳小麦	每码纺织品
美国	1美元	3美元
德国	1.25美元	2.5美元

显然,美国小麦在德国廉价出售,而德国纺织品在美国廉价出售。这就是本章开始时那位商人给出的答复。现在很清楚,以现行汇率把外国货币价格转换成本国货币价格之后,在最便宜的地方买入,并在最贵的地方卖出,这正是比较优势的意义。同样显然的是,汇率的界限是由成本比率决定的。

在简表5的汇率界限之外选取任何汇率,一国会在另一国廉价出售两种商品,读者可自己证明这一点。

多于两种商品的情况

在现实中,各国均生产很多商品,然而,比较优势原理总是可以成立的。各国生产的所有商品必须根据它们的国内成本顺序进行**国内排序**。假定美国与德国生产五种商品,A、B、C、D和E,其生产成本如简表7所示(根据各国的国内成本顺序进行排序):

简表7　两国五种商品的生产成本

	商品				
	A	B	C	D	E
美国	1美元	4美元	9美元	15美元	20美元
德国	1欧元	2欧元	3欧元	4欧元	5欧元

⑥　请注意,本节和下节内容需要一定的汇率知识。

以 1 欧元 =3 美元的汇率，德国的成本从欧元转化为美元，如下表所示：

德国成本	A	B	C	D	E
1 欧元 =3 美元	3 美元	6 美元	9 美元	12 美元	15 美元

美国出口 A 商品和 B 商品，而德国对美国市场出口其比较廉价的 D 商品和 E 商品。C 商品不参与贸易，因为这两国的 C 商品的成本是一样的。当衡量一个国家的贸易地位时，按比较优势程度对所有商品进行排序，这是相当重要的。一旦按此进行了排序，汇率就决定了哪些商品将被出口，哪些商品将被进口。

2.2.3 美国贸易的实例[⑦]

在 20 世纪 70 年代和 80 年代初期，公众大多关注于美国汽车和钢铁的出口减少和进口增加。对钢铁的关注延续到 90 年代及以后时期，2002 年 3 月，美国对钢铁产品的进口征收 30% 的关税，并直到 2003 年才取消这一关税。这一现象的部分原因，被人们普遍归结为错误的管理决策：在钢铁业中，推迟引进新技术；在汽车业中，"错误"的产品组合和低劣的质量。然而，这种恶化现象的大部分原因可以从生产成本的角度来分析。为此，我们有必要按照生产成本的顺序对各国的所有国内产业进行排序：从成本最低的产业到成本最高的产业。这相当于按照比较优势对产业进行排序。这一方法的一个具体做法，就是在一国内部对汽车业和钢铁业相对于其他所有制造部门的生产成本进行比较。在这里，这一比较可以是劳动生产成本的比较，即劳动力薪酬（工资、薪金和额外福利）与生产率的比率。

汽车业和钢铁业（一个例证）：对美国不同产业的劳动生产成本进行排序，美国汽车业和钢铁业的排名大大下降，因而失去了比较优势。

可以用指数的形式表示各国国内的劳动生产率，它显示了相对于某一基期的绩效。于是，劳动成本也必须以同样的方式计算。如果数据显示出其中一个产业（或两个产业）的劳动成本已持续上升，并远远超过了国内制造业的平均成本，那么我们就可以断定，该产业在国内产业顺序中的地位下降了。

在 1964 年到 1980 年期间，美国、英国和法国均丧失了其在钢铁业的比较优势，因为它们的单位劳动成本越来越高，超过了其制造业的其他部门。而日本和德国却没有发生这样的损失。在美国钢铁业，补助的增长速度远远高于美国制造业的平均水平，但生产率的增长速度却低于制造业的平均水平，这就使得美国钢铁业相对于其所有制造业的劳动成本急速上升。

同样地，美国汽车业的单位劳动成本明显高于美国制造业的平均水平，这主要归因于劳动力薪酬的较快增长，它不仅仅抵消了生产率的较小差异。而日本汽车业的单

⑦ 本节内容的基础是以下论文：M. E. Kreinin, "Wage Competitiveness in the U. S. Auto and Steel Industries," *Economic Inquiry*, January. 1984；以及"U. S. Trade in High-Technology Products," *Journal of Policy Modeling*, Winter 1985。

位劳动成本越来越趋向于其制造业的平均水平。

表2-2显示了美国、日本和德国的三个产业在某一时点上(1980年)相对于其国内制造业平均水平的单位劳动成本。美国在钢铁产业和汽车产业的生产成本分别超过了其制造业平均水平57%和42%。而在日本和德国,这两个产业的生产成本超额要小得多,或者不存在。这些比率清楚地表明,那时美国的钢铁业已经丧失了比较优势,汽车业正开始丧失比较优势。

表2-2 美、日、德三国1980—1981年单位劳动成本比率的比较

产业比率	美国	日本	德国
钢铁产业/所有制造业	1.57	0.93	1.02
汽车产业/所有制造业	1.42	1.07	1.18
高科技产业/所有制造业	0.90	0.95	1.08

资料来源:可以从脚注⑦列出的参考资料中找到完整的信息来源。

20世纪80年代以后的情况怎样呢?到90年代初期,美国钢铁业提高了生产率,并削减了生产成本:生产一吨钢的劳动时间从80年代的10小时减少到3小时。钢铁出口上升了,进口保护的要求减少了。然而在1995—2003年期间,这一形势又发生了变化,进口增加,出口减少。到2004年,全球钢铁价格上升,使得这一产业又恢复了盈利能力。汽车产业的变化也非常大:通用汽车公司组装一辆车的生产成本从1989年的一天4.88个工人减少到现在的一天3.64个工人。可是它仍然落后于日本的同业竞争对手:日本最有效率的日产汽车公司只需要一天2.09个工人。当然,许多日本汽车现在是在美国生产的。

与钢铁业和汽车业相比,美国的比较优势在一些高科技产业,比如化学制品、电脑、飞机、医疗设备以及一些特定的机械制造。高科技产业的单位劳动成本低于所有制造业的平均水平——这一点对我们的欧洲贸易伙伴来说并不成立(见表2-2)。这一优势在20世纪90年代是扩大的。

2.3 绝对优势和工资率

现在让我们回到本章第一节阐述的李嘉图有关劳动生产率的举例。虽然比较优势始终处于讨论的中心,但我们不能忽视李嘉图模型中的绝对优势,因为它决定着两国的**相对工资率**(relative wage rates)。

给定简表1的劳动生产率数据,假定美国的工资率是每天30美元。一国之内产业间的劳动力自由流动保证了两个产业的工资率是相等的——因为,若它们不相等,劳动力就会从低工资产业转移到高工资产业,直到工资率相等为止。现在的问题是:德国的工资率必须是多少呢?

根据简表1假定的生产率条件,我们的答案可以从下述德国工资率的确定方式中获得:相对于假定的美国工资率(每天 30 美元),德国的工资率可以保证德国以较低价格在美国出售纺织品,并以较低价格从美国买进小麦。也就是说,相对工资率必须符合前面阐述的比较优势结构,以实现互利贸易。

汇率和工资比率:当以货币的方式表达(机会成本)时,比较优势决定了可持续汇率的界限。当以劳动生产成本的方式表达时,比较优势决定了两国之间的工资比率。

因为每个美国工人每天生产 60 蒲式耳小麦,那么每蒲式耳小麦的成本就是 30/60 美元,即 0.50 美元。因为美国以较低价格在德国出售小麦,所以德国的小麦价格必须高于 0.50 美元。一个德国工人每天生产 20 蒲式耳小麦,所以他的最低工资必须达到 10 美元,因为在此水平以下的任何工资率都会使德国小麦比美国便宜。同样地,一个美国工人每天可以生产 20 码纺织品,在一天工资 30 美元的条件下,每码纺织品的成本是 1.50 美元。由于德国以较低价格在美国出售纺织品,德国的纺织品价格就必须小于或等于每码 1.50 美元,这就表明,一个每天生产 10 码纺织品的德国劳动力必须获得少于 15 美元一天的工资。在任何高于一天 15 美元的工资率的条件下,德国都不能保持其纺织品的竞争力。因此,在这种美国向德国出口小麦、德国向美国出口纺织品的贸易模式下,德国工资率必须处于每天 10 美元和每天 15 美元之间,或处于美国工资率的一半或三分之一之间。这些界限不仅等于这两个产业之间的生产率比率,而且后者决定着前者。

德国统一:一个例证。

工资率不能脱离这些限制,这一点可从 1990 年德国统一之后的事件中得到说明。由于政治缘故,德国政府在民主德国地区确立了一个相当于联邦德国地区工资率 80%的工资水平。然而,民主德国地区的生产率仅仅相当于联邦德国地区的 30%,当然这要依据具体产业而异。因为这两个地区之间的工资比率不能反映出它们之间的生产率比率,于是很多民主德国地区的企业就缺乏竞争力,并产生了大量的失业。长期以来,德国政府每年对民主德国地区投入 1 000 亿美元的巨额投资,努力使其生产率水平提高到相当于联邦德国地区的 80%。到 2004 年,德国政府向民主德国地区转移的资金已达到了 15 000 亿美元。通过这种方式的投资,民主德国地区将会在某些产业具有比较优势,从而能够参与全球竞争——但是,这一过程需要多年才可以完成。⑧

我们也可以评价美国贸易保护主义者喋喋不休的抱怨:由于外国工资低于本国工资,因而他们无法抵御外国竞争。在国会委员会的多次听证会上,进口竞争产业的代表们要求实施一种"科学关税":一种可以使本国工资率和外国工资率相等的关税。也就是说,他们要求一种应该可以把美国的工资率与进口竞争国的工资率等同起来的关税水平。我们知道这种情况是无法维持下去的,因为如果德国的工资率等同于美国的工资率,美国就可以在德国以较低价格出售其所有的产品。于是,在这种情况下,就不能存在双向的贸易。两国之间的相对工资是由生产率的差异决定的。由于美国是世界上最有效率的经济体之一,因此它也是世界上工资最高的国家之一。

在我们的举例中,美国纺织品是没有竞争力的。这是因为,在我们的举例中,美国的纺织品不具有比较优势。美国纺织品制造厂商就是用这样的理由来抱怨的:由

---

⑧　如果韩国实现了与朝鲜的统一,那么它就需要承担对朝鲜的类似投资。

于中国的低工资,所以它们无法与中国纺织品进行竞争。同样地,由于墨西哥的低工资,美国也担心它无法与墨西哥进行竞争[9],这一担心甚至使美国忽视了它在某些产业上是具有比较优势的,美国在这些产业上的生产率优势大到足以抵消墨西哥的较低工资。

另一方面,随着其他国家的生产率相对于美国不断提高(劳动生产成本不断下降),它们的生活水平也逐渐赶上了美国。

2.4　政策含义小结

概而言之,国际贸易通过改善资源利用的效率而提高了社会的实际收入。依据比较优势的大小对产业进行排序,并考虑汇率因素,这就决定了应该出口哪些商品,又应该进口哪些商品。如果一个国家的资源按照这种方式进行分配和使用,那么它就实现了最有效率的利用。因此,任何歪曲这种产业排序的政策,例如对一些商品实施关税和配额,均会造成低效率的资源配置和社会收入的损失。

进口竞争产业假借各种理由要求保护,这常常是没有根据的。它们寻求的是选择性保护,或从根本上看,是对它们本身的关税保护。这会扭曲产业排序,并造成低效率的资源利用。从它们自己的观点看,它们缺乏竞争力的抱怨或许是正确的。但是,满足它们的保护要求就会损害整个经济系统。它们缺乏竞争力的原因,是它们在比较优势的排序中处于较低的位置。资源配置效率要求它们减少规模,并把资源转移到正在发展壮大的产业中。政府通过直接贷款、再培训计划等方式,对这一资源转移过程提供帮助,这会有助于经济效率的提高,并减缓民众的痛苦。

贸易与收入分配:贸易可以对社会收入进行重新分配。

的确,贸易的引进可以造成社会收入的重新分配。受益者是那些与国内比较优势产业紧密相关的人们,受损者则是那些与国内比较劣势产业紧密相关的人们。大部分的贸易政策争论都是贸易受益者与贸易受损者之间的争议。在评价这个问题时,我们应该清醒地认识到,社会所得会远远地大于社会所失,而且政府应该引入直接财务援助、职业再培训等机制,以帮助贸易受损者适应于自由贸易。在此方面,贸易的引入类似于技术,普遍提高了社会生活水平,但也造成了一部分人的失业。

贸易与通货膨胀:贸易远远不是通货膨胀的诱因,当同时考虑进口价格与出口价格时,贸易具有反通货膨胀的性质。

国际贸易远远不是通货膨胀的诱因,正如大众媒体有时所言,相反,国际贸易具有**反通货膨胀**(anti-inflationary)的性质。假定恶劣的天气条件造成了俄罗斯的粮食歉收,俄罗斯不得不大量购买美国的谷物。谷物(以及用谷物作为投入的肉和其他商品)的价格将在美国上涨。美国出口商品的价格也要上涨。然而,这并不意味着贸易行为具有通货膨胀的倾向,因为它忽略了进口商品价格的变化。

---

[9]　这一观点在1993年关于《北美自由贸易协定》的争论中十分流行。后来,事实证明这一观点是错误的。本书以后内容会讨论《北美自由贸易协定》。

美国与俄罗斯的贸易：比较优势的一个例证。

现在简单地假定美国用它的小麦交换俄罗斯的原油。美国获得其所需原油的方式有两种：在国内生产原油（例如在阿拉斯加州北坡油田开采），或者用小麦交换原油。由于美国农业是十分有效率的，所以用小麦交换原油比较便宜。反之，俄罗斯生产原油和天然气的成本低，而生产谷物的成本高。根据比较优势规则，俄罗斯用原油和天然气交换到国内消费所需的一部分谷物，而美国用谷物交换到国内消费所需的一部分原油和天然气。各个国家都比较其在国内生产该商品的成本与从国际市场上进口该商品的成本，然后选择成本较低的方式。于是，美国的石油价格下降了。

当同时考虑进口与出口时，对外贸易的效应就是降低了而不是提高了所有商品的平均价格水平。此外，国外生产商的竞争压力常常构成了国内生产商提高价格的阻碍因素。在20世纪90年代后半期，当美国经济处于充分就业时，对外贸易有助于抑制当时的通货膨胀。对外贸易也刺激了本国生产商引进技术创新，并提高了效率。以汽车产业为例，一般认为，外国竞争促使美国汽车生产商在70年代后期开始生产小型汽车，以便适应消费者的偏好。来自日本的竞争也迫使美国汽车生产商提高其产品的质量，并引进了诸如“准时制”(just in time)库存管理方法之类的创新，与此同时还遏制了价格——这些都有益于美国消费者。

实行均衡、互利和市场导向的贸易是一个国家的利益所在。而实行保护低效率产业等扭曲国家比较优势的政策，则损害了国家利益。

2.5 国际贸易的动态利益

前述有关国际贸易利益的分析，遵循了强调现有资源的专业化和再配置的传统思路。事实上，贸易对一国经济增长率的影响远远超过了这些贸易利益，贸易还大大提高了有关贸易国可利用资源的数量。与重新配置固定数量资源的**静态**贸易效应不同，这一贸易利益可称为**动态利益**(dynamic gains)。我们只用不成比例的很少篇幅来阐述这个问题是因为动态利益是很难衡量的。但是，其重要性不应该被低估。

动态利益：国际贸易的动态利益会超过静态利益，贸易能够增加一国资源并提高其增长率。

首先考虑一个充分就业的经济体。它的收入等于产出，这可以被视为一枚硬币的两面。如果一张桌子的价格是100美元，这意味着什么呢？首先，它是一个单位产出的价值。其次，其价格反映出这一事实：共计100美元的收入被创造出来了，并以如下形式分配给生产这张桌子的各个生产要素：劳动力获得工资和薪水，自然资源的使用获得租金收入，资本获得利息，企业家能力获得利润。这个例子可以推广到给定年份生产的所有商品与服务。它们的最终产品价值就是国内生产总值，等于生产过程中产生的收入。反过来，经济增长的一个决定因素是人们愿意节制当前消费的程度（他们的储蓄倾向），从而使资源从消费品的生产中释放出来，并用于投资。

在一个充分就业的经济体中，如果所有的收入都用于消费品的消费——即储蓄率为零,那么,所有的资源都必须用来生产这些消费品,不可能有投资。另一方面,如果消费者节约了他们收入中的部分消费,或者进行储蓄,那么资源就可以释放出来,用于投资品的生产,于是,在未来便有可能实现经济增长和更大的产出。正是这种储蓄-投资过程,促进了经济增长和经济发展。

社会储蓄水平或者消费节制水平,与社会收入是正相关的,这是经济理论的有机组成部分,并在实证研究中得到反复证明。收入越高,储蓄也就越多,因为收入水平越高,储蓄也就越容易。因此,社会收入的任何增长都必定造成更多的储蓄:收入越高,经济增长率也就可能越高。

这恰恰就是国际贸易所要做的事情。由于可利用资源更有效率的使用,收入因而提高了,储蓄随之增加,更多的资源用于投资。而且,因为经济向对外贸易开放改变了相对价格,扩大投资的倾向可能会更加突出,例如,相对于出口品及其他商品的价格,进口品的价格走低,于是,在这种情况下,可以进口资本品或进口原材料来生产资本品。

由于技术等原因而不能生产资本品的发展中国家就是这样一个很好的例子。当发展中国家转向专业化于"简单"商品的生产并进口资本品时,这不仅仅是强迫资源转向更有效率利用的问题,因为发展中国家的资源不适合于生产资本品,所以它的资源本来就不可能用于生产资本品,在此情况下,这些国家不仅担心储蓄率和从当前消费中释放出来的资源,而且还担心如何使这些资源转化为资本品。由于在国内不可能实现这样的转化,所以它只能通过出口商品与进口资本品的交换才能够完成。国际贸易正是可以实现这一转化的唯一方式,因而也就成为经济增长的一个主要工具。的确,当资本品进口不足从而阻碍经济发展时,其他生产要素的低效利用就很可能发生。贸易(及援助)能突破这个瓶颈,并使经济处于一个更高的增长路径之中。

这一观点强调了如下事实:国际贸易不仅包括面对最终消费者的最终商品的流动,而且还包括生产设备、半成品、原材料等形式的生产要素的流动。既然许多发展中国家不具备在国内生产这些商品的技术和能力——即使它们愿意在国内生产,也会缺乏生产效率——所以进口该商品比国内专业化生产该商品更有效率。于是,这种进口就使一个国家的技术和效率达到了它在其他方式下难以达到的水平。因而在一代人的时间内,或许可以填补几个世纪的技术差距。一个融入全球经济的国家,可以享受到其他国家发明创造的技术外溢的利益。贸易和投资是在全世界传播知识的一个重要渠道,近年来中国和印度的经验就表明了这一点。

不仅如此,对外贸易还可以扩大国内市场的规模,无论对于发达国家还是发展中国家而言,这都是重要的利益。出口使得中小规模的国家可以建立并经营许多具有效益的工厂,而这些情况在生产仅仅限于国内市场的条件下是不可能实现的。企业不仅可以享受规模经济,而且整个经济都可以获益于价格竞争压力、产品改进和技术进步。竞争的匮乏经常会抑制创新。此外,产业的扩张使得很多事情成为可能,例如每个企业能够吸引到它所需的大量熟练劳动力(这些利益就是企业外部而产业内部的规模经济效应)。产业的全面扩张,常常可以带来必要基础设施的出现和发展,例如所有产业都可以使用的交通和发电设施(这些利益就是产业外部的规模经济效应)。对于国内的进口竞争产业而言，即使它们是国内垄断产业，进口也可以确保竞争压力的存在。而且，进口也可以抑制进口国的通货膨胀。

这里的讨论表明，国际贸易可以带来巨大的动态利益。由于多种原因，动态利益的效应在各国是不尽相同的，其中一个原因是各国政府利用自由贸易政策"福音"的意愿不同。

总结

比较优势，或产业在优势程度上的差异，决定了贸易的存在、贸易的方式和互利贸易的界限。在互利贸易界限之内，实际交换比率（贸易条件）是由一国对另一国商品需求的相对强度决定的。事实上，需求因素是决定贸易流动的非常重要的因素。因为资源根据比较优势原则而重新配置，从而提高了资源的利用效率，所以两国都可以从贸易中获益。

假定用商品生产国的货币表示商品的价格，互利贸易的界限就转化为可持续汇率的界限。比较优势原理可以推广到多商品的情形，各国根据商品国内成本的顺序对其所有商品进行排序。美国的汽车产业及钢铁产业就是说明这一原理的例子，在1960—1980年期间，它们在美国的产业排序中地位下降，并因而丧失了其竞争地位。

虽然比较优势决定着贸易的方向，但绝对优势决定着两国的相对工资率，从而决定着两国的相对生活水平。两国之间的工资比率必须处于它们产业之间的生产率比率之内，以适应于生产的比较优势结构。否则，两国之中的一国就甚至丧失了其比较优势商品的竞争力。确实，"过高的"工资率造成了民主德国地区竞争力的匮乏，并造成了大量的失业。

除了更有效率的资源配置以外，贸易还有其他优点。首先，贸易有助于一国抑制其通货膨胀——事实上，贸易具有反通货膨胀的性质，因为它允许进口比国内生产成本更低的商品。其次，贸易的动态利益把一国的实际GDP置于一个更高的增长路径之中，因为贸易鼓励了储蓄和投资。再次，对于一国而言，贸易引进了新商品、投入和技术。最后，贸易扩大了市场规模，使一国企业享受到规模经济。

重要概念

比较优势	贸易的反通货膨胀性质
"贸易孤立"国（无贸易国）	绝对优势
贸易条件	产业排序
需求因素	贸易的静态利益
相对工资率	贸易的动态利益

复习题

1. 每单位产出的生产成本如下表所示:

	小麦(每蒲式耳)	纺织品(每码)
美国	1美元	3美元
英国	1英镑	1英镑

请说明:

- 如果有贸易,贸易的方向;
- 互利贸易的界限;
- 可持续汇率的界限。

2. 请评价下列观点:

   a. 在国际贸易中,国内成本比率决定着互利贸易的界限,而需求因素则表明互利贸易界限之内的实际交换比例在什么位置;

   b. 比较优势是一个理论概念,它不能用来解释任何真实世界的现象;

   c. 贸易的开放提高了出口商品的价格,因而贸易造成了通货膨胀;

   d. 绝对优势的概念解释了民主德国地区20世纪90年代的高失业率。

3. 利用文中简表1的数据,确定美国—德国之间的工资比率的界限。

4. 你如何评价下列关系?

   a. 绝对优势与相对生活水平;

   b. 绝对优势与国际贸易的方向;

   c. 比较优势与贸易的方向。

5. a. 用比较优势理论解释以下现象为什么是值得的:

   - 美国出口谷物、进口原油;
   - 俄罗斯出口原油、进口谷物。

   b. 为什么大众媒体相信谷物出口具有通货膨胀性质?这种观点有何不妥?

6. 假定1960—1980年期间,美国钢铁产业的工资率扩大了三倍,而其整个制造业的工资率扩大了两倍,并且,钢铁产业的生产率与整个制造业的生产率同步增长。再假定同一时期日本钢铁产业的工资率及生产率的增长速度与其整个制造业保持一致。那么,在此期间,美国钢铁产业的比较优势会发生什么样的变化?

7. 讨论美国下述产业的比较优势:

   a. 汽车产业和钢铁产业;

   b. 高科技产业。

第3章
贸易的商品构成

如果经济学家仅仅感兴趣于国际贸易的好处，那么上一章的分析就足够了。简言之，它阐释了一个不言而喻的命题：只要两国之间的国内价格（或成本）比率不相等，就有互利贸易的空间，而且价格比率的差异越大，静态利益也就越大。

但在20世纪，国际贸易理论家的注意力从贸易利益转移到了贸易商品构成的决定因素。也就是说，他们试图弄清楚哪一个国家出口哪一种商品的决定因素是什么。的确，上一章并未忽视这一问题。或者更确切地说，上一章从两个方面给出了答案。在关于机会成本的讨论中，我们阐述了各国应该出口国内价格较低的商品，却没有研究其成本较低的原因。具有一种生产要素（劳动力）的李嘉图模型对此做了一点较深的研究，它假设各国应该出口其能以较低的平均劳动成本（或较高的平均劳动生产率）生产的商品。也就是说，劳动生产率的差异是价格差异的原因。

然而，这一答案又引出了如下问题：平均劳动生产率差异的原因又是什么？一个普遍接受的关于贸易商品构成的解释是**要素比例**（factor proportions）（**或禀赋**，endowment）理论。要素禀赋理论首先由瑞典经济学家E. F. 赫克歇尔（E. F. Heckscher）和B. 俄林（B. Ohlin）提出，第二次世界大战之后，它经过保罗·萨缪尔森（Paul Samuelson）的改进而发展成为一个很精致（尽管有一定局限）的模型。从本质上而言，这一理论将一国的资源禀赋与贸易商品的经济特征密切联系在一起。

3.1 要素比例理论

假定一个只有美国和德国的两国世界，它们只生产两种商品：纺织品和小麦；只有两种生产要素：劳动力和资本。[①] 所有的生产活动都是由完全竞争企业承担的；每一

---

① 这有时被称为2×2×2模型。参看R. Jones, "Two-ness in Trade Theory," Princeton, *Special Papers in International Trade*, no. 12, 1976。其大多数结论都可推广到更多维量的模型，例如3×3×3模型。

个产业都有很多企业,没有一个企业可以大到足以影响市场条件。这两种商品和两种生产要素的价格是由供给和需求决定的;各个企业都接受这些价格,并根据这些价格调整自己的活动。也就是说,企业在商品市场和要素市场都是价格接受者。劳动力和资本在国内产业之间的自由流动保证了各要素价格在国内的两个产业间是相同的。另一方面,生产要素不能在两国之间自由流动,因此,各要素在贸易之前的报酬存在着国际差异。

每个商品生产商都有一系列生产方法,并从中选择其一。区别不同生产技术的基本经济特征就是劳动力/资本比率。生产商根据市场上的要素价格比率来调整要素使用比率。劳动力相对于资本越贵,生产商使用的劳动力就越少,资本就越多。假定各种商品都是在两国相同的生产条件下生产的②,这表明,如果面临相同的要素价格,两国的生产商都会按相同的比率来使用这两个要素。也就是说,对于某一给定商品而言,两国的生产过程是相同的,而且,如果要素价格相同,两国都会选择相同的生产过程——或要素使用比率——来生产商品。经济学家对此总结为:两国的各种商品都有相同的生产函数或等产量线。

另一方面,在一国之内,一种商品的生产过程不同于另一种商品的生产过程,存在着确定的、唯一的和可持续的差别:对于任何一对给定的要素价格,小麦的生产比纺织品的生产使用更高的资本/劳动力比率。用术语表达就是:相对于纺织品而言,小麦是**资本密集型**(capital intensive)商品;或者说,相对于小麦而言,纺织品是**劳动力密集型**(labor intensive)商品。若把这种关系推广到两种以上商品的世界中,就涉及根据资本/劳动力比率对所有商品进行排序。该模型的一个基本假定是,这种排序(不一定是比率本身)在两个贸易国是相同的。也就是说,对于这两个国家而言,小麦都是相对的资本密集型商品,纺织品都是相对的劳动力密集型商品。

劳动力密集型商品:相对于另一种商品(例如小麦)而言,它是一种需要较高的劳动力/资本比率进行生产的商品(例如纺织品)。另一种商品(例如小麦),就是所谓的资本密集型商品。

在要素投入比率固定的最简单条件下,上述情况可由表3-1所示的例子来说明。在这两个国家,小麦的资本/劳动力比率是5∶2,纺织品的资本/劳动力比率是2∶4。小麦(如同汽车和钢铁)是资本密集型商品,纺织品(如同鞋袜和木材)是劳动力密集型商品。民用航空飞机等高度复杂的商品则被认为是技术密集型商品,因为它们需要相当数量的研发支出和大量的科学家与工程师。

表3-1 美国和德国的生产条件

	某商品生产的投入需求量	
	100蒲式耳小麦	**10码纺织品**
美国	5单位资本+2个劳动力日	2单位资本+4个劳动力日
德国	5单位资本+2个劳动力日	2单位资本+4个劳动力日

② 一个附加的假设是:如果生产商按一个给定比例提高了两种要素的使用量,产出将以同样的比例增加。这在经济学里被称为规模报酬不变。由于它允许两种要素同时发生变化,故而与边际报酬递减的原理有着明显的区别,而边际报酬递减的概念是在一种要素变化而另一种要素保持不变时定义的。因而,一个企业有可能在规模报酬不变的条件下经营,同时也符合边际报酬递减规律。

两国如何相互区分呢？它们依据资源禀赋的不同而相互区分：美国的资本/劳动力比率高于德国。我们说它是相对的**资本丰裕**（capital-abundant）的国家，而德国则是相对的**劳动力丰裕**（labor-abundant）的国家。例如，假定美国具有1亿工人和4万亿美元的资本，而德国具有3 000万工人和6 000亿美元的资本。因而，美国每个工人平均占有4万美元的资本，德国每个工人平均占有2万美元的资本。它也解释了美国劳动力更有效率的原因：每个美国工人比德国工人占有更多的可使用的资本。

一个劳动力丰裕的国家（例如德国），是一个比其他国家（例如美国）拥有更高劳动力/资本比率的国家。后者（美国）就是所谓的资本丰裕的国家。

请注意，重要的是禀赋比率，而不是生产要素的绝对数量。如果我们假定（正如此模型所示）需求条件在两国十分类似，那么资源禀赋反映出来的供给情况就决定着相对要素价格。因而，资本在美国就变得相对便宜，而劳动力在德国相对便宜。更确切地说，美国的资本/劳动力价格比率比德国低。把这一结果和先前有关两国制造业的假定联系起来，就可以得出以下结论：因为小麦是一种大量使用其相对便宜要素（资本）的商品，所以美国专业化于生产小麦，并出口小麦和进口纺织品；又因为纺织品是一种大量使用其相对便宜要素（劳动力）的商品，所以德国则专业化于生产纺织品，并出口纺织品和进口小麦。因为小麦是资本密集型商品，所以它在美国相对便宜；因为纺织品是劳动力密集型商品，所以它在德国相对便宜。

这一结果可以解释上一章的例子。在上一章中我们知道，美国的小麦具有比较优势，德国的纺织品具有比较优势，这是由相对的劳动力成本或生产率决定的。现在，我们的补充是：因为小麦是相对的资本密集型商品，而美国又是相对的资本丰裕国家，其劳动力比德国劳动力占有更多的资本进行生产，所以，美国劳动力在小麦生产上相对而言更具有效率。另一方面，在劳动力相对丰裕的德国，因为纺织品的生产需要相对较少的资本，所以德国具有纺织品生产的比较优势。一般而言，各国应该出口其要素相对丰裕的要素密集型商品。类似于两种商品之间的贸易，在服务贸易方面，各国出口其丰裕要素密集型的服务，进口其稀缺要素密集型的服务。

要素禀赋模型：根据要素禀赋模型，各国出口其相对丰裕的要素密集型商品。

在二十多年的时间里，由于以下一些原因，经济学家们实际上一直坚持这种关于国际贸易模式的解释。首先，这种解释有一个逻辑严谨的结构，从假设到结论的推导既明确又简洁。它是一种非常简易的解释，便于几何和数学运算，这一特征很能吸引现代经济学家。其次，尽管这一解释的实证经验有一些不足和问题，但对于一系列可观察的现象，它是非常有用的。例如，对于工业化国家与发展中国家之间的贸易，工业化国家的资本相对丰裕，往往出口资本密集型商品，而发展中国家的劳动力相对丰裕，往往出口劳动力密集型商品。

此外，这一模型还意味着各国出口其丰裕要素密集型的服务，进口其稀缺要素密集型的服务，这类似于商品贸易的出口和进口。我们可以认为，商品贸易和国际生产要素的流动可以互相替代。如果加拿大或欧洲国家对美国的（资本密集型）商品设立保护性壁

模型应用 要素禀赋模型可以解释很多可观察现象。

垒,那么,美国企业就可以向这些国家进行投资,建立工厂,在这些国家内进行生产,从而可以绕过关税壁垒。这些海外的分工厂或子公司就是所谓的**对外直接投资**(direct foreign investment)。一般而言,很多美国劳动力密集型的制造业都迁移到了非熟练劳动力丰裕的亚洲和拉丁美洲。相反,如果美国排斥墨西哥的劳动力密集型商品,那么墨西哥的工人就会合法地或非法地向美国移民。美国抑制墨西哥移民的最有效方法,就是向墨西哥商品开放市场。工人们就会在墨西哥进行生产,并将其劳动力密集型商品运输到美国。这是北美自由贸易协定(NAFTA)的一个重要成果。

这一分析为以下的一个经验现象提供了一种解释:近25年来美国收入差距的扩大。[③] 随着美国市场对国际贸易的开放,亚洲和拉丁美洲劳动力密集型商品的进口,降低了美国对非熟练劳动力的需求,从而降低了他们的工资。另一方面,资本密集型商品,尤其是高科技商品的出口,增加了美国对熟练劳动力的需求,并提高了他们的工资。另一个有说服力的解释就是技术:随着经济越来越走向技术上的复杂化,其增加了对高度熟练工人的需求,而降低了对非熟练工人的需求。经济学家相信,虽然第二种解释比第一种解释更重要,但两者都发挥着一定的作用。

由于该模型仅仅关注于贸易国的最基本特征,它因而也可能具有吸引力。其他任何被认为更高级的解释因素,例如劳动生产率或生产成本,都会带来其自身是由什么决定的问题。由于这个解释牢牢地把握了国家经济结构的基本要素,我们因而可以最小化问题。一国的自然资源是由自然条件而不是由任何经济要素决定的。虽然劳动力规模和劳动力的参与水平在一定程度上与经济条件相关,这构成了劳动力供给的一个重要决定因素,但是,决定劳动力供给的主要因素仍然是移民政策和影响生育率的社会因素,而不是任何经济变量。对于资本而言,这一观点也可能是无效的,因为人们往往理所当然地要弄清楚导致当今资本存量的以往投资的经济原因是什么。这些经济原因包括:使资源用于投资的几代人的储蓄行为、自然资源、人口的企业家能力、战争之类的破坏程度,以及其他因素。技术进步可以决定投资,就这一点而言,我们仍然能够提问:什么因素(除人类天赋之外)推动了新技术?但是,所有这些都是过去行为的原因。今天的资本存量可以被认为是理所当然的。因此,尽管有上述这些条件,但至少在现有的研究时期,这一模型可以简化到经济结构的基本要素。

最后,因为这个模型采用一个国家的经济结构来解释贸易,所以,如果我们研究国际贸易对经济结构的影响,尤其是国际贸易对生产要素报酬和要素收入分配的影响,那么我们就可以逆向理解这个过程。[④] 既然这个模型意味着各国出口其丰裕要素密集型的服务,进口其稀缺要素密集型的服务,那么,一个国家开展国际贸易就提高了本

---

③ 在富国和穷国之间,收入差距也扩大了。参见 L. Pritckett, "Forget Convergence: Divergence Past, Present and Future," *Finance and Development*, June 1996。

④ 生产要素的收入分配(劳动力、资本、自然资源及企业家能力的总报酬),就是所谓的"收入的功能性分配"(functional distribution of income)。它区别于用来衡量人口收入不平等程度的所得大小之分配。

国丰裕要素的需求，进而提高了本国丰裕要素的报酬，同时降低了本国稀缺要素的报酬（如果征收关税，可以得到相反的观点）。根据这一模型的假定，不完全专业化的国际贸易会造成要素价格在贸易国之间的均等化。[5]

国内收入分配：此模型的一个推论就是，贸易有利于一个国家的丰裕要素，而不利于一个国家的稀缺要素。但是，利益大于损失。

补充阅读

更具体而言，**要素价格均等化**（factor price equalization）过程的基础是两种商品生产的要素使用比率的变化。在前述例子中，根据非完全专业化的条件，贸易造成了德国较多地生产纺织品、较少地生产小麦，从而把资源从小麦生产转移到纺织品生产。然而，由于两个产业的要素使用比率的差异，从小麦产业中释放出来的资源具有相对较高的资本/劳动力比率，而且资本/劳动力比率相对较低的纺织业可以吸收这些被释放出来的资源。因此，这个过程释放出来的资本相对较多、劳动力相对较少。于是，在起伏波动的市场中，资本的价格下跌，劳动力的价格上升。如果所有要素在贸易之前和贸易之后都可以得到充分利用（模型就是这样假定的），那么就一定是这样的结果。美国的情况恰好相反，资源从资本/劳动力比率相对较低的纺织品产业中释放出来，资本/劳动力比率相对较高的小麦产业吸收了这些资源。这个过程造成了资本的价格上升、劳动力的价格下跌。

国际要素价格均等化：另一个推论就是，贸易使国家之间的要素价格均等化。

第二次世界大战之后经济学家们的研究题目之一，就是这一转变过程的两个结果。

首先，国际贸易发生之后，随着相对丰裕的要素（美国的资本和德国的劳动力）受益、相对稀缺的要素受损，各国的国内收入分配发生了变化[这就是所谓的斯托普尔-萨缪尔森（Stolper-Samuelson）理论，以提出该理论的学者命名]。只要专业化不完全，两国都生产两种商品，那么这些影响就会发生于这两个产业。但是，两国遭受的稀缺要素的损失均小于其丰裕要素的收益，社会整体是受益于贸易的。[6] 相反，贸易限制则会有益于相对稀缺的要素。例如，澳大利亚曾经征收关税的原因是影响国内的收入分配，使其有利于劳动力，因为其劳动力相对于土地是稀缺的。这或许也可以解释为什么美国劳工运动的绝大部分内容是支持各种形式的进口保护，因为美国的劳动力相对于资本是稀缺的。但是，政府仍然有一些良好的方法来改变收入分配，例如税收和补贴。

其次，比较两国之间的要素报酬，我们注意到，贸易降低了德国的资本价格，提高了美国的资本价格。由于德国的资本是相对稀缺要素，其在贸易之前的定价高于贸易之前的美国资本价格，这就构成了两个价格的收敛。随着劳动力价格在德国上升、在美国下跌，同样的劳动力价格收敛也发生了。图3-1可以概括说明这些变化。只要专业化不完全，这两个产业均会发生这种价格收敛。在两国不完全专业化、技术相同、规模报酬不变[7]，以及不存在运输成本和贸易壁垒（所以商品价格能够完全收敛）的假定条件下，两国之间的要素

[5] 这一结果不同于李嘉图模型的结论，李嘉图模型推演了完全专业化。

[6] 贸易影响收入分配，同样它也造成很多的经济变化，例如技术进步或消费者偏好的变动。但是，用社会总收入的增长来弥补受损者总是可能的，或至少可以通过对受损者提供支援性项目来减轻他们的损失。

[7] 这意味着，各个要素的边际产出只取决于要素使用比率，而与经营规模完全无关。

价格会实现完全的均等化。但由于这些假定条件在现实世界中并不存在,所以只存在要素价格均等化的趋势。欧洲工资在 1959 年只有美国工资的四分之一,但部分地因为贸易的缘故,它在 2000 年赶上了美国工资水平。

图 3-1　贸易对要素价格的影响

由于贸易,两国劳动力的价格发生了均等化,资本的价格也发生了均等化。

实证检验

在理解要素比例模型优点的同时,有人可能会问,这一模型是否有什么缺点。答案是,实证检验的结果是好坏参半的。在很长一段时期里,因为国际贸易中的商品不可能被完全分解成劳动力和资本要素,所以对要素比例理论进行检验也是不可能的。工业化经济体的生产过程是相当复杂的。每一个最终商品,例如汽车,都可以被分解成劳动力、资本和原材料投入。而原材料投入这一项(例如钢铁与其他金属)也能以同样的方式进行进一步的分解,以此类推。只有把生产过程回推到以自然形式表现的原材料的层次,我们才能够计算每一个最终商品中所包含的劳动力和资本投入的总量。事实上,对于绝大部分贸易商品而言,其最终生产阶段的劳动力和资本含量只占其总含量的大约一半。

在 20 世纪 30 年代后期,由于要素的流动需要准确地知道经济的生产过程,这一僵局开始被打破。如果政府决定增加 1 000 架飞机的生产,那么它为了避免出现瓶颈,就必须知道应该需要多少其他产业的投入。事实上,生产中的商品结构的任何重大变化,都需要这方面的知识。否则,经济的平稳转型是不可能的。诺贝尔奖获得者瓦西里·里昂惕夫(Wassily Leontief)率先采用投入产出表,为美国提供了这方面的信息。投入产出表显示了各种商品与服务的产业间流动,它们经历着生产过程的各个环节,直到形成最终产品。美国商务部后来接管了这项工作,而且许多其他国家也做了类似的研究。

一旦有了投入产出的统计,就有可能把美国的进口和出口分解为各自的劳动力和资本要素,里昂惕夫本人在 20 世纪 50 年代中期就做过这样的事情。他发现,美国出口的代表性一篮子商品包含了较多的劳动力和较少的资本,而美国进口的代表性一篮子商品包含了较多的资本和较少的劳动力。显然,进口品的资本/劳动力比率高于出口品。由于美国是迄今世界上资本最丰裕的国家,因而上述结果违背了要素比例理论。

里昂惕夫的这一发现引起了理论家的极大震惊,后来被称为**里昂惕夫的稀缺要素悖论**(Leontief scarce-factor paradox)。

里昂惕夫悖论:指里昂惕夫发现,美国出口劳动力相对密集的商品,进口资本相对密集的商品。由于美国的资本相对丰裕,这就违背了要素禀赋模型。

从那时起,这一分析也应用于其他国家的相似数据,但在很多情况下,分析的结果都不能证实要素比例理论。这引起了经济学家们长达20年的激烈辩论。多数经济学家都努力使实证检验结果与理论一致化,以挽救要素比例理论。里昂惕夫本人也曾指出,由于优良的管理、更好的培训和更强的激励,美国的劳动力具有非常高的效率。他的结论是,既然美国劳动力的效率是外国同行(即使使用相同的资本设备)的三倍,那么,若用效率单位来衡量劳动力,美国便成为一个劳动力相对丰裕的国家,因此,这一理论也就得到了检验。

其他的一些经济学家则声称,美国的进口限制措施过多地保护了其劳动力密集型产业,以至于可观察到的一篮子商品进口人为地偏向于资本密集型商品。还有一些其他经济学家则认为,问题在于这个模型仅仅关注于两种生产要素,而忽略了自然资源。事实上,美国所进口的正是自然资源密集型的商品。因为这些商品的生产需要很多资本投入,所以若用资本/劳动力的尺度衡量,这些商品就表现为资本密集型。近来的研究工作集中于放宽有关生产技术和消费者偏好跨国间相同的假设,也对工业数据进行了不同的分类。这大大地改善了模型的表现。[⑧]

3.2 其他理论

期望用一个简单的理论来充分地解释一百多个国家之间所有商品贸易的复杂现象,这是不合理的。要素比例理论尤其不能解释产业内贸易的扩张。产业内贸易是指,具有一些不同特征的类似商品之间的贸易。在专业文献中出现了几种其他解释。[⑨]

特定部门要素 **特定部门模型**(sector-specific model)是要素比例理论的一个广泛使用的变体。它假定一个两部门经济:雇用土地和劳动力的农业(A)、雇用资本和劳动力的制造业(M)。劳动力在两个部门之间是完全流动的,而资本和土地分别是制造业和农业的特定要素。在两个部门中,劳动力都与一个固定数量的另一种要素(制造业的资本或农业的土地)相组合,以生产商品。劳动力服从边际报酬递减的规律,两

⑧ 参见J. Romalis, "Factor Proportions and the Structure of Commodity Trade," *American Economic Review*, March 2004, pp. 67—97; D. Davis and D. Weinstein, "International Trade as an Integrated Equilibrium," *American Economic Review*, May 2000, pp. 150—154; D. Trefler, "International Factor Price Differences: Leontief Was Right," *Journal of Political Economy*, December 1993, pp. 961—987; and P. Schott, "One Size Fits All & Heckscher-Ohlin Specialization in Global Production," *American Economic Review*, June 2003, pp. 686—708。

⑨ 例如,参见R. Baldwin, "Determinants of the Commodity Structure of U. S. Trade," *American Economic Review*, May 1971。

个部门的劳动力的边际产品价值(VMP_L)[10]也递减。劳动力的流动性保证了与边际产品价值相等的工资率在两部门之间也是趋于均等的。实际上,这个均等化的条件决定了劳动力在两个部门之间的分配。[11]

假定一国具有丰富的土地,因而具有农业(A)的比较优势。当开展自由贸易时,农产品的国内价格上涨。劳动力从制造业转移到农业,因而与土地(特定要素)相结合的劳动力相对较多,而与资本相结合的劳动力便相对较少。于是,土地的边际产品价值上升,而资本的边际产品价值下降:土地所有者受益,而资本持有者受损。因此,扩张产业与收缩产业的特定要素所有者(受益者和受损者)之间便存在着潜在的冲突。[12]

虽然贸易有益于整个国家,但它却可能使一些社会集团情况变糟:出口产业特定要素的所有者从贸易中受益,进口竞争产业特定要素的所有者则从贸易中受损。可以流动的要素既可能受益也可能受损。事实上,关于贸易政策的很多政治辩论,都是受益者与受害者之间的争论。

产品生命周期 **产品生命周期**(product cycle)假说强调了商品的标准化过程。[13]在早期,新商品的生产涉及商品特征和生产流程的试验。因此,在初始阶段,商品是非标准化的。随着市场的扩大和各种技术的普及,商品及其生产过程也走向标准化,甚至可能出现国际标准和具体规格。于是,技术不发达的国家就能够开始生产这种产品。根据这个假说,技术高度发达的国家出口非标准化商品,而技术不发达的国家则专业化生产标准化商品。由于绝大多数研究活动均在美国、德国和日本进行,因而可以预计,这三个国家出口非标准化商品。

垄断竞争和产业内贸易 上述所有解释,包括要素禀赋理论,都具有一个共同点:它们都坚持国际贸易的基础是两国之间的差异,即技术的差异或者要素禀赋的差异(或者由此派生的其他变量)。也就是说,贸易的基础是比较优势,并且弥补了国内在资本、劳动力技能、管理或者技术水平方面的不足。贸易的利益来自以下事实:贸易能使各国从事专业化生产,并重新配置不同生产活动之间的资源。于是,各国分别进出口不同的商品。在不存在规模经济且所有市场都是完全竞争的条件下,这是贸易发生的唯一基础。但是,一旦

规模经济:随着生产规模扩大(所有投入增加),单位产出的成本下降。

[10] 劳动力的边际产品价值,等于产品价格乘以劳动力的边际产品。

[11] 参见 R. W. Jones, "A Three-Factor Model in Theory, Trade and History," in J. Bhagwati et al. (eds.), *Trade, Balance of Payment, and Growth: Essays in Honor of C. Kindleberger*, Amsterdam, North Holland, 1971。

[12] 因一些要素的不可流动性而产生的收入分配效应,体现了一个暂时的、过渡性的问题。相反,要素比例模型中的分配效应却是永久性的。因而,特定部门模型的一个可行的解释是,它是赫克歇尔-俄林理论的短期版本。由于资本在短期内是不能在部门间自由流动的,于是在出口产业和进口竞争产业的资本家之间存在着直接的利益冲突。参见 J. P. Neary, "Short-run Capital Specificity and the Pure Theory of International Trade," *Economic Journal*, 86, 1987。

[13] R. Vernon, "International Investment and Trade in the Product Cycle," *Quarterly Journal of Economics*, May 1966; 以及 L. Wells, "A Product Cycle for International Trade?", *Journal of Marketing*, July 1968。请注意:技术的迅速扩散缩短了产品生命周期。

我们考虑了规模经济的因素，即使国家之间的技术与资源禀赋完全相同，贸易也是可以发生的。规模经济表明，假定所有的投入增加一个给定的比例，那么产出就会以更大的比例增加。这意味着单位产出的生产成本随着生产规模的扩大而下降。

首先考虑企业外部的规模经济的情况。假定所有企业都是完全竞争的，不产生经济利润，那么企业的生产率取决于其所处产业的规模是多大（而非企业自身的规模）。情况就是这样，产业规模决定着所有企业可以得到多少特定专业劳动技能、创新技术开发和扩散等。时装、钟表或者高科技产业就是这样的产业案例。外部规模经济的特征或许可以解释为什么这些产业中的企业往往聚集在一个地理区域里，例如加利福尼亚州的硅谷，许多高科技企业汇集在那里。在这些产业中，随着产业规模的扩大，劳动力生产率会上升，单位劳动力成本会下降。

假设钟表产业存在着规模经济，而制笔产业则不存在规模经济。还假设瑞士和法国均具有这两个产业的完全相同的技术。尽管钟表产业的技术完全相同，但在产业规模较大的国家里，单位劳动力成本会比较低（而制笔产业却不是这样）。假定瑞士开始时就具有规模较大的钟表产业，其生产成本（仅基于该产业的规模）会比较低，并成为钟表的出口国。法国也相应地会成为钟表的进口国。由于贸易引起了该产业在瑞士的扩张和在法国的收缩，瑞士的成本优势就会逐渐增长。这一过程会延续下去，一直到(a) 法国的钟表产业全部消失，并且法国完全专业化于制笔产业，而瑞士同时生产这两种商品；或者(b) 瑞士的钟表产业吸收了国内所有的劳动力，以至于瑞士只生产钟表，而法国可以继续生产这两种商品。在这两种情况下，瑞士都会出口钟表、进口笔。

但是，是什么原因使得瑞士钟表产业从一开始就具有大于法国的产业规模呢？我们对此无法回答！这或许仅仅是一个历史的偶然。可是，这种从偶然中获得的优势会随着时间的流逝而累积起来。因此，我们不能预言贸易的模式。如果钟表产业开始时在两国具有相同的规模，那么任何一国均不会具有成本优势。但是，一旦发生什么事情使得规模优势有利于其中的一国，该国就获得了成本优势，而且，这一优势会随着时间的流逝而自我加强。

毫无疑问，基于规模经济的贸易是有利于两国的。随着钟表生产越来越集中于其中的一国（无论哪一国），该国钟表产业的规模就会扩大，其生产成本（与产业规模成反比）就会减少。可是，不管如何在两国之间重新安排制笔产业，制笔产业的生产成本并不会出现相应的上升，这是因为制笔产业不存在规模经济。因此，给定一定数量的资源，两种商品的产量在贸易之后比贸易之前要多。

总之，即使在技术和资源禀赋相同的条件下，规模经济也可以造成国际专业化分工和国际贸易。尽管这一贸易模式是很难预知的，但它是对基于比较优势原则的贸易模式的补充，并使两国均从中受益。

如果我们放弃企业完全竞争的假定，那么也有可能出现企业内部的规模经济，规模经济的作用也可以与比较优势一起导致贸易的产生。假定钟表产业是垄断竞争的，而制笔产业是完全竞争的。

垄断竞争:是由生产差异化商品的许多企业构成的一种产业结构。

垄断竞争(monopolistic competition)是一种市场结构,在该市场中有许多企业,企业进入产业既容易又自由,从而保证了长期的经济利润由于企业相互竞争而为零。就此而言,这一市场结构与完全竞争相似。可是,它又不同于完全竞争,因为不同企业生产的商品不会被消费者视为完全替代品。更确切地说,企业生产的商品在某些方面与同一产业的其他企业生产的商品是有差异的,例如商品服务、包装甚至品牌名称等。这些企业可以在规模报酬递增的条件下经营:如果企业以一个给定的比例增加了所有投入要素,那么企业的产出就会增加一个更大的比例。也就是说,该企业的单位生产成本随着产出的增加而下降。

对消费者而言,市场规模的扩大有两个有利的影响:它造成了更多数量的企业来生产更多种类的差异化商品;由于每个企业都以较低的平均成本来生产更多数量的产出,所以每一种类的商品都会以较低的价格被生产出来。

假定瑞士的资本相对丰裕,而法国的劳动力相对丰裕,并且钟表产业是相对资本密集的产业,而制笔产业则是相对劳动力密集的产业。如果钟表是同质商品(一个完全竞争产业),那么,当贸易开展之后,瑞士将向法国出口钟表,并从法国进口笔。

可是,钟表产业属于垄断竞争产业,各企业生产不同种类的钟表。由于每一种类的钟表生产都存在着规模经济,所以两国均不会生产所有种类的钟表。瑞士将成为钟表的净出口者。然而,有一些瑞士消费者偏好法国企业生产的钟表,于是瑞士就进口法国企业生产的这些钟表。总之,两国之间将有钟表的交易,或产业内贸易。

这是一种总体性的贸易模式,同时具有产业间贸易(产业之间)和产业内贸易的特征。[14]

(a) 产业间贸易反映了比较优势。瑞士向法国出口钟表,并从法国进口笔。

(b) 产业内贸易与比较优势无关。由于钟表制造的规模经济可以防止一个国家生产所有种类的钟表,所以瑞士和法国将相互出口不同种类的钟表。产业内贸易的模式是难以预知的。

在两种贸易模式下,瑞士都出口钟表(而不出口笔),因而就成为钟表的净出口国。法国在产业间贸易模式下出口笔,而在产业内贸易模式下出口钟表,因而成为笔的净出口国和钟表的净进口国。国家之间的技术水平和要素禀赋越相似,它们之间的产业间贸易就越少,而产业内贸易就越多。实际上,工业化国家之间的大多数贸易属于产业内贸易,而大多数南北贸易则往往属于产业间贸易。

可是,产业内贸易的案例也可以在南北贸易中找到。例如,通用电气公司意识到,由于美国消费者偏好双门冰箱,因而在美国国内制造单门冰箱就没有什么利润;相反,墨西哥人偏好单门冰箱。于是,通用电气公司的美国工厂向墨西哥市场提供低容量的单门冰箱,而其墨西哥工厂向美国市场提供低容量的双门冰箱。[15]

---

⑭ 为便于讨论,请参见 S. Linder, *An Essay on Trade and Transformation*, New York: Wiley, 1961; E. Helpman, "International Trade in the Presence of Product Differentiation Economies of Scale and Monopolistic Competition," *Journal of International Economics*, August 1981;以及 P. Krugman, "New Theories of Trade among Industrial Countries," *American Economic Review*, May 1983。

⑮ 参见 J. Gannon, "NAFTA Creates Jobs for Joe and José," *Wall Street Journal*, March 29, 1993, editorial page。

产业内贸易带来了附加的国际贸易利益。由于贸易造就了一个更大的市场,一国就可以减少其商品生产的种类,从而降低每个种类商品的生产成本(规模经济效应),与此同时,它可以增加消费者使用的商品种类(通过进口)。更低的价格和更多的商品种类选择都带来了利益。[16] 所有人的利益都可以增加,不存在再分配效应。所有的生产要素都从贸易中获得利益。几乎不需要做出适应于贸易的经济调整。实际上,在欧洲经济一体化的过程中,来自参与国的内部争议非常少,其主要原因就是欧洲经济一体化带来的产业内贸易有益于所有的参与国。同样,美加汽车贸易协定(1965)确立了两国之间的汽车及其零部件的自由贸易,使得加拿大减少了其汽车及其零部件生产的种类,并降低了其单位生产成本。与此同时,它还增加了加拿大消费者可以选择的汽车及其零部件的种类。

3.3 一个正在形成的共识?

现代观点认为,国际贸易可以分为两个组成部分:

(a) **产业间贸易**(interindustry trade)是国家之间完全不同商品的交易,例如用纺织品交换飞机,或者用原材料交换制成品。大多数的产业间贸易发生在要素禀赋存在很大差异的国家之间,例如发展中国家与工业化国家之间,并可以用要素禀赋模型来解释。

(b) **产业内贸易**(intraindustry trade)指相似商品的双向贸易,例如美国与加拿大或一些欧洲国家之间的汽车产品交易。产业内贸易占国际贸易的比例越来越大。大多数产业内贸易是在工业化国家之间进行的,因为工业化国家的要素禀赋已越来越相似。

产业间贸易:是国家之间完全不同商品的贸易,可以用要素禀赋模型来解释。

产业内贸易:是国家之间高度相似商品的贸易,可以用规模经济模型来解释;对于消费者而言,它产生了两种利益:更低价格的商品和更多种类的商品。

产业内贸易的生产企业有两个重要特征:(a) 它们往往是差异化商品的寡头垄断者[17]或垄断竞争者。(b) 在它们的行为中,生产和分配的规模经济具有重要的作用。

根据这些情况,要素禀赋决定着一个国家可以成为总体商品种类的净出口国还是净进口国。但是,长期批量生产的优势又导致每个国家只生产各商品种类之中的一部分商品。于是,具有相似的资本/劳动力比率和技术水平的国家,仍然具有动力从事同一产业之内差异化商品的专业化生产,并进行贸易,从而就形成了大量的产业内贸易。

即使向发展中国家出口了更多的商品,美国和欧洲还是发现它难以适应来自发展中国家越来越多的商品进口,其原因之一,就是这些商品进口体现了产业间贸易,而不是产业内贸易。进口国之内的资源必须从一个产业转移到另一个产业,而不是从同一产业的一个部门转移到另一个部门。

---

[16] 据估计,更多商品种类的选择可以带来占美国 GDP 3%的价值。在过去的 30 年里,美国消费者可以选择的商品种类得到了巨大增加,其中的大部分商品是源自进口。

[17] 在每一个产业中,只有少数几个大企业。

3.4 适应变化环境的经济调整

产生国际贸易的国内因素和国际因素随时间推移而发生变化。技术进步、资本积累、新技能的获得以及新产品的发明,在所有的动态经济中随处可见。实际上,它们每年发生,并进而改变着根据比较优势进行的产业排序。曾经可以轻易适应世界市场价格竞争的产业,可能突然发现,其自身因不能适应竞争而正在收缩规模。这种**比较优势的动态变化**,需要经济中的资源具有足够的流动性,可以从经济萧条部门转移到具有竞争力的部门。经济本身必须处于不断变化的过程之中,以适应新的环境。这一要求尤其适用于产业间贸易。

动态变化:随着其要素禀赋和/或技术的变化,一个国家的比较优势也会发生变化。

应用的例证:发展中国家的工业化。

想想发展中国家的工业化努力。它们建立了什么新产业?除了基于本地原材料的生产之外,它们的比较优势还在于非熟练技术和劳动力密集型的产业。纺织品、鞋袜和木材等产品就是这样的产业。一些比较发达的发展中国家(那里的小时工资是美国的十分之一,而且劳动力受到良好的培训)已开始发展钢铁、汽车和家电等产业。因此,当印度和巴基斯坦建立起纺织厂时,一些欧洲国家就有必要收缩其纺织产业,并转移到更先进商品的生产。根据比较优势原则,这些欧洲国家可以从专业化于更先进商品的生产、并从国外进口较便宜的纺织品中获益。

如果发达国家采用和执行较高的反污染标准,比较优势结构或许就会发生反方向的变化。这些反污染标准可能提高了许多合成材料的生产成本,使之高于发展中国家生产的天然材料替代品。于是,这些发展中国家就重新获得了它们曾经丧失于合成材料的比较优势。

日本的变化:日本战后的发展是比较优势动态性质的一个例证,其比较优势从劳动力密集型商品转移到资本密集型商品,再转移到高科技商品。

日本第二次世界大战后的发展为比较优势的动态变化性质提供了一个生动例证。二战结束时,日本还是一个不发达的、劳动力相对丰裕的国家,出口纺织品等劳动力密集型商品。事实上,美国的纺织厂感到了日本竞争的威胁,并寻求保护。然而在这一时期,日本人通过非常高的储蓄率和投资率而慢慢地增加了其资本存量。于是,到20世纪70年代,日本已成为资本相对丰裕的国家,并开始出口钢铁、汽车等资本密集型商品。日本的工资也上涨了,于是日本的纺织产业发现,它已经很难与从其他亚洲发展中国家进口的廉价纺织品相竞争了。与此同时,日本培养科学家和工程师,逐渐推进其技术能力,它把2.7%的GDP用于研究与开发工作,这与美国、德国的研发工作占GDP的比率旗鼓相当。在1963年,世界上61%的研发科学家是在美国工作。然而到了1984年,这一比例下降到49%,而日本的这一比例则从15%增长到23%。于是,到了80年代和90年代,日本的精密仪器和机械、电脑、微型芯片等高科技商品,可以在世界市场上与美国竞争。[18]

---

[18] 其他高科技产业的例证有:民用航空飞机、机器人、光纤、办公自动化、基因工程和某些化学产业。

韩国仿效日本，目前正进入资本丰裕的阶段——例如，韩国现在向日本出口钢铁。包括中国在内的其他亚洲国家，虽然目前其劳动力仍然丰裕，但也正在逐渐地增加其资本存量，甚至沿着技术的阶梯向上攀升。

在这样一个动态化的世界中，发达国家应该责无旁贷地把资源转移到更先进产业，而不是对进口发展中国家的简单产品实施限制。这里又有这样一个问题：本书用一个段落轻松描述的经济转型，在现实世界中却是一个人员调整的严峻问题。生产设备必须更新，新型机械必须安装，工人必须接受新技术培训，有时还要重新安置。有时，甚至整个社会都乱套了，曾经繁华的都市变成了鬼城。也就是说，有益于整个国家的转型是以少数失业人员的巨大困苦为代价的。不仅对外贸易的开展，而且任何类型的经济调整，例如新技术的发明，都会带来这个问题。调整过程中的公共援助可以有助于平滑或者加速经济转型，但尽管如此，困难仍然是存在的。

调整：所有国家都需要进行调整，以适应比较优势结构的变化。

于是，出现下述现象毫不奇怪：在工会的参与下，受到新的进口竞争直接影响的产业极力维护它们的利益，要求实施关税和配额保护。在经济转型完成和工人转移到更高工资的工作岗位之后，其将给所有人带来的最终利益被忽视了。少数人的既得利益常常占上风；当然，很少有人关注于那些从廉价进口中得到利益的消费者大众(例如，在2009年，美国对中国的轮胎实施进口限制)。

另一个现代例证是流行于欧洲、美国和日本的农业保护和补贴，这有损于发展中国家的农业出口，并使发达国家的消费者付出很大的代价。处于政治强势的美国和欧洲农民有能力获得这些保护措施。

对于所有国家而言，无论是发达国家还是发展中国家，经济转型的无力都可能预示着经济停滞和持续挑战。经济转型的困难是：不能根据不断变化的世界需求来做出调整，使其适应于新的生产模式。它是曾困扰英国经济的问题之一。尽管困难重重，一个国家必须保持连续变化的活力，以适应比较优势的变化。政府可以有所作为，以保持高水平的总生产和总就业，这样，从衰落产业释放出来的劳动力和资本就会得到新的使用。政府也可以提供直接援助，以减轻它们在产业之间转移的负担。

经济增长

经济增长可以表示为生产可能性曲线的向外移动。但是，这种移动往往不是对称的。更确切地说，经济增长往往偏向于其中一种商品的生产。在图3-2中，曲线的向外移动表现为偏向于小麦(a图)或者偏向于纺织品(b图)。这一偏向的原因可能是某一经济部门的技术进步(李嘉图模型)；或者，如果受到要素供给增长的推动，增长就偏向于供给增加的要素密集型的商品。

以下结论适用于一个大国：如果一国的经济增长在出口方向上不成比例地大幅度增长(图3-2a，美国的**出口偏向的经济增长**)，其贸易条件就会恶化。相反地，若生产可能性曲线在进口偏向上不成比例地增长(图 3-2b,美国的**进口偏向的经济增长**),其贸易条件就会改善。

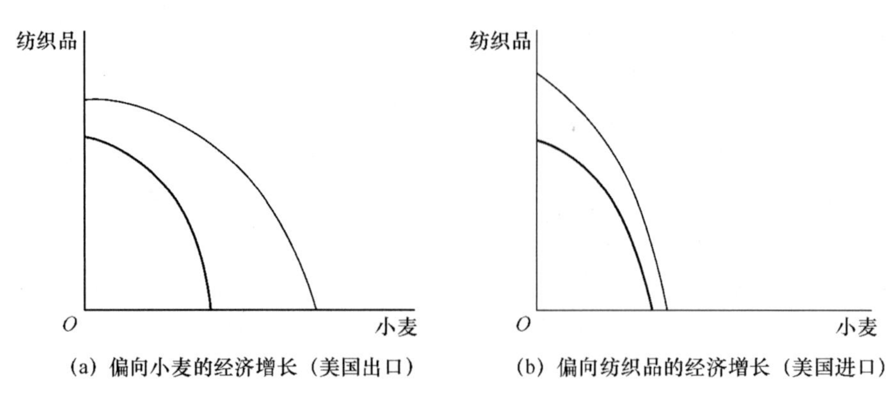

(a) 偏向小麦的经济增长(美国出口)　(b) 偏向纺织品的经济增长(美国进口)

图 3-2 美国经济增长的两种模式

经济增长可以表示为生产可能性曲线向外的、非对称的移动,它往往偏向于其中的一种商品。

总结

本章分析了贸易商品构成的原因,阐述了这个问题:什么因素造成一个国家在一种商品上具有比较优势,却在另一种商品上具有比较劣势?根据要素比例理论,贸易模式表现为国家的相对要素禀赋和商品的相对要素密集度这两者之间的密切联系。各国均出口其相对丰裕的要素密集型商品,并进口其相对稀缺的要素密集型商品。进一步而言,一国出口其丰裕要素的服务(因而提高了其价格),并进口其稀缺要素的服务(因而降低了其价格)。该理论确实解释了很多可观察到的现象,包括美国对加拿大和欧洲的投资、墨西哥人向美国的移民等。它同样也说明了贸易对要素价格与收入分配的影响。

然而,由于实证检验不能充分支持要素比例理论(里昂惕夫悖论),所以出现了作为要素比例理论补充的其他解释。有人建议这一模型可以扩展成一个三要素模型,其中一个要素可在两个产业间流动,而另两个要素则分别是这两个产业的不可以流动的特定要素。可是,近来的检验却又支持了要素比例理论:它当然很好地解释了产业间贸易。

解释产业内贸易的一个理论则舍弃了上述模型的一些假定条件。相反,该理论给出了垄断竞争和规模经济的假定条件,在这两个假定条件下,产业间贸易和产业内贸易都可以发生。它表明,贸易的利益不仅来自资源的有效配置,而且还包括更多商品种类选择的消费者利益,以及不断提高的生产效率。

比较优势不仅是一个静态的概念,而且更是一个动态的概念。随着基本要素的变化,比较优势也在发生变化。日本的战后发展也许是最生动的例证,其比较优势从劳动力密集型商品转移到资本密集型商品，近来又转移到技术密集型商品。

经济增长可以表示为生产可能性曲线的向外移动，这一移动往往是不对称的。事实上，经济增长往往要么是出口偏向的，要么是进口偏向的。

重要概念

- 要素比例(或禀赋)理论
- 资本密集型商品
- 资本丰裕的国家
- 外国直接投资
- 产品生命周期
- 垄断竞争
- 要素价格均等化
- 里昂惕夫的稀缺要素悖论
- 特定部门模型
- 劳动密集型产品
- 劳动力丰裕的国家
- 产业间贸易
- 产业内贸易
- 产品多样性
- 比较优势的动态变化
- 出口偏向的经济增长
- 进口偏向的经济增长

复习题

1. “商品的相对要素密集度”指什么？“国家的相对要素丰裕度”又指什么？如何用这些概念来解释贸易的商品构成？根据这一分析，请阐述商品流动和要素流动是可以相互替代的。里昂惕夫悖论是否证实了这种解释？如果不是，那又是什么？
2. 要素比例理论是产业内贸易的一个良好解释吗？如果不是，你能简述一个能说明产业内贸易这种现象的解释吗？
3. 要素比例理论可以解释墨西哥人向美国的移民吗？它如何解释美国对加拿大的直接投资呢？
4. 请以日本经验为例，解释比较优势的动态性质。
5. 一旦美国获得了民用航空飞机生产的比较优势，它就能够永远占据全球市场的支配地位。你同意这种说法吗？请解释。
6. 区别产业间贸易与产业内贸易，并分别举例。请提供有关产业间贸易和产业内贸易的解释。
7. 请解释并阐述以下说法：根据要素禀赋模型，贸易的主要利益来自资源的重新配置。根据“垄断竞争和规模经济”理论，还存在其他的贸易利益。这些其他的贸易利益是什么？
8. 为什么经济增长通常表示为生产可能性曲线的不对称移动？

第4章 国内产业保护:关税

由于可以从国际贸易获得利益,人们会期望自由贸易成为通行的规则,而人为的贸易壁垒只是例外。然而,我们生活在一个保护主义盛行的世界里,政府对商品和服务自由流动的干预绝不是例外。与国家利益的其他方面一样,商业政策并不代表单个决策者的合理观点。它们是利益集团努力影响立法者和决策者的结果。这一结果很难与经济分析的判断相符。

关税:是对跨越国境的商品征收的税。关税的主要征收对象是进口商品,其目的是提高进口商品的价格,从而使国内产业生产出来的相似商品具有竞争力。

从传统上看,最常见的保护工具就是进口关税,尽管它不是唯一的保护工具。关税是一个备受争议的政治问题,进口竞争产业吵吵嚷嚷地要求保护,出口产业则常常支持自由贸易,而承担贸易保护代价的消费者,既没有自己的声音,也没有很好的代言人。

一般而言,国家对那些具有比较劣势的产业给予了最大程度的保护。在制造业具有比较优势的国家,例如欧洲国家和日本,对其农业给予了最多的保护。而在农业或自然资源具有比较优势的国家,例如澳大利亚或发展中国家,对其制造业给予了最多的保护。美国对它的纺织业、制糖业等多个产业都给予了很大程度的保护,它没有一个具有代表性的被保护产业。

本章分析关税对经济的各种影响,阐述保护的理由,并探讨国际社会减少保护和促进国际贸易自由化的措施。

4.1 一些制度因素

4.1.1 出口关税与进口关税

关税是对跨越国境的商品征收的税。最常见的关税是进口关税。一些主要出口农产品和原材料的国家也征收出口关税。出口关税的目的可能是增加政府税收,或者为维持初级商品的世界价格而抑制出口。美国宪法禁止征收出口关税。

补充阅读

进口关税和出口关税对一个国家资源配置的影响是对称的。进口关税提高了该商品在征税国内相对于其他商品的价格,从而引起资源从出口产业向进口竞争产业转移。出口关税限制了被征税商品的出口,降低了其在征税国内相对于其他商品的价格,于是,资源从出口产业中转移出来,进入进口竞争产业(Abba Lerner 教授在 1936 年的一篇论文中提出了这一观点)。由于出口关税相对少见,我们主要讨论进口关税。

4.1.2 保护关税与财政关税

保护关税和财政关税: 大多数关税对国内产业提供保护,并产生政府税收。

禁止性关税: 是一种税率很高的关税,足以阻止所有的商品进口。

从历史上看,征收关税的主要目的是把它作为政府税收的一个来源。**财政关税**(revenue tariff)是最容易实施的税收,因为它可以由驻守于官方入境地点的工作人员进行征收。正因为容易征收,很多发展中国家依靠关税来为政府运行提供资金。然而,现在工业化国家征收关税的目的是提高进口商品的价格,从而保护国内产业。**保护关税**(protective tariff)产生的少量税收是令人愉快的副产品,但它不是保护关税的主要目的。如果关税不能引起资源转移到可以生产进口替代商品的国内产业,那么它就是纯粹的税收驱动性的关税。下列情况就属于税收驱动性的关税:对国内不生产的商品(例如咖啡)征收进口关税,或者对进口商品征收的关税与对国内进口替代商品征收的国内税具有相同的税额。在极端情况下,禁止性关税——一种高到足以阻止所有商品进口的关税——只起到保护作用,而不会产生税收。对于大多数征税商品而言,关税既有保护作用,又能产生政府税收。美国的海关关税占政府收入的大约 1%。

4.1.3 关税类型

关税类型: 从价关税是根据价格的一个百分比计算出来的关税。从量关税是对每单位商品征收一个固定数量的关税。复合关税则是两者的结合。

我们将区别从价关税、从量关税和复合关税等关税类型。**从价关税**(ad valorem duty)是商品价值的一个固定比率,例如对进口汽车征收其价值 5%的关税。**从量关税**(specific duty)是对每个单位的实物商品征收一个固定数量的关税,例如对每辆进口汽车征收 100 美元的关税。**复合关税**(compound duty)是从价关税和从量关税的一个结合,例如对每辆汽车征收 50 美元的从量关税和相当于其价值 2%的从价关税。美国以大致相同的比例同时征收从量关税和从价关税;而欧洲国家主要征收从价关税。

那么每类关税的优点和缺点是什么呢?从价关税比其他类型的关税更公平,因为它可以区别反映在商品价格上的商品的不同等级。进口劳斯莱斯汽车的人要比进口大众汽车的人支付更多的关税。而根据从量关税,每个人都支付相同的税额,从而对廉价商品进口征收了较高比例的关税。

此外,在通货膨胀时期,与从量关税相比,从价关税可以对国内产业提供一个更加稳定的保护水平。世界价格水平近几十年以来一直上升,因而,随着税额占商品价值的比例越来越小,征收固定数量税额而产生的保护水平也越来越下降,与此相比,按商品价值的固定比例征收的从价关税则不会出现同样的下降。

从账户管理的角度看,从量关税易于实施和管理,而从价关税在计算关税之前需要关税官员估计商品的价格。这一估价有两种基础:**FOB 价格**和 **CIF 价格**。前者代表离岸价格,表示在港口装运上船后的商品价格(如果去掉商品的上船装运成本,我们得到 FAS 价格,即船边交货价格)。后者代表成本、保险费和运输费(即到岸价格),包含了商品进入港口的费用。它包括了离岸价格所缺乏的远洋运费和其他跨国运费。美国用离岸价格计算关税,而大多数欧洲国家则用到岸价格计算关税。

既然从价关税和从量关税均有优点和缺点,那么一个合理的妥协方法就是对标准化商品征收从量关税,而对等级变化范围广泛的商品征收从价关税。

因为美国的关税议决是国会特权,所以美国关税反映了很多不同的政治压力集团的影响。这就是关税分类的工作相当耗时复杂、关税管理又很困难的原因之一。海关官员必须决定每一个进口商品落在哪一个关税类别之内。因为不同的关税类别具有不同的关税率,所以这一决定对进口商是非常重要的。事实上,很多关税诉讼的焦点都是进口商品的关税分类以及它们的估价(在从价关税条件下)。复杂的关税分类目录造成了不确定性,它在本质上构成了国际贸易的一个障碍。更复杂的是,一个具体商品可能因其供应来源的不同而面临不同的关税率。这一事实意味着,进口国以低关税率的形式对某些出口国给予特惠待遇。就美国而言,其国会在 20 世纪 30 年代制定的法定关税远远高于美国对大多数国家商品进口征收的关税率,因为美国与这些国家进行了长期互惠的关税减让。这些关税减让的关税率又高于美国对许多发展中国家工业品进口征收的关税率,因为这些发展中国家在美国享有特惠地位。①

美国关税率总体上是低的,平均在 4%到 8%之间。然而,有些商品,例如很多纺织品,就面临着高得多的关税率,因而造成了美国海关税率表的“峰值”。在欧洲和日本的海关税率表中也可以见到这种情况。

---

① 每个国家的关税率都用本国语言公布,不过所有国家海关税率表的五种主要语言版本都在《国际关税》(*International Customs Journal*)上公布,这一刊物的发行方是位于比利时的国际关税局(International Customs Tariff Bureau)。美国商务部发行的《海外商业报告》(*Overseas Business Reports*)也描述外国的关税体系。《美国海关税率表详解》(*The Tariff Schedule of the United States, Annotated*)报告了美国关税。许多国家在征收关税时都坚持一个标准化的商品分类方法,即《布鲁塞尔关税商品分类》(Brussels Tariff Nomenclature, BTN)。一个商品被划入哪一项关税类别,这是非常重要的。1994 年,日产汽车公司在美国赢得了一场官司,于是,它的多功能车辆被划为需支付 2.5%关税率的汽车类别,而不是被划为需支付 25%关税率的卡车类别。

4.2　关税的经济效应

4.2.1　谁支付关税?

我们习以为常地认为,关税的成本是由商品进口商支付的,然后随着商品价格的上涨,又转嫁给消费者。由于管理程序的缘故,很多人倾向于认为关税是由进口国公民支付的。然而,事实经常不是这样。

假定美国是一个咖啡进口国,巴西是一个咖啡出口国,咖啡的自由贸易价格是每吨50美元,美国对每吨进口咖啡征收10美元的从量关税。关税的直接效应是把咖啡的美国国内价格提高到60美元。于是,美国人减少咖啡消费量;他们要么转向替代性产品,例如茶,要么减少包括咖啡在内的热饮料的消费总量。美国的咖啡消费量如此之大,以至于其进口咖啡的减少会对全球咖啡价格产生市场效应。假定这会迫使咖啡的自由贸易价格从50美元下降到45美元。然后,每吨10美元的关税使得美国咖啡的国内价格上升到每吨55美元。现在美国消费者为每吨咖啡支付的价格(从自由贸易时的50美元)上升到55美元,同时巴西的咖啡生产商从每吨咖啡收到的价格(从自由贸易时的50美元)下降到45美元。每吨10美元的差价就是美国政府征收的进口关税。

在自由贸易下,消费者支付的价格等于生产商接受的价格,但关税在两者之间打进了一个楔子。征收关税之后,美国消费者为每吨咖啡多支付了5美元,但是国家作为一个整体(消费者加上政府)为每吨咖啡少支付了5美元。后者的每吨咖啡45美元,正是巴西咖啡出口商收到的价格,它低于每吨咖啡50美元的自由贸易价格。由于巴西咖啡的出口价格下降,其咖啡出口商实际上就被迫承担了部分关税。于是,关税的负担或归宿是由美国人和巴西人分担的。美国咖啡的国内价格上升,巴西咖啡的出口价格下降,这两个价格变化合计为关税的数量。

> **贸易条件**:一个国家的贸易条件是它的出口价格与进口价格之比。

一个国家的**贸易条件**(terms of trade),被定义为其出口商品价格除以进口商品价格(P_x/P_m)。对于美国(国家作为一个总体)而言,其每吨咖啡的进口价格从50美元下降到45美元。如果我们假定美国其他商品的出口价格保持不变,那么美国的贸易条件就提高了,或者优化了。巴西每吨咖啡的出口价格从50美元下降到45美元。如果我们假定巴西其他商品的进口价格保持不变,那么巴西的贸易条件就下降了,或者恶化了。一个国家(美国)在贸易条件上所获的利益,正是另一个国家(巴西)在贸易条件上所受的损失。我们知道,**贸易数量**的扩张会使从事贸易的两个国家均从中受益,这恰与贸易条件的上述影响形成对比。

另一方面,现在假定一个小国,例如挪威,对每吨进口咖啡征收10美元的关税。于是,挪威的国内咖啡价格从50美元上升到60美元,并且挪威的咖啡消费量下降。由于挪威是一个小国,不是全球咖啡市场上的主要买家,因而其咖啡消费量的下降对世界咖啡价格不会产生影响。世界咖啡价格保持不变,巴西的咖啡出口价格仍然为每吨50美元。因此,关税的全部效应就在挪威一国之内发生,而挪威和巴西的贸易条件均不会发生变化。实际上,**贸易小国**的定义,就是指一个不能通过自己的行动来影响世界市场价格,从而不会影响其贸易条件的国家。根据这一定义,美国是世界上屈指可数的**贸易大国**之一。

4.2.2 图解

我们可以通过图形来直观地表述上述讨论。

一个国家进口还是出口某一商品,取决于该商品的国内价格(国内需求曲线和供给曲线的交点)与国际价格之间的关系。如果这两个价格相等,就不会发生该商品的贸易。如果国际价格超过其国内价格,该商品就会出口;如果国际价格低于其国内价格,该商品就会进口。下面我们用图形分析商品进口国的情况。

> **贸易小国情况**:在贸易小国中,国内价格的上升额等于关税的全部数额。关税不改变贸易小国的贸易条件。

贸易小国情况 在图4-1中,曲线D和曲线S分别表示挪威咖啡市场的国内需求和国内供给。在没有国际贸易的情况下,国内供需均衡点是E点,国内价格为每吨70美元。世界市场价格用P_w表示,为每吨50美元。作为一个贸易小国,挪威可以以这个价格购买它想购买的所有数量的咖啡而不会影响咖啡的世界价格。在每吨50美元的价格水平下,挪威存在着超额的咖啡需求量ab,即进口数量。每吨咖啡10美元的关税使其国内价格P_w^t上升到每吨60美元,而世界市场价格保持不变,咖啡进口数量(每吨60美元价格水平下的超额需求)则下降到$cd(=ef)$。作为贸易小国的挪威,咖啡进口数量的减少没有影响到世界咖啡价格。挪威的贸易条件(P_x/P_m)保持不变。[2] 挪威消费者支付了全部的关税。当挪威消费者为每吨咖啡多支付10美元时,国家作为一个总体(消费者加上政府)为每吨咖啡支付50美元,这与以前没有关税的情况是一样的。来自关税的全部政府税收——每吨咖啡10美元乘以进口咖啡数量cd,或者矩形面积G——是由国内消费者支付的。

贸易大国情况 现在讨论咖啡进口大国,例如美国的情况。当征收进口关税时,美国市场价格上升,消费者也抑制消费。但是在本例中,由于美国是全球咖啡市场的主要买家,其咖啡进口的减少会降低世界咖啡市场的价格,并使咖啡出口国吸收一部分关税。

> **贸易大国情况**:在贸易大国中,国内价格的上升额等于关税的一部分数额,关税的另一部分数额表现为外国商品出口价格的下降。由于外国人支付一部分关税,本国贸易条件得到改善。

图4-2描述了美国的咖啡市场,曲线D和曲线S分别表示国内需求和国内供给,E点为国内供需均衡点。在没有国际贸易的情况下,每吨咖啡的国内价格是70美元。在每吨50美元的世界价格水平(P_w)下,自由贸易的咖啡进口总量为ab。每吨咖啡10美元的关税减少了国内消费。由于美国是咖啡市场的主要买家,世

---

② P_x表示挪威出口商品的价格(这里假定保持不变),而P_m表示挪威经济作为一个整体(消费者加上政府)支付的进口价格。

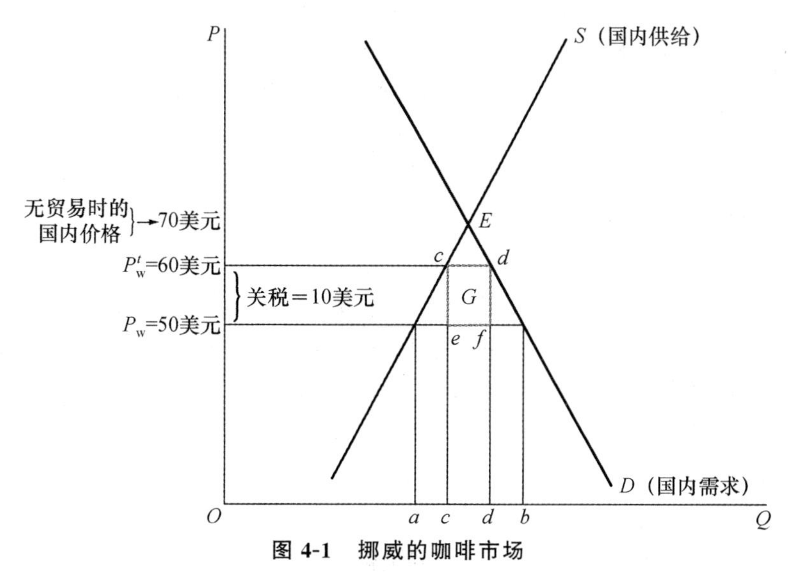

图 4-1　挪威的咖啡市场

对于贸易进口小国,国内价格的上升额等于关税的全部数额。

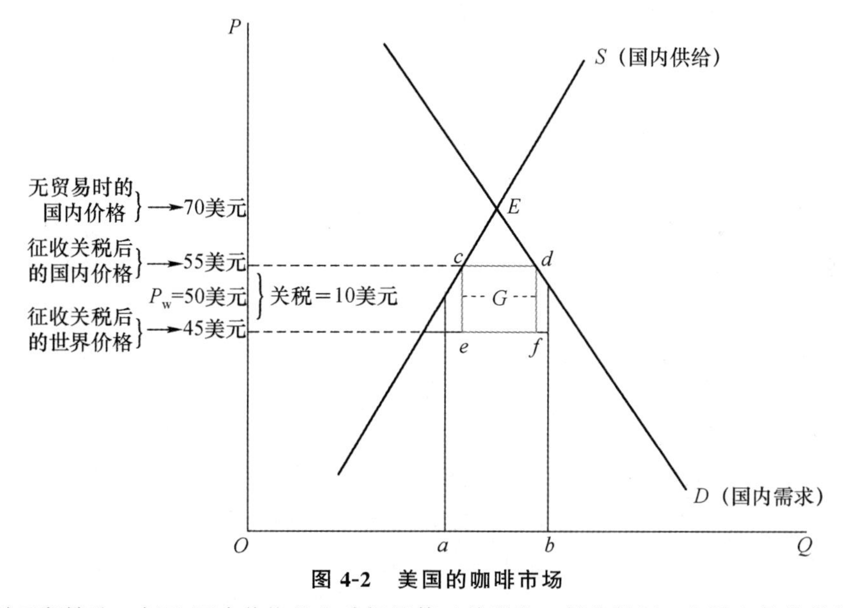

图 4-2　美国的咖啡市场

对于贸易进口大国,国内价格的上升额只等于关税的一部分数额(本图中是关税数额的一半),出口国吸收了另一部分的关税数额。

界咖啡市场的价格每吨下降了 5 美元(从 50 美元下降到 45 美元)。关税使国内咖啡价格上升到每吨 55 美元。关税税收等于 10 美元乘以进口数量 cd,或者矩形面积 G。[3] 因此,只有一半的关税是由国内消费者支付的,外国出口商支付了另一半的关税。

③　从技术上看,纵轴与 e 点、f 点的连线应该有一个正的斜率(向上)。为简单起见,这里表示为水平线。

此时，对于美国消费者而言，每吨咖啡价格上升了5美元——从自由贸易时的50美元上升到征收关税后的55美元。可是，在这55美元之中，美国政府收到了10美元。因此，国家作为一个总体(消费者加上政府)支付的价格下降了5美元——从自由贸易时的50美元下降到征收关税后的45美元。尽管此时消费者比在自由贸易时多支付了5美元(每吨咖啡55美元)，但国家作为一个总体少支付了5美元(每吨咖啡45美元)。也就是说，关税使进口咖啡价格下降了5美元，美国的贸易条件(P_x/P_m)因此而得到了改善，而巴西的贸易条件却因此而恶化。

只有贸易进口大国可以通过征收关税来改善其贸易条件。但是，如果一个小国家是某一商品的世界主要供给者，它也可以通过征收出口税来改善自己的贸易条件。非洲国家加纳就是可可的贸易出口大国，其可可占全球供应量的三分之一份额。如果加纳停止对全球市场的部分出口，可可的世界市场价格就会上升，其贸易条件(P_x/P_m)就会改善。沙特阿拉伯同样具有操纵原油出口的能力。

4.2.3　国内效应

为了集中研究关税征税国的国内效应，我们先假定一个**小国**情况。进口商品的国内价格上升额等于关税的全部数额，这产生了几个后果。首先，它促使一些消费者抑制进口商品的消费，并转向国内生产的替代品。国内生产的替代品差强人意；否则，即使在无关税的条件下，消费者也会愿意购买国内生产的替代品。于是，这一变化构成了消费者的福利损失。也就是说，关税通过"人为地"提高进口商品价格而扭曲了相对市场价格，从而引起国内消费者购买差强人意的国内商品。

其次，由于关税的缘故，那些生产替代品的国内产业会扩大生产。在充分就业的条件下，资源就会从其他产业中转移出来，它们是那些按照比较优势排序靠前的产业(如果不征收关税的话，这些资源本应受雇于这些产业)。[④] 这会造成经济整体的生产效率损失，即所谓的关税的生产成本。请注意，被保护商品的生产商受益于这种资源转移；由于资源从其他产业转移到这些生产商，经济整体的效率则受损。根据我们现在的假定，政府税收只从国内征收，其增长在部分程度上抵消了这两种损失。在进口国之内，由于收入从消费群体转移到被保护商品的生产商以及政府，这就造成了收入再分配，并发生了实际收入的净损失。因为关税提高了消费者支付的价格，并对国内生产商给予保护，所以**它的国内效应类似于对消费者征税和对生产商给予补贴的综合效应**。

> **关税效应**：关税重新分配了收入，使收入从消费者转移到生产者和政府。在贸易小国情况下，关税引起真实收入的净损失：消费者的损失大于政府和受保护产业生产者的收益。

从图4-3中可以看出这些变化。它描述了征收关税商品(例如汽车)的国内供给和国内需求情况。在没有国际贸易的情况下，国内价格为P_1——国内供给和需求曲线的交点。在自由贸易和没有运输成本的条件下，国内价格等同于世界价格，

④　因为这个原因，经济学家认为，对所有进口商品征收同一税率的一般关税，要优于现在实施的对不同进口商品征收不同税率的关税。

这里假定世界价格为 P_2。在价格为 P_2 时,国内消费量为 Ob,产量为 Oa,并且进口——两者之差——等于 ab。

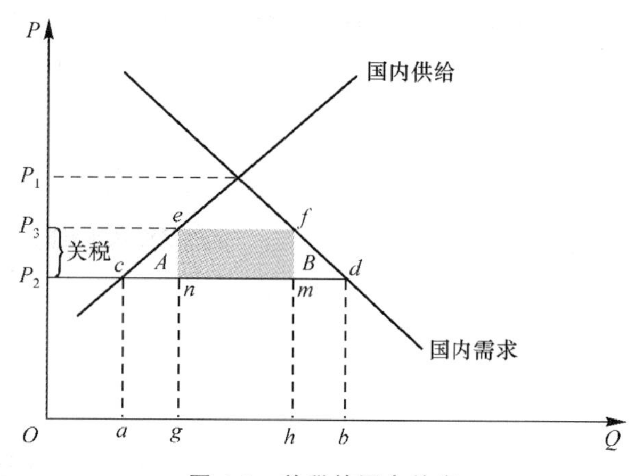

图 4-3　关税的国内效应

关税给贸易小国带来必然的损失,其净损失是三角形 $A+B$。

P_2P_3 数量的关税把汽车的国内价格提高到 P_3,并产生如下效应:随着消费者从需求曲线的 d 点转移到 f 点,汽车的国内消费量下降了 bh 数量。因而,关税迫使消费者减少被征税商品的消费,并转向令国内消费者有些失望的替代品(关税的消费效应)。随着生产商从供给曲线的 c 点转移到 e 点,汽车的国内生产增加了 ag 数量(关税的生产效应)。在一般均衡情况下,ag 表示从其他更有效率的产业能够转移到受保护的汽车产业的资源。进口数量下降了 $ag+bh$。最后,阴影的矩形部分表示政府的关税税收,即进口量 $ef(=gh)$ 乘以每单位的关税 P_2P_3。

关税国内效应的一个重要结果是,进口竞争产业大量使用的那些生产要素获得了利益。例如,美国的纺织工人受益于进口纺织品的高关税,如同出口产业的要素受益于自由贸易一样。有时国家征收关税的结果,就是在损害另一些生产要素的情况下帮助某些生产要素。国家因关税政策而遭受的全部损失,远远超过了那些受保护生产要素的收益。另外,如果想让收入再分配的进程令人满意,那么国内税和补贴是更好的方式。

最后,关税可能间接地提高了国内垄断的程度,从而降低了生产效率,损害了消费者,阻碍了经济增长。如果要实施关税的国家非常小,以至于其国内市场只能维持一两家企业,那么外国竞争就可以刺激创新和经济增长,并必然地有利于抑制物价。实施关税则减缓或阻碍了这种刺激。即使对于一个大国而言,当存在产业垄断时,进口也可以有力地促进竞争,这可以部分地解释寡头垄断的美国钢铁产业为什么要求保护,同时也指出了为什么这种保护有悖于公共利益。进口限制的取消有利于抑制国内价格的上涨,这一点在通货膨胀时期尤其突出。实际上,国家经常放宽进口限制,以此作为反通货膨胀的措施。

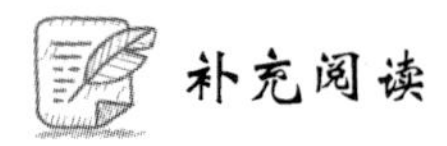

关税的经济成本——进一步的思考

用福利经济学的工具,我们可以更加详细地了解关税的经济成本。我们先介绍福利经济学的工具。

看图4-4中的需求曲线 D。曲线上的点表示消费者为不同数量的商品愿意支付的价格。它与供给曲线(这里没有标示)的交点就是市场价格,表示为 OP_1。一旦市场价格确定下来,所有的消费者均支付这个统一价格。但是实际上,它只是边际消费者愿意支付的价格。如果其他消费者更迫切需要商品,那么他就愿意支付一个更高的价格,在需求曲线上 A 点上方的所有点均表示这种情况(那些不那么迫切需要商品的消费者则不会购买该商品,在需求曲线上 A 点下方的所有点均表示这些消费者的偏好)。尽管购买商品的需求程度不同,但所有消费者都支付相同的价格。消费者愿意支付价格条件下的商品购买额与他们在市场价格下的实际商品购买额之间的差额,就是所谓的**消费者剩余**(consumers' surplus)。在图4-4中,它用三角形面积 P_1AB 来表示。[⑤] 如果市场价格上升到 OP_2,则消费者剩余变为 P_2CB,消费者剩余的减少数量是阴影部分的面积 P_1P_2CA。请注意,需求曲线无须延展到与价格轴相交以确定消费者剩余的变化。

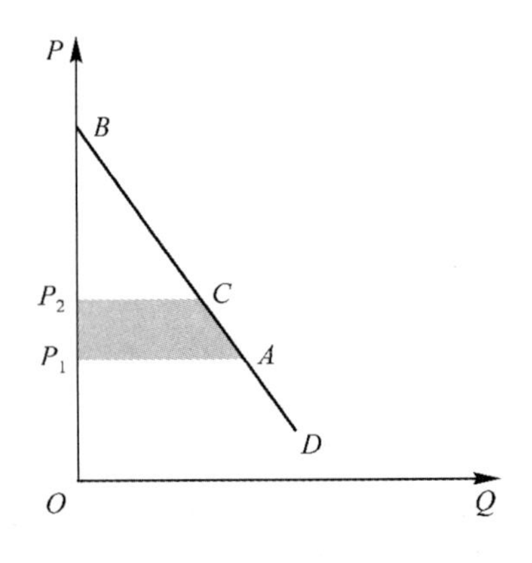

图4-4 消费者剩余

由于价格从 P_1 上升到 P_2,消费者剩余减少。图中阴影部分的面积表示消费者剩余减少的数量。

接着看图4-5中的供给曲线 S。曲线上的点表示生产者在不同的价格下愿意供给的商品数量,它与需求曲线(这里没有标示)的交点就是市场价格,表示为 OP_1。一旦市场价格确定下来,所有的生产者均获得这个统一价格。但是实际上,只是边际生产者需要这个价格来实现销售。更有效率的生产者愿意在更低的价格水平上出售商品,在供给曲线上 E 点下方的所有点均表示这种情况(那些不那么迫切出售商品的生产者则不会出售商品,因为他们要求销售价格位于 OP_1 价格水平之上)。然而,尽管生产者出售商品的迫切程度

⑤ 完全价格歧视的垄断者对每一个消费者征收这个消费者愿意支付的价格,而不是对所有消费者都征收同一个市场价格。因此垄断者自己占有了这个三角形面积。

不同(可能反映了生产效率),但所有生产者都获得相同的价格。生产者愿意出售商品的价格与实际市场价格之间的差额,就是所谓的**生产者剩余**(producers'surplus)。在图 4-5 中,它用三角形面积 P_1GE 来表示。如果市场价格上升到 OP_2,则生产者剩余变为 P_2GF。生产者剩余的增加数量是阴影部分 P_1P_2FE 的面积。请注意,供给曲线无须延展到与价格轴相交以确定生产者剩余的变化。

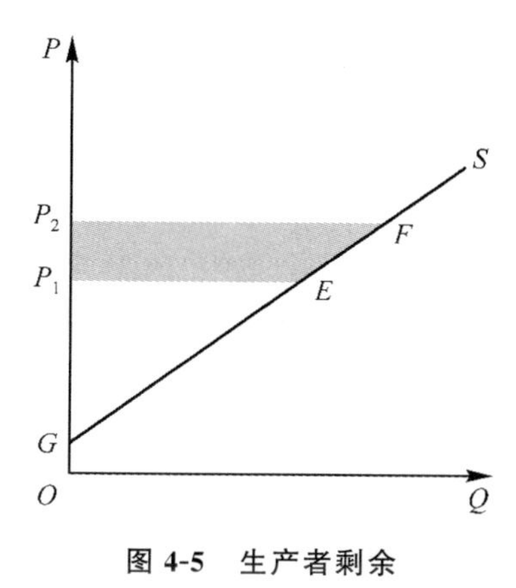

图 4-5　生产者剩余

由于价格从 P_1 上升到 P_2,生产者剩余增加。图中阴影部分的面积表示生产者剩余增加的数量。

现在我们就可以用图 4-3 来分析关税的福利效应了。关税 P_2P_3 把贸易后的商品的国内价格从 OP_2 提高到 OP_3。于是,消费者剩余的减少数量是面积 P_3P_2df,生产者剩余的增加数量是面积 P_3P_2ce,同时政府税收的增加数量为阴影部分的矩形面积 $efmn$。因此,关税带来的净福利损失等于两个**福利三角形**(welfare triangles) A 和 B 的面积之和。[⑥] 这是所谓的**净损失**(deadweight loss)。除了这种净损失之外,关税还会引起收入再分配,即收入从消费者转移到政府和被保护商品的生产者。

我们接着分析关税对出口国的国内效应。如果进口国是小国,什么事情也没有发生;然而,如果进口国是大国,出口商品的价格会降低,因为进口国征收关税使其购买量下降。这导致了出口国国内该商品产量的减少和消费量的增加。贸易的开展对出口国有一个反方向的效应,它提高了出口商品在出口国的国内价格。因此,当 20 世纪 60 年代加拿大政府与中国签订 10 亿蒲式耳小麦的销售协议时,没有人会惊讶于加拿大国内小麦价格的上升;销售协议到期后,加拿大的国内小麦价格就下降了。它仅仅

⑥ 将高度(关税)乘以长度再除以 2,就可以测算出两个福利三角形的面积。

$$三角形\ A=\frac{t}{2}\times\overline{cn},三角形\ B=\frac{t}{2}\times\overline{md}$$

联立这两个三角形,得到:

$$\frac{t}{2}\times(\overline{cn})+\frac{t}{2}\times(\overline{md})\quad 或\quad \frac{t}{2}\times(\overline{cn}+\overline{md})$$

$(\overline{cn}+\overline{md})$ 构成了征收关税之后的进口下降数量,因此三角形的面积等于 $t/2$ 乘以 ΔM。尽管做出了很大努力,但测算这一面积的主要困难是估算 ΔM。进口受到多个因素的影响,因此有必要单独估计一个因素的效应,即关税效应。

反映出了对加拿大小麦需求的增加和其后的下降。同样地，1972年由于美国对俄罗斯大量销售小麦，美国的小麦价格翻了一番。

由于外国的进口关税，商品出口国的生产商受损，而其消费者受益，出口国家作为一个整体受损，这不仅因为资源配置现在变得缺乏效率，而且还因为出口国的贸易条件趋于恶化。出口国为进口国支付部分关税的事实，就是后者的反映(如果进口国是大国)。

4.2.4　实际收入效应

关税不可避免地减少了世界作为一个整体的真实收入，进口国们的贸易条件效应相互抵消，剩下来的就是相比自由贸易条件下的贸易数量的减少。这构成了世界实际收入的减少，其原因有两个：一是生产模式受到扭曲，不再符合比较优势结构；二是消费者从理想的消费品转向不那么理想的国内替代品。

然而，这并不意味着每个国家都必然因关税而受损。因为贸易数量的减少和贸易条件的恶化，出口国会受到损失。但进口国受到了两个相互冲突的影响：贸易数量的下降会引起实际收入的损失，而贸易条件的改善又会引起实际收入的增加。如果进口国足够大，可以影响其贸易条件，而且如果关税不是很高，那么后者的影响就可能强于前者，从而引起实际收入的净收益。这种可以使实际收入净收益实现最大化的关税率，就是经济学家所称的**最优关税**(optimum tariff)。[7] 最优关税的大小取决于决定贸易条件的各个要素。

最优关税：可以使贸易条件改善引起的收益和贸易数量减少引起的损失之间的差额实现最大化的关税率。对贸易小国而言，最优关税为零，因为贸易小国没有贸易条件的改善。

发展中国家有时以最优关税为依据，试图证明其复杂且效率低下的贸易保护体制具有合理性。然而，这并不是一个站得住脚的理由。相对于世界贸易总量而言，这些国家的进口规模太小，以至于它们不能改变其贸易条件，即不能“迫使”出口国承担一部分关税。它们的最优进口关税必然是零。可是，就它们的出口贸易而言，这些国家可以利用其垄断势力，把税收转移到外部。不过，只有在初级商品出口领域，单个发展中国家作为供给者的重要性才能大到足以影响这种商品的世界价格。例如，巴西对咖啡出口征收关税，或者沙特阿拉伯对原油出口征收关税，都会限制该商品的世界供给，并提高其出口价格。这样，外国消费者就支付了一部分关税。当一个国家成为某种商品的世界主要出口国时，该国对该商品的出口征收关税，就可以改善其贸易条件。

补充阅读

图4-6表示了贸易大国的最优关税。P_{ft}是自由贸易价格，征收关税t之后，国内价格上升到P_d，而国外价格(出口价格)下降到P_f。三角形A和B代表贸易数量减少带来的国

---

⑦　类似于进口的最优关税，资本流动的最优税收是指：如果一个国家的资本借入足够大，可以改善其海外借款的借入条件(利率)，那么它就可以实行资本流动的最优税收。

内福利损失,矩形 C 表示贸易条件的改善:外国出口者支付了一部分关税。如果矩形 C 的面积超过 $A+B$ 的面积,则存在净收益。净收益表示为贸易条件改善引起的收益减去贸易数量减少引起的损失之间的差额,最优关税就是使净收益[$C-(A+B)$]实现最大化的关税率。

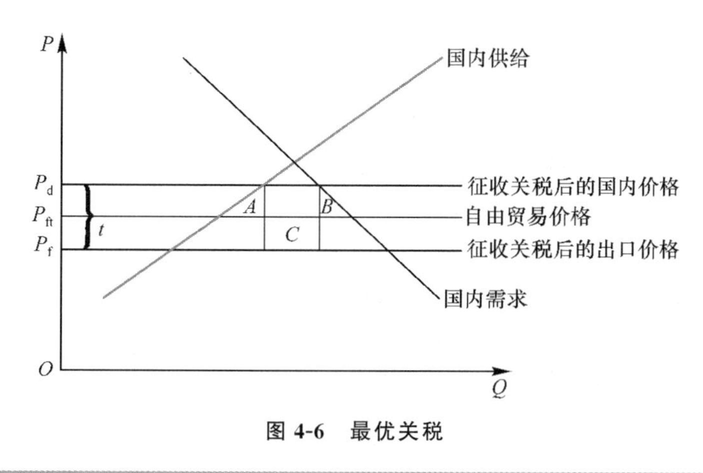

图 4-6 最优关税

发展中国家征收关税的出口商品一般是农产品或原材料。这种出口关税有时隐藏于政府设立的经销机构稳定价格进而稳定生产者收入的行动之中。经销机构表面上消除了过度的价格波动,但它通过限制供给或支付农民一个相对国外价格较低的价格,促使他们减少生产,从而推动出口价格处于长期均衡水平之上。这种行为改善了出口国的贸易条件。

一些工业国足够大,可以从征收进口关税中受益,美国就是这样一个国家。美国的关税负担,差不多是由外国出口商和国内消费者平均分担的。在许多商品上,美国的关税幅度都超过了技术意义上的关税"最优"水平。但是,像美国这样的世界强国,在把关税作为对其他贫穷国的征税工具之前,应该三思而后行。美国一方面从事对外援助计划,另一方面又通过征收进口关税来抵消部分援助,这样做没有多大意义,其经济上获得的收益远远无法抵消政治上的损失。工业国取消对热带食品征收进口关税的一个原因,即在于此。因为温带地区(美国和欧洲)不能生产像咖啡、可可这样的热带食品,所以,对它们征收关税并不能对国内产业提供保护,相反,关税的取消会改善生产它们的发展中国家的贸易条件。

4.2.5 其他效应

尽管实施关税的目的不是处理贸易平衡问题,但关税确实具有贸易平衡的意义。由于关税限制了商品进口,因而可以一般性地认为,关税改善了一国的对外贸易(出口减去进口)。如果经济处于充分就业水平,那么关税就不会造成这种结果。在充分就业情况下,关税使得消费者的需求从进口商品转移到国内生产的替代品,劳动力和机器也就相应地从其他产业转移到进口竞争产业。如果生产要素是从出口产业转移过来的,那么出口量就可能像进口量一样同等程度地下降,这不会改善贸易收支。同样地,如果生产要素是从其他进口竞争产业转移过来的,那么关税对进口的净效应就为零。而且一般而言,通过价格机制的任何资源转移,都促进了价格水平的一般性上涨,这反过来又损害了国家的竞争力,并可能抵消进口减少带来的最初收益。如果经济在初始阶段处于非充分就业水平,上述这些因素就不那么重要了。可以转移到国内生产替代品的资源是非常充裕的,不需要从其他产业吸取。

上述论述的一个直接含义是,如果在经济衰退时期征收关税,那么可以增加就业。事实上,失业工人和闲置机器被投入生产,以满足新的需求。然而,这并不是说,关税应该应用于这样的目的。这是因为,不仅外国报复(从而造成出口减少)可以抵消关税的这种影响,而且国内的财政政策和货币政策是稳定国内经济的更有效工具。它们可以增加就业,同时又不会造成经济效率的损失。而关税却造成了经济效率的损失。

最后,由于关税限制了竞争性进口,因而它有利于垄断企业在国内经济中的垄断势力。这进一步损害了资源配置效率、技术进步和经济增长。

4.2.6 一些经验估计

在理论建构和统计工具的帮助下,我们可以估计关税的不同经济效应。关于这个课题的大多数研究,是以第二次世界大战之后发生的多边关税减让为基础的。它们仅仅限于关税的"静态效应"或配置效应。

图 4-7 显示了关税减让对进口国效应的一个分析框架。基于这一分析框架,经验性证据表明,美国关税减让的 1/3 到 1/2,以外国出口价格上升的形式,转移给了外国出口商。美国是一个大国,足以影响它的贸易条件。因而,外国出口商通过降低他们的出口价格而支付了一部分关税。相反,当美国减让关税时,那些出口商可以通过提高出口价格获得一部分利益。贸易小国则没有贸易条件的变化。对于作为一个整体的全世界而言,(不同国家的)贸易条件效应互相抵消。但关税的减让有利于世界贸易总量的增加:据估算,自上轮全球贸易谈判(即乌拉圭回合贸易谈判,于 1993 年结束)以来,世界贸易总量每年增长了 5 000 多亿美元,世界收入每年增长了 2 000 亿美元。

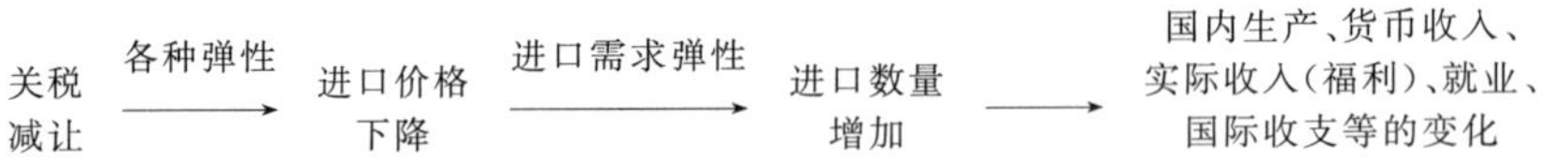

关税减让 —各种弹性→ 进口价格下降 —进口需求弹性→ 进口数量增加 ——→ 国内生产、货币收入、实际收入(福利)、就业、国际收支等的变化

图 4-7 图解关税减让的效应

尽管如此,关税对美国就业的影响很可能是微小的。[8] 美国、加拿大和墨西哥之间的贸易自由化,即所谓的北美自由贸易协定(NAFTA)对美国就业的影响,也可以

[8] 参见 A. Winters et al., "Trade Liberalization and Poverty," *Journal of Economic Literature*, March 2004, pp. 72—115; D. Tarr and M. Morkre, *Aggregate Costs to the United States Tariffs and Quotas on Imports*, Washington D. C., Federal Trade Commission, 1984。关于更高级的影响估计,参见 D. Trefler, "Trade Liberalization and Theory of Endogenous Protection," *Journal of Political Economy*, February 1993。

说是微小的。

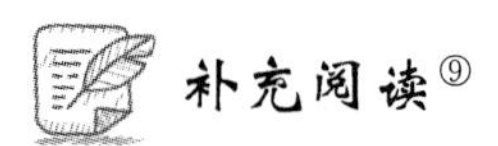

补充阅读[⑨]

到现在为止,关于关税引起的经济扭曲的讨论,只限于业已存在的商品与服务的消费和生产的错误配置。但是,我们生活在一个技术发达的时代,新商品的发明和开发屡见不鲜。今天大家习以为常的许多商品,在20年之前并不存在。这里我们所说的"商品",不只限于消费类商品,更确切地说,它应该广泛地包括投入品、生产流程和组织(例如"准时制"库存管理)、新技术,以及其他现代商业经营方式。任何与生产和销售有关的技术和管理进步,都可以被包括在新商品的框架之内。

通常情况下,新商品(定义如上所述)是在工业化国家被发明出来,然后进入发展中国家的。关税和非关税壁垒(例如进口配额)的一个影响,就是阻碍这些新商品的进入,因而使消费者不能购买新商品,使生产者不能采用新的原材料投入和改进技术,也使经济作为一个整体丧失了组织生产和销售的新方法。

这些成本远远高于对已投入使用的商品测算出来的关税成本。近来的一项研究认为,关税经济成本的传统测算值,表示为GDP的一个比率,大约是关税率的平方。例如,一个10%的关税率,等于0.1,其经济成本将是$0.1^2=0.01$,或者说,现存商品的生产和消费的错误配置导致GDP损失了1%。对于非关税壁垒的成本,可以使用同样的方法进行测算,但首先要把非关税壁垒转化为等价的关税。如果关税和非关税壁垒的等价关税是25%,或0.25,那么按传统方法测算的经济成本是$0.25^2=0.0625$,或者说,GDP的6.25%。相反,如果把先前排除出去的新商品包括进经济成本的计算之中,那么贸易限制造成的GDP损失几乎是限制措施规模的两倍。因此,10%的关税使GDP下降了19.8%,25%的关税和非关税壁垒(在发展中国家并不少见)意味着GDP下降了47%。可以说,发展中国家取消贸易限制的收益是非常巨大的。事实上,许多发展中国家已经单方面取消和降低了这些限制,以获得良好的收益。

4.3 关税有多大的保护性?

关于关税的公开讨论,经常涉及保护水平的国际比较,而政策决策又经常是以保护水平为基础的。但是,我们无法简单地测算或比较保护水平。测算保护水平就意味着要测算出一个国家的关税阻碍了多少数量的潜在进口。这是一个难以得到的数字,现在我们列出测算它的困难之处。

⑨　参见P. Romer, "New Goods, Old Theory, and the Welfare Costs of Trade Restrictions," *Journal of Development Economics*, 1994。

4.3.1 从价关税和从量关税

我们无论什么时候采用从量关税,都必须把它转化为等价的从价关税,以促进国家之间或商品之间的比较。只有把它表示为价格的一个比例,关税率才可以独立于征税商品的计量单位,因而就可以比较不同商品的关税。我们可以用关税除以上一年度的平均交易价格来进行这种转化。

4.3.2 名义关税率与有效关税率

尽管国家海关税率表公布的关税率(即所谓的**名义关税率**,nominal tariff rate)表示为价格的一个比例,但它并没有表现出对国内生产商的保护水平。虽然名义关税应用于总的进口价值,但它保护的仅仅是一部分国内产品的价值。例如,假定A国对进口木桌征收20%的关税,但对用于国内木桌生产的进口木材和其他原材料则免征关税。再假定这些进口原材料构成了最终木桌价值的一半,这样,国内加工制造的附加值也是最终木桌价值的一半。也就是说,如果木桌售价是100美元,那么,国内生产商花费50美元用于进口投入品,国内生产增加了另外50美元的价值。20%的进口木桌关税率,表明对每张木桌征收20美元的关税。但是,关税保护的只是国内生产的木桌价值的部分,即保护的只是木桌总价值的一半。对于这一部分被保护的木桌价值而言,其**有效保护率**(effective protective rate)为40%(20美元相对于50美元的比率)。如果进口原材料的关税率是10%,那么对木桌生产商的有效保护率就是30%。很显然,如果对最终商品的进口免税,而对用于国内生产的进口原材料征收关税,那么,最终商品的国内生产商是被课征关税的,而不是受到了保护。举个例子,针对钢材的关税,例如小布什总统就对钢材实施了关税,提高了它的国内价格,对于把钢材作为投入品的汽车生产商和其他产业而言,这就构成了一种税收;对轮胎实施关税的情况也是如此(例如,2009年9月美国政府就对轮胎实施了关税)。同样地,对电脑芯片的关税构成了电脑产业的一种税收。对最终商品征收的关税保护了国内的进口竞争性活动;对进口原材料征收的关税提高了原材料使用者的成本,从而构成了对原材料使用者的税收。有效保护率就是这两种效应的净值。

> **有效保护率**:是对国内附加值的保护。它取决于对最终商品的关税率、对进口投入品的关税率,以及进口投入品占最终商品的比例。

从本质上看,有效保护率测算了关税对国内生产活动的保护程度。其定义是,与自由贸易条件相比,关税结构(即同时对最终商品进口和投入品进口征收关税)条件之下每单位产出的国内附加值的增加比例。随着对进口最终商品的名义关税率的上升,或者随着对用于国内生产的进口原材料的名义关税率的下降,对最终商品的有效保护率都会上升。有效保护率也会随着进口投入品占最终商品价值比例的变化而变化(随着从自由贸易到征收关税的情景变化,这一比例本身也会发生变化)。可以用一个数学公式来推导这些关系。[10] 此外,我们还可以用下述一系列案例来说明这些关系。

假定一个皮包在自由贸易条件下的日本到岸进口价格为 1 000 日元,制造皮包的皮革的世界市场价格为 500 日元,这样,在自由贸易价格下,日本用进口皮革生产的一个皮包产生了 500 日元的国内附加值。[11]

案例一

40%的进口皮包关税,将使其国内价格上升到 1 400 日元,同时 20%的进口皮革关税,将使其国内价格上升到 600 日元。在关税保护下,日本生产皮包的国内附加值为 1 400－600＝800(日元),而在自由贸易价格下,日本生产皮包的国内附加值为 500 日元。这两者的差额为 300 日元,构成了 300/500＝60%的皮包有效保护率,而此时的皮包名义关税率为 40%。当最终商品的关税率大于投入品的关税率时,最终商品的有效保护率超过了其名义关税率。

案例二

接下来考虑以下情况:30%的进口皮包关税,将使其国内价格上升到 1 300 日元,同时 40%的进口皮革关税,将使其国内价格上升到 700 日元。在关税保护下,日本生产皮包的国内附加值为 600 日元,而在自由贸易价格下,日本生产皮包的国内附加值为 500 日元。这两者的差额为 100 日元,构成了 100/500＝20%的皮包有效保护率,而此时的皮包名义关税率为 30%。当投入品的关税率大于最终商品的关税率时,最终商品的有效保护率低于其名义关税率。因此,商品的有效保护率是超过、等于还是小于其名义关税率,取决于商品的名义关税率是超过、等于还是小于原材料投入品的名义关税率。当投入品成本因关税而增加的绝对数量大于(最终)商品价格因

有效关税率和名义关税率:如果最终商品的关税率高于或者低于进口投入品的关税率,则有效保护率就高于或者低于名义关税率。

⑩ 根据上述定义,可得到有效保护率的一个简化公式:

$$g_j = \frac{t_j - a_{ij}t_i}{1 - a_{ij}}$$

其中,g_j 是对最终产品 j 的有效保护率,t_j 是对最终产品 j 的名义关税率,t_i 是对进口投入品 i 的名义关税率,a_{ij} 是没有关税条件下 i 的价值占 j 的总价值的比例。

公式的推导如下:在没有任何关税的条件下,产业 j 的(每单位产出)附加值是

$$v_j = p_j(1 - a_{ij})$$

在对最终商品和投入品征收关税的条件下,产业 j 的附加值是

$$v_j' = p_j(1 + t_j) - p_j a_{ij}(1 + t_i) = p_j[(1 + t_j) - a_{ij}(1 + t_i)]$$

这里 p_j 和 p_i 分别是最终商品和投入品的价格。

$$g_j = \frac{v_j' - v_j}{v_j} = \frac{p_j[(1+t_j) - a_{ij}(1+t_i)] - p_j(1-a_{ij})}{p_j(1-a_{ij})} = \frac{(1+t_j) - a_{ij}(1+t_j) - (1-a_{ij})}{1-a_{ij}}$$

$$= \frac{1 + t_j - a_{ij} - a_{ij}t_i - 1 + a_{ij}}{1 - a_{ij}} = \frac{t_j - a_{ij}t_i}{1 - a_{ij}}$$

当存在多种投入品时,公式为 $g_j = \dfrac{t_j - \Sigma(a_{ij}t_j)}{1 - \Sigma a_{ij}}$。

⑪ 在获得这些数字时会产生一个问题,即自由贸易条件下的最终商品和投入品的价格,以及自由贸易条件下的商品附加值,是不能在一个具有关税体制的国家里直接观察到的。解决这一问题有两个方法:从征收关税后的商品价格里抽掉关税率,可得到假想的自由贸易价格;或者,从关税率近似于零的另一个国家里可以推导出商品附加值占最终商品价格的比例。

关税而增加的数量时,有效保护率便成为负值。[12]

案例三

除了关税率之外,有效保护率还取决于商品国内附加值占商品价格的比例。在上述案例中,这个比例假定是0.5。现在则假定一个皮包在自由贸易条件下的日本到岸进口价格为1 000日元,这与前述假定是一样的,但进口投入品为800日元,那么在自由贸易价格下,皮包的国内附加值仅为200日元。现在考虑上述案例一的情况。40%的进口皮包关税,使其国内价格上升到1 400日元,同时20%的进口皮革关税,使其国内价格上升到960日元。在关税保护下,日本生产皮包的国内附加值为1 400－960＝440(日元),而在自由贸易价格下,日本生产皮包的国内附加值为200日元。这就构成了240/200＝120%的皮包有效保护率。这一结果突出了一个重要事实:如果一个国家建立起一个从事最终商品生产的工厂,并对半成品等绝大多数投入品的进口征收零关税或非常低的关税,那么即使一个温和的最终商品名义保护税率,也可以转化为一个非常高的有效保护率。

有效保护率的概念具有一些重要的含义。首先,尽管消费者是对反映了名义关税率的最终价格的变化做出反应,但是,生产商是对生产过程的成本变化做出反应,而成本变化受到了有效保护率的影响。因此,正是有效保护率这个概念表示了关税结构导致的资源错误配置的程度。商品之间的有效关税率水平的差别越大,关税保护的资源扭曲效应就越明显,因为它扭曲了按比较优势进行的产业排序。关税是一项行业措施的事实,使它最具有损害性。

其次,这一分析涉及大多数工业国的关税结构。它们对原材料进口几乎免税,对半成品进口征收低关税,而对最终商品(尤其是劳动密集型的最终商品)征收温和的高关税。这种关税结构意味着对最终商品的有效保护率远远高于其名义关税率(见上述案例一)。近来的计算表明,许多最终商品的有效保护率是它们名义关税率的两倍。下述关于纺织产业加工程度的累进式关税结构的例子,可说明这一情况。[13]

	美国		欧盟	
	名义关税	有效关税	名义关税	有效关税
原棉	6%	6%	0%	0%
棉纱	8%	12%	7%	23%
棉织品	16%	31%	14%	29%

---

[12] 沿用脚注[10]中的术语,这里 g_j 是商品 j 的有效保护率。

如果 $t_j>t_i$,则 $g_j>t_j$;

如果 $t_j=t_i$,则 $g_j=t_j$;

如果 $t_j<t_i$,则 $g_j<t_j$;

如果 $t_j<a_{ij}t_i$,则 $g_j<0$(负保护)。

[13] 参见 A. Yeats, "Effective Tariff Protection in the U. S., EC and Japan," *Quarterly Review of Economics and Business*, Summer 1974。

发展中国家声称,加工程度引起的有效保护率的快速**升级**(escalation),鼓励了发达国家进口原材料和半加工商品,从而阻碍了发展中国家的工业化进程(以完成最终制造阶段的形式)。

关税升级:工业化国家根据商品加工程度而实施逐渐上升的有效保护率,阻碍了发展中国家的工业化。

进口投入品关税率的变化,对最终商品的保护水平具有不利的效应,这是第三个结论,可同时适用于发达国家和发展中国家。例如,对羊毛的保护就提高了羊毛服装的价格。又如,2002年美国征收的钢铁关税率最高可达到30%,并计划持续三年。这激怒了外国出口商和WTO,受保护的国内钢铁生产商借此提高了钢铁价格。然而,这一措施损害了国内使用钢铁的产业,例如汽车业,迫使它们为钢铁投入品支付更高的价格。在WTO认可的贸易报复的威胁下,美国于2003年12月取消了这一关税。2004年3月,世界钢铁价格显著上升,美国恢复了钢铁产业的盈利能力,直到2005年才再次下降。

投入品的保护有损于产出:通过对中间投入品的保护来促进国内投入品生产的发展,会降低对最终商品的有效保护率。

美国钢铁关税:2002年,美国的钢铁关税损害了国内使用钢铁的产业。

为了进一步突出这一点,我们可以想想一些发展中国家的情况,它们采取进口替代政策,以之作为走向工业化的道路。在第一个阶段,发展中国家实行保护性的高关税,并对投入品进口免征关税,在这样的条件下开始建立起总装配厂。在第二个阶段,发展中国家开始在国内生产投入品,并给予它们高保护,进而开始**深化**(deepen)国内加工程度。于是,它的加工范围沿着生产过程不断地回溯到不同层次的投入品。政府常常没有想到的是,对进口的投入品实施关税,实际上降低了对最终商品的有效保护水平(见上述案例二)。正是这种行为可能使得总装配厂无利可图。

第四,这一分析对一个国家的出口地位也具有意义。尽管出口产业必须以世界市场价格出售最终商品,但它们经常使用进口投入品,并且必须支付因关税而上升的国内市场价格。为了补偿生产商因投入品关税而引起的成本增加,就需要对生产商给予出口补贴。发展中国家为保护它们的出口地位,经常实行这样的出口补贴,即对原材料进口征收的关税实行**退税**(rebates)。

出口与保护:中间投入品的保护可能有害于出口。

最后,可以间接地把有效保护率理解为决定比较优势的粗略指南。第2章的分析就揭示了经济效率要求按照比较优势程度进行产业排序。于是,一个国家可以出口其产业排序比较高的商品,进口其产业排序比较低的商品。在自由市场竞争的条件下,价格机制会产生这样一个产业排序,从而达到有效率的资源配置。

但是在很多发展中国家,自由市场条件是非常缺乏的。相反,高关税、进口配额、外汇管制等很多政策工具限制了贸易。而且,政府选择性地使用这些限制措施,以鼓励那些被认为是最符合国家利益的行为,并抑制其他行为。例如,政府可能鼓励投资品(例如机械)的廉价进口,并阻碍消费品的进口。多种国内市场扭曲常常与这些限制同时存在,例如一些产业因强有力的工会组织而享有人为的高工资。在这些情况下,因为要素报酬已被扭曲到不再反映要素禀赋的程度,所以,不仅自由市场的产业排序受到扭曲,变得面目全非,而且生产商都争相涌向违背这个国家要素禀赋的资本密集型商品的生产(也就是说,资本设备的进口价格被人为地压低,而劳动力的价格被人为地抬高)。

假定我们现在面对这样一种扭曲的情况,政府希望实施一项新的发展计划,更加理性地决定应该促进哪些产业或项目;或者,一个国际援助组织必须决定应该支持哪些项目。那么,这些新资源应该如何进行最优的配置呢?有效保护率是一个可能的准则。因为有效保护率测算了被保护生产商扩大生产的动机程度,所以它也反映了该产业在当前规模基础上进行经营所需要的保护程度。根据有效保护率的产业排序表明了它们在现有保护结构下扩大产出的相对动机。它产生了一个与根据比较优势的产业排序大致相反的顺序。根据有效保护率排序较低的产业,是那些应该扩张的产业。

关于比较优势的指南:按照有效保护率的产业排序,恰恰与按照比较优势的产业排序相反。另一个关于比较优势的指南,是按照出口赚取或进口节约的每1美元的国内资源成本进行产业排序。

指导产业选择的一个相关指南是出口赚取外汇或进口替代节约外汇的**国内资源成本**(domestic resource cost,DRC)。发展中国家赚取(或节约)的每1美元,都花费了用于国内生产或其他活动的一定数量的国内货币(表示了一篮子国内资源)。应该支持那些赚取或者节约1美元的成本最小的国内活动。按照赚取1美元所花费的国内货币成本进行从高到低的产业排序,会产生一个与按照有效保护率从高到低的产业排序大致相同的顺序。在这两种情况下,都是排序较低的产业值得保护,其扩张值得鼓励。

至此,我们完成了关于有效保护率的讨论。接下来我们转入在估计关税保护程度时遇到的其他问题。

4.3.3 汇总问题

学者与决策者们有一个共同的目标,那就是对商品关税率进行汇总,这些被汇总的商品应该详尽到三位数水平的《国际贸易标准分类》(SITC)所报告的那些种类不同而又非常详细的分类商品。有些人可能进一步期望,把每一个国家的关税率进行汇总,使之成为一个平均数,这样就可以较好地进行保护水平的国际比较。

平均关税:估计不同产业关税平均数的方法,一般而言存在着低估倾向。

但是,还没有一个令人满意的方法来汇总出不同商品关税率的平均数。如果使用简单的未加权的平均数,就隐含地假定了每一种商品在一国进口贸易中具有同样的重要性。这显然是与实际不符的。另一个汇总方法是计算加权平均数,但问题在于,应该使用的权数是多少。理想的方法是根据没有关税时的进口数量来对关税率进行权数的估计。但是,因为不知道自由贸易时的进口数量,许多研究者就采用征收关税之后的进口数量作为权重。这一方法不可避免地低估结果,因为非常高的关税允许更少的进口,从而得到一个非常小的权重。在极端情况下,禁止性关税排斥所有的进口,从而没有权重,于是,它在计算中就被完全除去了。一个更好的解决方法,是根据商品的国内消费量来对每一个商品的关税率进行权重的估计。可是,因为通常很难在相同的商品分类基础上获得这两者的具体数据,所以,一个可能的妥协方法,就是根据被征税商品的世界(或OECD)贸易总量来对每一个商品的关税率进行权重的估计。由于工业化国家关税结构的相似性,这一方法也存在着一些低估的倾向。

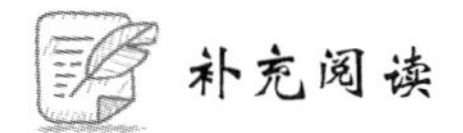

对价格变化的反应

即使是处理分项数据,名义关税率和有效关税率本身也不能提供保护水平的精确指标。在这里,保护水平是指被从国内市场中排斥出去的进口商品的数量。排斥是通过价格机制实现的,关税提高了进口商品相对于国内替代品的价格,从而出现了排斥的结果。但是,进口价格上升和外国出口价格下降的程度取决于各种弹性。更重要的是,进口价格上升一个给定比例所排斥的进口数量,取决于社会公众对价格上升的反应(即进口的需求弹性)。反应越强烈,进口价格上升一个给定比例所造成的排斥就越大,这个关税率就越具有保护性。

对价格变化的反应程度取决于许多因素,而不仅仅取决于国内替代品的可获得性。但是,决定任何商品进口需求弹性的一个重要因素,是进口占国内生产和消费的比例。可以看到,进口的比例越大,弹性就会越小。这种关系是重要的,因为它使我们在一些情况下可以做出事先的判断。假定我们现在比较美国关税和挪威关税带来的保护程度。因为相对于挪威而言,美国的进口只占其市场的一个很小比例,所以美国的进口需求弹性就比较高,进口价格上升一个给定比例所赋予的保护程度也就比较高。相反,当我们谈及多边关税减让时,与任何其他国家相比,美国进口价格下降一个给定比例,都可以转化为进口数量的更多增加。

4.4　支持贸易保护的理由

根据迄今了解的知识,我们可以评价政界和经济界支持关税的一些理由。从世界整体福利的角度看,最著名的支持关税保护的观点就是所谓的幼稚产业论。该理论认为,由于经济外部性(例如良好的运输设施、训练有素的劳动力队伍或者“干中学”效应)的存在,应该对可以获益于规模经济的一些产业实施保护性关税,使该产业成长到最优的规模。该理论的有效性,取决于某些“市场失灵”[14];否则,为什么私人投资者在自由市场的条件下不发展这些产业呢?即使该理论是有效的,它也只是一个暂时性保护的理由,一旦该产业获得适当规模,就应该取消其关税。日本的发展就有很多这样的故事:一项产业在关税保护下发展壮大,一直发展到最优规模。日本的发展政策有效地利用了关税保护和许可证协议的技术引进,如今它已成为世界最大的出口国之一。

---

⑭　本文提出了两类市场失灵:(a)不完善的资本市场——缺乏引导储蓄进入新投资的金融制度,最优的解决方法是建立更好的资本市场,而保护只是次优的解决方式。(b)不完善的外部效应补偿——该产业中的公司产生了社会效益,例如提高了整个经济的技术能力,但却没有得到补偿,因此,它们以次于最优规模的数量进行生产,这样的产业就应该受到保护,并进而扩大其生产。总之,市场失灵应该依靠针对其原因的政策来纠正,因为非直接的政策措施(例如关税保护)将导致经济其他部分的扭曲。国内政策(例如补贴)应该用于纠正国内的市场扭曲。

幼稚产业保护论认为,一个产业在成长到具有竞争能力之前,应该受到保护。然而事实上这一理由经常遭到滥用。

幼稚产业论的实际应用经常遇到一些问题。首先,一些夕阳产业希望保护它们的市场地位,从而延续其低效率的生产,于是它们有时就滥用幼稚产业论并带来了低效率。美国的钢铁产业曾经就以此为理由说服美国国会对钢铁实施进口配额。其次,即使在一些适用幼稚产业论的产业中,用生产补贴来帮助产业扩张也是更有效的方法。关税对经济造成了生产成本和消费成本,而补贴只有生产成本,没有消费成本。从更广泛的角度看,关税等同于对消费者的税收加上对生产者的(变相的)补贴。与此相反,直接补贴并不包括税收因素,而且补贴的内容还是公开的。补贴对所有的利益集团开放,以便于监督和评估。而且,补贴在适当的时机也更容易取消。

从单个国家的整体角度来说,关税的唯一合理理由是改善国家的贸易条件(最优关税率)。然而,这仅仅适用于那些主要进口国,它们的进口足够大,可以影响它们的贸易条件,并同时假定其他国家不会实施贸易报复。

关税有时被用来增加就业或改善国际收支状况。然而,财政、货币或汇率政策能够更有效且更有效率地实现这些目标中的大部分。贸易保护是创造就业的昂贵方式。另一方面,国内经济的失业时期并不是减少关税的好时机,毕竟减少关税的主要目的是让资源转移到具有比较优势的国家产业中,从而提高效率,而广泛存在的失业会使这样的转移过程变得非常艰难。近年来,由于担心钢铁、鞋袜和纺织业等进口竞争产业的工作岗位流失,美国的劳工运动总体上是支持保护主义的。然而,外国的报复能够造成同等程度的本国出口产业的严重失业。

"科学关税":是使国家之间工资率均等化的关税率。它没有将生产率差异考虑在内,所以本身并无什么科学性。

仔细阅读美国国会委员会关于对外贸易的证言,我们就可以找到许多关于保护的理由,其中最常见的一个理由认为,美国不能与工资率只有美国一小部分的国家相竞争。所以,关税应该等于工资率差异——即所谓的**"科学关税"**(scientific tariff)。

但是,工资率不是生产成本的唯一组成因素,生产率是生产成本的另一重要组成因素。例如,如果美国工资率是墨西哥工资率的7倍,而美国工人生产率是墨西哥工人生产率的7倍以上,那么,美国的生产成本就比墨西哥的生产成本更低,而不是更高。向墨西哥迁移以寻找较低工资的一些美国企业最终却意外地发现,它们的生产成本不是变低了,而是变高了。实际上,本书第2章就阐述过这个道理:美国工资率高的原因在于美国生产率高。美国的全球市场主要竞争者并不是低工资率的发展中国家,而是高工资率的德国、日本。[15]

然而与美国相比,包括墨西哥在内的一些国家在纺织、清洁用具、鞋袜等劳动密集型产业上具有比较优势。这些是美国缺乏比较优势的低工资产业。美国这些低工资产业对关税的永久需求就是使美国的工资与外国竞争者的工资均等化,但这是没有意义的,因为这些产业的商品是美国应该进口的商品。资源应该转移到美国具有比较优

---

[15] 参见 M. N. Baily, "Productivity and Competitiveness in American Manufacturing," *The Brookings Review*, Winter 1993。相对工资率,以及生产率差异在多大程度上抵消了相对工资率,是北美自由贸易协定的重要辩题。

势的高科技产业(例如化学制品、机器人和电脑产业)。尽管事实上这些产业要支付高得多的工资,但它们可以在全球市场上有效竞争。20世纪90年代美国生活水平大幅度提高的重要原因之一就是进口:进口促使国内资源转移到美国具有比较优势的产业,进口也为国内消费者提供了更广泛的商品选择范围。

蜡烛制造者的请愿:是对排斥廉价进口商品的讽刺。

多年以前,仅仅因为进口商品比国内商品卖得便宜,就有驱逐外国进口商品的呼声。19世纪法国经济学家弗雷德里克·巴斯夏(Fredric Bastiat)的一个短篇讽刺作品,就对这一现象做出了著名的回答,文章的标题是"蜡烛制造者的请愿",这是一个虚构的19世纪早期向法国议院的请愿:

> 我们面对着一个令人无法忍受的竞争对手,它拥有优良的生产光明的工具,它以如此之低的价格横扫法国市场,在它出现的那一刻,掠夺了我们所有的消费者,在瞬间就使法国的一个重要产业陷于停滞。这个竞争对手就是太阳。
>
> 我们要求立法,规定关闭所有阳光可以穿过的窗、门、天窗、孔、洞、隙缝和裂缝。我们的产业已经提供了如此有价值的商品,所以我们的国家现在不能忘恩负义,不能让我们不受保护地挣扎于如此不公平的竞争……总之,同意我们的请愿将会大大地促进我们所有的农业部门,航海业也会同等地受益,成千的船只将很快出海捕鲸,接着,提升我们法国荣耀的法国舰队也会出航……
>
> 有人说,消费者必须支付保护我们的代价,你同意这个观点吗?你自己的行为已经给出了回答,那就是反对。有人告诉你说,消费者对钢铁、煤炭、玉米、小麦、衣服等商品的自由进口感兴趣,你的回答是,生产者只关心自己遭到了排斥。你的行为常常是鼓励劳动力、提高对劳动力的需求。
>
> 你会说阳光是免费礼物,拒绝免费礼物就是伪善地拒绝富裕吗?请注意,你已对你自己的政策给予了致命的打击。请记住:到目前为止,你已经拒绝了外来的产品,因为它是获得免费礼物的一种方法;你越采取这种方法,你拒绝的利益就越多……
>
> 当我们以一个法国橙子的一半价格购买了一个葡萄牙橙子时,我们实际上获得了一半的礼物。如果你保护国内劳动力,排斥"一半礼物"的竞争,那么,用什么准则来证明,只有当进口是"完全的礼物"时,允许进口才是正当的?……进口商品与法国相应商品之间的差价,就是我们的"免费礼物"。差价越大,礼物就越大……问题在于,你希望法国获得免费消费的利益还是获得自己劳神费力生产的假定利益?请做出选择,并坚持你的选择。[16]

对保护的需求不仅仅局限于商品,《华尔街日报》(1996年9月4日,A-2页)上讲述了这样一个故事:美国数学家因面临较高的本职业失业率而寻求抑制外国学者的移民。近年来,数学博士面临10.7%的失业率,而每年外国移民占据了当年数学工作岗

---

[16] 巴斯夏请愿的内容节选自 Yeager and Tuerck, *Trade Policy and the Price System*, Scranton, Pa.: International Textbook, 1966。具有讽刺意义的是,1986年8月,从中国进口的蜡烛被认为打击了美国的蜡烛产业。

位的40%。因而,虽然美国社会受益于国外人才,但是作为个体的美国数学家为此支付了代价。(同样地,日本相扑运动员试图把国外的相扑运动员驱逐出去)。

移民类似于商品的自由贸易,其成本是集中的,但收益却是分散的。进口的中国纺织品也许让南卡罗来纳州的工人失去了工作,但全美国的消费者却可以为他们的家庭买到更便宜的衣服。中国数学家移民美国,也许迫使一些美国博士去高中教书,但全美国的工人也许会发现,他们的生产率和工资因这些外国学者的发明创造而上升。

社会目标:关税是重新分配收入、促进要素流动或实现其他社会目标的较差的工具。国内补贴和税收则是较好的工具。

一些产业经常声称,它们的产品和它们使用的劳工技能是国家安全的重要因素,因此应该支持进口保护。例如,美国的机床产业受到了源于国家安全理由的保护。这不是经济学家能够做出评定的问题,经济学家只能表明以下观点:如果这个产业真的关乎国家安全,那么它应该受到国防预算的直接和公开的补贴。

同样地,有种观点认为,为了获得关税谈判时讨价还价的筹码,国家是需要关税的。该观点忽视了这一事实:不管一国在其贸易伙伴国的市场上遇到了什么样的保护水平,该国在没有关税的条件下情况总是会变得更好。如果假定全世界的福利可以因"讨价还价的关税"而获得保障,使得没有任何一个国家采用保护性关税,那么这种观点的可行性,就取决于"讨价还价的关税"实现这一情形的效力。

此外,关于垄断企业的产业保护问题,我们会在下一章的最后一节进行阐述。

总之,尽管关税保护在当今世界十分常见,但是对其正当性的合理证明却并不多见。如果将免除关税作为国家政策的工具,那么世界整体和大多数国家的情况都会变得更好。我们接下来讨论的问题,就是在朝这个目标努力的过程中,我们是否已经取得了某些进展。

补充阅读

有时可以仅仅从单一生产要素的角度来分析保护。关税通过其国内影响,将收入在生产要素之间或收入群体之间进行了重新分配(有利于相对稀缺的要素,而不利于相对丰裕的要素)。然而,不管是否需要这一方法,事实上还有其他更有效率的方法来重新分配社会收入(即国内税和补贴)。

近年来,关于发展中国家贸易保护的许多观点获得了发展。这些观点认为,可以用关税和商业政策的其他措施来纠正这些国家国内经济业依然存在的市场缺陷。例如,在许多发展中国家,劳动力在经济部门之间的流动性很低。当劳动力从自给自足的农业流动到制造业时,这种现象尤其明显,因为农业人口传统上依恋于家乡和大家庭。假定经济效率需要劳动力流动,工资差距又未能大到足以克服劳动力流动的内在障碍,有人可能提出的解决方法就是对制成品的进口征收保护性的关税,这样,国内制造业生产商就可以对其生产的制成品收取较高的价格,因而就可以向工人支付较高的工资,于是,国内劳动力就流动到了制造业。也就是说,如果经济中的资源配置机制还不够完善,以至于资源不能够对市场价格差做出迅速的或者足够数量的反应,那么就需要人为地扩大价格差来实现必要的资源流动。被提议的实现这个目标的工具就是保护性关税。

就目前的分析而言,这一观点还是有道理的。但是,其缺陷是忽略了这一事实:在制造工资差距并促进要素流动方面,还有比关税好得多的工具。最好的解决方法是对工人进行直接补贴,以帮助他们流动。其次的方法是对制造业的企业提供一般性的生产补贴,但由于它不仅吸引工人,而且也吸引了资本流动到这个扩张的产业,因而这一方法相对较差。再次的方法才是进口保护,由于它扭曲了需求,所以这一方法更差,是次于直接补贴和生产补贴的选择。有种观点认为,关税政策的使用可以消除国内的各种扭曲[17],实现理想的投资模式,或促进特定产业的快速增长,但是它们都只属于"第三优"的方法。政府手中有一系列政策工具,一般而言,使用国际商业政策来影响国内经济是次优的政策工具选择。应当尽量采取解决问题根源的措施来处理市场扭曲,否则就会产生不希望看到的副作用。所以,呼吁用关税保护来纠正经济和社会问题是一个误区。但是,如果一个国家十分落后以至于只有关税而没有其他政策工具可用,那么呼吁关税保护也是可以理解的。

4.5 实现贸易自由化的途径

在20世纪八九十年代,人们逐渐地认识到进口保护是有害的,而且一些发达国家、发展中国家和经济转型国家单方面地对其进口体制实施了自由化,这种自由化的措施常常是经济改革的核心。然而,很多国家仍然不愿意减让关税,对它们而言,减让关税是对其他国家的让步,只能在互惠基础上实施。为处理关税和其他贸易障碍,国际社会积极推动贸易自由化的进程。实现贸易自由化有两种途径:国际途径和区域途径。

4.5.1 实现贸易自由化的国际途径

> **WTO**是一个制定国际贸易基本规则、提供贸易自由化基本框架的全球组织,其中的一个规则就是所有成员国的非歧视原则,即最惠国原则(MFN)。

第一个途径是**世界贸易组织**(WTO),该组织现有157个成员,致力于促进国际贸易,尤其是减少贸易壁垒。1995年,WTO取代了关税与贸易总协定(GATT)。WTO成员定期举行关于关税减让的谈判会议。两个成员或多个成员之间达成的关税减让可以延伸到所有的成员,这一规则就是所谓的**无条件最惠国原则**(Unconditional Most Favored Nation Principle,MFN),它反对国际贸易的歧视。于是就有了一系列回合的关税减让谈判,每一回合谈判的成果都在非歧视的基础上适用于所有成

---

[17] 无论在发达国家还是在发展中国家,如果生产要素在产业之间不能流动,那么孤立的经济体开展国际贸易之后,也不会产生资源配置和生产结构的预期变化。资源仍然"黏"在进口竞争产业,于是资源报酬就会降低。但是,由于消费者可以享受更有利的世界价格,社会从整体上是受益于国际贸易的。然而,如果除了要素不可流动性之外,还存在着工资刚性,即工人要素拒绝接受其报酬的降低,那么结果就是失业。在这些条件下,对于经济而言,没有贸易的情况比有贸易的情况更好。但是促进要素流动和工资弹性的国内措施,在处理这一情况时要优于相关的商业政策。

员。最后一次完成关税减让的谈判是乌拉圭回合谈判(第八回合),它于1986年开始,1993年12月15日结束。本书第7章将描述谈判过程和作为谈判成果的WTO规则。

非歧视原则促进了世界生产率的不断提高——因为世界越来越走向基于比较优势的专业化生产,而且世界的消费模式也越来越令人满意。虽然贸易利益没有得到平等的分配,有些国家甚至遭受了损失,但世界作为一个整体是获益的。此外,贸易小国可以获得源于市场规模不断扩大、国内垄断力量不断下降的重要的动态利益。

4.5.2 实现贸易自由化的区域途径

我们用关税同盟和自由贸易区来举例说明实现贸易自由化的区域途径。**关税同盟**(customs union,CU)是指两个或多个国家,废除了它们之间的所有或几乎所有的贸易限制,并建立起共同的和统一的对外关税。**欧盟**(EU)[18]就是27个欧洲国家组成的一个关税同盟。成员国之间的贸易没有任何限制,非成员国必须交付统一的对外关税。向法国出口的美国生产商受到了这个对外关税的歧视,因为向法国出口的德国竞争者免交关税。在自由贸易区(free-trade area,FTA)内,成员国之间的贸易也是完全自由的,或者几乎是完全自由的,但是对非成员国则没有统一的对外关税,各国可自由实施其自己的对非成员国的关税。例如,所谓的**北美自由贸易协定**(NAFTA),就是包括美国、加拿大和墨西哥的一个自由贸易区协定,于1994年开始实行。根据北美自由贸易协定,墨西哥进入美国市场的商品是免关税的,而亚洲进入美国市场的商品则要交付美国关税。

> **关税同盟**包括两个或多个国家,废除了它们之间的贸易限制,并建立起共同的和统一的对外关税。

> **自由贸易区**包括两个或多个国家,废除了它们之间的贸易限制,但各个成员国保持各自对非成员国的关税率。

自由贸易区不同于关税同盟之处在于其没有统一的对外关税,这个差别就给自由贸易区的管理出了一个难题。因为自由贸易区的每一个成员国对非成员国的商品进口征收的关税不完全一样,同时商品在自由贸易区之内又是自由贸易的,所以没有什么方法可以阻止非成员国的商品通过关税率低的成员国进入到关税率高的成员国。为避免这样的情况,自由贸易区必须保留成员国之间的边境检查站,检查每一个跨境商品的原产地。只有自由贸易区之内生产的商品,才可以享受零关税的待遇。即使这样,人们也能够绕过这一壁垒。自由贸易区非成员国的生产商能够在最低关税率的自由贸易区成员国建立起最终商品的加工工厂,生产附加值不超过10%的最终商品,并把最终商品从那里运输到整个自由贸易区。[19]因此,成员国必须决定,如果这种商品要获得自由贸易区免关税的待遇,那么它在本自由贸易区生产的附加值必须是多大的比例。这一附加值的比例一般是50%,这一规则

---

⑱ 它起初被称为欧洲经济共同体(European Economic Community,EEC),20世纪70年代中期更名为欧洲共同体(European Community,EC)。因此,在任何关于1976年之前的有关表述中,我们应该称之为欧洲经济共同体。到了1994年,它被称为欧盟(EU)。

⑲ 这里有一个例子:因为美国对加勒比海国家(根据加勒比计划)的商品进口是没有限制的,亚洲的服装企业就在加勒比海的岛屿上建立起总装配厂,希望它们生产出来的商品可以出口到美国。

就是所谓的原产地规则(rule of origin),在商品过境时,原产地证书必须呈交给边境检查站。原产地规则本身就加剧了歧视行为,因为它迫使每一个成员国追查这个商品的投入是否来源于自由贸易区内部,以符合原产地规则的标准。

> **歧视**:对非成员国而言,关税同盟和自由贸易区都具有歧视性,但最惠国原则不具有歧视性。

关税同盟和自由贸易区不同于最惠国原则。本书第7章将具体讨论这些组织。这里我们关心的是实现贸易自由化的区域途径。与实现贸易自由化的国际途径不同,实现贸易自由化的区域途径有可能会,也有可能不会改善世界资源配置的效率,因为它包含了对非成员国的歧视因素。

实际上,第二次世界大战之后发展起来的关税同盟理论,主要解决的是区域一体化对世界资源配置效率的影响。它表明,不是每一个走向最优的自由贸易世界的局部行动都必然是有益的。必须根据具体情况而定。

> **关税同盟的效应**:关税同盟的贸易创造效应是指:由于改从关税同盟成员国进口商品,该国的低效率生产就被取代了。关税同盟的贸易转移效应是指:由于改从关税同盟成员国进口商品,该国本来从非成员国的商品进口就被取代了。

静态效应　考虑一个只有A国、B国和C国的三国世界,其中A国和B国组成关税同盟,而C国在关税同盟之外。也就是说,A国和B国废除了它们之间的所有贸易限制,而对C国的进口仍然保持关税。这产生了两个效应。首先,A国和B国的商品具有相互竞争性,由于取消了它们之间的关税,于是A国或者B国从关税同盟成员国进口,从而取代了一些国内的高成本生产的商品。这就是所谓的**贸易创造效应**(trade creation effect),它有利于世界福利,因为它在关税同盟内合理地重新组织了生产。其次,对于与A国、B国商品相竞争的C国商品而言,由于关税同盟,所以A国或B国就开始从关税同盟的成员国进口商品,从而取代了此前从C国的商品进口。假如C国是某商品的最有效率的生产国,那么只要它与其竞争者接受一样的关税待遇,它就会成为该商品的主要供给国。但是,关税歧视造成了贸易从C国转移到关税同盟的成员国,这就是所谓的**贸易转移效应**(trade diversion effect)。这不利于世界福利,因为它重新组织的世界生产变得低效率了,生产从最有效率的C国转移到了关税同盟内的低效率的成员国。最后,关税同盟具有有利的消费效应,因为当同盟内的关税取消之后,同盟成员国的消费者受益于从同盟其他成员国进口商品的低价格。

可以使用A国进口某种商品的局部均衡图形来说明这三个效应。为简单起见,我们假定A国是一个贸易小国,面对来自于B国和C国的无穷弹性的供给曲线(水平线)。例如,假定A国是新西兰,与B国(澳大利亚)形成自由贸易区,把C国(美国)排斥在外。图4-8显示了A国进口商品的国内需求和供给曲线,也显示了C国的水平供给曲线P_1C和B国的水平供给曲线$\overline{P_2B}$。C国是成本最低的生产国。

在自由贸易条件下,A国国内价格为$\overline{OP_1}$,它从C国进口的数量为$\overline{Q_1Q_2}$。然后,如果A国实施$\overline{P_1P_3}$的非歧视性关税,那么国内价格上升到$\overline{OP_3}$,进口下降到$\overline{tT}$,但商品只从最有效率的C国进口,因为此时B国的供给不具有竞争性。最后,A国和B国形成一个关税同盟,C国被排除在外,关税$\overline{P_1P_3}$(为简单起见,假定关税不变)只对C国的商品进口征收,而不对B国的商品进口征收。国内价格下降到$\overline{OP_2}$,进口上升到

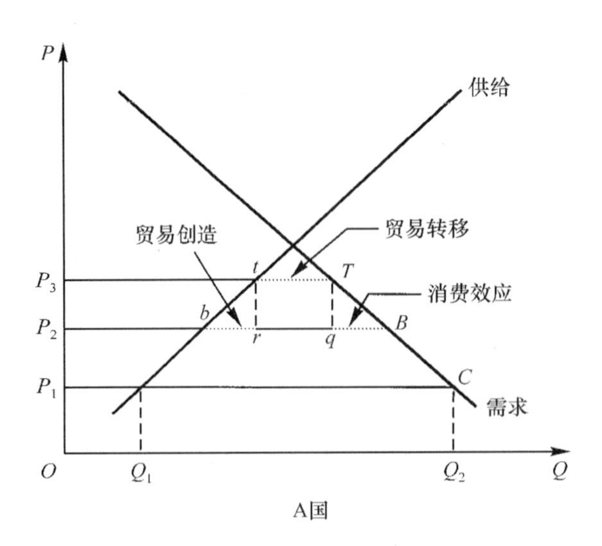

图 4-8 关税同盟的静态效应

在关税同盟中,进口国的价格从 P_3(世界价格加上非歧视性关税)下降到 P_2(关税同盟其他成员国的价格)。这造成了不利的贸易转移效应(表现为 Tt)、有利的贸易创造效应(表现为 br),以及有利的消费效应(表现为 qB)。

$\overline{bB}$,但现在商品只从 B 国进口(因为供给曲线弹性无穷大)。

我们的重点是比较后两种情况。A 国的进口从 $\overline{tT}$ 上升到 $\overline{bB}$,贸易转移效应表现为 $\overline{tT}$,即从最有效率的 C 国减少的进口数量。另一方面,贸易创造效应表现为 br,既是 A 国国内产出的减少数量,也是取代这一减少数量的从 B 国的进口,$\overline{qB}$ 是有利的**消费效应**(consumption effect),表现为国内消费的增加。

这些构成了关税同盟的主要静态效应。有利的贸易创造效应和消费效应加上不利的贸易转移效应,其相对值决定了这个关税同盟是否在总体上有利于世界整体效率。经济和统计分析的工具可以测量或者至少可以估计这个相对值是多少。但是,估计这个相对值是复杂的事情,仅仅观察区域内贸易的增加数量是不够的:首先,除了关税同盟因素之外,还有其他因素影响贸易数量的增加;其次,即使将“整体效应”单独区分出来,可观察到的区域内贸易的增加数量也包含了贸易创造效应和贸易转移效应。

然而,即使不做上述测量相对值的工作,我们也能了解到对这两种效应相对大小产生先验影响的一些因素。首先,关税同盟规模越大,贸易转移的规模就越小,关税同盟具有有利效应的机会就越大。如果“关税同盟”的规模包括了整个世界,那就没有贸易转移效应而只有贸易创造效应,于是产生了最优情形——世界范围的自由贸易。其次,同盟成员国之间的生产模式越相似,生产成本的差距越大,创造的贸易规模就越大。生产成本差距的一个代理变量,就是关税同盟形成之前各国为保护本国高成本生产商而实施的关税率。关税同盟之前同一商品的各国关税率的差异,可以理解为生产成本差距的一个指标。最后,关税同盟的对外统一关税越低,歧视非关税同盟成员国的程度就越小,贸易转移的效应也就越小。据估计,欧盟制造业每年的贸易创造[20]是其贸易转移的5倍,但欧盟农业产生了净的贸易转移。

我们这里应该注意到,欧盟的形成并没有导致其任何一个成员国的大规模的产业整体萎缩,也没有出现因从另一个成员国进口而导致任何一个成员国的产业替代。产业间专业化生产的趋势是非常有限的。相反,主要趋势是产业内的专业化生产:不同成员国的同一产业走向同一产品项下的不同子产品的专业化生产(参见第3章)。这就减轻了贸易自由化的调整。

不是所有的关税同盟都产生净的"贸易创造"。世界银行在1996年的一项研究估计,南方共同市场(Mercursor,巴西、阿根廷、乌拉圭和巴拉圭组成的关税同盟)具有净的贸易转移效应。特别是,其区域内贸易的显著性增长主要表现在汽车产业和机械产业等行业,而这四个国家的这些产业相对于外部世界而言都是缺乏效率的。所谓的拉丁美洲制造,只是在高关税保护下发生的。一些其他区域的贸易自由化在本质上也是贸易转移,道理与此相似。

关税同盟的动态利益来自它造就的更大的市场规模。

动态效应　现在回到关税同盟理论,关税同盟的世界福利效应不仅仅是资源配置的效率。动态因素或增长因素至少同等地重要。由于贸易创造和贸易转移,关税同盟扩大了市场规模,使得更大规模的生产成为可能,并把原先缺位的竞争因素注入市场中。事实上,美国可以被视为一个大的关税同盟,它拥有巨大的市场规模,使得很多大规模生产的竞争性企业的建立成为可能。这一事实是形成美国经济惊人生产率的部分原因。

在形成关税同盟的情况下,较小成员国的规模效应很可能更大,因为大国即使在没有关税同盟的情况下也可以享受到规模效应。有利的增长效应也刺激了来自非成员国的进口,部分地抵消了静态的贸易转移效应。然而,非成员国总体上减少了它们向关税同盟的出口,并进而缩减了它们的市场规模,对其经济增长率产生了负面影响。成员国越小,形成关税同盟后的规模效应因素很可能就越重要。这里重申一次,必须把有利的效应和不利的效应放在一起权衡,以估计关税同盟对世界经济增长的净影响。做到这一点的巨大困难来自这一事实:有很多因素影响着经济增长率,把区域贸易一体化的效应单独区分出来是不容易的。

最后,由于关税同盟取消关税是不可逆的,所以市场的扩大肯定是可持续的。这刺激了本国和外国的投资,从而提高了经济增长率。这是所谓的"投资创造"。当投资因关税歧视而从世界上最合理的地方转移到关税同盟成员国时,就产生了所谓的"投

---

[20] 欧洲共同体贸易创造的一般测量方法是,欧洲共同体的总进口(对外进口加上区域内进口)占其总消费的比例在欧洲共同体成立前后的两年之间的变化。这样做的理由是,由于消费是稳定的,所以进口的增加就等于国内产出的减少。贸易转移的测量方法是,同一时期内,欧洲共同体的对外进口占其总消费的比例的变化。参见M. E. Kreinin, "Effects of the EEC on Imports of Manufactures," *Economic Journal*, September 1972, and "The Static Effect of EC Enlargement on Trade in Manufactured Product," *Kyklos*, 1981: 60—71。研究世界其他地区的情况,参见M. E. Kreinin, "North American Economic Integration," *Law and Contemporary Problems*, Summer 1981: 7—31。

资转移”,投资转移会在一定程度上抵消投资创造。所以,如果美国为回避关税壁垒、进入一个大市场而把工厂项目所在地从美国或加拿大转移到欧盟,那么其结果将不利于世界经济增长。亚洲对北美自由贸易协定的关注,主要是担心外国直接投资从亚洲流到墨西哥。

总之,第二次世界大战之后工业化国家依靠这两个途径逐渐走上了贸易自由化的道路,在GATT/WTO的支持下,世界关税逐渐下降到低水平。与此同时,区域内的一些国家也合作起来,共同消除关税,欧盟国家则采取了一些进一步的措施,形成了一个紧密的区域集团。

总结

本章阐述了传统的进口保护工具:关税。关税是对进口商品征收的税。它是政府税收的一部分,但它的主要目的是保护国内产业。关税分为从价关税(商品价格的一个比例)和从量关税(对每单位商品征收固定数额)。

贸易大国可以通过实施关税来改善其贸易条件。通过减少它在世界市场上购买商品的数量,它压低了商品的世界价格,因而它可以用较少的钱来支付进口。这就迫使外国出口商支付了一部分数额的关税,而进口商品国内价格的上升额只等于关税的另一部分数额。与此相比,贸易小国实施关税却不能改善其贸易条件:尽管贸易小国有所行动,但世界市场的价格保持不变。进口商品国内价格的上升额等同于关税的全部数额(但贸易小国有时可以通过实施出口税来改善其贸易条件)。

关税提高了进口国商品的国内价格,而国内价格的上升又造成了消费者剩余的减少,生产者剩余和政府税收的增加部分抵消了消费者剩余的减少。这造成了两个福利三角形的净损失,其具体数值等于 $t/2$ 乘以 ΔM。在贸易大国情况下,贸易条件改善的收益能够大于这个损失,因而产生净收益。使净收益最大化的关税率,就是所谓的最优关税率。对于贸易小国而言,最优关税率为零,因为它没有贸易条件改善的收益。美国关税的福利损失远远小于进口配额和其他贸易限制措施造成的福利损失。

公布的关税率只是名义关税,有效关税率是关税结构对国内附加值的保护,它与最终商品的名义保护正相关,与进口投入品的名义保护率负相关。它表明,进口投入品的保护实际上是对使用该投入品的产业征税。有效保护率的概念随着政策的变化而发展,事实上,有效保护率的概念具有几个政策含义。其中包括:工业化国家的关税升级对发展中国家的工业化前景具有不利的影响;发展中国家在进口替代政策的保护下深化了国内生产,然而这一途径最终无益于发展中国家的发展;发展中国家按照比较优势规则进行产业排序;有时对出口商支付的进口投入品的关税实行退税。

从世界福利的角度看,贸易保护的唯一有效理由就是幼稚产业保护论,尽管这一理论在很大程度上被滥用了。从单个国家的角度看,贸易保护的唯一有效理由是最优关税,但它只适用于少数几个贸易大国。在政界经常听到的理由往往是无效的,例如需要关税来均等化本国与外国的工资率。

实现贸易自由化的第一个途径是WTO框架下的国际途径,即在非歧视的基础上逐步减让关税。在这种情况下,世界福利会明显增加。第二个是区域途径,即在区域集团之内,取消贸易限制,并对非成员国的进口实施关税。关税同盟和自由贸易区均取消了本区域内部的贸易限制。关税同盟确立了统一的对外关税,而自由贸易区的各个成员国保留了各自对非成员国的贸易限制。由于其本身的歧视性特征,关税同盟和自由贸易区对福利的影响是模糊不清的,需要具体情况具体分析。为此我们必须区分有利的贸易创造效应和不利的贸易转移效应。当取消了关税同盟或自由贸易区之内的贸易限制时,成员国提高了来自其他成员国的进口,于是就产生了贸易创造效应,替代了其自身的低效率生产。在对外歧视的情况下,关税同盟或自由贸易区其他成员国较低效率生产出来的商品,可以取代来自最有效率的非成员国的商品进口,于是就产生了贸易转移效应。因此,这两种效应的相对值就决定了区域集团是否有利于增进福利。除此之外,市场规模的扩大带来了有利的动态效应。

重要概念

关税保护
财政关税
从价关税
从量关税
复合关税
离岸价格
到岸价格
贸易条件
贸易小国
有效关税
关税升级
生产深化
出口退税
国内资源成本(DRC)
“科学”关税
“蜡烛制造者的请愿”
“数学家的请愿”
世界贸易组织(WTO)
关税同盟
贸易大国
消费者剩余
贸易量
生产者剩余
福利三角形
净损失
最优关税
名义关税率
自由贸易区(FTA)
欧盟(EU)或欧洲共同体(EC)
北美自由贸易协定(NAFTA)
贸易创造
贸易转移
消费效应
幼稚产业
无条件最惠国(MFN)原则
“新”商品
2002年美国的钢铁关税
2009年美国对中国轮胎的关税

复习题

1. 区别下列概念:
   a. 从价关税与从量关税
   b. 名义保护与有效保护

c. 关税同盟与自由贸易区
d. 世界贸易组织与欧洲共同体
e. 歧视性与非歧视性的关税减让
f. (关税同盟的)贸易创造与贸易转移
g. 进口税与出口税
h. 离岸价格与到岸价格
i. 贸易大国与贸易小国
j. 消费者剩余与生产者剩余
k. 最优关税与有效关税

2. 解释"有效保护率"的概念:
   a. 对最终商品的有效保护率取决于什么?如何影响?
   b. 用有效保护率的分析方法来解释下列政策问题:
      - 发展中国家的生产深化
      - 工业化国家根据加工程度的关税率升级
3. 解释最优关税的概念。关税如何提高一个国家的福利而减少世界整体的福利?
4. "关税同盟构成了走向自由贸易之路的重要进步,所以必然导致世界福利的改善。"你同意这个观点吗?请解释这个说法,并用图形描述关税同盟的三个效应。关税同盟之内的贸易增长就是贸易创造吗?
5. 假定美国对进口汽车征收20%的关税,请解释它对以下经济指标的影响:
   a. 美国的贸易条件
   b. 美国的收入分配
   c. 美国福利(或实际收入)
6. 回顾和评价关于贸易保护的三个常见理由。
7. 评价以下观点:
   a. 纺织品关税相当于对消费者征税,对纺织品生产商和工人给予补贴。
   b. 关税降低了一个国家的实际收入,同时又把收入从消费者分配到政府和进口竞争产业。(用图形分析)
   c. 因为中国劳动力比美国劳动力便宜,所以中国蘑菇比美国蘑菇售价低。我们应该对蘑菇实施高关税,直到中国同意把他们的工资率提高到美国当前的水平。
8. 评估北美自由贸易区的可能影响。这个自由贸易区可能会导致产业间贸易或者产业内贸易的扩张吗?这个自由贸易区如何符合WTO的最惠国条款?(什么是最惠国条款?)

第5章
贸易的非关税壁垒

尽管关税是国际贸易保护中广泛使用的工具,但它绝不是唯一的工具,也不是最有害的工具。实际上,随着关税率在多边贸易自由化的框架下已经下降很多,**非关税壁垒**(nontariff barries,NTBS)也就变得越来越重要了。本章阐述非关税壁垒。

5.1 进口配额

与关税情况下对进口商品征收关税不同,政府可以直接限制商品允许进口的最大数量。这种绝对的数量限制就是所谓的**进口配额**(import quota)。例如,钢铁进口的数量可以限制在2 000万吨。一般而言,配额条件下被限制的进口数量要低于自由贸易条件下的进口数量,否则,就不需要什么进口配额了。实际上,如果自由贸易的进口需求量低于配额,那么配额就是无效的,或者是没有约束力的。因此,如果进口汽车的数量在没有任何限制的条件下是100万辆,那么政府强制200万辆汽车的进口配额就是没有约束力的。政府管理进口配额的方式,是把进口许可证分配给进口商,允许每个进口商进口商品的数量不超过进口许可证规定的数量。不管市场需求如何,进口商都不可以进口超过配额限制的任何数量的商品。

> **进口配额**对可能进入该国的商品设置了绝对的数量限制;进口配额在发展中国家比较常见,工业化国家农产品的进口配额也比较多。

5.1.1 进口配额有多普遍?

旨在限制进口、保护本国产业的进口配额,在第二次世界大战之后的西欧非常普遍。然而今日,发达国家之间的工业品贸易则没有这种限制。WTO禁止进口配额。

在包括美国在内的所有工业化国家中,农产品贸易受到多种多样的数量限制。它们都旨在保护本国的农业部门,因为它们的农民是强大的政治力量。在欧盟国家,对农民的援助经常采取价

> **农业**:农产品经常有进口配额。

格支持的方式,即政府设定高于自由市场水平的价格,并且以这个固定的价格水平收购剩余的粮食。如果允许农产品自由进口,政府就要同时支持外国和本国农民的农产品价格(和收入)。为了维护农产品的国内价格高于国际市场水平,欧盟采取了进口配额,与此同时,它还采用出口补贴的方法来促进本国剩余粮食的海外出售。日本对农产品严格的进口配额激怒了美国农民和美国政府,然而,若放宽对农产品的进口配额限制,日本的低效率农业会激烈地予以抵制。美国对乳制品也有进口配额限制。农业已成为全球经济中最受扭曲的部门。

关税配额:对一定数量下的进口商品采用一种关税率,而对超过这个数量的进口商品,则采用较高的关税率。

关税配额(tariff quota)是进口配额的另外一个方法,即对一定数量下的进口商品采用一种关税率(甚至是零关税率),而对超过这个数量的进口商品,则采用较高的关税率。美国对糖产品的进口,就采取这一方法。

由于各种原因,发展中国家的所有部门都采用进口配额。经常的情况是,这些国家试图发展新的产业来生产进口商品的替代品,并且相信这一目标只有在进口配额的保护盾牌下才能够实现。关税,甚至高关税,都无法对本国制造业提供同等程度的保护。没有人知道需求和供给对价格变化的反应水平,因此也就没有人知道,在给定的关税水平下有多少外国商品会被排挤出本国市场。消费者也许更喜欢国际知名的进口品牌,即使其价格更高。外国生产商也许为了避免销售损失而选择承担一部分关税。这些不确定性在配额情况下都不存在,因为政府的管理行为限定了进口数量。

5.1.2 配额的经济效应

配额的效应:因为配额造成了商品短缺,所以它以类似于关税的方式提高了进口国的商品价格。其造成的商品价格上升的比例就是配额的关税等价。

因为进口配额限制了进口的数量,它就在很大程度上和关税一样,提高了进口商品的国内价格。实际上,国内价格超过国外价格的差额部分,可以被视为非关税壁垒的隐性关税等价。这种关税等价可以通过国内价格减去国外价格,再除以国外价格的百分比形式计算出来:

$$\frac{P_{国内} - P_{国外}}{P_{国外}}$$

例如,如果一件小器具的国际价格是100美元,进口配额导致其国内价格上涨20美元(上涨至120美元),那么该配额的关税等价就是20/100,或20%。

配额租金:配额造成的价格上升额乘以配额条件下的商品进口数量,就是配额租金。除非政府拍卖进口许可证,否则进口商获得配额租金。

由于配额造成价格上涨,进口商品的消费量就下降,消费者转向满意度较低的国内替代品。在配额的保护下,国内替代品的本地生产扩大了,同时资源从(大概更有效率的)其他行业转移过来。可是与关税相反,对政府而言,配额不能带来收入。配额增加了进口许可证持有者的收入,因为他们能够对每个单位的被限制供给的商品收取较高的价格。这种收入被称为**配额租金**(quota rents)。政府只有通过

拍卖进口许可证，才能够获得租金。[①]

收入不是关税与配额之间的唯一重要区别。虽然关税干预了市场机制，但是配额通过专断的政府决策完全取代了市场机制。在关税的情况下，商品的国内价格高于世界价格的部分不能超过该关税的数额，而且任何缴纳足够关税的人都可以不受限制地进口商品。因此，在关税既定的情况下，也假定消费与生产的成本水平是一定的，此时国内需求的任何提高都能够通过同一价格水平的进口增加来获得满足。国内生产不会增加，资源错误配置和消费愿望下降等保护成本也不会上升。可是在配额的情况下，情况就不是这样了。此时不存在对国内价格和世界价格之间差别的限制。由于进口数量向上调整是不可能的，可容许的进口无法改变，因此国内需求的任何提高都会引起国内价格的上涨。这种价格上涨又会提高贸易保护的生产成本和消费成本。

图5-1描述了一个汽车进口小国汽车市场的国内形势，它面临着世界市场无限弹性的出口供给。国内的初始需求曲线和供给曲线分别用黑色线和灰色线表示。在没有国际贸易的情况下，国内价格是 P_1，而在自由贸易的情况下，商品的价格（国际价格）则是 P_2，$\overline{ab}$（$=\overline{cd}$）段表示为进口商品的数量。关税 t 使国内价格上涨至 P_3，进口商品的数量则下降至 $\overline{gh}$（$=\overline{ef}$）段。如果政府采取 $\overline{gh}$ 数量的进口配额，那么它对国内价格和进口商品数量的影响与关税是一样的。唯一的区别是阴影部分：在关税情况下，它表示政府的收入；而在配额情况下，它表示进口许可证持有者的配额租金。假设

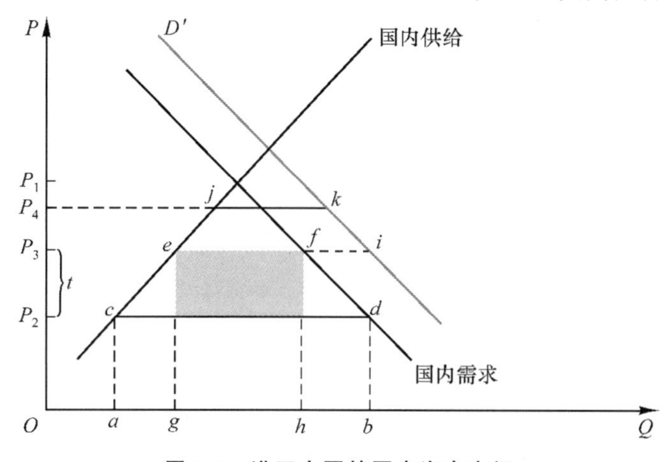

图5-1　进口小国的国内汽车市场

在供给曲线和需求曲线不变的条件下，关税 P_2P_3 和配额 $\overline{gh}$ 的唯一区别，就是图中阴影面积在关税情况下属于政府，在配额情况下属于进口商。但是，如果需求曲线移至 D'，在关税情况下其价格还是 P_3，但进口数量从 $\overline{ef}$ 上升到 $\overline{ei}$；在配额情况下，价格上升到 P_4，但进口数量保持不变，仍然为 $\overline{jk}$（$=\overline{ef}=\overline{gh}$）。

---

① 参见 K. Hallberg and W. Takacs, "Columbia's Experience with Import License Auctions," Chapter 20 in M. E. Kreinin (ed.), *International Commercial Policy*, Taylor & Francis, 1993。美国实际上是主张拍卖配额权的，参见 F. Bergsten et al., *Auction Quotas and U. S. Trade Policy*, Washington, D. C.: Institute for International Economics, September 1987。

关税与配额的等价性：关税与配额等价的条件是：需求和供给稳定，所有市场完全竞争，政府可以拍卖进口许可证。

所有的市场都是完全竞争市场，供给曲线和需求曲线又是固定的，拍卖进口许可证又产生与关税情况下相同的政府收入，那么，关税和配额的效应就是完全一样的。这被称为**关税与配额的等价性**。这种“等价性”只有在符合上述三个条件的情况下才能成立。

假设国内的需求曲线向上移至 D'。在关税为 t 的情况下，国内价格永远不会超过世界价格（P_2）加上关税。因此，国内价格仍然保持在 P_3，进口数量从 $\overline{ef}$ 上升至 $\overline{ei}$。也就是说，进口数量的增加满足了国内需求的上升。另一方面，在进口配额的情况下，数量调整是不可能的，进口数量被固定在 $\overline{ef}$。因此，需求的上升就会推动价格的调整。国内价格上升到 P_4，同时进口数量保持不变，仍为 $\overline{jk}$（$=\overline{ef}$）。同理，如果国内厂商变得低效率，供给曲线向左移动，那么配额会保护它们免受进口增加的冲击，然而关税则不行。在国内需求下降或国内供给增加的情况下，进口配额下的国内价格就会下降，进口数量保持不变；而关税下的商品进口数量就会下降，价格保持不变。一般性的结论是，只要进口配额仍然具有“约束性”（受控制的资源配置数量低于自由市场条件下的进口数量），那么需求或者供给任何方向的移动，在关税情况下会导致进口数量的变化，而在配额情况下会导致国内价格的变化。

需求曲线和供给曲线的移动：如果国内需求上升或者供给下降，那么配额造成的福利损失（用净损失三角形来衡量）大于关税造成的福利损失。

根据有效保护理论，可以提出关税和配额之间的另一个可能的区别。当对进口原材料实施配额时，它会提高使用这种原材料的最终商品的生产成本。这和关税对投入品的效应是一样的。然而，对原材料的进口关税有时会因为其最终商品的出口而实行退税，可在配额情况下，这样的退税却不会发生。

补充阅读

在供给和需求的任何变化之前，关税率 t 或者进口配额 $\overline{gh}$ 造成了相同的净福利损失。在图 5-2 中，净福利损失用两个三角形面积 cem 和 nfd 表示。我们从等价性的角度出发，首先假定国内商品需求增加，此时需求曲线在图 5-2 中向右移至 D'（灰色线）。在关税为 t、价格仍然是 P_3 的条件下，进口数量增加至 $\overline{ei}$（$=\overline{gb}$），福利损失变为两个三角形面积 cem 和 dil；福利损失基本保持不变。在进口配额为 $\overline{gh}$、价格上升到 P_4 的条件下，进口数量保持不变，仍然为 $\overline{jk}$（$=\overline{gh}$）。由于配额造成的两个三角形面积 cjq 和 rkl 更大一些，所以配额造成的福利损失也就更大。于是，关税和配额的等价性就不存在了：配额更有损于福利。

国内供给的减少（由于干旱、生产成本增加或其他原因）可表示为供给曲线的向左移动（需求曲线保持不变）。重复前面的分析过程，可得到类似的结果：与关税相比，配额更有损于福利，因为它产生了更大的净福利损失的三角形。

国内需求的减少或者国内供给的增加，产生了相反的结果：与等价的配额相比，关税更有损于福利。事实上，曲线下移的程度可能如此之大，以至于使进口配额变为无效：自由市场的进口数量变得小于配额规定的最大数量。

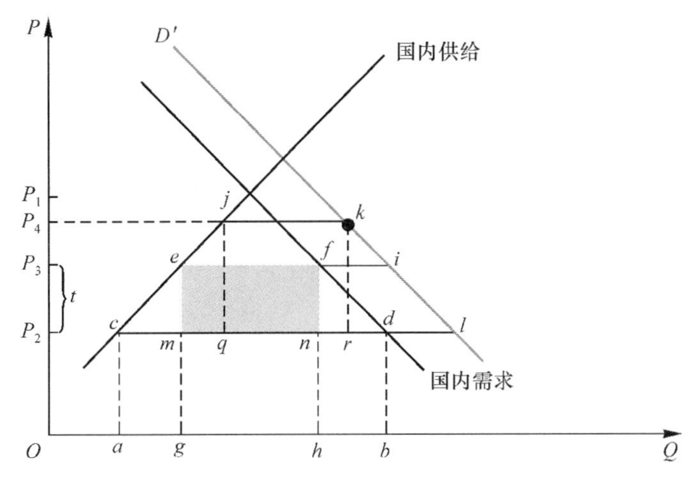

图 5-2　国内需求上升时的关税和配额

当需求增加至 D' 时，在关税情况下的净福利损失基本保持不变（三角形 *cem* 和三角形 *dil*），而在配额情况下，净福利损失上升为三角形 *cjq* 和三角形 *rkl*。

在上述所有四种情况下，关税 t 和配额 $\overline{gh}$ 的等价性都不存在了。它们的共同之处就是：在关税条件下，价格保持不变，数量发生调整；而在配额条件下，数量保持不变，而价格发生调整。在不断增长的经济体中，需求曲线向上移动的情况是最常见的，此时收入的上升带来了某些商品需求的增加。

关税和配额之间的第三个重要区别，与国内进口替代产业的生产商是垄断者的情况有关。即使在关税情况下，国际贸易也对生产商的垄断势力构成了严格的限制。这些生产商不能够收取比世界价格加上关税更高的价格，因为消费者有能力转向无限数量的国外进口商品。因此，关税对国内生产商的垄断地位构成了威胁。然而在进口配额情况下，国内垄断生产商需要做的事情，仅仅是对付某一固定数量的进口，除此之外，他就是本国市场的统治者。他当然可以收取比关税情况下更高的价格，他面临比关税情况下更少的竞争压力，因而一般而言，他会对经济效率和增长造成更大的损害。他也更容易地确信，国内需求的任何上升都会使其销售量增加，因为进口数额已经被法令固定下来了。

> **垄断效应**：与在关税条件下造成的损害相比，国内垄断厂商在配额条件下造成的损害更大。

另外，进口配额需要繁重烦琐的管理。政府管理机构必须决定如何在进口商和进口商品供给源（出口国）[②]之间分配进口许可证，以及如何随着时间的变化调整每年的分配。这些决定可能是武断的，或许与消费者选择和生产者成本毫无关系。而且，被限制商品的销售会给进口商带来配额租金，因而进口许可证本身就具有不菲的价值。假如有一个关于这些进口许可证的自由市场，那么进口一单位商品的许可证就等值于

---

② 通常根据进口商品的历史（自由市场）份额来分配进口许可证，美国奶制品配额的进口许可证分配情况就是这样。

这一单位商品国内价格和国际价格的差额。例如,美国在20世纪50年代对进口石油实施配额,当时进口一桶石油的许可证的自由市场价格,恰恰是其国内价格和国外价格之间的差额。进口商可能为了获得许可证而愿意贿赂政府官员。因此,这种体制本身就孕育着腐败的种子。进口许可证通常给予国内的进口商,因此他们得到了配额租金。但如果外国出口商得到了进口许可证,则这些配额租金可能归他们所有。

进口许可证通常是在进口配额政策实施时的进口商之间进行分配,这恰恰是低效率的最后一个来源。这种制度容易使市场锁定在某个特定基期的情形,总体的销售和利润情况并不取决于进口企业的效率。关税虽然会扭曲相对价格,但仍然允许竞争性的市场力量来发挥资源配置的作用。具有足够效率来支付关税的进口商,才可以获得进口的生意。而进口配额则完全颠覆了市场机制,它丧失了对进口商效率的强有力激励。虽然发展中国家最不能够承受低效率,但很多发展中国家仍然坚持使用进口配额,而不顾进口配额的高经济成本。③ 禁止进口是更极端的措施。欧盟在2009年之前就禁止进口激素催长的美国牛肉(据称是基于健康理由)。

由于上述原因,WTO成员国决定摒弃进口配额,并用关税替代它,这个过程就是所谓的**关税化**(tariffication)。

由于所谓的健康理由,商品有时会被完全排斥出某个市场。欧盟就排斥激素催长的牛肉和转基因食品,这令美国十分懊恼。

5.2 自愿出口限制

一方面由于WTO不允许进口配额,另一方面也由于避免报复,各国就经常采取**自愿出口限制**(voluntary export restraints,VERs)的措施。自愿出口限制是两国政府之间的双边协议,在该协议下,出口国限制其某种或某几种商品对进口国的出口。典型的情况是,进口国进口竞争产业为了减轻来自进口商品的竞争,向它们的政府施加压力,要求与出口国进行自愿出口限制的谈判。当出口商受到如果拒绝实施出口限制,进口国就会采取更多限制行动的威胁时,它就不得不接受这样的数量限制。由于双方事先达成了协议,自愿出口限制不会造成报复的威胁。出口国政府或出口商自己来实施自愿出口限制。

> **自愿出口限制(VER)**是进口国和出口国之间关于某种商品的协议,根据该协议,出口国同意限制其对进口国的出口。因为它限制了进口国的供给,所以进口国的商品价格上升。根据WTO协定,自愿出口限制正在逐渐被淘汰。

自愿出口限制已成为贸易限制的一个广泛使用的手段。约10%的世界贸易与自愿出口限制有关;受到影响最大的商品种类包括钢铁和钢铁制品、纺织品、农产品和食品、电子产品、鞋类和机床。受到自愿出口限制保护的市场,包括美国、欧盟和加拿大,同时,受到它约束的出口方,包括日本、韩国、中国台湾地区以及其他

---

③ 然而,抵制导致了一个比配额严重得多的贸易破坏。抵制的原因常常源于政治。在初级抵制下,A国宣布它不会从B国购买(或者向它出售)任何东西。在次级抵制下,A国宣布它不会从与B国有交易的第三国公司购买(或者向它们出售)任何东西。

发展中国家和地区。

一般而言，自愿出口限制是进口国同一个或多个主要出口国谈判达成的，其他的出口国则不受此约束。例如，1981—1985 年间，日本对美国的汽车出口受到了自愿出口限制的约束，而欧洲汽车向美国的出口则免受其约束。④ 在 20 世纪 90 年代，欧洲在自愿出口限制下约束日本汽车的进口，甚至约束日本在欧洲的跨国企业所生产的日本汽车的销售。另一个例子是，某一项自愿出口限制约束了日本和中国台湾地区对美国的机床出口（始于 1986 年），但不约束欧洲对美国的机床出口。

歧视：自愿出口限制往往对不同的供给来源给予不同的待遇。自愿出口限制的效应类似于配额效应，除了出口商接受配额租金之外。

进口配额和自愿出口限制有一个重要的不同。配额可以是全球性的，但自愿出口限制常常对不同的供给来源给予不同的待遇。⑤ 这违背了 WTO 最惠国原则中的非歧视准则，并因而绕开了 WTO 机制。没受到自愿出口限制覆盖的出口商总是可以从中受益，因为他们能够增加出口商品的数量或提高其价格。由于美日汽车自愿出口限制的存在，欧洲汽车生产商就提高了他们对美国出口的汽车的价格。反过来，“受限制”的出口商就愿意扩大它对不受限制的目的地的出口。

由于自愿出口限制约束了供给，并因而提高了进口国的商品进口价格，它的福利效应类似于进口配额。然而，由于自愿出口限制常常是由出口国实施的，出口商往往就会提高出口商品的价格，并获得配额租金（图 5-1 的阴影部分）的相当大部分。据估计，每年因自愿出口限制而产生的全世界租金转移就超过了 250 亿美元。相反，在配额的限制下，收入常常归进口商所有。⑥ 于是，我们就可以根据国家福利受到的损害程度而对贸易壁垒进行排序：对国家福利损害最小的是关税，其次是进口配额，而自愿出口限制最具有损害性。

质量升级：出口商具有转向生产更高质量商品的倾向。进口配额和（或）自愿出口限制可以引起质量升级。

对于差异化的商品，实施进口配额和自愿出口限制就具有一个共同现象，那就是**质量升级**（quality upgrading）。如果日本汽车出口商对美国出口的汽车数量被限制在 160 万辆，但不涉及汽车型号，那么他们将愿意出口装有可供选择设备的更精致的汽车型号，以增加每辆汽车的销售收益。从消费者的角度来看，进口配额或者自愿出口限制，使汽车的绝对售价上升了同样的数额，而不论其质量或等级如何，从而使得低成本汽车型号的价格上涨比例大于高成本型号的价格上涨比例。因此，供给和需求因素都促使消费者转向更昂贵的日本汽车型号。在所有的工业品进口配额和自愿出口限制的案例中，这样的商品质量升级常常发生。⑦

---

④ 美国的汽车自愿出口限制的一个效应，是鼓励了日本人对在美国生产汽车的投资。

⑤ 参见 E. Dinopoulos and M. Kreinin, “Import Quotas and VERs,” *Journal of International Economics*, February 1989。

⑥ W. Takacs, “The Equivalence of Tariffs, Quotas and VERs,” *Journal of International Economics*, 1978: 565—573; and T. Murray, W. Schmidt, and I. Walter, “On the Equivalence of Quotas and VERs,” *Journal of International Economics*, 1983: 191—194.

⑦ 参见 Falvey, Rodney E., “The Composition of Trade within Import Restricted Product Categories,” *Journal of Political Economy*, 1979: 1105—1114; R. Feenstra, “Automobile Prices and Protection: The U. S.-Japan Trade Restraint,” *Journal of Policy Modeling* (Spring 1985); C. Rodriguez, “The Quality of Imports and the Differential Welfare Effects of Tariffs, Quotas, and Quality Control as Protective Devices,” *Canadian Journal of Economics*, 1979: 439—449; and C. Boonekamp, “Voluntary Exports Restraints,” *Finance and Development*, December 1987。

自愿出口限制和其他非关税贸易壁垒不断增加的一个原因,是政界人士挽救国内工作岗位的愿望,因为进口会损害国内就业。可是,除了宏观经济政策是扩大就业的优良工具这一事实之外,贸易保护主义通常也挽救不了很多的工作岗位。实际上,贸易保护主义是扩大就业的一种昂贵方式。以汽车自愿出口限制为例。据估计[8],在1982年,美国的汽车自愿出口限制使美国花费了40亿美元支付给售价较高的日本和欧洲汽车生产商。这是从美国到日本和欧洲的一个净转移。除此之外,美国汽车制造商也相应提高了汽车价格,它构成了从消费者转向生产者的一个内部转移。据估算,该自愿出口限制在1982年挽救了约22 000个美国工作岗位。于是,保守的估计是,国家为挽救每个工作岗位而支付的成本为每年180 000美元,相当于汽车产业平均工资的六倍。

就业岗位:贸易保护是拯救就业岗位的一个昂贵方式。

与此类似,通过贸易保护而挽救的每个工作岗位的成本,在钢铁产业约为每年175 000美元,在纺织产业约为每年43 000美元,在金枪鱼产业约为每年240 000美元。在瑞典,为了挽救造船厂每个年薪20 000美元的工作,瑞典纳税人每年要支付50 000美元的补贴。在加拿大,服装产业的保护每年花费了消费者5亿美元,但只为加拿大工人提供了1.35亿美元的工资。

根据乌拉圭回合谈判的协议,自愿出口限制在2005年被摒弃。

自愿出口限制在2005年被摒弃。

5.3 国际商品协定

国际商品协定(International Commodity Agreements,ICAs)管理着某些初级商品(即原材料或农产品)的国际贸易,其目的据称是稳定商品的世界价格或妥善处理多余商品。生产国常常迫切要求这样的协定,其理由是,由于消费者和生产者对价格变化的反应不强,市场机制就过于迟缓和缺乏效率,因而需要一些集中的调整。不管怎样,作为资源配置机制的价格体系,应该高度依赖于对价格变化的迅速而又有力的反应。当这种反应软弱而又拖沓时,剧烈的价格波动就常常会发生。如果农作物大丰收增加了商品的供给,那么商品价格就会急剧下降,使得消费者购买农作物供给的增加部分。同样地,消费者需求的变动(无论出于什么原因)都会引起价格的较大变化,因为生产者不能够对新情况做出迅速而又有力的反应。这些情况也许意味着生产者收入和原材料生产国贸易条件的大波动。如果一个国家的经济

国际商品协定是某种商品的生产国和消费国之间的一个协定,以稳定商品价格,或者在商品价格不稳定的情况下对市场进行干预。最常见的国际商品协定类型是缓冲库存,通过对中央库存商品的买进或卖出来维持价格稳定。它造成了低效率,并且遇到了一些问题。

⑧ 参见E. Dinopoulos and M. Kreinin, "Effects of the U. S.-Japan Auto VER on European Prices and U. S. Welfare," *Review of Economics and Statistics*, September 1988; and D. Tarr, *A General Equilibrium Analysis of the Welfare and Employment Effects of U. S. Quotas in Textiles, Autos and Steel*, Washington, D.C.: Federal Trade Commission, 1989。

在很大程度上依赖于一种或两种初级商品的生产和出口(许多发展中国家的经济状况目前就是这样),那么其经济活动的整体水平就往往会随着这些价格的波动而波动。

国际商品协定同时包括生产国和消费国(这与卡特尔完全不同,卡特尔是严格的生产者组织)。国际商品协定具有以下三种形式。

出口限制机制(export restriction schemes),它要求对商品供给国的生产和出口实施国家配额,这样就可以控制国际市场的商品数量。1993年的可可协定就是这样。

缓冲库存(buffer stocks),它设定商品的一个最低价和一个最高价,通过对中央库存商品的买进或卖出来维持这些价格。在这里,目标是使价格维持在预定范围内。

缓冲库存的实施,如图5-3所示。在图5-3(a)和图5-3(b)中,P_E表示长期均衡价格(S和D表示初始的供给曲线和需求曲线)。缓冲库存的管理目标是将价格波动限制在P_F-P_C的范围之内,其中P_F是价格下限,P_C是价格上限。假如图5-3(a)中的供给上升到S_1(例如,由于农作物的大丰收),那么通过缓冲库存购买$\overline{ab}$数量的商品——该价格下的超额供给——就维持了价格下限P_F。相反,假如供给下降至S_2(例如,因为干旱),那么通过缓冲库存卖出数量为$\overline{cd}$的商品——该价格下的超额需求,就维持了价格上限P_C。同样地,由于有一个稳定的供给机制,需求的向上和向下移动均能通过缓冲库存管理引起相应的卖出和买入操作。在图5-3(b)中,当需求从D上升至D_1时,通过出售中央库存中的$\overline{cd}$数量的商品,就可以维持价格P_C。当需求从D下降至D_2时,通过买入$\overline{ab}$数量的商品,就可以维持价格P_F。所有这一切都可以通过缓冲库存管理来实现,它随时准备买入任何数量的商品以维持价格P_F,卖出任何数量的商品以维持价格P_C。

随着时间的流逝,可以期望稳定价格的操作能够缩小价格波动的区间。

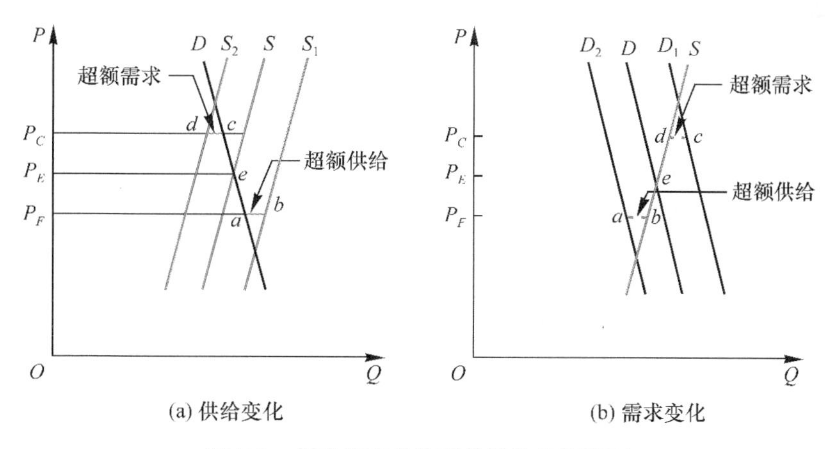

图5-3　缓冲库存条件下的商品价格稳定

缓冲库存将价格波动限制在P_F和P_C之间:当供给上升或需求下降时,就买进超额供给部分$\overline{ab}$;当供给下降或需求上升时,就卖出超额需求部分$\overline{cd}$。

多边合约(multilateral contracts),它规定了一个最高价格和一个最低价格。在最高价格水平,生产国有义务卖给消费国规定数量的商品;在最低价格水平,消费国有义务购买生产国规定数量的商品。

所有这三个机制都对市场的资源配置功能进行了干预,阻碍了资源在产业之间的转移,因而引起了低效率。缓冲库存安排需要巨额的资金开支来维持商品库存。

初级农产品的缓冲库存具有一个内在的不对称。价格下限的维持依赖于资金的可获得性,如果相关国家同意提供资金,那么就没有什么问题。但是,价格上限的维持依赖于库存商品的存量。一旦库存耗尽(例如,咖啡[⑨]生产国的冻灾天气),就什么也不能阻止价格的上涨越过价格上限,从而使缓冲库存归于无效。

所有过去和现在的国际商品协定,都具有将价格固定和维持在偏离长期均衡水平的情况。在大多数情况下,确定长期均衡价格是困难的。即使开始时可能就确定了正确的价格水平,但随着时间的流逝,那个价格水平会根据对市场力量的反应而发生变化。虽然这些价格变化可以是向上或者向下的,但生产国的持续压力却仅仅是向上的;换言之,它们致力于更高的价格,结果就产生了更多的生产和更大的剩余(需求特别高的年份除外)。这样,商品协定就变成了消费国(其消费者支付了高于均衡的价格)向生产国支付补贴的一种较为隐蔽的方式。这是一种低效率的补贴方法,因为不仅消费者要人为地支付高价格,而且高于均衡的价格会刺激过度的产出。同时,均衡价格和支持价格之间的差异通常会导致商品存货的大量积累,而商品库存和保存的费用是很高的。

除了融资和库存多余的问题之外,许多过去和现在的国际商品协定都受到了小生产者不服从协定的威胁,也受到了高价格刺激的生产合成替代品的威胁。

由于大多数协定在实践上并不特别成功,而且谈判从开始起就困难重重,因此近年来国际商品协定的应用已经减少了。另一方面,大家努力寻找其他的方法以应对发展中国家的剧烈价格波动的影响。目前,国际协调努力的一个工作,是使原材料生产多样化,而且,出口收入在特定年份出现严重滑坡的国家,都可以从IMF直接获得国际资金的支持。由于它不干预市场机制的运作,这样的**补偿贷款**(compensatory financing)是抵御商品价格或出口收入波动的一个更有效的方法。

> **补偿贷款**是IMF对出口收入急剧下降的国家进行补偿的一种机制。

不是所有的国际商品协定都与初级商品有关,也不是所有的国际商品协定都与发展中国家有关。纺织品是一个重要的例外。如果工业化国家的某一个产业应该收缩来为发展中国家的进口留出空间,那么它就是纺织产业。由于技术简单和生产的相对劳动力密集,这一产业是发展中国家进行工业化努力的第一个候选者。工业化国家的资源总是能够在其他地方得到更好的使用。然而,所谓的经济和政治压力普遍盛行,阻碍了产业收缩和进口扩大。WTO管理的所谓**《多种纤维协定》**(Multifibre Arrangement,MFA),就是一个拥有50多个生产国和消费国的国际商品协定。它具体规定了每一个出口国向每一个进口国可以出口的棉花、羊毛以及化纤纺织品的最大数量。另外,美国、欧盟与许多生产国签订了双边协定,生产国保证进一步限制它们对这两个单一市场的纺织品出口。尤其需要指出的是,进口的

> **《多种纤维协定》**是纺织品生产国和消费国之间的协定,以限制纺织品贸易。在2005年1月1日,这一协定被废除。

---

⑨ 国际咖啡协定的成员国生产了97%的世界咖啡,消费量也超过世界咖啡的一半。欧洲和日本都是国际咖啡协定的成员国,美国在1993年撤出,后又于2005年恢复成为成员国。

年增长率受到了严格的限制。工业化国家的消费者和发展中国家的生产者都是这些限制的主要利益受损者。

根据乌拉圭回合谈判的协议,《多种纤维协定》在2005年1月1日被废除了。可是,一旦取消了进口配额,美国和欧洲的纺织品生产商,以及发展中国家的纺织品生产商(根据《多种纤维协定》,它们的一定市场份额曾经得到了保证)都立即担心中国纺织品的强有力竞争。即使中国对其纺织品征收了一定程度的出口税,也没有减缓这些担心。2005年,随着中国纺织品出口的增长,美国对中国纺织品施加了限制,欧盟也考虑再次施加限制。

5.4 国际卡特尔

卡特尔是国内垄断行为在国际舞台上的延伸。如果一组位于不同国家的同一产业的商业组织,或者一组政府,一致同意用一些方式来限制竞争、规制市场和限制贸易,那么它就是一个**国际卡特尔**(international cartel)。与国际商品协定不同,卡特尔协议只限于商品供给者,并不包括商品消费国。例如,主要运输线路的运费率是由包括所有主要运输商的会议来确定的。

> **国际卡特尔**是位于不同国家的一组公司或者一组政府,它们一致同意限制某种商品的贸易。其成员只是商品供给者。

石油输出国组织(OPEC)是一个卡特尔,它在1973—1974年间成功地使原油价格提高了四倍,并在1979—1980年间再次使之翻番。另一次原油价格上涨发生在2000年至2004年。从长期看,这一卡特尔的提价能力也许会受到下述因素的限制:卡特尔之外的供给增加,例如阿拉斯加、北海或者俄罗斯的原油开发;替代能源的发展,例如煤、天然气、原子能和太阳能;以及较高价格所引起的消费减少。

> **OPEC**是石油输出国的卡特尔。

实际上在20世纪80年代,全球石油就出现了供给过剩。原油价格从70年代后期的每桶36美元跌落到80年代后期和90年代早期的每桶15—20美元,减少了主要石油出口国的对外贸易盈余。像尼日利亚和墨西哥这样的国家就遇到了国际收支平衡的问题。依赖于石油出口以获取西方进口品的苏联,随着石油价格的急剧下降,面临着很大的困难。但在2000年至2008年,石油(以及天然气)的价格再次上涨到每桶140美元,并在2009年只下降到每桶80美元的水平。

制造业和采掘业的大公司之间经常存在公开的或非法的协议。这些协议的目标繁多复杂,但在多数情况下,它们寻求价格的稳定、在成员企业之间分配世界市场以避免竞争、控制技术的研发,以及以其他方式限制或缓解竞争压力。如果一个主要成员决定退出协议,那么这个卡特尔的整体行动就可能陷入混乱,其他成员为此十分沮丧,而消费者却因此欢欣鼓舞。美国民用航空局在航空运输中引入更多竞争的行动,实质性地降低了横跨大西洋的费用。

卡特尔协议对国际经济的危害,如同垄断对国内经济的危害一样。他们限制产出,错误配置资源,并从公众那里收取比竞争情况下更高的价格。国际卡特尔的行动甚至可能与政府的政策相抵触。例如,法国、英国、德国和意大利的大汽车制造商之间瓜分市场和保证价格的协议,能够容易地抵消欧盟希望通过减少官方贸易壁垒来获取的有益影响。如果企业之间彼此同意不侵犯相互间的领域,或以其他方式避免竞争,那么取消关税和配额就是徒劳无益的。正因如此,欧洲共同体认定有必要采取产业竞争的规则。

5.5 国产化要求

国产化要求规定了必须在本土生产某一商品价值的最低比例。

一种相当普遍的贸易限制的形式,是所谓的国产化要求的规则,它规定了最终商品在国内生产的最低比例。[10] 例如,一个外国制造商如果要在巴西或韩国出售汽车、拖拉机和其他资本品,它就必须在该国建立装配工厂,并保证最终商品价值的一个最低指定比例是在当地生产的。另一个例子是印度在2010年推出的一个政策,要求太阳能项目只可以采用印度当地生产的太阳能电池和组件。服务业的一个相关例子是这样一个规定,它要求欧洲电视台必须播放一个最低数量的欧洲当地制作的节目。国产化要求的政策为当地生产要素和零部件生产商提供了保护,并提高了最终商品生产者的投入品价格。

5.6 国境税调整

非关税壁垒的一个主要形式是把国内税退还给出口商。WTO的一般性规则是禁止出口补贴,包括国内税的退还。这一规则的唯一例外是向出口商退还间接税,即**出口退税**(export rebates)。**间接税**(indirect taxes)是对处于某些生产和销售阶段的商品征收的税收,例如美国一些州的消费税或销售税,以及欧洲的增值税。[11] 所有这些间接税最后都由最终购买者或者生产者承担,这取决于商品价格的增长额是否等同于税收的全部数额或者只等同于其中的一部分。也就是说,税收直接对商品征收,并且仅仅以间接的方式转移给个人。如果此时商品出口,那么WTO规则允许政府向出口商退税。同样地,可以允许国家征收一项等同于间接税的特别进口费。于是,出口退税和进口费就构成了国内税的**国境税调整**(border tax adjustment),其目的就是“平等竞争”,因为一些国家并不对生产者实施间接税。

国境税调整由两部分组成:对进口商品征税,对出口商品退还(补贴)其国内间接税。

这一规则不适用于直接税。直接税就是直接向个人或生产要素征收的税,例如个人

---

[10] 参见G. Grossman, “The Theory of Domestic Content Protection and Content Preference,” *Quarterly Journal of Economics*, November 1981: 583—604。

[11] 增值税一般是一种间接税,它对每一个商品生产阶段的工资、利息、租金和利润之和征税。增值税的加总等价于对最终商品征收相同比例的销售税。

所得税或公司所得税。区别直接税和间接税的根据是这样一个勉强说得过去的理论,即间接税是"向前转移",全面地提高向消费者收取的最终价格,而直接税则是从源头上征收,例如工资或者利润,而且不会影响商品的最终价格。因此,只有间接税可以提高国内价格,并把当地生产者置于不利的竞争地位,因为与它们相比,其他国家的同行或许没有这样的税收,或者税收没这么高。只有这些间接税才需要调整。但实际上,直接税也许可以以与间接税一样的程度被转移给消费者,这取决于市场条件。

不管怎样,对于欧洲和美国之间的贸易而言,这一区别具有意义。美国主要依赖于个人所得税和公司所得税等直接税来产生联邦政府的收入,而这些收入是不向出口商退还的。而在大多数欧洲国家,情况就不是这样。它们公共收入的主要部分来自增值税,即对生产过程中价值增值的每个阶段征收的税收。由于它是间接税,所以它服从于国境税调整。

作为回应,美国作出了一项规定,要求主要大公司建立"对外销售公司",即只致力于出口的附属公司。这些公司的任务是削减公司所得税,其数额相当于大约每年40亿美元。欧盟则视美国的这一规定为一种出口补贴,向WTO提出了申诉,而WTO则判决美国败诉。2002年,WTO进一步裁决指出,欧盟可以对美国实施40亿美元的贸易惩罚,这是迄今为止获得许可的最大额度的贸易惩罚。在2004年,美国国会废除了这一规定,并把公司所得税税率从35%削减到32%。

5.7 倾销

当某一商品以低于同一商品在本国市场上的销售价格出售给外国购买者时,**倾销**(dumping)就出现了。(倾销的另一个定义是,商品以低于生产成本的价格在国外市场上销售。)"同一"这个词使得确定倾销的存在很困难,因为在进行价格的国际比较时,必须全面考虑到商品规格的不同,包括商品的包装以及其他外观特征。判断一种商品是否被倾销,存在着国际标准。

> **倾销**是商品以低于其国内售价的价格在国外市场销售。它经常是垄断厂商在国内市场和国外市场之间实行歧视的结果。

政府出口补贴是倾销的一种形式,下一节将讨论它。这里我们关注的是,与政府补贴无关的私人企业的倾销。按照惯例,倾销可分为三类:**临时性倾销**(sporadic dumping)是在国外市场上处理偶然的剩余或过多库存;它相当于国内销售,其影响可忽略不计。当一个国内大企业在海外减价销售,其目的是挤走竞争者并控制海外市场,以减价的方式在国外销售,然后又抬高价格,并使用其新近获得的垄断力量剥削该市场时,**掠夺性倾销**(predatory dumping)就出现了。此时,潜在的竞争者由于担心垄断者会重复这一行动,也许就失去了进入该领域的信心。这一倾销形式最具有伤害性。

持续性倾销(persistent dumping)是垄断者利润最大化行为的一个直接结果。假定某制造商在国内市场保持垄断地位,它在那里也受到运输费用或政府限制的保护,以避免进口竞争。另一方面,在国外市场中,它面临着东道国和第三国的生产者的竞争。从经济学意义上说,这一情况表明,国内市场的需求弹性比国外市场低,国内消费者不可以在国内市场转而购买相互竞争的其他品牌,而如果他们在国外市场则可以。国外市场的消费者可以得到近似的替代品,这使得他们对任何方向的价格变化都会做出很大的反应。也就是说,如果生产商收取高价格,他会损失一定数量的销售,但其成本在国内比在国外低。为了最大化其总的净收入,他会在国外市场收取比国内市场较低的价格,因为他必须对付国外市场的竞争,而在国内市场则缺乏竞争压力。对于接受倾销商品的国家的生产商而言,这种倾销是有害的,但消费者从较低价格中获取了更多利益,也许可以补偿这种倾销的损害。

所有形式的倾销都有一个必要条件,那就是国内市场和国外市场的分离;否则,就总是可以在国外购买,然后在国内市场再次销售这种商品,从而侵蚀了垄断者的利润。因此,倾销本质上是把价格歧视搬到国际舞台上。实际上,由于运输成本和政府限制常常造成了国内市场和国外市场之间的有效壁垒,在国际上实行价格歧视比在国内更容易,因为国内市场不能被分割成相互隔离的多个市场。

在实践中,确实难以辨别不同类型的倾销。尽管掠夺性倾销显然有害于进口国,但对消费者降低价格的这种倾销如果走向长期化,那么进口国受害的说法就不能成立了。然而,在进口竞争产业压力下形成的政府政策,常常需要处理所有形式的倾销。

反倾销税等同于倾销差价,是进口国为抵消倾销而实施的特别税收。

进口国处理倾销问题的最常见措施是征收**反倾销进口税**。该税种获得了WTO的认可和美国关税立法的允许,但其实施要求精细的法律程序:证明倾销的存在,并表明它对国内竞争产业造成了损害。

目前实行中的反倾销措施有2 600多个,主要是由美国、欧盟、加拿大、澳大利亚实行的,也有由发展中国家(如中国和印度)实行的。[12] 近来的例子是,美国在2002年对钢铁的反倾销税(2004年取消)、美国在2004年对中国家具的反倾销税、美国在2004年对六个国家大虾进口的反倾销税、墨西哥在2003年对美国牛肉的反倾销税,以及美国在2012年对中国太阳能电池和组件的反倾销税。有时出口国同意缩减其出口以避免这种税收。例如,1999年俄罗斯限制了其对美国的钢铁出口。反倾销税的平均水平很高,实行反倾销税打击了出口,并因而扭曲了世界贸易。令美国的贸易伙伴和WTO十分懊恼的是,美国参议院(在2000年)通过了《伯德修正案》,允许美国公司(而不是政府)继续征收反倾销税。在2000年至2004年期间,大约8亿美元的反倾销税被支付给美国企业。为了报复,WTO允许美国的贸易伙伴在任何一年里可以对美国商品征收高达1.5亿美元的税收。

还有一种形式的倾销,称为转移性原材料倾销,即制造最终商品的国家所进口的原材料属于倾销品。1988年的《美国贸易法案》授权政府禁止此类倾销。

补充阅读

图5-4是倾销的一个几何表述,包括三个小图:国内市场的需求、国外市场的需求、边际成本和收益。根据国内市场需求曲线,我们可以得到边际收益曲线(MR_H);根据国外市场需求曲线,可以得到边际收益曲线(MR_F)。由于国外市场的竞争品牌比较多,所以国外需求曲线比国内需求曲线更富有弹性。两个边际收益曲线(MR_H和MR_F)在每个价格下水

[12] 参见 http://www.wto.org/english/tratop_e/adp.e.htm。

平地相加，就可以得到总边际收益曲线（MR_T）。企业也有边际成本曲线（MC），而且它与MR_T的交点决定了利润最大化条件下的总产出的数量（Q_T）。

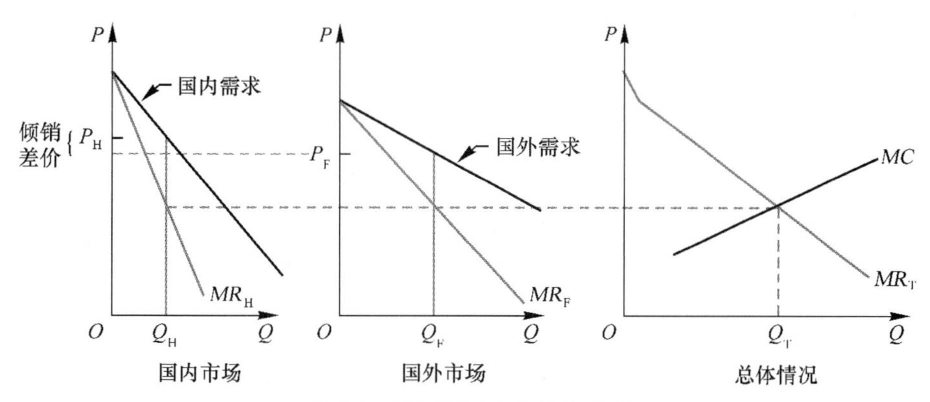

图 5-4　面对隔离市场的垄断者

面对具有不同需求弹性的两个隔离的市场，垄断者对具有较低需求弹性的市场收取较高的价格，因为该市场的购买者更不容易因价格的上升而退出市场。国内价格和国外价格的差价，就是**倾销差价**。

> **倾销差价**是国内市场和国外市场之间的价格差。

那么Q_T如何在这两个隔离市场上进行分配呢？利润最大化的行为要求Q_T的分配可以使得这两个隔离市场的边际收益均等化。边际收益是一个单位的销售增加量（或减少量）所带来的总收益的增加量（或减少量）。如果MR_F大于MR_H，那么销售从国内市场转移到国外市场就会是有利可图的，因为国外销售增加量所带来的总收益的增加量大于国内销售减少量所带来的总收益的减少量。如果MR_H大于MR_F，那么情况就相反。只有当两个隔离市场的边际收益相等时，才表明实现了利润最大化的均衡。[13]

图5-4说明了这种情况。国内市场和国外市场的销售产出分别是Q_H和Q_F，两者之和等于总产出Q_T。给定这两个产出数量，需求曲线（而不是边际收益曲线）决定了这两个市场的价格P_H和P_F，而且国内市场的价格高于国外市场的价格。这两个价格与各自的价格弹性负相关。[14]

---

[13] 以下是图5-4的制图过程：

（a）分别画出两个隔离市场的需求曲线：国内市场（左图）和国外市场（中间图）。国外市场的需求曲线比国内市场的需求曲线更平坦（即更有弹性）。

（b）从这两条需求曲线出发，可以得到边际收益曲线。画法如下：将需求曲线延长到数量轴，并把得到的$\overline{OQ}$距离一分为二，然后把中点与需求曲线在价格轴上的起点连接起来。

（c）在每一个价格水平下，将这两个市场的边际收益水平地相加，就可以得到总的边际收益，即右图的MR_T。它与边际成本曲线（也在右图）的交点就产生了总产出的数量。

（d）从MC和MR_T的交点出发，画一条水平的虚线，与这两个边际收益曲线相交。这两个交点是两个市场的边际收益相等的点。它们决定了总产出在这两个市场上的均衡分配：Q_H和Q_F。

（e）给定这两个产出数量，就可以从点Q_H和Q_F延长垂直线，分别与两个需求曲线相交，从而得到每个市场的价格。

[14] 倾销的另一个定义是商品在国外市场的销售价格低于生产成本（而不是国内价格）。当企业产能过剩时，其价格水平无论在国内市场还是在国外市场都会低于其全部成本。根据这个定义，即使国内价格和国外价格相同，也可能出现倾销。参见W. Ethier, "Dumping," *Journal of Political Economy*, June 1982。

5.8 出口补贴

出口补贴是政府针对国内企业出口的每单位商品而给予国内企业的补偿。

在前面几节,我们讨论了政府限制进口以及其他限制贸易的方法。但是政府也会使用补贴来刺激出口。出口补贴(export subsidy)是指政府针对出口到国外的每单位商品而给予企业的补偿。尽管有 WTO 的禁止,但出口补贴仍然很多。这种补贴常常成为美国与其贸易伙伴国之间的争论焦点。

实施出口补贴的国家会发生两种损失。首先,由于比较优势排序的扭曲,造成了净福利的损失:由于补贴,比较优势排序在后的许多商品也会出口,而比较优势排序在前的许多商品却无法出口。其次,如果补贴国是大国,就会产生附加的成本:出口的增加降低了世界价格,并因此使其贸易条件恶化。不同于关税的效应,贸易量和贸易条件的效应在补贴的情况下是同方向变动的,结果两者都恶化了国家福利。[15] 出口补贴会明确地导致补贴国的福利损失。补贴通常根源于重商主义者促进出口、保护就业的愿望,尽管还有更好的方法来实现这些目标。

那么出口补贴对其他出口国、对进口国有何影响呢?在一个只有两个国家的世界中,进口国可以因其贸易条件的改善而受益。因此,如果一个大国补贴其对美国的出口,那么美国会受益。但是在多国世界中,情况就复杂了。外国政府可能会在第三方市场上补贴其与美国出口竞争的商品出口,因此会恶化美国的贸易条件。例如,欧洲的农产品出口补贴就对美国在中国的出口有此种效应。

虽然外国补贴有益于进口国,但它也会影响进口国的收入分配。虽然进口国消费者面对的价格降低了,但它会伤害与补贴产品进口相竞争的国内产业的劳动和资本。因此,补贴被认为是不公平的贸易行为,而且进口国在调查之后可以征收反补贴税。目前大约有 80 多种此类税收,美国采用了其中的大多数。例如,在 2001—2003 年期间,美国对加拿大的木材和小麦征收反补贴税,尽管这两国之间签有自由贸易区协定。近年来,日益增加的反补贴税表明,美国法律越来越能够容易地使用反补贴税,同时美国也努力使其他国家减少使用补贴。反倾销和反补贴调查的全球性增加,也引起了一些争议:许多国家抱怨,这种调查以及课税,正在被作为一种无理地限制贸易的行政保护形式。

反补贴税是进口国为抵消出口国补贴而实施的特别税收。它与反倾销税的区别就在于,它仅限于抵消政府补贴。

农产品的出口经常受到补贴。

现在我们将注意力转到公开的和隐蔽的出口补贴。在农业这一领域,美国和欧洲都实行国内支持价格,然后以较低的、被补贴的价格出口其一部分剩余的农产品。美国和欧盟时常会出现竞争,因为有时美国会试图重新夺回因欧盟粮食出口补贴而失去的

[15] 关税和补贴都有利于国内生产商,但它们对贸易条件具有相反的影响。

市场。20 世纪 90 年代初期，这两个都想占领中国市场的“巨人”之间爆发了补贴之战，并伤害了中国粮食的传统供给国——澳大利亚。因此，出口小国比较容易陷入出口补贴的冲突之中。2003 年，巴西把出口补贴引入到所谓的战略性部门，例如钢铁业和大豆业。

美国波音和欧盟空中客车这两个大的飞机生产者之间的补贴之战，特别令人关注。两者都坚持认为它的对手受到各自政府数十亿美元的补贴。2005 年，美国和欧盟试图通过双边谈判（而不是提交给 WTO）来解决争议，但最终失败了。2009 年，WTO 裁定欧盟对空中客车公司实施了补贴。

出口补贴可以采取对外国购买者提供低息贷款的形式。

在制造业部门，补贴出口的一种常用方式是为外国购买者提供低于市场利率的贷款。这一补贴额就是市场利率和实际利率之间的差额。这些旨在鼓励购买特定商品的贷款，在诸如飞机或机械等“大额”出口项目中发挥着重要作用。这些贷款的从业者是与政府有关的一个特殊机构，在美国，它是进出口银行。欧洲出口的相当大比例（例如空中客车 A300）就是这样获得融资的。被补贴的信贷具有两个效应：引导资源流向补贴贷款所支持的出口产业、引导收入从出口国流入进口国。由于这些贷款的约三分之二都是由工业化国家提供给发展中国家，所以相应的收入就会从富国流入穷国。

为了避免“补贴战争”，经济合作与发展组织的成员国一致同意对出口信贷制定某一最低水平的利率。这一利率水平定期调整，根据贷款的期限和贷款接受国的发展水平而不同。贫穷的国家更容易得到较低的利率。

但是，一些国家可以灵活地回避这些一致同意的规则。在对发展中国家的出口中，一些工业化国家常常将发展援助与出口补贴混合起来，因而可以将本来引人注目的补贴问题隐藏在发展援助的外衣之下。一个相关的案例就发生在 1985 年 4 月，当时一个日本领导的国际财团赢得了一项在博斯普鲁斯海峡建造大桥的土耳其合同，这一合同获得了一揽子融资支持，包括日本政府提供的利率为 5% 的两亿多美元的贷款。东京称此项贷款为国外援助，而不是出口补贴，因而它在技术上就没有违反 OECD 的信贷规定。1990 年 5 月，布什政府决定采用一项混合性的信贷计划。

除了促进出口的直接补贴之外，许多政府还为其本国企业提供了不同形式的生产补贴或者研发援助。虽然这些措施旨在促进国内的经济发展，但它们却有着重要的贸易效应，因为被补贴的产业可以在国际市场上竞争。乌拉圭回合协议规定，如果这种补贴影响了国际竞争，就可以对其实行限制。因为许多补贴常常以各种形式进行伪装，所以 WTO 的补贴法律在治理这些补贴方面常常是无效的。

5.9 时间成本和供应链不确定性

时间成本和供应链不确定性增加了商品运输成本、提高了进口价格、限制了进口数量,并且造成了进口商品的不确定性。

时间成本和**供应链不确定性**构成了新的贸易壁垒,而它们往往不是政府管制的结果。[16] 90%的贸易量是海运贸易,其余部分是空运贸易。不可预见的运输延误可能归因于多个因素,其中包括歧视性的海关手续、货物过度安检、不完善的港口设施、恐怖袭击、恶劣天气、罢工、火灾、船舶碰撞、船舶搁浅,以及停泊港的交通堵塞。冗长的运输时间给贸易商强加了额外存货持有、折旧和其他费用。贸易企业愿意支付费用,以避免昂贵的运输延误。贸易企业在便利、高价的空中运输和缓慢、廉价的海洋运输之间的权衡意愿,能够衡量时间节省对该贸易的重要性和价值。也就是说,我们观察到的空运方式和海运方式之间的替代情况,能够用来显示贸易商对运输时间的估值。基于这种方法,最近的研究表明,全球运输多增加一天,相当于征收0.6%到2.3%之间的从价税。各个国家专业化于产品不同阶段的生产,并把每一阶段的产品生产放在生产该阶段产品成本最低的国家里进行,这种生产分割的实际情况夸大了时间成本。对时间最敏感的贸易流动是中间投入品。研究发现,长期运输延误会降低一个国家成为成功出口国的可能性。

一个**全球供应链**,包括从位于全球不同位置的工厂供应原材料、生产商品、分销商品到消费者的所有活动。

一个出口或进口企业是复杂的全球供应链的一部分。威胁**全球供应链**正常运行的因素包括交货时间和供应商的不确定性。在全球范围内进行分割生产的企业,就更容易受到突发事件的干扰。国家之间的贸易确实需要长期的运输时间,并且具有相当大的不确定性。超过40%的全球班轮服务船只,到达目的地时晚了一天或者多天。正是上述不可预见的造成运输延误的多个因素,造成了低下的班轮准班率。

和前述非关税壁垒一样,供应链不确定性和订货成本限制了贸易流动。交付产品的不确定性增加了进口的成本,这与安全库存的管理有关。进口商持有安全库存,以对冲突发性运输延误造成的干扰。企业应对供应链不确定性风险增加的措施是提高安全库存,这就造成了更高的库存持有成本以及更少的来自高交货不确定性所在地的进口。为了尽量减少库存持有成本,进口商将放弃基于固定订货成本的更高订单频率,以压低平均库存成本。于是,当订购成本上升时,企业将减少订单频率,并承担基本库存的更高的平均库存持有成本。企业将减少来自高订货成本所在地的进口。运输商需要通过合约谈判来确定它在停泊港的泊位能力。可以使用船舶实际和预期到达美国港口的详细贸易时间数据来度量供应链不确定性。近来的研究已经表明,交货

---

[16] 参见D. Hummels and G. Schaur, "Time as a Trade Barrier," National Bureau of Economic Research Working Paper 17758, http//www. nber. org/papers/w7758, 2012, 以及V. Kozlova, G. Schaur, and D. P. Clark, "Supply Chain Uncertainty as a Trade Barrier," Unpublished manuscript, The University of Tennessee, 2013。

时间延误已经大大减少了贸易量。供应链不确定性增加10%,进口就下降多达3.7%。订货成本上升1%,进口就下降了多达1.2%。

识别和度量运输时间和供应链不确定性的成本,有助于我们评估与运输延误相关的成本和贸易促进政策的经济影响。歧视性的、不必要的严格产品检验和海关延误,增加了运输时间,而简化的货物安全检查、改进的海关手续,以及对港口基础设施的投资,均能减少运输时间,产生贸易收益。研究人员对损失(或者节约)的每一天运输时间的价值进行估计,并就此计算出这些政策的直接货币成本或者收益。低收入国家的港口设施往往不足,只能通过多个停泊港发送小批量货物,对于它们而言,贸易成本和供应链不确定性尤其重要。

5.10 非关税壁垒与关税

自愿出口限制、进口配额、国际商品协定、反倾销税和其他非关税壁垒,都被视为管理贸易的具体形式。随着保护主义压力在许多国家的强化,这些非关税壁垒越来越被广泛使用。[⑰] 由于关税率在WTO谈判之下逐渐下降——目前平均关税只为5%,许多国家已越来越转向非关税壁垒以保护本国产业。

非关税壁垒与关税:与关税相比,非关税壁垒更有害于国民经济。在非关税壁垒中,自愿出口限制比进口配额更有害。

然而,与非关税壁垒相比,关税具有几个优点。首先,它只扭曲了市场机制,而许多非关税壁垒却使市场机制完全失效。其次,关税是透明的,所有人都可以看得见,而且其程度也是可知的(尤其是从价关税)。与此相反的是,非关税壁垒通常是隐蔽的,因为它们的保护水平、对国内价格的效应,甚至有时其存在性,都是隐蔽的。在美国,没有多少人能意识到,由于进口限制,他们购买纺织品支付的价格是国际价格的好几倍。[⑱]

度量非关税壁垒程度的一个正确方法,是国内价格减去国际价格,然后将此差额除以国际价格,从而得到非关税壁垒的关税等价。但是,由于几乎所有的国家都实行了多种非关税壁垒,因而度量非关税壁垒是不切实际的事情。可以说,令人完全满意的度量非关税壁垒的方法是不存在的。

在缺乏度量方法的情况下,国际组织提出了一个广泛使用的替代方式:一国非关税壁垒覆盖其进口的比例。然而,这是非关税壁垒覆盖率的衡量指标,而不是其保护效应的衡量指标。现在大多数发达国家和80个发展中国家都有非关税壁垒的清单目录。近年来非关税壁垒的稳步增长,抵消了从多边谈判的关税减免中获得的一部分收益。

非关税壁垒不仅比关税更普遍,而且很难通过谈判来予以消除。正因如此,某些

---

⑰ 关于这个观点,参见J. Bhagwati, *Protectionism*, Cambridge: MIT Press, 1990。

⑱ 关于这个问题的一般讨论,参见论文R. Lawrence, W. Cline, and R. Baldwin, "U.S. Trade Policy", *American Economic Review*, May 1989: 118—133。

非关税壁垒正在被关税所取代(即所谓的关税化进程),而关税是可以通过谈判来解决的。

5.11 战略性贸易政策

在完全竞争的环境下,政府进行贸易干预的理由中,只有以下几个可能是正当的:

(1) 对进口商品实施最优关税,以改善贸易条件;

(2) 对幼稚产业实施保护(只有当直接补贴不可行时);

(3) 对国内扭曲采取平衡措施(只有当国内措施不可行时)。

战略性贸易政策由政府的税收和(或)补贴组成,其目的是增加本国寡头垄断企业的全球市场份额,以便在损害外国企业的情况下增加其寡头垄断利润。寡头垄断是一种市场结构,在这种市场结构下,一个产业只有少数几个企业,可以持续地获得经济利润。虽然战略性贸易政策看起来具有吸引力,但是其运用却遇到了很多实际问题,因而难以实施。

人们认为,这些理由并没有重要到可以证明:对传统自由贸易立场的偏离是正确的。

然而,近来对寡头垄断市场[19]的贸易分析,引起了对贸易干预的新争论,即所谓的**战略性贸易政策**。[20] 寡头垄断的一个显著特征就是寡头垄断利润的存在性和持续性。包括政府的一些措施在内的战略性贸易政策,旨在以"外国的"企业为代价来增加"我们的"企业在全球市场上的份额,并进而提高"我们的"企业所获得的全球寡头垄断利润的比例。在世界市场上只有两家企业时,情况尤其如此,例如飞机制造业。这也许解释了欧盟给空中客车公司的补贴,以及加拿大和巴西给美国航空公司提供低息贷款以鼓励其购买它们的小飞机,这些贷款是它们对各自国内小飞机生产者的补贴。当建造工厂和购买仪器设备或者进行研发需要大额的初始费用时,边际成本会随着产出的扩张、初始费用平摊入更大产出等因素而下降。这就限制了本产业的企业数量。而干中学的强效应也会导致同样的结果。在这些情况下,政府能够对"我们的"企业提供支持,例如通过采用某种出口补贴的形式把外国竞争者挤出本产业,从而使全球市场掌握在"我们的"企业手中。相反,在处理进口商品的过程中,对"我们的"进口竞争寡头垄断企业提供的关税保护,可以增加它们在全球市场上的份额。在上述情况下,贸易干预能够增加国家福利。现在,我们逐一考虑这些情况。

补贴的情况 假定美国波音公司和欧盟空中客车公司都正在决策是否生产新的飞机。如果这两家公司中的任何一家企业单独进行生产,它会实现1亿美元的利润。

---

[19] 一个产业只有少数几家企业,而且新企业进入该产业的障碍是极其巨大的。

[20] 参见 P. Krugman, "Is Free Trade Passé?" *Economic Perspectives*, Fall 1987: 131—144; R. Baldwin, "Are Economists Traditional Trade Policy Views Still Valid?" *Journal of Economic Literature*, June 1992: 804—820; M. Kreinin, "U.S. Trade and Possible Restrictions in High Technology Products," *Journal of Modeling*, Spring 1985: 69—105; R. Baldwin and H. Flam, "Strategic Trade in the Market for 30—40 Seat Commuter Aircraft," *Weltwirtschaftliches Archive*, no. 3, 1989; G. Grossman and D. Richardson, "Strategic Trade Policy: A Survey of Issues and Early Analysis," in *Special Papers in International Economics*, Princeton: 1985; A. Dixit, "In Honor of Paul Krugman," *Journal of Economic Perspectives*, Spring 1993: 176—183。

但是，如果这两家公司都生产新飞机，每家企业则会损失500万美元。现在假设美国政府宣布可信的承诺，对波音公司提供1000万美元的补贴。因此，即使空中客车公司也进行生产，波音公司还是能确保500万美元的利润。可是在这种情况下，空中客车公司将会退出生产，因为波音公司肯定会生产飞机，从而空中客车公司必然会遭受损失。因此，波音的利润会是1.1亿美元(1亿美元加上1000万美元的补贴)，它能轻松地偿还补贴。在简单地假定每一家公司的生产完全用来出口的情况下，1000万美元的补贴可以使波音公司将1亿美元的**垄断租金**(monopoly rents)从欧洲转移到美国。这一案例解释了为什么许多国家要提供补贴，即使传统理论指出了补贴在完全竞争的情况下是有害的。实际上，波音和空中客车都相互指责对方接受国家补贴。在2010—2012年期间，WTO裁定波音公司和空中客车公司均接受了联邦政府和地方政府的补贴，从而违反了WTO规则。

保护的情况 现在考虑另外一个案例：某产业有两家企业，一家是美国企业，另一家是日本企业。假定随着产出的增加，生产成本因干中学和规模报酬递增而减少。日本采取保护性措施而封闭本国市场，而美国市场仍然保持对外开放。这就会使得日本企业增加产出、降低生产成本，并把美国企业赶出市场。于是，美国企业从本国消费者中获取的垄断租金，现在就转移到了日本企业。

多个问题 虽然上述政策从理论上看也许具有吸引力，但是它们的执行会遇到如下的实际问题：

1. 政府缺乏决策所需要的信息。在上述补贴情况中，政府需要知道，在有国外竞争和没有国外竞争的情况下，将分别从新飞机的生产中赚取多少利润。这些数据通常是很难获得的。

2. 对波音公司的补贴会导致美国飞机产出的扩张，进而把一些特别的生产要素(例如工程师)从另一个产业(例如计算机产业)中转移过来。飞机产业获得的租金最终因计算机产业的损失而丧失。

3. 实际上，全球市场通常能够支撑一个产业中有两个以上的生产商。在那种情况下，竞争会减少政策制定所期望获得的租金。一般而言，全球市场中存在多少寡头垄断租金，以及存在多久，是难以确定的。对政府而言的补贴成本，或者对消费者而言的保护成本，可能超过租金收益。

4. 出口补贴也许会诱导更多的国内企业进入本产业，而这会导致较低的效率和较高的平均成本。因此，从租金转移中获得的利益，可能会被生产成本的增加所抵消。

5. 外国的报复也许会抵消掉保护或者补贴带来的所有收益。

由于上述原因，经济学家不愿推荐战略性贸易政策。自由贸易仍然是优先的选择。实际上，与完全竞争市场条件下的贸易自由化相比，不完全竞争市场条件下的贸易自由化常常更能促进福利的增加，因为它削弱了企业的垄断力，并降低了价格。基于同样的原因，还有一个更强有力的假定：与完全竞争市场条件下的关税同盟相比，不完全竞争市场条件下的关税同盟更会促进福利的增加。

总结

本章考察了诸多针对贸易的非关税壁垒。进口配额和自愿出口限制,也就是所谓的数量控制,对可能进入本国的商品设定了一个绝对的数量限制。因为它们限制了国内市场上可获得的商品数量,因此会提高国内价格,使之高于国外价格,这一方式与关税十分类似。在静态供需和完全竞争的条件下,配额与关税的主要区别是配额租金的接受者:在关税条件下,政府是配额租金的接受者;而在配额条件下,进口商则是配额租金的接受者。然而,在不断增长的经济中,商品需求往往是上升的,此时配额会造成更大的损害,因为它产生的福利损失三角形大于关税产生的福利损失。同样地,如果国内生产者是垄断厂商,此时配额会造成更大的损害,因为它不限制垄断厂商的垄断力。配额和自愿出口限制会造成质量升级。

实施配额的方式是签发进口许可证。因为这些许可证相对稀缺,所以进口许可证的市场价值就是商品的国内价格和国外价格之间的差额。数量限制的关税等价,可以用商品的国内价格超过国外价格的百分比来衡量。许多国家采用了自愿出口限制,部分是因为WTO规则之下配额是非法的,部分也是因为要避免报复。在自愿出口限制下,出口国承诺限制对进口国的商品出口,而且出口商往往收取租金。自愿出口限制往往具有歧视性,因为一些出口国总是可以不受它的约束。所有的自愿出口限制都是在WTO的框架之外进行谈判的,而且正在逐渐被摒弃。

采取进口配额或者自愿出口限制的一个主要原因,据称是拯救进口竞争产业中的工作岗位,但一些评估显示,被拯救的每个工作岗位的成本通常是该产业平均工资的几倍。

国际商品协定(ICA)是某一特定商品的生产国和消费国的组织,其宗旨是限制贸易或者控制价格波动。除了纺织品之外,国际商品协定主要应用于初级商品(原材料和农产品)。国际商品协定的一个常见形式是缓冲库存,它通过特定商品中央库存的购买或销售来使价格波动维持在规定范围之内。当出现最低价格水平上的超额供给或最高价格水平上的超额需求时,缓冲库存就可以发挥作用。总的来说,国际商品协定问题重重,会逐渐瓦解。在棉花、羊毛和化纤纺织产业,有一个国际商品协定,即著名的《多种纤维协定》(MFA),它对每个出口国出口到每个进口国的这些商品设定了数量上的限制,但它在2005年被废除了。

国际卡特尔是不同国家的生产者组织或政府集团,试图以限制商品供给、提高价格、瓜分市场或其他方式干预竞争性力量。石油输出国组织(OPEC)是最著名的卡特尔,它企图控制全球的石油价格。卡特尔提高价格的能力,受到了替代商品的可获得性以及成员国利益分歧的限制。

对于外国商品在本国市场的销售,一些国家规定了外国制造商要满足其最低标准的国产化要求。这就构成了对国内生产要素的保护。

征收销售税或增值税的国家,可能对出口商返还这些税收,并且对进口征收等同于国内税的费用。这种国境税调整并不适用于直接税,例如个人所得税或公司所得税。增值税在欧洲十分常见,而直接税是美国政府税收的主要收入支柱。为抵消欧盟的国境税调整,美国国会把公司所得税的税率从35%削减到32%。

某一商品在外国市场上的销售价格比本国市场价格更低,这就是所谓的倾销。虽然"被倾销"国的消费者会受益,但该国的生产商会抱怨不公平的竞争。如果他们可以证明存在倾销,并且倾销对本国产业造成了损害,那么该国就能征收等同于这一价格差额的反倾销税。当垄断厂商只在外国市场上才遇到竞争时,就常常发生长期倾销,这会产生比本国市场更有弹性的需求曲线。因此,垄断厂商在国外市场(更具竞争性的市场)只能以较低的价格销售。反倾销税通常是贸易保护的一种形式。

在出口补贴的情况下,出口商接受了政府为其出口的每一单位商品提供的补贴。它会导致净福利的损失,以及补贴国贸易条件的恶化。WTO宣称这些补贴是非法的,而且补贴商品的进口国也可以对该商品征收反补贴税。但是,有些国家能够通过研发活动的补贴以及一些只间接反映在出口价格中的补贴措施来绕过WTO的禁令。乌拉圭回合协定对这种补贴设定了限制。在其他情况下,政府还可以把对外援助与出口补贴混合起来。

正如上述非关税壁垒一样,时间成本和供应链不确定性提高了进口价格、减少了进口数量。度量运输时间和供应链不确定性成本,可以有助于我们评估与运输延误相关的成本和贸易促进政策的经济影响。歧视性的、不必要的严格产品检验和海关延误,增加了运输时间,而简化的货物安全检查、改进的海关手续,以及对港口基础设施的投资,均能减少运输时间,产生贸易收益。研究人员对损失(或者节约)的每一天运输时间的价值进行估计,并就此计算出这些政策的直接货币成本或者收益。

尽管非关税壁垒比关税更有害,但是非关税壁垒却应用广泛。由于缺乏对非关税壁垒的关税等价的计算(一项困难的任务),因而没有良好的方式来度量其效应。唯一能做的事情就是评估非关税壁垒的发生率。

虽然政府对完全竞争条件下的贸易的干预几乎没有正当的理由,但是寡头垄断市场应对如何攫取全球垄断租金提供了一个理论观点。战略性贸易政策提出了几个案例,表明出口补贴或者进口保护可能是有益的,因为它们可以增加"我们的"企业的全球市场份额,从而增加"我们的"全球利润份额。然而,这一政策的实行却困难重重,因而自由贸易仍然是值得建议的政策。

重要概念

非关税壁垒(NTBs)
进口配额
配额租金
拍卖进口许可证
关税与配额的等价性
初级抵制和次级抵制(FN3)
自愿出口限制(VERs)
质量升级
每一工作岗位的拯救成本
国际商品协定(ICAs)
缓冲库存
补偿贷款
《多种纤维协定》
国际卡特尔
石油输出国组织(OPEC)
国产化要求
间接税
国境税调整
增值税(VAT)
倾销

临时性倾销
掠夺性倾销
持续性(长期)倾销
倾销差价
反倾销税
出口补贴
反补贴税
时间成本
供应链不确定性
战略性贸易政策
垄断租金
非关税壁垒的关税等价

复习题

1. 判断下面的表述:
   a. 作为贸易保护工具,对一国而言,关税比配额的损害更小,配额比自愿出口限制的损害更小。
   b. 对于创造就业而言,贸易保护是一个代价高昂、效率低下的方式。
   c. 国际商品协定构成了帮助发展中国家抵御(它们出口商品的)价格剧烈波动对其经济影响的最好方式。
   d.《多种纤维协定》代表了组织国际贸易的一种优秀方式。我们应该将它应用到钢铁产业和其他产业。
2. 假定美国钢铁产业正在寻求避免外国进口的贸易保护措施。比较以下限制钢铁进口的措施:
   a. 关税　　b. 配额　　c. 自愿出口限制。
   若需要,用图表说明。
3. 解释下列术语:
   a. 国境税调整,以及它对美国—欧盟关系的意义
   b. 质量升级
   c. 国际卡特尔
   d. 石油输出国组织
4. a. 定义倾销,并解释倾销的三种类型。
   b. 用图表说明持续性倾销是如何产生的。这种分析相当于国内价格歧视的分析吗?
   c. 倾销的存在需要什么条件?
   d. 为了获得反倾销的保护,一个产业必须证明什么?什么形式的贸易保护是可行的?
5. 进口保护是拯救工作岗位的好方式吗?为什么?什么是国产化要求?
6. 区分反倾销税和反补贴税。
7. a. 分析出口补贴对补贴国的福利效应。对进口国的福利效应又如何呢?
   b. 比较补贴和关税对贸易条件的影响。
   c. 补贴如何能够隐藏于经济援助的外衣之下?
8. 什么是非关税壁垒的覆盖率?什么是非关税壁垒的“关税化”?
9. 什么是战略性贸易政策?其局限性是什么?出口补贴如何能带来“我们的”企业获得的全球利润份额的增加?

第 7 章
发达国家之间的国际和地区贸易组织

在过去的 60 年中，国际贸易经历了一个逐步自由化的过程。美国是这一过程的重要推动力，带动其他国家来提供互惠的关税减让、取消配额，并消除其他贸易限制。但是，几个国际组织提供了多边谈判的制度框架，并建立和监督着国际贸易的行为规则。在国际层面，它们包括 WTO 和联合国贸易和发展会议（UNCTAD）；在地区层面，它们由关税同盟和自由贸易区组成。工业化国家的主要地区性组织，是欧盟[①]和包括美国、加拿大与墨西哥的北美自由贸易协定。本章将阐述这两者。

WTO 和欧盟这样的机构主要处理贸易事务，而国际货币基金组织和欧洲货币联盟（European Monetary Union，EMU）（分别为国际性和地区性的组织）则处理货币交易。在对贸易流的影响方面，贸易限制和资金支付限制可部分程度地相互替代。例如，提高关税可以通过提高价格来减少进口，而外汇管制可以通过限制用以融资的外国货币数量来减少进口。决策者一般都认识到，同时进入这两个领域是十分必要的。因此，WTO 的成员一定也是 IMF 的成员，并且必须遵守它的国际货币规则。

本章的内容是与**贸易自由化**（trade liberalization）相关的地区性和国际性组织。由于材料的适当编排需要我们一定程度地偏离年代先后顺序，所以本章从地区贸易集团开始阐述，然后阐述 WTO。贸易与发展的问题将在下一章进行讨论，而国际金融组织将在本书的第 2 篇进行介绍。

地区主义

据最近一次统计，世界上约有 354 个地区性的贸易集团，涉及 120 多个国家。它们

① 欧盟的前身是所谓的欧洲经济共同体（也就是所谓的欧洲共同市场），后来其官方名称改为欧洲共同体，在 1993—1994 年，开始使用欧盟（European Union，EU）这个名称。在讨论它的早期事项时，我们使用欧洲经济共同体的名称，而在讨论它的当前事项时，我们使用欧共体或欧盟的名称。

地区主义:关税同盟、自由贸易区和特惠贸易安排,现在已很常见,不过关于地区主义的功绩,经济学家们存在着争论。主要的地区主义组织有:欧盟——27个欧洲国家的关税同盟;北美自由贸易协定——美国、加拿大和墨西哥组成的自由贸易区;亚洲自由贸易区——由中国和东盟的10个东南亚国家组成,产生于2010年1月1日;南方共同市场——巴西、阿根廷、乌拉圭和巴拉圭组成的关税同盟。

包括分布在拉丁美洲、非洲、亚洲[②]、中东、大洋洲[③]和欧洲的关税联盟、自由贸易区和特惠贸易安排。世界贸易的大约一半是在地区贸易集团之内进行的。地区贸易集团的形成动机各种各样,包括:生产者得到贸易转移利益的期望;得到一个更大市场的期望,这将有利于实现规模经济,从而有利于生产率的提高和竞争地位的加强;对全球贸易自由化进程缓慢的不满,以及一些国家认为它们没能从WTO进程中获得好处的感受;推动本国在WTO谈判中讨价还价能力的愿望,以及发展中国家减少对工业化国家市场依赖的愿望;对其他贸易集团形成的响应(多米诺效应)。日本和韩国本来已经选择不参加任何地区集团,但现在也加入了这个行列。而且,欧盟正在与拉丁美洲谈判贸易协定,美国正在与拉丁美洲和亚洲国家谈判贸易协定。双边和多边贸易协定的潮流正在形成。

经济学家们正在争辩地区主义的功绩。一方面,很多地区集团转移了贸易,并因而阻挠了在世界范围内实现一个真正的多边贸易体制的目标。另一方面,那些支持地区主义的经济学家认为,与多边贸易自由化相比,在较少数量国家之间取得"深层次的"自由化比较容易,而且地区集团能够成为走向实现多边贸易协定的垫脚石(而不是绊脚石)。而且,墨西哥等国也愿意与多个国家签订贸易协定,从而减轻任何一项贸易协定的贸易转移效应。无论如何,地区主义仍会继续存在。因此,WTO需要保证这些地区组织不会发展成"自我封闭的"[④]堡垒。

7.1 欧盟

欧盟:欧盟是27个欧洲国家组成的关税同盟,其中的12个成员国发行了共同货币——欧元,并建立了共同的中央银行:欧洲中央银行(European Central Bank)。

也许第二次世界大战之后最有意义的国际贸易发展,就是1958年欧洲经济共同体的诞生。它根据《罗马条约》成立,包括六个创始成员国:联邦德国、法国、意大利、比利时、荷兰和卢森堡。1977年7月1日,英国、丹麦和爱尔兰加入共同体;希腊于1981年加入;西班牙和葡萄牙于1986年1月1日加入;瑞典、芬兰和奥地利于1995年加入,因而成员国增加到15个。1999年,15个成员国中的12个国家发行了被称作"欧元"的共同货币。具有7 500万人口的10个东欧国

---

② 东南亚国家联盟(Association of Southeast Asian Nations, ASEAN),包括菲律宾、马来西亚、印度尼西亚、新加坡、泰国、越南、柬埔寨和缅甸等国,是一个特惠的贸易安排,并可能形成一个自由贸易区。亚太经合组织(APEC)论坛由所有环太平洋的发达国家和发展中国家组成,包括美国、加拿大、日本、中国、澳大利亚、韩国以及东南亚国家联盟等。

③ 澳大利亚—新西兰地区。

④ 进一步阅读的材料,可参见 N. S. Fieleke, "One Trading World or Many: The Issue of Regional Trading Blocs," *The New England Economic Review*, May/June 1992; and J. D. Melo and A. Panagariya, "The New Regionalism," *Finance and Development*, December 1992。

家于2004年5月1日加入欧盟[⑤]，而另两个国家[⑥]在2007年加入了。欧元的使用也扩展到欧盟16个国家(但不包括英国)。爱沙尼亚在2011年加入了欧元区。2009年，《里斯本条约》获得批准，进一步强化了27个成员国之间的关系。这27个国家拥有4.5亿人口，GDP与美国相当。在下文中，我们在讲到欧盟在1993年之前的情况时，仍使用“欧洲共同体”这一名称。

7.1.1　前身

为了促进欧洲的经济合作，在欧洲经济共同体之前，欧洲就出现过几个组织。首先，第二次世界大战后欧洲经济合作组织(European Economic Cooperation，OEEC)成立，该组织实际上包括了所有西欧国家，以协调战后的欧洲复兴计划和输送美国对具体欧洲国家的援助(根据马歇尔计划)。[⑦] 总部设在巴黎的这一组织，也通过逐渐解除进口限额来实现欧洲内部贸易的自由化。如今，随着美国、加拿大、日本、澳大利亚、墨西哥和韩国的加入，新的组织就被称为经济合作与发展组织(OECD)，它已成为工业化国家之间的协调与咨询机构。

欧洲经济共同体更直接的前身是欧洲煤炭与钢铁共同体(European Coal and Steel Community)，成立于1951年，共有六个创始成员国。该组织废除了对煤炭和钢铁产品的贸易限制。另外，比、荷、卢三国[⑧]组成的关税同盟，成为欧洲经济共同体的一部分。[⑨]

7.1.2　内部约束

欧盟首先是一个关税同盟；其成员国之间取消所有的关税和其他贸易限制，并对欧盟以外的国家设立共同单一的关税。WTO要求，关税同盟的共同对外关税(common external tariff)不应该比关税同盟之前的成员国平均关税水平更严格。就大多数工业产品而言，共同对外关税是各成员国在一体化之前关税率的未加权平均数。

基于成员国的捐献，一项专门基金建立起来，以帮助欧盟内的较不发达地区加快发展。这就是欧盟的**区域政策**。另外，欧盟还颁布了一整套规则，以保护企业在共同体内的竞争性行为，并防止卡特尔的发展。

在20世纪90年代，在单一市场协定(即欧盟1992年计划)之后，欧盟通过确保商品、一些服务、资金和劳动力在共同体内的自由流动而走向了进一步的一体

---

⑤　捷克共和国、爱沙尼亚、匈牙利、拉脱维亚、立陶宛、波兰、斯洛伐克、斯洛文尼亚、塞浦路斯和马耳他。它们的人均GDP，只是欧盟15个创始成员国人均GDP的一小部分。

⑥　保加利亚和罗马尼亚。土耳其能否加入，仍不确定。

⑦　美国的相应组织是美国经济协作局(Economic Cooperation Administration)。经过几次调整，它现在是美国国际开发署(Agency for International Development，AID)，从事对发展中国家的经济援助工作。

⑧　比利时、荷兰和卢森堡。

⑨　《金融与发展》(*Finance and Development*)2004年6月期，全刊介绍了欧盟的各个方面，包括2004年的欧盟扩大和欧元。

化。[10] 欧盟之内的商品流动边境检查站被取消了,缩短了运货卡车跨越边境的时间。这种变化的一个副产品,就是限制从非成员国进口的国家配额被整个欧盟的配额所替代。

与健康、安全、消费者保护、环境相关的技术标准,在整个欧盟得以推广。新产品在经过一套检测与认证之后就可以在整个欧盟之内销售了,而以前要经过每个成员国的单独检测和认证。共同体内的竞争规则得到了加强。成员国政府的公共采购合同(政府合同),占欧盟 GDP 的 10%,对整个欧盟范围内的企业公开招标。每一成员国的大学学位和专业文凭在整个欧盟得到承认。国家的保险规定是统一的,大企业能够把“高风险”项目投保给整个欧盟的任何一家保险公司。

欧盟国家的任何一家持牌银行都可以在欧盟内的所有成员国开设分行,提供银行服务。对于美国和其他非欧盟的银行,适用国民待遇原则:该原则要求美国对待欧盟企业的方式应该和其对待本国企业的方式一样,作为回应,欧盟对待美国企业的方式也应与其对待欧盟企业的方式一样。但是,并不是所有服务业都在欧盟内得到了完全的一体化。

7.1.3 农业政策

与工业产品一样,欧盟内部对所有的农业产品实行自由贸易。但是因为所有的成员国都支持其自身的农业部门,因此它们需要制定共同的农业政策。不仅政府直接支持农业,而且每个成员国的农业利益集团既根基深厚,又有强大的政治影响力。

共同农业政策:欧盟的共同农业政策包括价格支持、进口控制和出口补贴,它成本很高,并造成了大量的农产品过剩,它也造成了全球农业经济的混乱。

这一政治影响力就导致了欧盟的**共同农业政策**(Common Agricultural Policy,CAP),该政策每年消耗掉欧盟 1 000 亿美元年度预算的一半以上。[11] 它有三个相互关联的组成部分:价格支持、进口控制和出口补贴。(a) 价格支持确保欧盟的农产品价格远远超过市场的均衡价格,由此将农场主的收入(以损害消费者的利益为代价)提高到远高于自由市场下的收入水平。欧盟通过购买和储存由此而产生的剩余农产品来维持其高于均衡价格水平的价格。(b) 实施严格的进口限制,以保证进口农产品以不低于欧盟价格水平的价格进入市场。(c) 出口补贴使欧盟能够向世界市场出口因价格支持而累积的剩余农产品。

美国政府有时对欧盟的这种行为进行还击,对美国的农产品实施出口补贴,或者采取其他方式。在 2000—2003 年期间,因欧洲禁止进口荷尔蒙催长的美国牛肉,美国(以及后来加入的其他国家)与欧盟发生了严重的贸易冲突。2009 年,欧盟同意将从美国和加拿大免税进口的无荷尔蒙牛肉数量增加到五倍,这一贸易冲突才得以解决。

---

[10] 参见 U. S. International Trade Commission, “The Effects of Greater Economic Integration within the EC on the U. S. ,” July 1989; M. E. Kreinin, “EC-1992 and World Trade and the Trading System,” in proceedings of a 1989 colloquium: *EC-1992, Europe and America*, G. N. Yannopoulos(ed.), Manchester University Press, 1990; H. Flam, “Product Markets and 1992: Full Integration, Large Gains,” *Journal of Economic Perspectives*, fall 1992; 以及 papers on European Integration in *American Economic Review*, Papers and Proceedings, May 1992, 88—108。尽管一体化的水平很高,但欧洲国家之间的汽车价格差别仍然很大。

[11] 欧盟的收入来自进口关税以及欧盟成员国征收的国内增值税的一部分(后者是欧盟最重要的收入来源)。

总之，共同农业政策以牺牲欧洲消费者和欧盟预算的巨大代价，使欧盟从食品的净进口国转变成了净出口国。由于共同农业政策，欧盟每年平均损失其 GDP 的一个百分点。而且，欧盟的共同农业政策，与日本的进口控制、美国的大额农业补贴一起，使农业成为全球经济中最为扭曲的部门。所有的 OECD 国家在农业补贴上每年花费2 300 亿美元，其带头者就是欧盟、美国和日本，这三者占了全球补贴总额的 82%。发展中国家对减少农业补贴施加了巨大压力。因为农业经济体（例如波兰）加入欧盟会提高补贴的成本，“付出补贴”的国家（例如德国）可能会推动欧盟的补贴法规做出向下方向的修改。

7.1.4　政治机构

一套包括欧洲法院和欧洲议会在内的政治机构建立起来，以处理欧盟的各项事务，并使欧盟成员国走向政治一体化。欧盟的行政机构包括欧盟部长理事会和欧盟委员会。欧盟部长理事会代表 27 个成员国的政府，而欧盟委员会是负责巨大官僚业务的超国家的决策机构，总部设在布鲁塞尔。欧盟委员会签发的规章和指令具有法律上的约束力，但主要的政策必须得到欧盟部长理事会的批准。

在产品标准上，欧盟采用**相互承认**（mutual recognition）的原则：每个欧盟成员国愿意接受其他成员国通行的标准。一个成员国不能禁止另一个成员国合法生产和出售的产品的进口和销售，即使这一产品并不符合其国内标准。例如，德国不能仅仅因为法国烈酒在本国烈酒标准下酒精含量过低而禁止法国烈酒的进口。

2009 年的《里斯本条约》强化了欧盟传统。

欧盟的扩大需要它修改宪法并不断扩大预算。[12] 可是一个新的宪法草案却在 2005 年 5 月被法国人投票否决了。在 2009 年的里斯本，达成了一项决定每一个成员国投票权重的协议，因为此时协商一致的决策已经不切实际了，毕竟欧盟的规模已经达到了 27 个成员国。该协议还包括了关于欧盟主席和外交部长的条款。

7.1.5　欧盟与发展中国家之间的特别贸易安排

联系国：欧盟对 68 个联系国提供了优惠的贸易待遇以及技术、财务援助，联系国主要在非洲。

根据 1975 年首次签订、以后每五年续签的**《洛美协定》**（Lomé Convention），欧盟与非洲、加勒比海和太平洋的 68 个英国、法国、比利时的前殖民地建立了特别贸易安排，后者被称为**联系国**（Associated States，AS）。这些前殖民地国家每年从欧盟那里得到30 亿美元的援助，以及多种形式的技术援助。此外，联系国的所有工业品以及不受欧盟共同农业政策约束的农产品，可以自由进入欧盟市场；而受欧盟共同农业政策约束的农产品可以特惠进入欧盟市场。由于把这 68 个国家视为单一的出口单位来衡量，因此，决定着特惠进入还是自由进入欧盟市场的欧盟原产地规则，就进一步放宽了。这意味着，产品的后续工作和加工处理可以在多个不同的国家进行，而该产品仍然有

---

[12] 由于欧盟有 20 种口语，所以有 500 种语言组合，笔译和口译的花费达 25 亿美元。

资格免税进入欧盟市场。

另外,《洛美协定》包括了稳定联系国出口收入的条款,即“稳定出口收入机制”(STABEX)。它确保,当联系国的初级产品出口商向欧盟一年出口的收入低于前四年的平均水平时,联系国的出口商就能获得财务上的转移支付。它还做出了一些特别贸易安排,以确保对一些联系国而言特别重要的商品(牛肉、大米、糖、酒、香蕉等)市场的稳定。

有关保护联系国的一个例子是美国—欧盟的香蕉贸易争端。欧盟对从拉丁美洲进口的香蕉征收关税,而这些香蕉是美国在拉丁美洲的公司(如Chiquita公司)生产的;但欧盟对从非洲、加勒比海地区的联系国进口的香蕉却给予特惠安排。欧盟是世界上最大的香蕉市场。美国和拉丁美洲国家向WTO申诉反对这一关税,这就是持续了16年的所谓“香蕉战”。在2009年,欧盟同意把这一关税从每吨176欧元削减到114欧元,香蕉贸易争端终于结束。

7.2 美国—加拿大自由贸易区

在美国和加拿大这两大世界贸易伙伴之间建立自由贸易区,是两国多年来一直就有的想法。大约3/4的加拿大出口的目的地是美国,而且它进口的2/3来自美国;同时,加拿大也大约占美国出口和进口的1/5。两国的资本市场也联系密切。1989年之前,美国从加拿大进口商品的约70%是免税的。而且,自1965年开始,两国就有汽车及其配件的自由贸易协定,该协定允许美国三大汽车制造商的加拿大子公司可以为巨大的北美市场专业化生产几种型号的汽车,从而可以利用生产和销售的规模经济的好处。

但是,两国之间常常发生贸易摩擦,刺激了双方要建立一个自由贸易区。于是,这个自由贸易区在1989年1月1日正式生效。[13] 它消除了两国间的全部关税和配额限制,包括农产品配额、出口补贴以及能源贸易的限制。两国互相给予了跨境投资和跨境服务交易的国民待遇(双方都以对待国内企业的待遇对待对方企业)。而且,两国都废除了对数额超过25 000美元的联邦政府合同的国家优惠,并对对方企业提供著作权和专利保护。虽然两国都保持业已存在的反倾销和反补贴法,但根据这些法律采取的制裁措施可以被上诉到新的双边争议解决法庭,其裁决具有约束力。

即使有一些贸易摩擦(例如,2001年美国对加拿大的木材征税,2004年WTO裁决维持),两国都享受到因消除贸易保护净损失而获得的福利效益、规模经济的效益,以及因更大竞争带来的效率提高。据估计,加拿大获得的利益比美国大。虽然从短期看,加拿大在先前被保护的产业中的就业人口下降了,但是,这些损失十年后被其他产业从贸易协定中获得的利益所抵消。制造业的生产率稳步提高了,资源被引导到了对美国出口具有竞争力的产业中。

除了与加拿大签订自由贸易协定外,美国还在1995年与以色列、在2002年与智

---

[13] 参见M. E. Kreinin (ed.),“Building a Partnership: *The U. S. -Canada Free Trade Agreement*,” E. Lansing, Michigan State University Press, 2000。

利、在2003年与新加坡以及巴拿马签订了自由贸易协定。与哥伦比亚和韩国的协定现在已经生效。它还正在与拉丁美洲的不同集团谈判自由贸易协定，期望有朝一日建立起整个美洲的自由贸易区。

7.3　北美自由贸易协定

北美自由贸易协定(North American Free Trade Agreement, NAFTA)是包括美国、加拿大和墨西哥三国的一个自由贸易区协定，于1994年1月正式生效。[14] 在5—15年的过渡期(根据产品具体情况)结束时，将取消关于工业品和农产品的所有关税与配额。在某种产品进口突然大幅度增加的年份，可以临时对这种产品恢复征收关税。有资格免税进入的商品，必须满足原产地规则的要求：对于汽车，汽车价值的62.5%必须体现出北美的劳动力和原材料；纺织品必须用北美纤维制造；对于其他产品，产品价值的50%必须体现出北美的劳动力和原材料。

北美自由贸易协定(NAFTA)是美国、加拿大和墨西哥之间的自由贸易区。

除了一些例外，三国之间的互相直接投资的限制被废除了，而且互相投资者可以享有国民待遇。同样地，墨西哥向美国的银行、保险公司、证券公司、电话公司和陆地运输公司开放市场。知识产权在三国都受到保护。协定下的争议由专门指定的五人小组裁定。

曾经有人担忧，北美自由贸易协定会导致大量就业机会转移到墨西哥，实际上这种情况并没有发生。相反，北美自由贸易协定使得每一个成员国根据自己的比较优势进行专业化生产。例如，到1999年，墨西哥对美国的纺织品出口是原来的三倍。北美自由贸易协定对美国就业的净效应一直就很小。北美自由贸易协定对世界的其他地区也产生了效应：美国从墨西哥进口的增加是以它从亚洲进口的减少为代价的，这就是贸易转移效应；大量投资涌入墨西哥，期望把投资生产出来的产品卖给美国市场。加勒比海国家也失去了它们相比于墨西哥在美国市场上的优越地位。

20世纪90年代早期，为处理北美自由贸易区内部的政治反对声浪，经过谈判达成了两个关于劳工标准和环境的补充协定，成员国承诺在这两项事务上实施国内法律。贸易与劳工权利之间的可能联系，是几次贸易谈判中出现过的一个问题。

7.4　韩美自由贸易协定

韩美自由贸易协定(Korea-United States Free Trade Agreement, KORUS)于2012年3月15日生效。[15] 这项协议将逐步取消货物贸易和服务贸易的关税和非关税

---

⑭ 参见R. A. Pastor, "NAFTA as the Center of an Integration Process," *The Brookings Review*, winter 1993；以及the "Symposium on the North American Economy" in the *Journal of Economic Perspectives*, winter 2001。关于争端解决机制的讨论，参见*the New York Times*, March 11, 2001, p. 11。

⑮ 参见美国贸易代表办公室，*U. S. -Korea Free Trade Agreement: New Opportunities for U. S. Exporters Under the U. S. -Korea Free Trade Agreement*, 2012, http: www. ustr. gov/trade-agreements/free-trade-agreements/korus-fta。

壁垒,并通过促进贸易和投资来促进两国经济增长。它的条款包括:透明度、投资者和知识产权保护、金融服务,劳工权利、环境法规、政府采购、竞争政策、投资,以及其他规则。韩美自由贸易协定是自北美自由贸易协定以来美国最有抱负的、最具有经济意义的自由贸易协定。该协议将提高美国出口商在韩国市场上与其他国家竞争的能力。美国国际贸易委员会认为,这一协议可以每年促进110亿美元的美国对韩国的商品出口,其中包括美国农产品和汽车对韩国的出口。韩美自由贸易协定也可以大大增加美国的服务出口。仅就降低关税和关税配额而言,预计它可以每年对美国GDP贡献100亿到120亿美元。

在该协议之前,美国的工业品最惠国待遇关税率平均低于4%,而韩国的这一关税率为7%;美国的农产品关税率平均为12%,而韩国的这一关税率为52%。随着该协议的实施,美国对韩国近80%的消费品、工业品和农产品的出口,将享受零关税。在5年之内,95%的消费品和工业品的双边贸易,将享受零关税。大部分剩余关税将在10年内逐步取消。该协议的一个主要特点是,通过解决作为非关税贸易壁垒方式的韩国汽车安全标准系统,改善了美国汽车在韩国市场的市场准入。(按贸易价值计算)2/3的美国对韩国的农产品出口,其关税要么被立即取消,要么被逐步取消。美国是韩国最主要的农产品供应商。

韩美自由贸易协定是美国与其亚太地区贸易伙伴的第一个自由贸易协议。它无疑将成为美国与亚太地区其他贸易伙伴订立未来贸易协定的典范。这项协议大大有助于美国的竞争,因为欧盟与韩国也签署了类似的协议,并于2011年7月生效。10年之前,美国是韩国的第一大出口国,但现在是韩国的第四大出口国,落后于中国、日本和欧盟。

7.5 跨大西洋贸易与投资伙伴关系协定

美国和27个欧盟国家已经同意启动谈判,以建立跨大西洋贸易与投资伙伴关系协定(Transatlantic Trade and Investment Partnership)。[16] 该协议是迄今为止最有雄心的自由贸易协定之一。美国和欧盟之间具有世界上最大的贸易关系,占有近三分之一的全球贸易,大约5万亿美元的贸易和投资往来于双方的市场,而双方的市场占全球GDP的一半以上。在多哈回合多边贸易谈判破裂后,提高美国—欧盟贸易关系的势头发展很快。欧洲正期望着借由这一新的增长动力,来抵御其主权债务危机开始以来的第二次经济衰退(参见第17章)。

这项协议生效后将取消大部分关税,并在一个较短时期内逐步取消对敏感产品的剩余关税。其他目标包括放宽对服务贸易的市场准入壁垒,提高政府采购机会,加强基于规则的投资,降低法规标准差异所造成的成本。大部分收益来源于处理非关税壁垒,例如农业补贴、协调法规标准等。

---

[16] 参见M. Dalton, "EU, U.S. Start Trade Talks," *Wall Street Journal*, February 13, 2013。

农业将是这个协议成功的最大障碍。美国希望欧盟取消对转基因玉米和大豆的进口限制,同时也着手解决美国家禽、牛肉和猪肉的贸易壁垒问题。欧盟的一个主要目标,是在国民待遇的基础上,获取更多的进入美国政府采购名单的机会,但这难以实现,因为美国州政府是很多美国政府采购的决策者,一些州的法律鼓励购买美国制造的商品。欧盟还希望改变限制海运和航空公司外国人所有权的美国法律。

美国商会估计,仅取消关税一项,就能在 5 年内使美国和欧盟的 GDP 总额增加 1 800 亿美元;仅消除一半的非关税贸易壁垒,就可以使美国和欧盟的 GDP 总额增长 3%。与现有的自由贸易协定相比,这一跨大西洋的自由贸易协定具有一个优势,那就是美国和欧盟国家并没有社会、劳动力和环境标准方面的差异。而这些标准差异使得其他双边贸易协定复杂化了。

7.6　世界贸易组织

第二次世界大战之后,各贸易国云集哈瓦那召开会议,同意建立一个国际贸易组织(International Trade Organization,ITO),其基础是共同商定的宪章。但由于美国参议院不批准 ITO,该组织就没有建立起来。作为替代方案,各国决定建立一个非正式的协会,即所谓的关税与贸易总协定(GATT),来作为多边关税谈判的框架。在 1995 年 1 月 1 日,正式的**世界贸易组织**(WTO)接替了关贸总协定。

> **WTO** 在 1995 年替代 GATT,成为正式的国际组织。它管理着国际贸易的行为规则,帮助解决贸易争端,并为其 157 个成员国提供一个贸易谈判的框架。

WTO 建立和监督国际贸易的行为规则,包括三项基本原则:包含在最惠国条款(将在后面讨论)中的非歧视性原则;全面禁止出口补贴(除农产品之外[17])和进口配额,发展中国家可以例外;任何新增的关税应该被其他类别关税的相应减少所抵消。特别条款处理发展中国家的地位和需要。WTO 为会员之间互惠性的关税减让提供了一个多边谈判的制度性框架,也为国家之间的协商提供了一个平台,并为贸易争议的解决提供了一个机制。WTO 的 157 个成员包括了所有的工业化国家、大多数东欧国家以及很多发展中国家。俄罗斯联邦在 2012 年成为 WTO 成员。中国在同意商品、服务和外国直接投资等方面的自由化之后,在 2001 年加入了 WTO。中国已发展成为主要的经济大国,其廉价的工业品出口世界市场,这些产品的一部分是外国企业在中国投资生产的。[18]

WTO/GATT 成员国的关税减让历程,经历了八轮主要谈判和几轮小的谈判,其

---

⑰　有趣的是,农业补贴有时是有利于而不是有害于经济福利。假定世界既没有农业支持项目又没有其他形式的政府干预,那么美国就会是主要的农产品出口国。假定根据现在的条件,美国取消它的出口补贴而保留它的价格支持,那么它就会丧失其农产品出口国的地位,显然偏离其最优状态。这一观点具有普遍应用性。在一次次地逐渐取消一项一项的政府干预时,我们应该小心,这一行动是否是有利于而不是有害于世界资源的最优配置。走向资源最优配置的局部行动不一定有利于现在状态的改善。具体问题必须具体分析。这个原则也适用于关税同盟。

⑱　在 2008—2009 年经济大衰退之前的几年里,中国和印度的经济增长率是 9%—10%,俄罗斯的经济增长率(主要依赖于天然气和石油)是 5%。与美国、欧洲和日本相比,这些国家的经济增长率相当高。

中最近的一次谈判是乌拉圭回合(1986—1993年)。WTO的功能比关贸总协定广泛得多。除了监督国际商品贸易的规则外，它还处理商业服务贸易、知识产权、外国投资以及相关的事项。[19]

7.6.1 基本原则

最惠国原则(MFN)要求一个国家对其所有的贸易伙伴给予平等的待遇(对不同来源没有任何歧视)。关税同盟和自由贸易区是最惠国原则的例外。

所有的WTO成员在征收关税时都要遵守非歧视原则，即**无条件的最惠国**[20](Most Favored Nation，MFN)**原则**：对A成员某商品征收的关税率，必须与所有出口该商品的成员相同；任何两成员之间达成的关税减让，必须给予所有的WTO成员。关税同盟和自由贸易协定是这个规则的例外，唯一的有关条款是大多数区域内贸易应该走向自由化，(在关税同盟情况下的)共同对外关税不应该比关税同盟之前的成员平均关税水平更严格。可是，也发生过公开违背这一原则的事情。1965年，在两国之间实施汽车贸易自由化的美国—加拿大汽车协定，对第三国采取了歧视。

发展中国家在三个方面受到了不同待遇。首先，它们接受了工业化国家市场的更大优惠，这是对最惠国原则的一种修改。其次，WTO谈判中的互惠原则不适用于发展中国家，它们可以获得发达国家之间互惠的所有减让，而无须给予回报。最后，它们可以实施配额和出口补贴。[21]

在此，总结国际贸易法律的五个概念是很有必要的：

1. 最惠国原则：在一个国家的进口制度中，对出口国实施非歧视的WTO规则。如果一个国家从WTO的其他成员国进口，就要采用最惠国关税。它反映了战后时期的大量关税减让。

国民待遇要求一个国家以对待本国企业的方式同样地对待在本国经营的外国企业。

2. 国民待遇：每个国家给予在其境内经营的外国企业的待遇，必须不低于它给予本国企业的待遇。这是本国企业和外国企业之间的非歧视原则，包括服务业的外国子公司。

3. 互惠原则："我们"国家对待"你们"国家企业的方式，与"你们"国家对待"我们"国家企业的方式会是一样的。

4. 相互承认原则：每个欧盟成员国都承认其他成员国采用的产品标准，不能因为这些标准与本国不同而禁止该产品进入本国市场。在美国与欧盟的关系中，信息技术和电信设备的检查、测试和认证，都是互相承认的。

5. 贸易促进：美国国会对谈判达成的贸易协定投票表决，或者"通过"，或者"反对"，而没有修正案(即"快车道"规则)。最近一次的贸易促进权，在2002年授予了小布什政府。它在2008—2009年已失效，但奥巴马政府或许会寻求恢复贸易促进权。

---

[19] 详细情况参见WTO 1996年的出版物《世界贸易组织》(*The World Trade Organizations*)。WTO时事通讯《焦点》(*FOCUS*)包含了有关这些问题和贸易争议的最新信息。

[20] 每一个国家必须以其对待某一贸易伙伴国最优惠待遇的方式同样地对待其所有的贸易伙伴国。

[21] 非洲国家以非常优惠的价格购买治疗艾滋病的药品。

WTO 的一个主要功能，就是在最惠国原则之下定期召开关税减让的多边贸易谈判。最近的三次会议谈判分别是肯尼迪回合、东京回合和乌拉圭回合。2003 年开始的多哈回合谈判，因为 WTO 成员国之间的争议而停滞不前。

7.6.2　乌拉圭回合

经过 7 年的艰苦谈判，关贸总协定的成员国终于在 1993 年 12 月 15 日达成了**乌拉圭回合**协定，其成果包括了一些重要突破，并把 WTO 准则延展到服务业等新领域。[22]

乌拉圭回合谈判除了关税减让外，还涉及了农产品自由化、废除《多种纤维协定》，以及与贸易相关的投资规则。它还确定 WTO 取代 GATT。

谈判的一个关键成果，是平均关税减让的幅度达到近 40%，乌拉圭回合之后，美国、日本、欧盟的平均关税率分别是 4.0%、5.9% 和 6.6%。乌拉圭回合谈判同意将农业出口补贴削减 21%，日本、韩国的大米进口禁令被废除了，取而代之的是进口配额。非关税壁垒，包括进口配额（例如，美国对乳制品和花生进口的配额）正在被关税所取代，而关税要逐渐被减低。某些农产品关税（例如，对鲜切花的关税）也在降低。限制纺织品与服装贸易的《多种纤维协定》，与所有的自愿出口限制一样，在 2005 年被废除了。

乌拉圭回合协定禁止出口补贴。尽管允许一定的国内补贴（例如区域援助，或者有助于环境清洁的补贴），但对高科技产品开发的补贴是不允许的。总之，该协定试图限制扭曲国际竞争的补贴。然而，围绕着波音公司和空中客车公司的所谓政府补贴，美国和欧盟之间长期存在着争议。WTO 的一个小组在 2009 年 9 月裁定空中客车公司接受着政府补贴。

很多东道国对外国直接投资实行了一些与贸易有关的措施。具体而言，这些措施包括要求外国企业的子公司或分公司使用最低比率的本地生产要素（国产化要求），和/或出口最低数量的产品。这些措施被称为外国投资业绩标准，将会被摒弃。

在服务业领域也达成了一个框架协定，包括最惠国待遇、国民待遇、市场准入（避免限制进入市场的企业数目）。相关部门包括专业服务（例如会计服务、法律服务和工程服务）、计算机、通信、建筑、零售、教育、金融和医疗服务。但是，欧盟迄今还没有接受美国关于"开放天空"的建议，该建议允许欧洲和美国的航空公司在美欧两个大陆上自由竞争。

在知识产权方面，乌拉圭回合协定对专利、商标、图书版权、计算机软件、电影和药品提供了 20 年的保护期。但它允许发展中国家用 10 年时间逐步采用专利保护。

由于乌拉圭回合协定包含了一些原来关贸总协定规则没有覆盖的新领域，因此就决定建立了 WTO。WTO 包含了 GATT 的结构，并将其扩宽到农产品、服务业、纺织

---

[22] 会议只是最初在乌拉圭举行，大多数的谈判是在瑞士日内瓦进行的。关于乌拉圭回合谈判的文献，包括 J. Bhagwati, A. Kreuger, and R. Snape (eds.), "A Symposium on the Multilateral Trade Negotiations and Developing Country Interests," *The World Bank Economic Review* 1, no. 4, September 1987; R. Baldwin and D. Richardson (eds.), *Issues in the Uruguay Round*, Cambridge Mass.: National Bureau of Economic Research, 1988; M. E. Kreinin, "The Uruguay Round-Phase Ⅱ," in M. E. Kreinin (ed.), *International Commercial Policy*, Washington D. C., Taylor Francis, 1993; and GATT, *Focus*, December 1993, no. 104 以及 Alan Winter et al., "Trade Liberalization and Poverty," *Journal of Economic Literature*, Vol. XLII, no. 1, March 2004, pp. 72—115。关于多哈回合谈判的各个方面，参见 *Finance and Development*, March 2005。

品和知识产权的贸易,以及与贸易有关的投资措施。争端解决机制得到了改进,成员国把贸易争议提交WTO裁决,而不是通过双边方式进行解决。但是,只有政府能够向WTO提交申诉,而在北美自由贸易协定中,争端解决机制对私人企业也是开放的。2009年WTO的裁定案例有:反对中国限制知识产权(例如电影、音乐和书籍)的一个案例,以及反对美国对棉花生产实施补贴的另一个案例。

尽管乌拉圭回合协定取得了重要的进展,但仍然有一些问题没有解决。例如,国内的反竞争行为也能限制进口。企业联合起来的企业集团(在日本是商社[23]、在韩国是财团)控制了本国内的很多经济活动。企业集团内的企业相互购买,排斥外国和本国的异己供应商。那么,WTO是否应该建立规则来限制或禁止这种排外行为呢?

据估计,乌拉圭回合每年把世界收入提高了2 000亿美元以上。但是,无论在国际还是在国内,照常有受益者和受损者。例如,因为《多种纤维协定》的摒弃、一些(有限的)农业自由化写进了全球协定,发展中国家第一次明显地成为受益者;而在美国,农业和高科技产业的利益集团是受益者,劳动密集型的产业则很可能是受损者。

1997年3月,在一份乌拉圭回合协定之后签署的协议中,WTO成员一致同意取消所有的信息技术产品的关税,包括计算机、半导体、软件、传真机、光纤和其他产品,这些产品的世界贸易总额达到了5 000亿美元。被称为**多哈回合**的新一轮贸易谈判,开始于2002年。但截至2009年,这一轮贸易谈判没有取得进展,主要的原因是:只要美国、欧盟和日本继续实行它们的农业保护主义和巨额农产品补贴,发展中国家就拒绝做出让步。2005年,WTO否决了美国的棉花补贴和欧盟的糖补贴。欧盟和美国都提议削减农产品补贴。然而,如果多哈谈判再次启动,这些提议仍然有待观察。

7.7 WTO与环境[24]

环境:在某些领域,环境协定与WTO规则是相互冲突的。这经常造成社会公众对WTO的怨恨,并要求对这两个国际规则进行协调。

美国法律规定,若用捕捞海豚的大网捕捉金枪鱼,美国则禁止进口这种金枪鱼。1991年,墨西哥对美国的这一法律表示反对,其后,关贸总协定的一个工作小组表示支持墨西哥的要求。这一争议的一个原因是,GATT/WTO的条款只关心产品本身,而不关心这个产品的生产方式或生产过程。实际上,在一些案例中,环境的

---

[23] 参见M. Kreinin, "How Closed Is the Japanese Market?" *The World Economy*, December 1988,以及该文引用的文献;F. Bergsten and M. Noland, *Reconcilable Differences? US-Japan Economic Conflict*, Institute for International Economics, 1993;以及R. Lawrence and G. Saxonhouse, "Is Japan's Trade Regime Different?" *Journal of Economic Perspectives*, summer 1993。

[24] 进一步的阅读材料,可参见Brian Copeland and Scott Taylor, "Trade, Growth and the Environment," *Journal of Economic Literature*, Vol. XLII, no. 1, March 2004, pp. 7—71;*Journal of Economic Perspectives*, Summer 2001一期的专题论文集, pp. 69-130;A. Batabyal and H. Beladi (eds.), *The Economics of International Trade and the Environment*, Lewis Publishers, 2001;GATT *International Trade* 1990/91, vol. I,以及该文引用的文献;P. Vimonen, "Trade Polices and the Environment," *Finance and Development*, June 1992;J. Whally and P. Vimonen, *Trade and the Environment: Setting and Rules*, Washington, D.C.: Institute for International Economics, 1993。

法律法规与WTO的规则发生了相互冲突，这就导致了环境组织对WTO的抨击。

尽管WTO不干预保护环境的纯粹国内措施，例如国内税收与补贴，但是其规则可能与**国际环境协定**相冲突，或者相关的贸易活动妨碍了环境措施的实行。环境问题在下列三个方面变得国际化了：环境政策对国际竞争力的影响、对其他国家环境政策的管辖权主张、污染跨境传播到其他国家或全球公共区域。[25]

竞争力　各国制定和实施各自国内的环境标准，它们之间的差别非常之大。发展中国家的污染标准就大大低于发达国家的标准。即使在工业化国家之间，总体的环境标准和具体的环境公害的标准也都不一样。据称，与工业污染有关的较低的"国外"标准，使"本国"产业处于不公平的竞争劣势，有时它被称为"生态倾销"。美国对北美自由贸易协定的主要反对意见之一，就是墨西哥较低的环境标准降低了生产成本，因而会吸引外国直接投资到那里去。"让游戏公平"的建议，例如实行全世界范围内的共同环境标准，或者实行特别的进口税以抵消国外较低的环境标准，显然是行不通的。

对其他国家环境政策的管辖权　对于那些不符合良好环境行为的国家，环境组织经常要求禁止进口或者冻结它们的贸易权，但是，这一行为违反了WTO的规则。

污染的跨境传播　空气和水的污染常常不是滞留于一国境内，而是传播到邻近的国家。森林砍伐或全球变暖与所有国家息息相关，因为森林的功能在于它能够为全球吸收二氧化碳。多边协定是解决这些问题的最佳方式。然而，一个国家可能因为如下理由而不愿参加这个协定：它可能(a) 认为有关环境问题的科学证据不能令人信服，环境风险被夸大了；(b) 认为建议的补救措施没有效果；(c) 把解决该问题放在次要的位置；(d) 不同意国家之间的责任分配；(e) 试图搭别国努力的便车。

一些与环境有关的国际协定包含了贸易条款。例如，旨在逐步摒弃破坏臭氧层物质的生产和消费的《蒙特利尔议定书》，就禁止与未签约国进行贸易。《濒危野生动植物物种国际贸易公约》(CITES)列出了濒危的物种，并要求与会国有责任禁止与威胁这些物种的国家进行贸易。

这些与贸易相关的条款也许与WTO规则相冲突。所有成员应该在WTO的授权下，禁止进口对健康和安全有害或有毒的物质。因此，这一情况就呼吁WTO修改其规则，或者放弃其相关规则。制订一套关于贸易与环境的工作计划是有必要的。

贸易与环境　在检视WTO与环境规则之间的可能冲突之后，应该注意到，贸易与开放的净效应是减少空气污染。这是因为下述几个原因：贸易促进了增长，当国家的经济状况改善时，它们就有能力提高环境标准；贸易导致了提高环境标准的国际压力；对贸易的开放鼓励了技术创新；跨国公司带来了有利于环境保护的一流的生产技术。

---

[25] 这是"可持续发展"问题的一部分，即实行对环境损害最小的发展政策。参见 the *World Development Report* 1992 of the World Bank; A. Steer, "The Environment for Development," *Finance and Development*, June 1992；以及该刊物1993年12月期的一系列论文。

《京都议定书》 这一在日本京都议定出来的国际条约,要求签约国将污染减少到1990年的水平之下。但是,美国没有批准这一条约,几个欧洲国家也看起来将不会履行它们的条约义务。奥巴马政府对国际环境条约持有比前任政府更为积极的观点,可能加入《京都议定书》或者类似的协定。

7.8 东欧(转型经济体)的经济改革

转型经济体:经过几年衰落之后,现在"转型经济体"的实际GDP处于上升轨道,其中的一些国家已加入了欧盟。

东欧和苏联的15个国家正在经历一场激烈的经济重建。[26] 这次改革首先是私有化,国有企业被卖给了私人集团,这就需要一个容纳私有财产的法律框架。其次,政府放弃了对国内经济中资源配置的控制,允许市场力量来决定价格和调控经济行为。随着计划经济让位于市场经济,政府必须专注于通过财政政策和货币政策来保证宏观经济的稳定,这包括缩减政府赤字和减缓货币供应来降低通货膨胀。总之,这是一个痛苦的历程,导致了短期的失业和生活水平的下降。自1989年改革开始后,转型经济体的GDP就猛烈下降,然后在1991—1992年开始回升。到2000年,大多数转型经济体实现了产出增长,在10年后超过了1989年的水平(见图7-1)。

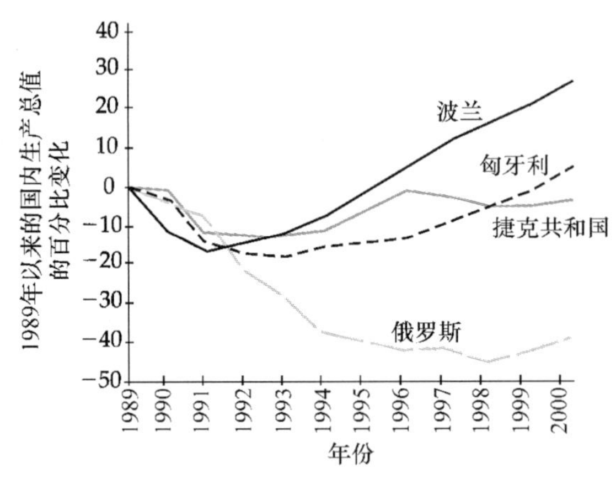

图7-1 四个转型经济体的GDP变化情况

资料来源:《纽约时报》,2001年3月29日。

转型经济体采用了两种战略:第一种战略是"**休克疗法**",代表者是波兰、捷克共和国和爱沙尼亚。它们快速放开价格与贸易,通过紧缩性的货币政策遏制通货膨胀,快速实行私有化和产业的非垄断化。第二种战略是走向自由化的"**渐进战略**",代表者是俄罗斯、中国以及其他国家。从欧洲的情况看,与渐进主义国家相比,采用休克疗法的

---

[26] 参见 Symposium on Transition Economies, *Journal of Economic Perspectives*, winter 2002, pp. 3—124; "Economies in Transition," *Finance and Development*, June 1999 and September 2000; 以及 papers by O. Blanchard, J. Svejnar, and J. Sachs, in AEA Papers and Proceedings, May 1996。

国家产出下降幅度较小，而且更快地恢复了增长。西方支持转型经济体的经济援助，既通过双边方式提供，也通过具有41个成员国的欧洲复兴与发展银行提供。最后，长期孤立于世界的前计划经济国家，现在成为全球市场经济的一部分。它们中的多数国家加入了WTO和IMF，废除了外汇管制。事实上，图7-1中提到的国家已经把它们的出口从东欧转向欧盟[27]，并且其中一些国家已成为欧盟的成员国。中国在经济领域正转变为市场经济，结果就是中国东南地区的经济繁荣，且在2003—2009年间实现了9%—10%的超常的年经济增长率。

总结

本章讲述了区域性和多边性的贸易自由化进程。在一个区域内，贸易以关税同盟和自由贸易区(FTAs)的形式实现自由化。虽然近年来区域贸易自由化流行起来，但最紧密的区域集团就是欧盟(EU)。商品、服务、资金和劳动力可以在其27个成员国内自由流动；它有针对欧盟以外国家的共同的对外壁垒；它有一个共同的农业政策，包括价格支持、进口控制和出口补贴。它的17个成员国发行了共同货币。欧盟与非洲和加勒比海的联系国(前殖民地)有着特殊的关系。自由贸易区的例子包括北美自由贸易区(NAFTA)和澳大利亚—新西兰自由贸易区。

从世界层次看，贸易在被称作"回合"的WTO/GATT的一系列谈判中取得了自由化。最后一轮(即第八轮)回合的谈判是乌拉圭回合，它成功地降低了贸易的关税、限制了非关税壁垒，并延展到新的领域，诸如服务业、农业、与贸易相关的投资标准以及知识产权。多哈回合(第九回合)的谈判现在正在进行。WTO也监督国际贸易的几项基本准则，包括进口限额和出口补贴的取缔、最惠国原则、国民待遇原则等。在美国和其他地方，WTO的几项规则与环境保护运动发生了冲突。

因为所有国家都存在违反贸易规则的情况，贸易争议就成为全球经济舞台的永久特征。WTO设有争端解决机制。[28]

在多年的计划经济之后，东欧国家正在经历着向市场经济的转型，并把自身融入全球贸易体系。

重要概念

贸易自由化	《洛美协定》
地区主义	联系国(AS)
经济合作与发展组织(OECD)	北美自由贸易协定(NAFTA)
欧盟共同农业政策(CAP)	韩美自由贸易协定(KORUS)

---

[27] N. Sheets and S. Boata, "Eastern European Export Performance during the Transition," *International Finance Discussion Papers/Federal Reserve Board*, no. 562, September 1996。

[28] WTO的时事通讯——《焦点》(*FOCUS*)，记载了关于贸易争议的报告。

跨大西洋贸易与投资伙伴关系协定
无条件最惠国原则(MFN)
世界贸易组织(WTO)
相互承认
转型经济体
休克疗法和渐进战略
WTO与环境
互惠
国际环境协定
商社和财团
贸易促进
私有化
国民待遇
乌拉圭回合和多哈回合
《京都议定书》

复习题

1. a. 解释下列术语:
    - 关税同盟的贸易创造
    - 关税同盟的贸易转移(可参考第4章)

   b. 欧盟对发展中国家有什么特别安排?
2. a. 关税同盟与自由贸易区的区别是什么?对这两者分别举例。
   b. 欧盟和北美自由贸易协定如何不同于WTO?
   c. 关税同盟、自由贸易区与最惠国原则如何一致?
3. 列出乌拉圭回合贸易谈判达成的主要协议。多哈回合谈判完成了吗?
4. 比较:
   a. 互惠与国民待遇
   b. 互惠与相互承认
   c. 最惠国原则与国民待遇
5. WTO与环境运动的冲突是什么?
6. 前计划经济国家正在发生什么经济变化?

第8章 贸易与发展

我们现在致力于研究发展中国家在国际贸易中的利益。对外贸易并不是发展进程中的核心问题。经济发展的条件是，在一个有助于经济增长的经济、社会和政治环境中，形成一个相当规模的内部储蓄-投资机制。发展的失败，通常有其内部原因，例如储蓄供给不足、熟练劳动力缺乏、企业家精神稀缺、管理才能低下、基础设施匮乏以及宏观经济政策不当等。对外贸易政策对于这些症结无能为力。然而，由于这些经济体的开放特性，与大多数发达国家相比，对外贸易对于发展中国家来说就重要得多。对外贸易确实能刺激经济发展，但主要动力还必须来自内部。对经济发展的一般性讨论超出了本书的范围，本章只讲述发达国家与发展中国家之间贸易的几个方面。

8.1 以贸易促进发展的方法

发展战略：进口替代和出口导向是促进经济发展的两种贸易战略。由于各种原因，进口替代战略已经失败，而出口导向战略则在促进投资、就业和 GDP 增长方面取得了成功。

以贸易促进经济发展的方法可以分为两种：进口替代战略和出口导向战略。[①] 在**进口替代**（import substitution）政策下，一个国家可以对进口实行高额的关税或非关税壁垒措施，并以此为掩护，扩张其国内生产，以取代进口。这一政策有几个不利的结果。第一，过多的资本被投资于没有保护便无法生存的产业。当这些发展中国家试图“深化”其工业品生产时便出现了浪费，我们在第4章曾讨论过这个问题。第二，这一政策提高了进口竞争商品的价格，并将资源从出口产业转移到进口竞争产业，因而使初级产品或工业品的出口更为困难。因此，这一政策具有歧视性，有利于进口竞争产业，而不利于出口产业。实际上，许多发展中国家都

① 对这两个战略的综合评论，可参见 S. Edwards, “Openness, Trade Liberalization, and Growth in Developing Countries,” *Journal of Economic Literature* 31, no. 3 (September 1993)，以及“Trade Policy, Exchange Rate, and Growth,” working paper no. 4511, NBER, October 1993。

追求歧视农业部门的政策,因而降低了农业产出,压低了农村收入,减少了出口。但是,若用国内资源来衡量,进口替代节约的一个单位的外汇,比出口赚取的一个单位的外汇,成本更为高昂。

第三,由于国内市场通常都过于狭小而无法支持最优规模的企业,所以常常有超额的生产能力。虽然当企业产出翻倍时,纺织品和制鞋生产的单位成本只下降10%,但是在钢铁、造纸和化工等产业,最优规模的企业能使该规模生产的单位成本几乎下降一半,而大多数发展中国家的国内市场难以支撑这样的企业规模。因此,拓展国内市场是发展中国家区域一体化的主要好处之一。可是,这些措施通常是不够的,必须以对发达国家的出口作为补充。总之,若不能充分利用专业化和规模经济,那么成本和价格就会远远高于世界市场水平。

第四,由于保护体制和其他政策对资本品进口形成了补贴(与此同时,工会的压力导致了人为的高工资率),因此发展中国家就有强烈的动机来使用资本密集型的技术,而不顾本国的要素禀赋。许多发展中国家的工业生产快速增长,而其工业就业却不能相应地快速增长,原因之一即在于此。最后,流入被保护产业的外国资本,可能产生不了出口收入,相反会恶化债务偿还的问题。

由于进口替代战略的这些不足,很多发展中国家就选择了出口导向战略。这就使激励机制发生了有利于出口的变化,最小化或完全消除对出口的歧视。国家甚至可能采用一系列财政刺激(例如出口补贴)来增加出口商的收入,或者降低出口商的成本(例如,降低或取消进口投入品的关税,或降低出口商的所得税)。有些国家和地区(例如墨西哥和中国台湾地区)还建立了免税加工区[②],投入品进口到加工区享受免税,最终产品加工完毕后离开加工区出口。实际上,这一措施与美国关税法的海外组装条款[③]一起,解释了墨西哥北部2 000个美国工厂的存在,其中的大多数位于边境之南,即所谓的"墨西哥加工出口区"。还有的国家不断降低其关税率,或使其货币贬值。其主要影响是,扩大了劳动密集型制成品的出口,避免了封闭、低效的国内产业的建立。

尽管进口替代在某种程度上能够获得利益,但从经济增长率和就业增长两个方面看,采取出口导向战略的国家比采取进口替代战略的国家发展得更好。[④] 世界银行对41个国家在1963—1985年期间的分析表明,外向型经济体比内向型经济体的经济绩效更好。[⑤]

---

② 免税区并不仅限于发展中国家。多数国家(包括美国)都有免税区,它们一般位于港口地区周围,进口商品在交付税收、正式进入该国之前,在港口地区接受检查。

③ 出口到海外的美国零部件组装成产品后,又重新进口到美国,此时只对该产品的海外增值部分征收关税。由于墨西哥的工资低,在那里的产品增值部分也低。西欧国家的关税法也有类似条款。事实证明,这些条款对于促进发展中国家的出口是十分有利的。

④ 参见 D. Nayyar, "Transnational Corporations and Manufactured Exports from Poor Countries," *Economic Journal*, March 1978; Anne Krueger, "Alternative Trade Strategies and Employment in LDCs," *American Economic Review*, May 1978: 270—274; "Trade Policies in Developing Countries," in R. Jones and P. Kenen (eds.) *Handbook of International Economics*, vol. 1, North-Holland, 1984; 以及"Import Substitution versus Export Promotion," *Finance and Development*, June 1985。

⑤ 参见 *Finance and Development*, September 1987; 以及 IMF *Survey*, August 7, 1989。

中国和印度

中国和印度：由于这两个国家都选择了市场经济，所以它们的经济一直迅速增长。

中国和印度的人口总和超过20亿，占世界人口的三分之一。在战后的30—40年里，它们的经济都受到了严格的政府控制，包括对外贸易、投资和金融交易方面的控制。这两个国家当时都实行非市场的经济体制，并且当时经济发展都很落后。

但是，中国在20世纪80年代、印度在20世纪90年代，开始发生变化。这两个国家开始放松政府控制，并把自身融入全球经济。它们的共同行为就是走向市场经济。以印度为例。[⑥] 在1991年中期，印度取消了进口许可证，削减了关税，放松了对外国投资的限制，让其货币卢比自由化，并调整了财政秩序。到1993年中期，印度的年通货膨胀率保持在6%之下，外汇储备增长，出口和外国投资增加，财政赤字下降。2001年，印度废除了一大批商品的进口数量限制（非关税壁垒）。国内的政府管制也放松了。在2004年中期，印度废除了电信、保险和民用航空产业的外国投资限制。它还允许国有企业的私有化。到2003—2004年，许多美国企业纷纷把工作外包给印度，因为印度有能说英语、训练良好的劳动力。（这一事情的负面效应就是美国就业受到了影响，下一章将讨论。）印度的年经济增长率达到了8%—10%，这是世界上最高的经济增长率之一。总之，印度长期停滞的经济因技术、外国投资、贸易和农业项目而获得了动力。在2004年的选举中获胜的印度国大党，表示要延续这一政策。

中国逐渐引入了市场力量，使其经济向对外贸易和投资开放，并成为世界上最大的外国直接投资接受国之一。自20世纪90年代后期以来，中国经济一直以每年8%—10%的速度增长（除了2008年的经济衰退）。它对资本品的需求帮助了日本经济的复苏；它对原材料不断增长的需求提高了原材料的世界市场价格，并促进了澳大利亚、巴西和其他原材料生产国的快速增长；它的劳动密集型产品和其他产品的出口产生了其对美国的巨额贸易盈余，并使其超过日本成为美国贸易赤字的重要来源。中国的外汇储备在2009年超过了2万亿美元。事实上，中国的迅速增长和货币供应扩张预示了通货膨胀泡沫，迫使政府放缓银行信贷和经济增长。尽管中国是WTO的成员，但美国和欧盟仍然视之为非市场经济。[⑦]

在2008—2009年经济衰退期间，印度、中国和其他新兴国家的经济增长都减缓了下来。由于中国采取了大约相当于其GDP 1/4的财政刺激措施，它在2009—2010年恢复了高增长率。

这两个亚洲巨人并不是仅有的迅速增长的发展中国家和地区。紧随着亚洲新兴工业化国家和地区（NICs）[⑧]，东盟国家（文莱、柬埔寨、印度尼西亚、老挝、马来西亚、缅甸、菲律宾、新加坡、泰国和越南）都获得了迅速发展，墨西哥、秘鲁和阿根廷等许多拉

⑥ 参见Symposium on India in *Economic Perspectives*, Summer 2002, pp. 67—130。

⑦ 这意味着中国的国内价格不能作为确定倾销的证据。取而代之的是，第三国（市场经济国家）的价格和成本才能作为确定倾销的证据。

⑧ Newly industrialized countries.

美国家也增长迅速。东盟的目标是在2015年建立东盟经济共同体。可是,可持续的出口导向的经济增长要求发展中国家具有足够的发达国家市场的准入。在联合国贸易和发展会议上,发展中国家就表达了获得这种准入的要求。

8.2 联合国贸易和发展会议

联合国贸易和发展会议:(UNCTAD)是联合国的一个论坛,发展中国家在那里可以强烈表达它们在贸易和发展问题上的要求。

联合国的大多数成员国是发展中国家,可是国际经济关系的主导者是联合国的工业化成员国。根据几个重要的理由,发展中国家争辩道,国际经济关系仅仅代表着发达国家的利益。[⑨] 1964年,为了给它们的要求提供一个平台,发展中国家就创立了一个被称为联合国贸易和发展会议的国际会议。发展中国家关注的主要问题是初级产品的价格稳定性以及它们的出口工业品获得发达国家市场的更多准入。

8.2.1 初级产品方面的需求

发展中国家的许多抱怨,来源于它们对原材料和农产品出口的依赖性。这些被出口的产品,一般被冠以"初级产品"的名称。发展中国家非石油出口收入中的绝大部分,就是由这些商品组成的。而且,有30个发展中国家的80%以上的出口收入,只来自三种主要商品。于是,初级商品的价格波动成为它们首要关注的问题。

发展中国家担忧其出口出现剧烈的短期价格波动,从而会造成其出口收入和国内经济活动的大起大落。经济增长也会因此受到很大的损害。上述两种联系可图示如下:

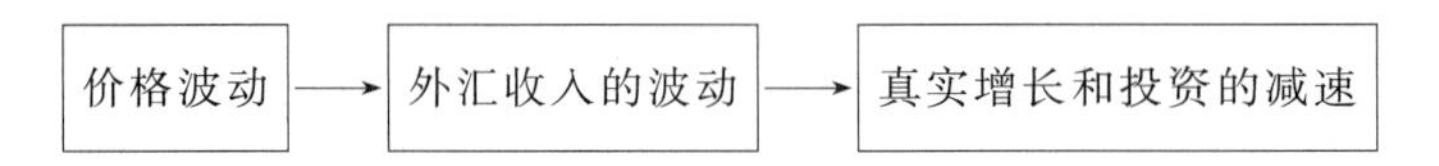

由于初级产品的供给与需求缺乏价格弹性,所以其经常遭受大幅度的价格波动。

然而,价格波动与外汇收入变动之间的联系,取决于价格变化是否因供给或需求曲线的移动所致。也许因为农产品的供给主要由气候条件决定,所以供给的变化就造成了大部分的价格波动(见第5章图5-3中的a图)。这里,因为价格变化和数量变化的方向相反,所以外汇收入(价格×数量)并没有发生过度波动。就原材料而言,大多数价格波动都是因需求变化而引起的(见图5-3中的b图),这也许是因为其需求主要由工业化国家的经济条件决定。此时,价格变化和数量变化的方向相同,外汇收入就会发生相当大的波动。当供给发生变化(a图),或者需求发生变化(b图)时,均衡点e之下所构成的矩形面积(代表了外汇收入)就发生了变化,观察这些情况,就能证实上述观点。

关于第二个联系,许多横截面数据的实证研究都不能证明,价格或外汇波动的程

⑨　从发展中国家利益角度评估WTO谈判,可参见D. K. Das, *The Evolving Global Trade Architecture*, U.K. Elgar, 2007。

度与真实GDP或投资的增长率之间存在着负相关的关系。尽管价格波动对计划造成了困难，但它对企业发展并没有表现出什么害处。然而，联合国贸易和发展会议还是为稳定价格，努力推行着一项被称为“**一体化商品计划**”(Integrated Commodity Program)的提议。它设想对10—18种初级产品中的每一种建立起缓冲库存那样的国际商品协定。每一个国际商品协定(International Commodity Agreements, ICAs)都会与一个“共同基金”挂钩，而生产国和消费国的捐赠组成了这一基金。可是，主要的工业化国家对这一计划的反应是消极的。它们认为，商品协定的历史经验既令人失望，又不能促进企业的长远发展。其次，实事求是地说，那些被要求的资金承诺也不能证明是正当的。如此大量的资金，若用于发展中国家的经济多样化发展，那么就很可能在出口收入的稳定性方面带来更大的成效。

一体化商品计划：发展中国家要求通过国际商品协定的方式来稳定(它们出口的)初级产品的价格，由此形成的计划就是所谓的“一体化商品计划”。几个工业化国家表示反对。

还有一个稳定外汇收入的直接方法：国际货币基金组织的补偿贷款机制。它允许成员国在出口收入和金融储备较低时以低利率借入外汇，并在出口收入和金融储备较高时进行偿还。当成员国在某个12个月期间内的出口收入明显低于其5年来的平均值时，就可以借入这种外汇，偿还有效期最多3—5年。与价格稳定的间接方法相比，这一贷款机制和欧盟的稳定出口收入机制如出一辙，是稳定外汇收入的更直接的方法。⑩

8.2.2 工业品

至于工业品，发展中国家的主要抱怨是，发达国家的关税结构歧视了它们。⑪ 首先，对于它们感兴趣的劳动密集型、技术简单型产品，发达国家的关税率定得太高。虽然GATT谈判所取得的多边减让以单方面特惠的方式给予了发展中国家，但这些多边减让一般应用于那些发展中国家难以生产的复杂工业品。实际上，虽然发达国家的关税相当低，但诸如纺织品之类的劳动密集型产品则被施加了直接数量限制或者高关税。部分原因在于，发展中国家参与GATT谈判的立场是被动的。从历史上来看，它们没有做出自己的减让，而仅仅是接受工业化国家之间的相互减让。这些减让在最惠国原则下给予了发展中国家，同时发展中国家并不承担互惠义务。因而，美国、欧洲和日本之间的谈判，集中于只对工业化国家具有出口利益的商品。实际上，积极参与WTO谈判，才是发展中国家的利益所在。发展中国家给予一些减让，会使其进口体制更加合理⑫，同时也能使其要求工业化国家做出富有意义的减让。发展中国家在乌拉圭回合谈判中就认识到了这一点(在多哈谈判中更是这样)，它们放弃了消极的立场，充分参与了谈判进程。的确，乌拉圭回合导致了摒弃纺织品配额和降低农产品保

⑩ 关于欧盟的稳定出口收入机制与国际货币基金组织的补偿贷款机制的比较，参见World Bank, *World Development Report* 1986: 137—142; B. Suart and R. Pownall, “The IMF Compensatory and Contingency Financing Facility,” *Finance and Development*, December 1988。

⑪ 参见D. Clark, “Nontariff Measures and Developing Country Exports,” *The Journal of Developing Areas*, January 1993。

⑫ 关于发展中国家的GATT谈判战略，可参见“Developing Countries and the Global Trading System,” *IMF Survey*, August 7, 1989; “Trade Policy Issues and Developments”, IMF *Occasional Paper* no. 38, 1985; See also op. cit 2007。

护的协议,而这两项都符合发展中国家的利益。

其次,工业化国家的关税结构阻碍了其他地区的工业化。在很多情况下,原材料的关税率很低或者没有,并且关税率随着产品加工或制造程度的加深而逐渐提高。这就意味着,最终产品的有效保护率远高于其名义保护率(通常是两倍以上),这进一步凸显了关税升级的问题,强化了非工业化国家出口原材料的动机。无疑,发展中国家所面临的这种工业化国家的关税结构,阻碍了发展中国家出口产品的国内加工程度。

为了抵消或者扭转这种关税结构,发展中国家要求它们出口的工业品在工业化国家市场上享受关税特惠;它们希望,每个发达国家市场对其产品征收的关税率,都低于对其他发达国家的类似产品征收的关税率。

分析起来,贸易特惠类似于关税同盟,因为它们对贸易流动产生了两种静态效应:

1. 贸易创造效应:从**受惠国**进口的关税下降,从而取代了**施惠国**[13]的一些低效率生产。

2. 贸易转移效应:包含在贸易特惠之内的关税歧视,导致了施惠国市场上从受惠国的进口取代了从第三国的进口。

一项研究[14]表明,发达国家对制造业的有效关税保护的结构,与发展中国家的比较优势呈现出正相关的关系。因此,给予发展中国家的出口全面免税(没有任何例外和限制),能给发展中国家提供一个扩张它们比较优势产业的动力。而且,既然工业化国家被取代的产品是劳动密集型产业的产品,那么,发达国家的资源就会转移到它们具有比较优势的产业。然而,施惠国国内的政治压力总要发挥作用,限制这种效应。以下将会看到,大多数的贸易特惠方案都包括了对贸易创造效应的限制。联合国贸易和发展会议的研究表明,普惠制有助于发展中国家的出口扩张。[15]

8.3 普惠制[16]

普惠制(GSP):根据所谓的普惠制计划,发展中国家的出口工业品可以特惠进入工业化国家的市场。但每一个工业化国家(美国、欧盟和日本等)的普惠制方案,都包含着严格限制自由准入或特惠准入本国市场的措施。

在1971年至1972年期间,日本和西欧采用了**普惠制**(the Generalized System of Preferences, GSP),以支持联合国贸易和发展会议下的发展中国家。美国和加拿大也在1976年采用了普惠制。虽然普惠制给发展中国家提供了关税特惠,但是普惠制覆盖产品的出口仍然面临着工业化国家市场的多种多样的非关税措施。[17] 在产品覆盖、受惠国名单、施惠国的国内产出和就业保障措施等方面,不同的普惠制方案差别很大。由于美国、欧盟和日本作

[13] 给予和接受特惠的国家,分别是"施惠国"和"受惠国"。

[14] Z. Iqubal, "The Generalized System of Preferences and the Comparative Advantage of Less Developed Countries in Manufactures," (mimeographed), *International Monetary Fund*, April 1974.

[15] UNCTAD *Bulletin*, May-June 1991.

[16] 对普惠制的研究,参见 T. Murray, *Trade Preferences for Developing Countries*, London: The Macmillan Press, 1977。近来 UNCTAD 对普惠制方案的研究总结,可参见 UNCTAD *Bulletin*, April 1988: 7—9; 以及 C. MacPhee, "A Synthesis of the GSP Study Program," UNCTAD *Report*, no. IPT/19, December 1989。

[17] Clark and Zarilli, "Nontariff Measures and Industrial Nation Imports of GSP-Covered Products," *Southern Economic Journal*, October 1992.

为主要市场的重要性，我们就介绍美国、欧盟和日本的三种普惠制方案。

8.3.1　美国方案

包括32个最不发达国家[18]在内的100多个发展中国家，被美国给予了普惠制待遇。受惠国出口的约4 100种产品，其中多数是工业品或半成品，也有一些农产品，在进入美国市场时可以免税。然而，多种“敏感的”产品被排斥在此方案之外。

为了有资格享受这种特惠待遇，产品必须直接从受惠国运输到美国，不能经过第三国的领土，也要满足**原产地**(rule of origin)的标准。这就要求产品应该全部在受惠国生产；若使用进口的原材料和零部件，它们必须在受惠国经历“实质性的转化”——要求产品在受惠国的价值增值至少占最终产品价值的35%。为满足原产地标准的要求，包括多个成员国的三个区域性组织[19]，都分别被视为单一的国家。

如果受惠国的某种商品出口占美国进口该商品总额的50%以上，或者受惠国该种商品的出口在一个年度里超过了一定的美元金额（这一美元金额每年上调），那么，特惠待遇就不适用于受惠国的该种商品。这两个最高限度的措施促使发展中国家避免其对美国的出口超过这两个限度，即使超过1美元也不行，因为那会使其整个出口遭受最惠国义务的约束。

1985年，此方案添加了一个被称为“毕业”的特征。如果一个产品被估计在不免税的情况下能有竞争力，那么，该产品就可以从受惠国的普惠制产品名单中被删除，即这个产品能“毕业”了。同样地，如果一个国家或地区达到一定的发展阶段，那么它也能够从普惠制“毕业”。韩国、新加坡、中国台湾和中国香港（即“亚洲四小龙”）都在1989年“毕业”了，不再是美国普惠制方案的受惠方。另外，为决定一个国家（地区）是否具有普惠制的资格，就要检查这个国家（地区）的多个方面，例如，它对美国商品和服务的市场准入程度、对美国知识产权的保护程度、对不合理出口行为的控制程度以及对其劳工享有国际公认权利的保护程度。

8.3.2　欧盟方案

包括42个最不发达国家在内的170多个发展中国家，从欧盟方案中获益。所有应缴关税的工业品和半成品都准予免税。但是，有550个产品被认为是“敏感”的，即从受惠国进口这些产品可能会扰乱欧盟市场。对其中的每种产品，欧盟都设定了一个免税进入的数量限制，一旦达到这个数量，关税即恢复到最惠国的水平。这就构成了所谓的关税配额[20]，最不发达国家可免除在外。

---

[18] 发展中国家中共有42个国家被划分为最不发达国家，人口总计达到3.9亿。

[19] 安第斯集团，包括玻利维亚、哥伦比亚、厄瓜多尔、秘鲁、委内瑞拉；东盟集团，包括印度尼西亚、马来西亚、菲律宾和泰国等国；以及加勒比共同市场。

[20] 关税配额适用的情况是：在某一个绝对数量之下的商品进口，适用于一种关税率（甚至为零）；在该绝对数量之上的商品进口，超出的数量部分适用于更高的关税率。

对于许多农产品,欧盟方案允许免税进入或大幅度的关税减让。可是,一些农产品仍有数量限制。为了享有特惠待遇,合格产品必须直接运输到欧盟,并且遵守原产地标准。后者的意思是指,产品必须全部在受惠国境内生产,若使用进口的零部件和原材料,它们必须在受惠国内进行"充分的加工或处理"。如果加工出来的商品可以实现不同海关税则下的归类,而不是覆盖非原产国的原材料,那么加工就被认为是"充分的"。为满足原产地标准的要求,包括多个成员国的三个区域性组织(与美国方案的那三个区域性组织是一样的),都分别被视为单一的国家。68个联系邦和8个地中海国家与欧盟有着特别的、更自由的合作协议。

2005年,欧盟提议对贸易特惠利益进行再分配,把特惠利益从中国和印度等主要的出口国转移到"正在挣扎"的出口国。如果一个国家的任何一种产品在欧盟市场上的份额超过15%(纺织品是12.5%),那么该国就会丧失其特惠关税。

8.3.3 日本方案

包括38个最不发达国家在内的130多个发展中国家,享有日本的特惠待遇。绝大多数工业品免税进入日本市场,而一些工业品则只减让50%的关税。不过,约1/2的合格产品具有进口数量的最高限度(该限度在每个财政年度之前确定)。任何一种产品,一旦达到这个最高限度,其关税就恢复到最惠国水平。因此,对于发展中国家感兴趣的大多数产品,日本方案都采取了关税配额的方式。此外,当特惠商品的进口量达到数量最高限度的25%时,日本就暂时冻结对这个受惠国的特惠待遇。这些限制不适用于最不发达国家。某些农产品享有多种多样的关税减让,包括零关税。最不发达国家享有此方案所有农产品的免税待遇。

为了享有特惠待遇,合格产品必须直接运输到日本,并且遵从原产地标准。这与欧盟采用的原产地标准相似。为获得原产地的地位,所有东盟成员国一起被视为一个单一的国家。

8.3.4 东京回合和乌拉圭回合谈判对普惠制的影响

东京回合和乌拉圭回合谈判的关税减让,侵蚀了发展中国家享有的贸易特惠利益。但是,为了补偿这些损失,WTO给予了发展中国家其他关税减让的利益。这些利益包括:(a)取消对受惠国和商品种类的限制;(b)取消数量限制;(c)可能取消国内保障条款;(d)取消对普惠制项目的时间限制。计算表明,这些利益超过了因贸易特惠利益受到侵蚀而产生的损失。[21]

---

[21] 参见R. Baldwin and T. Murray, "MFN Tariff Reductions and LDC Benefits under the GSP," *Economic Journal*, March 1977: 30—46。

8.4 发展中国家的区域一体化

南方共同市场和东盟：在南美洲（例如南方共同市场）、亚洲（例如东盟）和非洲的关税同盟和自由贸易区，其目的在很大程度上是创造一个更大的国内市场。

三个大洲的很多发展中国家形成了区域性经济组织，其中著名的组织是南方共同市场（成员国是巴西、阿根廷、乌拉圭和巴拉圭，智利和秘鲁是联系国）及东南亚国家联盟（10个成员国）。[22] 在大多数情况下，其主要目标是扩大国内市场。[23]

欧洲一体化和发展中国家的关税同盟之间，具有一些重要的区别。就前者而言，经济研究者一直以来主要关注于区域一体化对世界福利的影响，而后者对国际贸易流动的影响是十分有限的，西非共同市场就是一个例子。而就发展中国家的关税同盟而言，人们主要关注的是一体化对参与一体化国家自身的影响。在这方面，贸易转移和贸易创造或许是有益的。在欧洲，贸易转移是有害的，因为它导致了资源的错误配置，使资源从较有效率的地方流向较为低效的地方。然而在发展中国家，贸易转移活动中的国内劳动力，先前处于失业或就业不足状态，所以其转移的机会成本为零或接近于零。南方共同市场的汽车产业或许就是这样一个例子。进一步来说，与每个（国内市场狭小的）成员国单独采取进口替代政策相比，具有贸易转移和进口替代功能的发展中国家关税同盟，其贸易转移可能成为"两恶中的较轻者"，并因而受到欢迎。对中美洲共同市场的一项研究[24]发现，一体化的主要好处包括：由于成员国相互贸易更多，并从世界其他地方进口更少，因而节约了稀缺的外汇；利用了低机会成本的劳动力；利用了规模经济。

两极分化：在一体化区域之内，经济活动具有向该区域中最发达城市聚集的趋势。

与区域一体化相伴出现的一个重要问题，是一体化收益的分配。由于一体化的区域包括了不同发展阶段的国家，发展程度最高的中心地区就吸引着市场扩大所带来的新产业和其他经济活动，而那些较落后的地区为此十分苦恼。在东非，发达的中心是内罗毕地区。上述这种特征常常被称为经济活动的**两极分化**。那些开始就最发达的地区可能会逐渐支配整个关税同盟，而那些较不发达的地区则不能分享一体化的收益。为了解决这个问题，一些关税同盟采取了在成员国之间分配新产业的方法，以期望能保证收益的平等分配。

另一个共同的困境，则是缺乏足够的交通设施来实现其扩大的市场所带来的经济意义。如果南美洲国家发现出口到北美洲或欧洲的运输比穿越安第斯山的运输更便

---

[22] 成员国包括泰国、马来西亚、印度尼西亚、菲律宾、新加坡、文莱、越南、缅甸、柬埔寨和老挝。印度也许要加入。

[23] 最惠国的关税减让对亚洲发展中国家产生的福利收益，是发展中国家区域性特惠关税减让带来的福利收益的好几倍。参见 Dean DeRosa, "Asian Preferences and the Gains form MFN Tariff Reductions," *The World Economy*, September 1988。

[24] 参见 W. R. Cline and E. Delgado (eds.), *Economic Integration in Central America*, Washington, D. C.: The Brookings Institution, 1978。关于促进"南—南"贸易政策的讨论，参见 Oli Havrylyshyn and Martin Wolf, "Promoting Trade Among Developing Countries: An Assessment," *Finance and Development*, March 1982。

宜,那么在南美洲组建自由贸易区就没有多少好处。许多成员国的贸易定位是倾向于工业化国家,本大洲之内的贸易只占其整个贸易中很小的比例。

总结

本章讲述了发展中国家的几个贸易问题。它区分了进口替代战略和出口导向战略,表明后一种方法在促进增长和就业方面能达到更好的效果。正因如此,许多国家都在着手改革,减少政府对经济的干预,促进本国融入世界经济。中国和印度就是例子。

在联合国贸易和发展会议的框架下,发展中国家需要缓冲库存的机制,以稳定其18种初级产品的价格。发展中国家以普惠制的形式获得了其出口制成品的特惠待遇,尽管每个施惠国的普惠制方案是不同的,而且包含了许多限制。最后,发展中国家积极地加入区域经济一体化,以扩大其市场规模。

重要概念

进口替代
出口导向
联合国贸易和发展会议(UNCTAD)
短期商品价格波动
一体化商品计划(共同基金)
受惠国
施惠国
普惠制(GSP)
原产地标准
两极分化
中国和印度的发展

复习题

1. 比较发展的出口导向战略和进口替代战略的异同。
2. a. 利用四个局部均衡图,解释国际缓冲库存是如何起作用的(也可参阅第5章)。
   b. 缓冲库存协议在实施中会出现什么问题?
   c. 商品价格的大幅波动一定造成出口国外汇收入的大幅波动吗?为什么?
3. a. 东京回合和乌拉圭回合谈判如何影响了普惠制对于发展中国家的价值?
   b. 在关于贸易特惠待遇(比如普惠制)的分析中,术语“贸易转移”和“贸易创造”有意义吗?请解释。
4. 对关税同盟的传统分析能够无所保留地应用于发展中国家的经济一体化吗?发展中国家的区域一体化组织遇到了什么特殊的问题?
5. 描述美国、欧盟和日本的普惠制方案的主要特点。
6. 中国和印度的发展战略有什么共同点?

第9章 生产要素的国际流动

到目前为止，本书的分析只涉及商品和服务的贸易。前面各章都没有分析要素的国际流动。这种忽略不是偶然的，事实上，它植根于古典经济理论的一个长期以来的假定。在试图说明国际贸易的利益和解释贸易的商品构成时，生产要素（劳动力、自然资源和资本）被假定只在各个国家之内自由流动，它们不能够在国家之间流动。

然而，国际资本流动远远超过了国际贸易。许多国家的跨国公司及其子公司逐渐在世界舞台上扮演了支配性的角色。而且，尽管对于人员流动存在着社会、文化和法律的障碍，但人们确实可以跨越国家的边界，有时人数还非常之多。

生产要素通常从低报酬的地区流向高报酬的地区，降低了它们在前一地区中的供给，并提高了它们在后一地区中的供给。于是，市场的力量就可以提高流动要素离开地（要素输出国）的收入，并降低流动要素到达地（要素输入国）的收入，从而使世界范围的要素收入趋于相等。国际贸易的赫克歇尔-俄林理论认为，商品贸易就可以期望达到这一点。的确，根据这个模型，商品贸易和要素流动是可以互相替代的。一个劳动力丰富的国家可以进口资本密集型商品，或者进口资本，而一个资本丰富的国家可以进口劳动密集型商品，或者进口劳动力。直到最近，经济学家才开始研究同时把商品贸易和要素流动结合在一起的模型。[1]

"全球化"的一个特点是国家之间的私人资本流动不断增加，尤其是以**对外直接投资**（DFI）的方式。

本章研究**对外直接投资**的成本和收益。对外直接投资意味着公司总部对国外子公司进行控制的投资。大部分的对外直接投资是由**跨国公司**从事的。跨国公司就是在几个国家中拥有生产设施的公司。全球大约有 64 000 家母公司和 866 000 家外国分支机构。2002 年外国分支机构的全球销售额是 18 万亿美元，而 2002

跨国公司是在几个国家都拥有工厂的公司。

---

① 以下的举例说明，传统的结果在这些条件下将发生怎样的变化。假定 A 国在两种产品的生产上都比 B 国更有效率，但是 A 国在这两种产品上对 B 国的优势程度是完全相同的，所以这两个国家的产品价格比率也是相同的。根据赫克歇尔-俄林模型，在没有要素流动的条件下，就不会产生贸易；而在资本流动的条件下，资本会从 B 国流动到 A 国，以利用更有效率的环境，因而就把 A 国的资本-劳动力比率提高到 B 国之上，于是，A 国就开始出口资本密集型产品，进口劳动密集型产品。

年对外直接投资的存量估计为7.1万亿美元。近年来，对外直接投资的增长大大快于世界贸易的增长。

表9-1　2006年世界前十名非金融类跨国公司（根据国外资产排名）[a]

（单位：百万美元和雇佣员工数）

排名			公司	母国	产业[d]	资产		销售		雇佣		跨国指数[b]	分支公司数量		国际化指数[c]
国外资产	跨国指数[b]	国际化指数[c]				国外资产	总资产	国外销售	总销售	国外雇佣	总雇佣		国外	总和	
1	71	54	通用电气	美国	电气和电子设备	442 278	697 239	74 285	163 391	164 000	319 000	53	785	1 117	70
2	14	68	英国石油	英国	石油	170 326	217 601	215 879	270 602	80 300	97 100	80	337	529	64
3	87	93	丰田汽车	日本	汽车	164 627	273 853	78 529	205 918	113 967	299 394	45	169	419	40
4	34	79	荷兰皇家/壳牌	英国和荷兰	石油	161 122[e]	235 276	183 538[e]	318 845	90 000	108 000	70	518	926	56
5	40	35	埃克森	美国	石油	154 993	219 015	252 680	365 467	51 723	82 100	68	278	346	80
6	78	64	福特汽车	美国	汽车	131 062	278 554	78 968	160 123	155 000[f]	283 000	50	162	247	66
7	7	99	沃达丰	英国	电信	126 190	144 366	32 641	39 021	53 138	63 394	85	30	130	23
8	26	51	道达尔	法国	石油	120 645	138 579	146 672	192 952	57 239	95 070	74	429	598	72
9	96	36	法国电力	法国	供电、天然气、供水	111 916	235 857	33 879	73 933	17 185	155 968	35	199	249	80
10	92	18	沃尔玛	美国	零售	110 199	151 193	77 116	344 992	540 000	1 910 000	41	146	163	90

资料来源：联合国贸易和发展会议、伊拉斯姆斯大学（Erasmus University）数据库

a）除非另有说明，所有数据都基于公司的年度报告。分支机构的数据是基于邓白氏公司（Dun and Bradstreet）的 *Who owns Whom* 数据库。

b）TNI（the Transnationality Index），跨国指数，即以下三个比率的平均值：国外资产对总资产的比率，国外销售对总销售的比率、国外就业对总就业的比率。

c）II（the Internationalization Index），国际化指数，即外国分支公司的数量除以所有分支公司的数量（注：计入此表中的分支公司，仅是母公司持有多数股权的分支公司）。

d）公司的产业分类，遵循美国证券交易委员会所使用的《美国标准产业分类》。

e）本数据指欧洲以外的活动。

f）本数据指北美地区以外的活动。

注：本清单只涉及非金融类跨国公司。在一些公司中，外国投资者可能持有超过10%的少数股权。

据估计，到2010年年底，美国的海外直接投资存量达到了3.8万亿美元，而外国在美国的直接投资存量为2.3万亿美元。[②] 这使得美国成为全球最大的外国直接投资的接受国，英国紧随其后。大约5.6%的美国私营企业工人受雇于外国企业。在美国的最大投资国是英国、日本和荷兰。

9.1 对外直接投资的动机

经济分析和实证研究都追溯了到国外投资以期获得利润的主要动机。[③] 当资本在外国投资的获利前景超过这一资本在本国的预期利润时，美国企业就会到外国进行投资。从一国经济的角度看，资本在本国的投资，既包括同一公司的投资，也包括能够通过这些资本从而获得真实资源控制权的其他公司。当投资资本流向国外时，或许就可以认为，在国内外投资环境不变的情况下，在国外新增投资的预期利润（考虑了风险）超过了美国国内同类活动的预期利润。影响相关投资环境的因素，包括经济活动的总体水平、现行的和预期的税收和关税政策。显然，1995—2000年期间美国的高增长率，吸引了外国投资到美国来，而2001—2002年美国经济增长的放慢，减少了外国资本的流入。

了解对外直接投资动机的另一个方法，是考察某个产业之内国际利润的差异。因此，如果英国汽车制造业的预期利润超过了美国汽车制造业，而化工产业的情况正好相反，那么，在汽车产业，直接投资就从美国流向英国，而在化工产业，直接投资则从英国流向美国。

但是，当被直接问及投资动机时，商业组织甚至可能不会提到新增利润。相反，它们往往强调其他因素，这些因素直接或间接地与净收入有关。这些因素也许可以归结为两类：降低生产成本的因素、提高总收入的市场和营销因素。由于收入和成本之间的差异就是利润，因而任何提高收入或者降低成本的因素，均可以增加利润。

对外直接投资的动机：包括扩大销售进而扩大收入的因素和降低生产成本的因素。但是，只有当劳动生产率的差异并不能完全抵消较低的外国工资率时，较低的外国工资率才可以转化为较低的劳动成本。

② 参见Bureau of Economic Analysis, U. S. Department of Commerce, "Direct Investment for 2009—2011," *Survey of Current Business*, September 2012。

③ 约翰·邓宁的对外直接投资"折中理论"认为，一个企业成为跨国公司需要具备三个条件。第一，企业必须具有能在海外享有市场支配力或成本优势的产品或生产工艺（所有权优势）；第二，企业必须具有把生产转移到海外而不是留在本国的理由（区位优势）；第三，企业必须具有建立自己的海外子企业而不是委托海外企业生产的理由（内部化优势）。参见John H. Dunning, "Trade, Location of Economic Activity and the MNE: A Search for an Eclectic Approach," in B. Ohlin, P.O. Hesselborn, 以及P. M. Wijkman(eds.), *The International Allocation of Investment Activity* (London: Macmillan, 1977)，也可参见J. R. Markusen, *Multinational Firms and the Theory of International Trade*, Cambridge, MIT Press, 2002。

9.1.1 成本方面的因素

有两种类型的降低成本的投资,区分它们是有用的。第一种类型的降低成本的投资,来自获取海外原材料的需要。这些原材料要么是国内没有的,要么是只有花费很高成本才能得到的。资本必须跟随资源这一事实,是美国在采掘产业进行巨额海外投资的动机。这种投资的对象,是与美国国内的劳动力和资本形成互补的生产要素。资源可获得性的任何减少,都会直接损害劳动力和资本的生产率和报酬。这种互补性的生产要素,包括初级原材料、某些农产品(热带产品)以及一些运回美国进行深加工的半成品,最终商品将在国内或国外销售。初级产品的运输成本决定了是否包括半成品。当运输成本高昂时,加工的第一阶段就不得不在采掘地或其附近进行,然后将半成品运回国内。对国外运输业和通信业的投资,也被认为是同等重要的,这使得商品从本国向其他孤立地区的出口成为可能或变得低廉。美国在发展中国家的许多投资,就是出于这个目的。

第二种类型的降低成本的投资,涉及成本而非原材料,主要是指劳动力成本。对于公司管理而言,在什么地方削减成本意义并不大,但是,国家利益就很可能受到了不同的影响。在采掘产业中,成本低廉的资源与美国生产要素形成了互补,它提高了美国劳动力和资本的生产率,并常常带来了美国国内生产的增加。在某些情况下,例如石油资源,它对于这个国家的生产过程是必不可少的。另一方面,旨在降低劳动力成本的对外投资,因为使用与美国资源相竞争的因素而降低了成本。虽然这样的对外投资提高了美国资本的生产率,但是,与在美国进行类似投资相比,它往往会降低美国劳动力的生产率。

也许第二种类型投资中最有力的动机就是利用国外低廉劳动力成本的愿望。美国的工资率高于许多其他国家,这一事实本身并不表示较高的劳动力成本。但是,当工资率差异没有完全被生产率差异所抵消时,就造成了外国较低廉的劳动力成本。劳动密集型产业(或任何企业内的劳动密集型生产过程)是利用这种成本差异的第一候选者。在20世纪50年代后半期,欧洲工资的显著稳定有助于刺激美国人的海外投资。然而在80年代后期和90年代,美国的劳动力成本低于某些欧洲国家,促使欧洲和日本企业在美国建造或购买生产设施。在80年代后期,由于劳动力成本的低廉以及进入欧盟市场的方便,西班牙和爱尔兰就成了吸引美国和日本投资的资本输入国。在90年代,亚洲国家成为吸引日本和美国投资的一个目的地。2001年,摩托罗拉和施乐公司将一些工厂转移到墨西哥,并将那里生产出来的商品在北美自由贸易协定的框架下免税出口到美国,或者在墨西哥—欧盟自由贸易协定的框架下免税出口到欧洲。2005年,瑞典的家电生产巨头伊莱克斯公司宣布了一项计划,把它在欧洲和北美的27家企业转移到亚洲、东欧和墨西哥。一个反作用力是运输成本,它在2000—2009年间成倍增长,促使一些美国公司的工厂回流到美国。

政府政策在引入外国投资方面通常发挥着直接的作用。利用特殊税收待遇的愿望可以激发资本的流动。美国和世界其他国家的关税政策经常使得企业进行实质性的迁移。美国对关税的不断削减会引导企业在国外生产、在国内销售。因为美国制造商失去了保护性关税，他们就没有能力与低成本的进口商品相竞争，尤其是那些劳动密集型商品。因此，他们会在低成本的地区建立生产工厂，并在那里向美国国内市场供给商品。同样，欧盟的成立为美国企业到欧洲投资提供了强烈的刺激，这样的投资可以使生产商绕过他们若从美国本土出口时必须面临的歧视性关税。在欧洲的每个生产工厂都能向好几个国家的市场供给商品。这样，企业就可以做到足够大，以实现规模经济，享受专业化的利益。亚洲的企业为了获得进入美国市场的免税权，在墨西哥进行投资。在过去的数十年间，加拿大的高关税使得美国企业纷纷到加拿大投资。资本流动已成为遇到障碍的商品流动的一种替代。墨西哥的高关税在一定程度上是美国在墨西哥投资的动机，北美自由贸易协定消除了这一动机（本书的第2篇将讨论对汇率波动做出反应的对外投资）。

关税和对外直接投资：回避关税的动机也可以导致对外直接投资。

最后，当大企业到海外投资时，其国内供应商（包括银行）到海外设立分支机构、为大企业的海外子公司提供有效率的服务，有时就显得十分必要了。不过，这些商品和服务经常是通过投资输出国的出口而提供的。这是走向海外的对外直接投资不能取代出口的一个原因：出口和对外直接投资是互补的，1996年的一份WTO报告（《贸易和对外直接投资》）就证实了这一点。

9.1.2　市场方面的因素

企业通过出口对国外市场变得熟悉之后，一般会建立其国外的分支机构。随着国际贸易的扩大，企业的商业视野也随之扩展，不断增加对外投资。不过，纯粹的市场熟悉只是一个促成条件，迎合特定市场需求的愿望似乎才是真正的动机。在初始阶段，对国外分销技术的不满可能会刺激建立一个销售机构，包括仓储和服务机构，从而对美国的出口商品进行销售。在第二个阶段，为了接近客户、提供更好的服务、使生产线符合特定市场的当地化需求，以及迎合客户（或当地政府）的民族感情，企业有动力在当地建立起生产或组装的工厂，这样就提高了它们商品的受欢迎程度。另外，美国的反垄断法防止企业在国内收购它的竞争者，这也可能促使美国企业到海外收购企业。

9.2　外国投资和经济福利（实际收入）

9.2.1　世界福利

资源的自由流动总体上有益于世界经济。资本因较高的回报率从一个国家流向另一个国家，从资本相对丰富且低廉的地区流向资本相对稀缺且昂贵的国家，直到它

投资输入国和投资输出国:不受限制的对外直接投资可以使全球福利最大化。"投资输出国"指资本来源国,而"投资输入国"指投资接受国。美国既是最大的投资输入国,也是最大的投资输出国。

们的回报率达到均等。这种流动注定是有益的,因为它提高了总的实际产出。资本对实际产出的边际贡献,在投资输出国要比在投资输入国小。也就是说,与资本丰富的地区相比,资本在资本稀缺的地区是一个相对更重要的生产要素。于是,资本在投资输入国中所引起的产出增加超过了其在投资输出国中的产出减少,造成了它们总的实际产出的净增加。[④]

9.2.2 投资输入国

一般说来,**投资输入国**(host country)受益于外国投资。不仅是因为它的实际产出因新资本的贡献而提高了,而且外国直接投资也带来了先进的管理和技术,以及发明、创新和发达的资本市场。从日本输入的"准时制"库存管理,就是这样一个例子。若劳动力的培训水平就此提高,那么可以说外国资本产生了有益于同一产业其他企业的经济外部性。此外,随着投资输入国的收入上升,储蓄也会增加,整个经济也因此进入一个新的、更高水平的增长路径中。就发展中国家而言,出口和增长的一个重要因素,是融入跨国公司垂直一体化中的装配加工和零部件制造,跨国企业在其他国家的生产中使用这些零部件。中国和印度令人瞩目的经济增长,在部分程度上可归因于外国直接投资。

对外直接投资的福利效应:投资输入国受益于更多的资本流入(每个工人可得到更多的资本)以及更多的管理和技术知识。投资输出国受损于资本流出以及本国的政府税收。

在这种背景下,外国投资在很多投资输入国有时引发仇恨令人感到困惑。例如,东盟国家规定,公司股票的外资持股比例限制在30%—49%之间(依具体国家而定)。到2005年为止,俄罗斯规定,外国投资超过51%股份的公司不得竞标国家自然资源。在某些时期,中国要求外国企业向中国本地的合作伙伴转让技术,以作为外国企业进入本地市场的一个条件,尽管这违反了WTO的规则。在投资输入国中,经常可以见到外国投资的绩效标准,它要求:外国企业的本地子企业应该出口它们产出的一个最低比例,并且/或者外国企业的生产应该使用一个最低比例的本地原材料和劳动力(国产化要求)。这些标准仅仅适用于外国投资者,而非本地企业。[⑤] 作为乌拉圭回合谈判的一个成果,这些外国投资的绩效标准有望被取消,而且中国已经废除了它的最低出口比例的要求。

有些对外国投资者的谴责,可能是出于经济因素,而不是出于情感因素,应该将它们加以区分。外资企业剥削投资输入国的工人,并以低于市场价值的方式掠夺自然资源,这一指责在大多数情况下是夸张的。只有在垄断势力占优时,才会出现剥削。当很多企业都寻求对这个国家自然资源的开采权时,剥削是不可能的。投资输入国可以从税收、特许开采权、付给本地的工资和薪金、进口技术中受益。跨国公司通常支付

---

④ 关于对外直接投资的收益,参见 *Finance and Development*, June 2001, pp. 2—9 中的两篇文章。

⑤ 关于这类要求的经济效应的分析,参见 C. Davidson, S. Matusz, and M. Kreinin, "Analysis of Performance Standards for Direct Foreign Investments," *Canadian Journal of Economics*, November 1985。

比本地企业更高的工资。然而,当外国投资企业具有垄断势力时,剥削是很有可能的。[6] 更为严重的是,美国企业的国外子公司抱怨说,规制它们的美国政策和法律,可能会与投资输入国的政策相抵触。例如,1996年,美国恐吓要对在古巴、利比亚和伊朗投资的外国企业实施制裁,这在欧洲引起了喧嚣。

还有个指责是,跨国公司的主要决策及其研发活动,是在总部完成的,而只是把日常工作和较低技术的活动交给国外子公司的雇员。对于一些日本企业而言,这或许是事实。但在大多数情况下,一个利润最大化的企业很可能力所能及地利用当地的人才。例如,跨国公司在以色列的子公司就进行研发活动。最后,某些国家反对外国企业的"支配",尤其不愿意看到外国资本控制本国的高科技产业。然而,美国资本在科学技术密集型产业中的集聚,是意料之中的事情,因为美国在这些领域中拥有比较优势。不过,这些进口技术非但不会带来损害,反而是非常有益于投资输入国的。我们观察到,跨国公司在印度就从事了大量的高科技活动。权衡下来,投资输入国在大多数情况下可以获得可观的收益。

9.2.3 投资输出国(投资来源国)

由于下述几个原因,到外国的投资有可能超越了本国的国家利益的需要,尤其在制造业部门。首先是不利的公共管制风险对在国内或海外进行投资的单个企业造成了影响,这些不利的公共管制风险包括利润管制、拒付贷款甚至没收投资。不过,只有到海外的投资遇到这一风险,才会造成本国经济的损害。

其次,本国政府收入受到了损失。为了避免双重税收,到国外的投资者可以用在国外支付的所得税来抵免其在美国的纳税义务。到国外投资主要为投资输入国政府提供了税收收入,而在本国同样的投资会产生向国内纳税的利润。

再次,到外国的投资提高了国外劳动力的生产率,而在本国进行的同样投资则会提升国内劳动力的生产率。而且,与新投资相伴而来的生产扩张往往带来了间接的利益,其中包括劳动力素质的提高、更好的生产方式和技巧,以及优秀的组织形式。如果资本到国外投资,国内经济就损失了这些利益。

对于到国外采掘产业的投资而言,这些国内经济的损失是不存在的。得到这些国外的初级原材料资源(当国内得不到这些资源时)可以提高国内生产要素的生产率,因为这些原材料是国内资本和劳动力的补充。因此,对国内要素而言,这是一种收益而不是一种损失。由于美国在发展中国家的投资很大一部分集中在采掘产业,鼓励本国资本在这些领域进行投资的对外政策目标(作为对外援助的替代或者补充)恰好与国内经济利益相符合。

---

⑥ 更完整的分析,参见P. Streeten,"The Multinational Enterprise and the Theory of Development Policy," *World Development*, October 1973。

近来研究表明,对到国外投资的担忧或许是不必要的。[7] 投资海外的许多企业并没有同时减少它们的国内活动。到国外进行投资,可以接近外国消费者,并且/或者减少生产成本。这两个动机促使跨国公司在国内和海外扩张生产规模,这就意味着在国内产生更多的就业、投资和收入。跨国公司的海外子公司的活动,能够对投资来源国的母公司形成补充作用,而非取代。对美国制造业企业的国内和海外活动之间关系的近来研究发现,海外投资增加10%与国内投资增加2.6%是相关联的,而海外雇员薪酬增加10%与国内雇员薪酬增加3.7%是相关联的。这些结果就支持这一观点:企业的海外扩张能够提高企业的国内活动,而不是减少企业的国内活动。

但是如果抛开单个国家的损益不谈,投资的全球化可以获得非常大的利益。技术创新和管理技巧的国际扩散活动是以跨国企业为载体的,充分说明了跨国企业对世界经济的贡献。投资资本无障碍的流动,可以最好地增进世界福利。

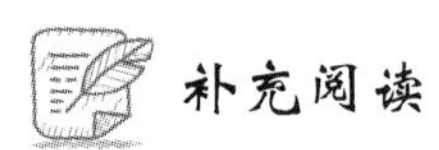

补充阅读

对跨国公司征税

美国当前的一个政策问题,是对外国直接投资的税收待遇。有观点认为,联邦税法歧视在美国国内的投资,而支持美国在国外的投资,这就构成了鼓励美国到海外投资的一个因素。

鼓励美国到国外投资的主要联邦税优惠是:(a) 国外税收抵免;(b) 税收延缴;(c) 把不同的税收优惠给予西半球的贸易公司、在发展中国家的投资以及对美国资产的投资。我们首先考虑国外**税收抵免**(tax credit)。

美国企业在国外的子公司和分公司有权利抵免它们的美国所得税,抵免的数量相当于它们支付给外国政府(包括各级外国政府)的全部税收。因此,如果在某国经营的美国子公司赚到1000美元收入,该国所得税的税率是20%,那么它会向该国政府缴付200美元的税。由于美国的所得税率为32%,所以它向美国政府缴付的总税负是320美元,但是它有权利抵免它缴付给外国政府的全部税收。于是,它向美国政府缴付的税负就变为320美元 - 200美元 = 120美元。如果国外的税率是32%,那么该企业对美国的税负就变为零了。但这种抵免不能超过32%的美国税率,因此,在税率超过32%的国家经营的美国子公司,它的国外和美国总税率超过了32%[8],即使它不向美国缴税。[9]

税收抵免的理由来自(公共财政)的横向公平原则,这一原则要求对同样收入的人给

[7] 参见 M. J. Slaughters, *How U. S. Multinational Companies Strengthen the U. S. Economy*, Business Roundtable and the United States Council Foundation, Spring 2009,以及 D. Mihir, C. F. Foley, and J. R. Hines, Jr., "Domestic Effects of the Foreign Activities of US Multinationals," *American Economic Journal: Economic Policy*, February 2009, pp. 181—203。

[8] 然而,在多个外国经营的美国企业,可以选择是以国别为基础计算税收抵免,还是以缴付给所有这些国家政府的总税收额为基础计算税收抵免。如果一个外国的税率超过了美国税率,而另一个外国的税率又低于美国的税率,则后一种选择是有利的。

[9] 结果,美国对低税率欧洲国家(例如比利时)的投资的增长,远远超过了它对高税率欧洲国家(例如德国和法国)的投资。

予同样的税收待遇。在应用于外国投资的情况下，税收抵免的目标是保证国内投资和国外投资具有同样的总税率，从国际层面看，它就可以被视为横向公平了。解释横向公平的另一个方法是把其应用于国家层面，这就需要以在国内缴付州税和地方税的同样方式来对待在国外缴付的税收。联邦政府把缴付的州税和地方税当作经商的成本。于是，在我们的例子中，向外国政府缴付的 200 美元税收会作为从 1 000 美元利润所得中扣除的商业减项，从而应纳税所得额为 800 美元。对 800 美元实施 32% 的美国联邦税，结果是缴纳 256 美元的美国税收。企业为其海外利润缴付的美国和海外总税负是 200 美元 + 256 美元 = 456 美元，而不是现在的 320 美元。

税收延缴条款允许美国企业的外国子公司享有延期缴付美国税收的权利，直到利润所得返回到母公司。这意味着，在美国企业延期缴付税收的这个时期，美国政府对该美国企业提供了一笔零息贷款。

但是，如果留在国外的利润再投资于固定资产，这相当于永久免除了美国税。超过 4 000 亿美元的这种利润留在了国外。其中，1 220 亿美元是美国 40 家大企业的利润，并无限期地再投资于海外。医药和技术产业是这一法律的主要受益者。例如，通用电气公司(GE)在 2008 年保留在海外的外国利润是 1 300 亿美元，在所有年份保留在海外的外国利润总和是 7 500 亿美元。这一法律使美国的税率减少了 27%。在 2005 年，美国国会准许了一年的税收优惠期，在此期间，返回到美国的利润的税率是 5.25%。在 2009 年，奥巴马政府提议改变这一法律，但遭到了工商界的强烈反对。

9.3 国际贸易理论和跨国公司

跨国公司(MNC)作为一股主要力量出现在世界经济舞台上——跨国公司在世界生产中的比重超过了 1/4，这就带来了一个问题：现今哪一个流派的传统贸易理论是最适用的？

9.3.1 转移定价现象

国际贸易理论假定商品是在世界市场的独立企业(公司)之间进行贸易的，价格是市场决定的，我们称这种价格为**公平价格**或**正常价格**(Arm's-length prices)。但是如今，约有 1/4 制成品的世界贸易是在企业内部进行的。跨国公司往往是垂直一体化的企业，其中的每个企业生产出生产流程和最终产品中所需的中间产品(如零部件)。位于不同国家的企业分支机构或子公司生产不同的零部件，而最终的组装工厂可能又位于其他国家。因此，随着原材料和零部件在生产流程中的移动，它们从一个子公司转移到另一个子公司，因而就变成了国际贸易的一部分。因此，相当一部分的国际贸易确实是公司内部的交易。进入这一贸易的原材料和零部件，并非根据那些决定竞争性市场价格的因素来定价。

转移价格:公平价格是两个独立公司之间谈判达成的价格。转移价格是同一个公司内的一个子公司向另一个子公司(位于不同的国家)的销售价格。转移价格在很大程度上是由两个国家的税率差异决定的,并使公司在某种程度上能够回避税收。

在公司内部的交易中,公司感兴趣的是整体的税后收益最大化,而不是单个子公司的利润。一个子公司向另一个子公司(位于一个不同的国家)销售产品时所定的价格,即**转移价格**(transfer prices),可以大大不同于世界价格。特别地,转移价格可以被设计为使整体的企业所得税和关税支付最小化。如果跨国公司的子公司所处国家的税率有所不同,那么跨国公司就将利润从税率高的国家转移到税率低的国家。假定零部件由同一跨国公司的比利时子公司销售到德国子公司,而德国的企业所得税是比利时的两倍,那么跨国公司就会人为地提高零部件的价格,进而提高其比利时子企业(这里税率较低)的利润,并减少德国子企业(这里税率较高)的利润。相反,如果高税率国家的子公司向低税率国家的子公司销售零部件,跨国公司就会压低零部件的价格。在这种方式下,跨国公司尽量使高税率国家子公司的利润最小化。美国财政部试图根据公平价格重新计算企业利润,并据此收回失去的财政收入。实际上,许多美国的跨国公司就可接受的定价方式与美国国税局达成了事先协议。此外,跨国公司试图最小化其支付给进口零部件和中间产品的国家的关税。这就要求压低出口零部件的价格。所以,除了供给和需求等市场力量因素之外,关税和税收等因素也影响了跨国公司在企业之间(但也是在国家之间)贸易中的定价政策。

9.3.2 贸易的商品构成

传统理论(依赖于生产要素不流动的假定)在多大程度上仍然能够解释国际贸易模式呢?我们可以把跨国公司理解成被国家边界分割的一块巨大飞地。它是一个买卖要素和商品、进行要素转移,并创造出各种外部经济效应的独立经济实体。它与投资输入国的联系是,雇用当地劳动力、采用当地资本、购买当地原材料、在当地市场上销售最终商品、交付税收,以及产生各种各样的外部经济效应。

不可流动要素:在跨国公司控制的世界里,资本和先进的管理可以在国际流动,但熟练的和非熟练的劳动力仍然是不可流动的,所以传统的分析仍然适用。

首先,企业会雇用一些不能在两国之间流动的生产要素——非熟练劳动力和熟练劳动力(可能还有土地)——并把它们与企业中的两个自由流动要素(即资本和知识)结合在一起。这两种**流动要素**(mobile factors)的回报在国家之间会是均等化的,但这两种**不可流动要素**(immobile factors)的相对要素密集度仍然适合于解释贸易模式:熟练劳动力密集型商品在熟练劳动力禀赋相对好的国家生产,而非熟练劳动力密集型商品则在非熟练劳动力禀赋相对好的国家生产。然而,国家的技术水平能随着时间发生变化,这就要求跨国公司调整它的生产配置。

其次,这两个流动要素会被吸引到那些更有效率的国家。这些国家具有良好的基础设施、政治稳定以及其他优良条件,往往会生产和出口资本和知识密集型商品。再次,运输成本、关税以及其他进口限制的存在,会促使跨国公司建立起接近主要市场并为主要市场生产商品的子公司。另一方面,在规模报酬递增的情况下,跨国公司往往会限制在不同地方设立子公司的数量。交通成本以及规模经济的存在,赋予了那些拥有庞大国内市场的国家在规模经济密集型商品上的比较优势。

这一初步讨论表明——尽管是尝试性的——可以用不同流派的传统理论来解释跨国公司积极地在世界不同地方建立子公司和进行国际贸易。只要一些要素可以合理地不流动,而另一些要素可以合理地流动,那么我们就可以获得相当熟悉的结论。传统经济理论的关注点是贸易和进口限制对国家福利的影响,这一关注点仍然是有效的,因为一些要素在很大程度上仍是不可流动的。政府寻求的目标,通常正是这些不可流动的人口的福利最大化。

9.4 劳动力的国际移民

人们不能像资本那样自由地走来走去。移民国外不仅有法律障碍,而且从社会和文化上看,家庭成员愿意扎根在自己的出生国。甚至语言有时候也是移民的一个可怕障碍。不过,也有一些大规模移民的例子。值得一提的是,欧盟允许劳动力在成员国之间自由流动。事实上,欧洲高度工业化的地区大规模地雇用移民工人。相关的例子还有,人们在英联邦内到处迁居,墨西哥工人移居到美国。

劳动力移民:世界作为一个整体是受益的,移民输出国受损,移民输入国受益。

在一般情况下,人们的移居是对经济刺激的一种反应,他们从自己的国家移居到他们能够获得更高报酬的国家。这种移民的结果与资本流动的结果是相同的。在大多数情况下,移民有益于世界福利。一般而言,移民在新国家的边际生产贡献高于在旧国家的边际生产贡献,移民收入可以体现这一点。也就是说,他们离开的移民迁出国的产出损失小于移民迁入国获得的产出,从而使世界作为一个整体得到了净利益。在资本流动的情况下,投资输入国获利而投资输出国受损。但在移民情况下,迁入国的工人受损,而仍然留在移民迁出国的工人获利。[10]

"人才外流"指高素质的专业人才从发展中国家移民到发达国家。

到目前为止,我们把劳动力理解为一个同质的生产要素,但实际上它不是。工人拥有不同程度的技能和训练。那些从发展中国家移居到欧洲和北美的高素质的科学、技术、学术和医学人才,已经达到相当高的比例,以至于引起了很多国家的政府和知识界的关注。人们担心这种**人才外流**(brain drain)最终会使发展中国家丧失它们急需的人才。

移民作为对经济刺激的一种反应,提高了世界作为一个整体的真实收入。发展中国家经常不能有效地吸引到某方面受到良好训练的人才,因为一个经济体的吸收能力取决于它的发展程度和工业化水平。而且,工业化世界也急需这些人才。于是,两个国家之间的边际产品的差别非常大,此时移民会比较容易地带来世界净利益。然而在某些情况下,移民迁出国可以要求获得与其损失相当的补偿(这些损失小于移民迁入

---

⑩ 参见 Berry and Soligo,"Welfare Aspects of International Migration," *Journal of Political Economy*, October 1969;和 Thompson and Clark,"Factor Movements with Three Factors and Two Goods in the U. S. Economy," *Economic Letters*, 1983:53—60。

国的收益),尤其是如果它已花费了资源去训练那些移居国外的人才。尽管这种补偿或许是不现实的,但是近年来有证据表明,一些科学家正在回到他们的原籍国,例如中国,因为那里向他们开启了机会。

只有在两种情况下,人才外流才会造成世界整体的损失:第一,如果两个国家不同的税收(或工资控制)体制扭曲了收入和边际生产率之间的关系[11],从而使受过教育的人从边际生产率高的国家移民到边际生产率低的国家;第二,优秀人才的活动有利于其居住国其他人的福利或生产率,即产生了外部性,但这种经济外部性在人才输出国更大一些。领导才能、原创性、创造力以及发明能力等都是外部性的例证。只有当它们没有通过市场得到回报时,外部性才可能扭转因自由移民而增进的世界福利。确实,在一些情况下向人才输出国补偿损失是十分必要的。但世界作为一个整体,经常受益于无障碍的熟练劳动力的移民。而且,对限制国际移民的反对已经超越了经济层面,它是基于可贵的个人自由原则。

9.5 全球化与工作外包的争议

高速稳定增长的国际贸易和投资,为全世界的技术传播以及生活水平的提高做出了贡献。美国波音公司和欧洲空中客车公司在民用航空飞机生产上的竞争,就是生产全球化的一个例子。空中客车公司使用了GE公司的引擎、Honeywell公司的航空电子设备以及其他美国公司生产的零部件。它把喷气客机卖给美国和其他国家的航空公司。波音公司使用了英国Rolls Royce公司的引擎、法国Dassault公司的软件以及其他欧盟国家生产的零部件。它把喷气客机卖给欧盟和其他国家的航空公司。贸易促进了全球的经济增长,其对生活水平的有益效应扩展到所有愿意分享贸易的国家(如印度和中国)。全球化是经济体系的一个好特征,现在这一点应该很清楚。反对全球化的抗议者谴责这一事实:发展中国家的跨国公司工人在低标准环境中工作,只得到低工资,他们生产的商品出口到美国或欧洲市场。但是,抗议者的谴责忘记了这一事实:因为发展中国家的生产率低,所以发展中国家的工资低。而且,如果这些工人失去他们在跨国公司中的工作,比如说生产网球鞋,那么他们可以得到的替换工作会变得很糟糕。[12]

空中客车公司—波音公司的竞争:空中客车公司的一半零部件来自美国,而波音公司的一半零部件来自美国以外的地方。

全球化:虽然全球化非常有利于世界经济,但全球化进程远未完成。

不过我们值得问一问:在21世纪来临之时,世界离一个商品、服务和资本的一体

---

[11] 明星运动员从瑞典移民到摩纳哥,或许是一个例证。

[12] 也有对全球化的严厉批评。哥伦比亚大学的约瑟夫·斯蒂格利茨教授(Joseph Stiglitz)在他的《全球化及其不满》(*Globalization and Its Discontents*)一书就表达了反对全球化的思想,而哥伦比亚大学的贾格迪什·巴格沃蒂教授(Jagdish Bhagwati)在他的《保卫全球化》(*Defense of Globalization*)一书中表达了针锋相对的观点。可参见*Finance and Development*, September 2002, pp. 4-30。从总体上看,关于全球化的辩论反映了这三者之间的紧张关系:商品流动、资本和劳动力的跨境流动、国家主权,以及人们普遍接受的价值观:清洁的空气和收入公平分配。关于全球化的简要讨论,参见 Thomas Friedman, *The World Is Flat*, New York, Farrar, Straus & Giroux, 2005。

化全球市场还有多远？答案是，全球化还有一段路要走。这里有一些例证：

(1) 人们持有国内股票的偏好很强。例如，美国人在他们持有的股票财富中仅有12%是外国股票。

(2) 即使在工业化国家之间，许多可进行贸易的商品的国际价格仍存在着差异，其中包括欧元区国家。

(3) 生产商在国家之间实行价格歧视。

(4) 由于国际贸易成本显著，例如距离和经济规模等因素，因此两国之间的贸易要远远少于同一国家不同地区之间的贸易。

显著的市场分割长期存在于全球经济中。确实，先进技术的好处并没有被所有国家共享。全球化和技术使国家变富，但它并没有使所有的国家都变富。

中国和印度等国向全球经济开放了门户，结果就经历了超过工业化国家两倍以上的年平均增长率(6%—10%之间)。它们是大规模外国投资的输入国，印度还接受了直接的工作转移。首先，一些电话客服中心从美国转移到印度，因而，当你给你喜爱的航空公司或者保险公司打电话时，你并不知道你是在和爱尔兰人、印度人还是美国的印第安纳州的人交谈。其次，从电脑工程、技术写作、文件起草、账单服务到X射线片检查之类的熟练工作，都是可以外包的。在印度，存在着一支能说英语的、工资率只有美国一小部分的高素质劳动力队伍，这使得这样的工作转移能够显著降低生产成本，十分值得。印度和中国都有非常多的工程师。在西欧，制造业的工厂正在向东转移，向新加入欧盟的国家转移。

但是，就业机会的全球转移也有另一面，在2004年的美国总统大选年，它走上了前台。尽管美国的GDP健康增长，但失业率达到了5%以上，美国对工作转移到海外的关注与日俱增：这次不仅是资本转移走了，而且是就业直接转移走了。在2004年早期不到一周的时间内，没有哪一家财经报刊不着重强调**工作外包**(outsourcing of jobs)。下面就是一些报刊上的标题："熟练工作岗位转移到海外使全球经济粉丝们感到不安"(《华尔街日报》，2004年1月26日)；"随着光纤线路变得便宜，工作外包到海外越来越有吸引力"(《华尔街日报》，2004年3月11日)；"咨询顾问帮公司将经营活动转移到海外"(《纽约时报》，2004年1月3日)；"为工作而战的最后一搏：让消费者选择他们在哪里工作"(《华尔街日报》，2004年3月9日)。最后一篇文章涉及住房净值贷款，其中86%的电子贷款客户选择在印度而不是美国来处理他们的申请。最后，本教科书稿件的编辑工作外包给了印度。

保护主义的反弹不久就会到来。无论在联邦的层面还是在州的层面，都引入了许多立法建议，旨在阻碍工作外包，并威胁取消给外包商的政府合同。但是，外包工作只要有利可图，就不过是比较优势原则的一种延伸。在降低生产成本方面，贸易和对外直接投资是没有区别的。只要在海外比在国内获得更多的利润，企业就会到海外投资。同样地，只要海外的劳动力比国内便宜，企业就会使用海外的熟练或非熟练劳动力。在这两种情况下，经济作为整体都是受益的。

特别值得指出的是,研究发现了下列有关事实。[13]

工作外包:从平衡的角度看,工作外包是有利于美国经济的。

(a) 2003年,在工程服务、管理咨询、电脑编程、电信、法律服务、银行服务等部门,外国公司外包给美国的生意要比美国公司外包给外国的生意多得多。例如,2004年3月,瑞士最大的药品公司Novartis宣布其大部分的世界研发活动将从瑞士转移到美国的马萨诸塞州,以吸引马萨诸塞州剑桥市的高素质医学研究人员。又如,Infineon技术公司把它的40个工程师岗位转移到印度,但为其美国业务增加了140个工程师岗位。甚至墨西哥的公司也在美国投资了30亿美元,估计雇用了15万美国人。印度也把它的工作外包给其他亚洲国家。

(b) 工作外包使得制造业从垂直一体化的生产结构转变为高度分散化的生产结构。它把生产的每一个阶段安排在那个阶段具有比较优势的国家里,以降低生产成本。于是,物流业的高薪工作就增加了很多。

(c) 外包给印度的工作岗位数量不应该被夸大。印度整个技术产业雇用的人数不超过100万人,其中30万人是在电话客服中心工作。美国的相关工作岗位的数目分别是1 000万人和600万人。工作外包不是美国就业持续不足的主要原因,而且,不是所有的工作都能被外包出去。最复杂的高附加值工作仍然留在了美国,而美国的生产率优势常常抵消了其工资差异。

(d) 公司能从每一个外包出去的工作中节省出50%以上的资金,而这些资金可以用在技术提升上,因而提高了美国的生活水平。通过降低生产成本,进而增加供给,工作外包也可能促进在美国的就业。1999—2002年期间,美国在电脑编程业损失的工作岗位的收入为每年23 000—64 000美元,而在电脑工程业获得的工作岗位的收入为每年75 000美元。欧盟2005年的一项研究,也强调了工作外包的价值是"确保欧洲产业的竞争力"。

(e) WIPRO公司是位于班加罗尔(印度硅谷)的印度最大的业务内包企业,有35 000名工人。它使用了从复印机到计算机的一系列美国设备,因而有益于美国的出口和就业。从长期看,美国以外地方的生活水平的提高将有利于从美国购买商品和服务。

(f) 向海外转移生产的最初动机是获得低劳动成本。越来越多的美国企业,例如苹果公司、卡特彼勒公司、福特汽车公司和通用电气公司,正在向美国本土回归生产,或者在美国本土扩大生产。有几个因素减少了向海外转移生产的吸引力。中国和印度的工资在过去的十年里每年都增长多达10%—20%。越来越多的自动化生产技术减少了生产对劳动力的使用,生产对劳动力成本的差异性也因此越来越不敏感。弱势

---

[13] 相关分析,参见Jagdish Bhagwati et al., "The Muddle over Outsourcing," *Journal of Economic Perspectives*, Fall 2004, pp. 93—114; and M. Amiti and S-J. Wei, "Demystifying Outsourcing," *Finance and Development*, December 2004, pp. 36—39; C. Mann, "This Is Bangalore Calling...," *Economic Commentary*, F. R. Bank of Cleveland, January 15, 2005。相反的观点参见Paul Samuelson, "Where Ricardo and Mill Rebut and Confirm Arguments of Mainstream Economists Supporting Globalization," *Journal of Economic Perspectives*, Summer 2004, pp. 135—146。还可参见*Finance and Development*, March 2008. pp. 49。

美元可以降低美国的相对生产成本。国际运输成本一直在上升。跨国公司的海外生产,可以用定制产品更好地服务当地市场,并增进对不断变化的需求的快速反应能力。其他的美国企业向海外转移生产的动机,是更好地获得熟练劳动力。管理者、技术员和工程师等熟练劳动力,在美国等发达国家里正越来越处于供给短缺状态。

由于上述原因,大多数经济学家都认为工作外包对美国经济是有利的,并反对无论在联邦层次还是在州层次采取的保护主义措施。

总结

本章集中讲述了国际要素流动的原因和效应,主要是对外直接投资的原因和效应。美国在国外的投资存量以及美国国内的外国投资存量分别达到了3.8万亿美元和2.3万亿美元。一个企业在国外投资的动机包括试图降低成本——例如,雇用廉价劳动力或绕开国外关税壁垒;或改善营销和服务设施以扩大收益。

投资资本的自由流动可以促进世界福利的最大化。资本从资本丰富(因而便宜)的地区流向资本稀缺(因而更贵)的地区。资本在投资输入国对产出的边际贡献,要大于在投资输出国。

在投资输入国,外国资本与国内劳动力结合在一起,从而提高了劳动生产率。外国投资也经常能够引进管理技能和技术知识,这显然对投资输入国是有利的,并且也能增加当地政府的税收。不过,由于民族主义和其他原因,一些国家对外国直接投资施加了所有权限制和绩效标准。

相反,投资输出国往往在三个方面有所损失。投资输入国的政府会增加一些税收,而投资输出国没有。投资输入国的劳动生产率得到提高,而投资输出国劳动生产率却没有提高。而且,投资输入国引进了技术和其他创新,这在一定程度上是以投资输出国的国内产业为代价的。由于美国既是投资输入国也是投资输出国,因此其成本和收益差不多是相等的。跨国公司的海外子公司的活动,能够对投资来源国的跨国公司的母公司形成补充作用,而非取代。美国(以及一些其他国家)为它的跨国公司提供了税收抵免,以抵消美国企业因在国外纳税而承担的税收负担。

许多跨国公司是垂直一体化的。它们建在不同国家的各种各样的子公司生产原材料、中间产品以及最终商品。当一个产品在生产流程中移动时,它由一个子公司转移到另一个子公司,从而成为国际贸易的一部分。公司内的贸易占到了国际贸易的1/4。但是,跨国公司关注的是其公司总体的税后利润最大化,而不是某个子公司的利润最大化。于是,当一个子公司把某个用于再加工的投入品销售给位于另一个国家的子公司时,它经常会定一个转移价格,这个价格在很大程度上是由两个国家之间企业所得税的税率差异以及进口国的关税率来决定的。制定转移价格的目的,是使位于低税率国家的子公司的利润最大化,并使位于高税率国家的子公司的利润最小化。尽管跨国公司的存在影响了贸易的行为,但国际贸易理论和政策的许多假定在很大程度上仍然不受影响。

劳动力的国际移民,尤其是那些高素质的专业人才的国际移民,也对移民迁出国和移民迁入国的福利产生了影响。

公司的工作外包促进了美国福利。

重要概念

对外直接投资(DFI)
跨国公司(MNC)
投资输出国
投资输入国
税收抵免
公平价格或正常价格
工作外包
转移价格
流动要素
不可流动要素
劳动力移民
人才外流
全球经济一体化

复习题

1. 什么是对外直接投资?列出一些促使企业在国外投资的因素。
2. 美国企业到国外投资设立了制造业的子公司,其经济利益与美国的利益是否一致?如果不一致,那么利益分歧表现在哪些方面?
3. 美国公司的国外子公司如何纳税?什么是转移价格?税收差异如何影响转移价格?
4. 考察对外直接投资对(a)投资输出国、(b)投资输入国和(c)世界整体的福利的影响。
5. "全球化"进程是否已经完成?请评价关于美国公司工作外包的争论。

第2篇

国际金融关系

金融关系的本质

本书的第1篇关注于商品、服务和资本的国际交易。然而，这些交易是在金融市场上进行的，涉及国际货币体系框架内货币之间的相互兑换。国际金融问题对国家的经济福利具有深远的影响。因此，本书的第2篇致力于阐述国家之间的货币关系。

每个国家(在欧洲是一些国家)都有自己的货币。货币由中央银行发行，并用于一国之内的交易行为。西方国家的主要货币是美元($)、欧元(€)、英镑(£)和日元(¥)，其中美元是最重要的。美元广泛应用于私人的国际交易，并充当国际商品和服务(例如石油和海洋运输费用)的计价单位。联合国编制的所有国家的国际贸易统计，也采用美元。欧元是诞生于1999年1月1日的一种货币，取代了12个欧洲大陆国家的货币，包括德国马克、法国法郎和意大利里拉(现在有17个国家使用欧元)，但不包括英国、瑞典和丹麦的货币。1欧元分为100欧分。欧洲中央银行同时成立，负责实施整个欧元区的货币政策。

用另一种货币表示的一种货币的价格，就是**汇率**。例如在近期，1美元的价格是0.85欧元和106日元。汇率的用途是把一种货币标示的价格转化为另一种货币标示的价格。例如，在1欧元=1.3美元的汇率下，一件价格为100欧元的德国外衣就值130美元。每个国家都用本国货币来衡量它的出口和进口，而且，可以通过汇率把这些本国货币兑换成美元。

> **汇率**是用另一种货币表示的一种货币的价格，它把一个国家的商品价值转换为另一个国家的商品价值。

正如一个家庭要平衡其家庭预算一样，一个国家也需要以同样的方式来平衡它的国际金融账户。从短期看，当一个家庭的预算出现任何赤字时，它可以用先前积累资产的减少(花费储蓄)或者负债的增加(赊购或获得贷款)来提供资金。但是，这一过程不能永远持续下去。家庭迟早必须调整它的行为：要么减少支出，要么增加收入。不能永远对赤字进行融资，这实际上是对家庭经济行为的一种约束。一个国家处理它与世界其他国家的关系时，也适用类似的规则。从短期看，当一个国家出现外部赤字时，它可以用先前积累资产的减少或者对其他国家债务的增加来提供资金。然而，该国必须及时地进行一个减少赤字的调整过程。

但是，一个国家并不是一个家庭，不能把这一类比延伸到整个调整过程。关于收入和支出的家庭决策是由单个的决策主体作出的，在任何时期，该决策主体都具有合理的充分信息，并可以控制它的头寸。于是，相关的决策行动既直接又迅速。与此相比，数百万的个人决策者影响着一个国家的国际账户。他们包括：必须对消费者和生产者的需求做出反应的进口商和出口商、到海外旅游的所有个人、跨国投资和其他跨国资本流动的所有公司。每一个家庭可以直接地平衡其家庭账户，但每一个政府所能做的只是按动一个或多个政策的按钮。因此，随着不同的经济行为者(个人和机构)对外部政策(外生变量)的冲击做出反应，一系列的国内过程(用经济学家的术语，内生变量)就开始进行了。人们期望经济的运行在这一系列相互作用下达到预定目标。

一个国家和一个家庭的不同之处不仅在于此。一个国家不能随时自动地产生关于其头寸的信息,以作为其决策的基础。因此,每一个政府必须建立起一个精致的报告机制,以汇编必要的统计资料,并进行有助于决策者的分析。而且,如果想使贸易国之间的政策不互相抵触,那么这些国家就必须协调行动,建立起一个它们制定政策的框架。这样的框架,就是所谓的国际货币或金融体系。

从国家的层次看,每个国家都汇编详细的国际交易的统计资料,以作为制定政策的基础,同时这种政策的制定又受到国际体系的约束。本书第2篇将主要阐述一国相关统计汇编的性质,以及该国的政策选择(包括每个选择的成本和收益)。

复习题

1. 汇率的定义是什么?并举例说明。
2. 假定一辆德国汽车的价格为30000欧元。在以下汇率条件下,它会花费美国消费者多少钱?(a) 1美元=1欧元;(b) 1美元=0.5欧元;(c) 1美元=2欧元。
3. 假定一架美国制造的飞机价格为1000万美元,在上述每种汇率条件下,它会花费德国购买者多少钱?

第 10 章
国际收支平衡表

一国与世界其他国家之间所有收支的报表(一般每年报告一次),就是该国所谓的**国际收支平衡表**(international transactions statement, 或 balance of payments)。这些国际收支包括双向的商品贸易、服务贸易(有时指无形项目,因为它们不像商品,它们是看不见的)和资本转移等。为了促进对平衡表中各种项目的理解,把它们分成两组是有益的:产生美元收入的项目(正的或记入贷方的项目)和产生美元支出的项目(负的或记入借方的项目)。

国际收支平衡表:是记录一国和世界其他国家一年间的收支状况的表格,可分为两项:美元收入(贷方或正项)和美元支出(借方或负项),注意它们之间的区别是非常重要的。

10.1 国际收支平衡表的主要项目

在下述分析中,我们将使用根据美国商务部出版物改编而来的 2012 年美国国际收支平衡表。表 10-1 是官方国际收支平衡表的简化版,其所有记录可分为经常项目账户交易和资本项目账户交易。商品和服务贸易加上单方面转移,构成了国际收支平衡表中的**经常项目账户**(current account);资产的买进与卖出构成了**资本项目账户**(financial account)。

经常项目账户包括商品和服务贸易,**资本项目账户**则包括资产的买进和卖出。

表 10-1 2012 年的美国国际收支 (单位:10 亿美元)

经常项目账户的收支		
1. 商品出口	1 564	
2. 商品进口	−2 299	
3. 商品贸易差额		**−735**
4. 服务出口	630	
5. 服务进口	−435	

(续表)

经常项目账户的收支		
6. 商品和服务贸易差额(第3行+第4行+第5行)		**−540**
7. 在海外的美国资产的收入所得	742	
8. 在美国的外国资产的收入支付	−543	
9. 政府援助和私人汇款	−134	
10. 经常项目账户差额(第6行+第7行+第8行+第9行)		**−475**
资本项目账户的收支		
11. 在海外的美国私人资产的变动,净值(增加/资本流出/−)[1]	23	
12. 在美国的外国私人资产的变动,净值(增加/资本流入/+)[2]	13	
13. 统计误差[3]	69	
14. 资本项目账户差额(第11+第12行+第13行)		**105**
15. 官方储备交易差额(第10行+第14行)		**−370**
16. 美国官方储备的增加(增加,−)	−4	
17. 在美国的外国官方资产的上升(增加,+)	374	

资料来源:Bureau of Economic Analysis, *U. S. International Transaction Account Data*, Table 1, March, 2013.

[1] 在海外的美国资产的增加,意味着资本从美国流出,用负号表示。在海外的美国资产的减少,意味着资本流入美国,用正号表示。

[2] 在美国的外国资产的增加,意味着资本流入美国,用正号表示。在美国的外国资产的减少,意味着资本从美国流出,用负号表示。

[3] 统计误差的本质是什么?它是如何出现的?在汇编统计表时,美国商务部对于每一项收支采用了两个信息来源:交易本身和交易支付方式。例如,可以从运输商品的出口商那里获得某项美国出口交易的信息,也可以从进行支付的银行那里获得这个信息。以同样的方式处理所有交易。从理论上说,所有交易的价值加总起来,应正好等于所有支付的价值。但事实上并非如此,这两者之间的差别就是统计误差。

10.1.1 经常项目账户

商品贸易构成了美国经常项目账户的最大单项。商品出口是收入(或正)项,而商品进口则是支出(或负)项。这两项显示在表10-1中的第1行和第2行。两者之间的差异就是商品贸易差额,或简单地说,就是**贸易差额**(balance of trade)(第3行)。2012年,美国的贸易赤字是7 350亿美元。尽管它是一个分类项目的平衡表,但美国商务部在每个月和每个季度都公布贸易差额情况,国内媒体也给予广泛的报道。其他国家也会公布类似的贸易差额情况。

> **贸易差额**:商品的出口减进口。

第4行显示了服务出口,共产生了6 300亿美元的收入,其中包括访问美国的外国游客、搭载外国乘客的美国航班、运送外国货物的美国船只、向外国人提供服务的美国银行、保险公司以及其他金融机构。所有这些服务贸易均产生美元收入,因而就可以被理解为贷项，标上一个正号。

第 5 行显示了服务进口，共产生了 4 350 亿美元的支出，其中包括访问海外的美国游客、搭载美国乘客的外国航班，以及向美国人提供金融服务的外国金融机构。

总之，美国在服务贸易上有 1 950 亿美元(6 300 亿美元－4 350 亿美元)的盈余。商品和服务的出口减去进口，就构成了**商品和服务贸易差额**(balance on goods and services)。表 10-1 的第 6 行显示，2012 年这一差额为 5 400 亿美元的赤字，而且它是国际收支平衡表和国民收入账户之间最重要的纽带。从概念上看，它相当于 GDP 的支出一方的商品和服务的净出口(X_n)(见第 1 章中的表 1-2)，而 GDP 等于消费(C)、国内投资(I)、政府购买(G)与净出口(X_n)之和。可是，由于统计差异，这两个数字并不完全一致。

商品和服务贸易差额：商品和服务的出口减进口。

表 10-1 的第 7 行显示了美国海外投资的回流收入，共有 7 420 亿美元的收入。这方面的例子有：美国公司海外直接投资(子公司和分公司)的回流利润、美国居民持有外国股票所获得的股息、美国居民持有外国债券和银行账户所获得的利息。第 8 行相应地显示了在美国的外国投资的回流收入，共有 5 430 亿美元的支出。这方面的例子有：外国公司在美国子公司的利润、外国居民持有美国股票所获得的股息、外国居民持有美国债券和银行账户所获得的利息。应该强调的是，投资收入指的是往年所积累起来的对外投资的回报，而每年投资本身就显示在资本项目账户中。

单方面转移(第 9 行)是美国的一项支出项，其中包括政府的对外援助计划，以及汇给本国海外侨民的私人汇款，总计为－1 340 亿美元。

第 6—9 行加总起来，就可以得到**经常项目账户差额**(balance on current account)(第 10 行)，它在 2012 年是 4 750 亿美元的赤字[①]，占 GDP 的 3.0%。

经常项目账户差额：商品和服务的出口减进口，加上在海外的美国资产的收入所得减去在美国的外国资产的收入支付；再加上私人汇款和政府对外援助组成的单方面转移。

在 20 世纪 50 年代和 60 年代，美国的商品贸易具有相当大的盈余(出口超过了进口)。但在 1971 年到 1981 年间，除了 1973 年和 1975 年这两年之外，每年均出现了赤字。从 1977 年开始，美国每年的商品贸易赤字增加到 250 亿美元—340 亿美元之间(见表 10-2)，其部分原因是 70 年代进口石油价格的上涨。然而，1978 年到 1980 年间，贸易赤字缩减了；但 1982 年之后，贸易赤字又急剧增加。贸易赤字在 1987 年达到 1 600 亿美元这一顶点之后，在 1992 年下降到 970 亿美元，可是在 1995 年至 2012 年间又再次大幅度上升。

---

① 由于一国的赤字必须等于其他国家的盈余，所以世界整体的经常项目账户应该是平衡的。但是统计表并未显示这样的平衡！为什么？其中一个原因是，在海外赚取的利息直接进入了外国银行账户，但却常常没有向投资输入国政府当局报告(为了避税)。大公司的海外收入再投资也没有向投资输入国政府当局报告。另一个原因是，在某年年末运输的商品有可能在第二年才到达另一国的目的地。于是，这批商品在第一年显示为出口，而在第二年才显示为进口。最后，还有统计误差问题。更多的相关内容，参见 S. Nawaz, "Why the World Current Account Does Not Balance," *Finance and Development*, September 1987，和 *IMF Survey*, January 8。

表 10-2 某些年份的美国国际收支 (单位:10亿美元)

年份	1960	1971	1980	1992	2004	2012[P]
商品和服务的出口+收入所得	31	72	344	749	1 518	2 936
商品和服务的进口+收入支付	−24	−66	−334	−764	−2 109	−3 277
商品贸易差额	5	−2	−26	−97	−666	−735
经常项目账户差额	3	−1	2	−48	−665	−475
美国官方储备资产的增加(−)	2	3	−7	4	2	−4
外国官方储备资产的增加(+)	1	27	15	40	355	374

资料来源:Bureau of Economic Analysis, *International Transaction Accounts*, March, 2013。

尽管在20世纪70年代有很大的贸易赤字,但除了1977年和1978年这两年之外,在所有70年代的其他年份中,**商品、服务与收入流动的差额**(balance on goods and services and income flows)都显示为盈余。美国在海外投资的巨大收入是一个主要的正项,在很大程度上抵消了贸易赤字。不过,自1983年起,该差额又开始显示为巨额赤字。

目前所讲述的所有交易都是经常项目账户的项目,不包括外国投资或资本转移的任何其他形式。因此,由此产生的差额是相当不完全的。可是,它们是定期公布的,原因如下:商品和服务贸易差额是国民收入账户的一个重要纽带;它也是一国政策影响其贸易伙伴国的一个主要渠道;所有这三个小项目的差额都可以与其他国家所公布的相似差额进行比较;社会公众和新闻媒体已经习惯于贸易差额的月度报告和季度报告。另外,商品和服务贸易差额衡量了国际交易的宏观经济效应。例如,出口什么,就必须生产什么;因此,随着出口增加,产出和就业就会增加。据估计,在美国,每出口10亿美元就会产生大约20 000个工作岗位。同样,进口往往取代国内的产出,所以进口的增加会造成国内工作岗位的流失。贸易差额的大幅度波动可能对经济活动的总体水平产生显著影响。近年来,美国贸易差额出现了大幅度的波动:从1975年的90亿美元盈余到1978年的340亿美元赤字,从1982年的360亿美元赤字到2012年的7 350亿美元赤字。

补充阅读

贸易的决定因素:美国的进口取决于美国的收入和美国的竞争性地位;美国的出口取决于外国的收入和美国的竞争性地位。

为了更好地理解经常项目账户,有必要详细阐述商品和服务贸易的主要决定因素。美国的进口首先取决于美国的产出和收入。随着产出的增加,就需要进口更多的燃料和原材料来维持生产。美国的收入也相应地增加(想一想,收入等于产出),这使得美国人购买更多的外国商品。美国的进口与美国的产出或收入具有正相关的关系。的确,这个因素解释了1995—2000年间美国进口的大幅度上升和2008—2009年衰退期间的下降。决定美国进口的第二个因素是美国的竞争性地位。如果我们定义这一变量为外国价格与美国国内价格之间的比率($P_{外国}/P_{美国}$),那么较高的外国价格和较低的美国价格就会造成更少的美国进口。因此，对美国进口而言，这种关系是消极的。总之，进口的变动与国家的产出或收入的变化是正相关的，与外国价格/国内价格之间的比率变化是负相关的。

美国出口的变动与进口国（世界其他国家）的产出或收入（$Y_{世界其他国家}$）的变化是正相关的。例如，在 20 世纪 90 年代中期，以及在 2005 年中期，由于欧洲和日本恶化的经济条件，美国商品出口裹足不前。其次，出口取决于美国的竞争性地位。如果这一变量被定义为外国价格与美国价格之间的比率（$P_{外国}/P_{美国}$），那么较高的外国价格和较低的美国价格就会造成更多的美国出口。因此，对美国出口而言，这种关系是积极的。总之，出口的变动与世界产出或收入的变化是正相关的，与外国价格/国内价格之间的比率变化也是正相关的。[②]

10.1.2　资本项目账户

我们现在转向国际收支平衡表中的资本项目账户，它记录了国家之间的**资产的买进和卖出**。资产是持有财富的任何形式，如银行账户、债券、股票、建筑物或工厂。表 10-1 的第 11 行显示了一年中美国持有的海外资产（不是官方储备资产）的净变化，它是由美国资本支出（减项）的以下变化引起的：(a) 美国公司在海外的直接私人投资，例如海外子公司的建立；(b) 美国人购买外国证券（股票和债券）和他们在外国银行的存款；(c) 美国政府对外国的贷款，减去外国人偿还的贷款。在上述所有情况下，美国资本是净流出的，所有这些净流出都增加了美国持有的海外资产。因此，美国海外资产的增加（减少）就意味着资本的流出（流入），并显示为负（正）号。2012 年，美国的海外资产减少了 230 亿美元。

美国资本项目账户：包括美国的海外直接投资，美国公民购买的外国股票、债券，以及银行存款（所有美元支出）。

表 10-1 的第 12 行显示了一年间在美国的外国资产（不是官方储备）的净变化。这种资本收入项（正项）包括：(a) 外国公司在美国的直接投资；(b) 外国人购买美国证券（即股票和债券）以及他们在美国银行的存款。对于美国而言，外国资产的增加（减少）就意味着资本的流入（流出），并显示为正（负）号。2012 年在美国的外国资产增加了 130 亿美元。

外国资本项目账户：包括外国在美国的直接投资，外国公民购买的美国股票、债券，以及在美国的银行存款（所有美元收入）。

所有关于资本转移的项目都包括在国际收支平衡表中的资本项目账户部分，而外国投资的收入——无论是利息、股息还是回流利润——都属于经常项目账户的一部分。这些收入是往年投资的结果。

最后，在 2012 年，统计误差达到了 690 亿美元。表 10-1 的脚注 3 解释了这一误差的根本原因。

一国资产的出口和进口之间的差异，就是资本项目账户的差额，如表 10-1 的第 14

② 可以总结上述关系如下：$M_{美国}=f(\overset{+}{Y}_{美国}, P_{外国}\overset{-}{/}P_{美国})$；$X_{美国}=f(\overset{+}{Y}_{世界其他国家}, P_{外国}\overset{+}{/}P_{美国})$。

行所示。在2012年该账户显示为1 050亿美元的盈余。这一盈余对应于经常项目账户赤字,意味着资本是净流入美国的。它代表了外国人手中的美国资产的累积量,或者说美国负债的累积量。由于自20世纪80年代以来经常账户赤字的累积效应,美国已成为一个大的净债务国:1980年,美国是世界其他地区的净债权国,债权额高达5 000亿美元;而到了2008年,美国的净债务已达到30 000亿美元,而且其债务在继续增加。因此,一国经常项目账户的不平衡就等于其国外财富的净变化。

国际收支平衡表的所有记录构成了一个国家对总体经济或政治因素的一种反应。商品和服务贸易主要反映了不同国家的竞争性地位或相对价格,反映了不同国家人口的相对购买力和自然资源在全球的地理分布。外国投资反映了国内和国外的相对利润机会,而这又能追溯到许多经济(和政治)因素。支付最高利率的金融中心可以吸引到短期资本,尽管并不是所有的资本流动都可以这样解释。

10.1.3 自主性项目和调节性项目

至此我们所讲述的所有项目,均是**自主性**(autonomous)交易。自主性交易的产生(和大小)源于总体的经济状况,而非国际收支平衡自身的状况。当这些项目的加总不为零时,国际收支就被认为是不平衡的或是不均衡的。当它们之和为负时,国际收支为赤字;当它们之和为正时,国际收支则为盈余。2012年,美国的**官方储备交易差额**(official reserve transactions balance),也就是所谓的**国际收支总差额(综合差额)**(overall balance),达到了3 700亿美元的赤字(表10-1的第15行)。收入与支出之间的差异必须通过某种方式来解决,解决的手段——黄金、官方外汇储备和官方债务——被称为**平衡性**(balancing)或**调节性项目**(accommodating items)("官方"一词主要指中央银行)。自主性交易不平衡的存在所造成的记录,显示在表10-1中的第16和第17行。它们的总和必须与第15行的不平衡项相等,但符号相反,这样整个国际收支表的项目加总就为零了。

> **官方储备交易差额(综合差额)**:等于经常账户和资本账户的私人交易的所有正项和负项之和。

10.1.4 官方储备的变化

具体而言,调节性或平衡性项目包括对外国官方机构的**官方债务的变化**——或者说官方资产的交易,而官方资产是所有国家都可以接受的支付手段。官方储备资产包括广泛使用的外国货币(对于美国以外的国家而言,主要是美元),以及本书第12章解释的其他资产。官方储备的年度变化主要就是中央银行外汇持有量的变化。国际收支主要是由私人部门交易构成的,中央银行如何在国际收支中发挥平衡性的作用呢?答案就是中央银行购买和出售外汇,以兑换本币,从而影响汇率。这样的活动就是外汇市场的官方干预。

中央银行如果希望本国货币升值,就可以用外汇买进本国货币;如果希望本国货币贬值,就可以卖出本国货币兑换外汇。纽约联邦储备银行代表美国政府从事这样的交易活动，买卖欧元、日元或英镑。每个中央银行均在自己的金融中心从事类似的交易活动。由于美元在国际金融中的重要性，外汇市场上的大多数（但不是所有）交易都是使用美元来完成的。这样，英格兰银行在伦敦市场用美元买卖英镑，从而影响英镑的汇率。因为中央银行主要用美元进行干预，所以中央银行干预的结果，就是其所持有的美元资产的增加或减少，相应地，也就是美国债务的增加或减少。

2012 年，包括中国和日本在内的一些亚洲国家的中央银行，购买了几十亿美元以防止美元相对于其货币的贬值（或者防止其货币相对于美元的升值）。

国际收支总体不平衡：官方储备的变动是表现国际收支总体不平衡的方式。中央银行为了影响汇率而在外汇市场进行的干预，引起了国际收支总体不平衡。

这些干预活动造成了美国持有的官方储备（表 10-1 的第 16 行）和外国官方持有的美元（第 17 行）的年度净变化，后者就是美国的官方负债。

表 10-1 的第 16 行显示，美国官方储备资产小幅度增加了 40 亿美元。[③] 而外国中央银行在美国持有的美元储备（第 17 行）增加了 3 740 亿美元。[④] 第 15 行中显示了这两项之和，结果为负。2012 年美国的国际收支共有 3 700 亿美元的赤字，它是通过美国向外国中央银行负债 3 740 亿美元来进行融资的，与此同时，外国官方储备资产净额——美国负债——也增加了同样的数目。2012 年，外国中央银行购买了 3 740 亿美元（第 17 行）以减缓美元的贬值。大多数外国官方储备都用于购买美国政府债券，因而有助于美国预算赤字的融资。

官方储备的变化是资本账户不平衡的指标。

表 10-1 第 15 行显示的官方储备的变化，是国际收支平衡表中的盈余或赤字的总体衡量指标。由于中央银行选择在各自市场上进行干预、买卖外币，于是就出现了官方储备交易差额。在没有中央银行干预的情况下，私人收入和支出之间的任何差额，可以完全反映在货币价值（货币的汇率）的变动上，官方储备交易差额会是零：对外赤字会反映在其货币相对于其他货币的贬值上，而对外盈余则反映在其货币的升值上。在官方干预的情况下，由于中央银行买卖外汇，汇率的波动幅度就没有那么大了。

与以往年份一样，美国在 2012 年仍然具有庞大的经常项目赤字。它是通过不断增加的美国对外国中央银行和私人机构的负债来进行融资的。美国外债已上升到其 GDP 的 25%。从长期看这种情况能否持续是引起经济学家们激烈争论的一个问题。

10.1.5　国民经济中的国际收支

先前我们说过，商品和服务贸易差额是构成 GDP 的四个支出渠道之一。这一差额被称为净出口（X_n），等于商品和服务的出口减去进口：$X_n = X - M$。在以下的内容里，我们忽略政府部门。

就国民收入账户的公式而言，GDP 的组成部分包括消费（C）、私人国内投资（I）和

③　美国官方储备资产的净增加，显示为负号，表明资本的流出（如同美国在海外维持这些资产）。

④　正号表示，在美国的外国官方资产增加，或资本流入美国。

净出口(X_n)。商品和服务的生产产生了收入(Y),于是这些收入要么用于消费(C),要么用于储蓄(S)。这就可以简化出两个方程:

$$\text{产出:GDP} = C + I + (X - M) \tag{1}$$

$$\text{收入:}Y = C + S \tag{2}$$

$X-M=S-I$:商品和服务的出口减去进口,等于国内储蓄减去国内投资。国内储蓄可以扩展到包括政府预算盈余。

经济中的产出价值等于生产过程中产生的所有收入,收入的形式包括劳动力的工资和薪水、资源的租金、资本的利息以及企业的利润。由于产出等于收入,GDP=Y,那么两个等式的右边也是相等的:

$$C + I + (X - M) = C + S \quad \text{或} \quad I + X - M = S \tag{3}$$

这表明国内储蓄等于国内投资加上商品和服务贸易的差额(X_n)。储蓄的减少(增加),一定会伴随着国内投资的下降(上升)或者对外盈余的减少(增加)。

重新整理方程(3),就可以得到一些进一步的认识:

$$X - M = S - I\text{(日本或中国)} \quad \text{或} \quad M - X = I - S\text{(美国)} \tag{4}$$

对外盈余意味着国内储蓄超过了国内投资,其差额就是这个盈余的数量。这表示了日本或中国的当前经济地位,具有高储蓄率。相反,对外赤字等于国内投资超过国内储蓄的部分。这表示了当今美国经济的低储蓄率。“储蓄”的内涵能够扩展,可以包括政府预算盈余的增加,或者政府预算赤字的减少。

国际收支平衡表表明,在自由浮动汇率下,经常项目账户赤字等于资本项目账户盈余或者外国资本的净流入。也就是说,储蓄相对于投资的不足部分,可以通过外国资本的流入来融资。

10.2 国际收支平衡表的使用和误用

为了简化阐述,我们已忽略了国际收支统计中的许多麻烦问题。需要更多详细资料的读者,可以参考美国商务部月刊《当今商业调查》(*Survey of Current Business*)公布的美国国际收支平衡表。[⑤] 每年一次的《总统经济报告》(*Economic Report of the President*)包含了国际金融与贸易发展的数据和分析。其他国家的有关国际收支平衡的信息可以在《国际金融统计》(*International Financial Statistics*)和《国际收支年鉴》(*Balance of Payment Yearbook*)中找到,这两本书均是由国际货币基金组织出版的。一般可以找到国际收支的年度统计数据,而美国的国际收支的季度统计数据也是可得的。

从月度贸易报告中得出结论的新闻报道很少或没有可信度,因为这些数据可能来源于特定的条件。一般而言,失衡必须持续一年或更长时间,才能确定这种失衡在某

---

⑤ 《当今商业调查》也公布了下述统计表,包括:(a) 美国与单个国家或地区的国际收支表;(b) 美国商品贸易的商品细目表;(c) 美国政府交易细目表;(d) 美国在海外的直接投资和外国在美国的直接投资的细目表;(e) 不同于直接投资的资本流动账户;以及(f) 在美国的外国官方资产变化的详细账户。

种程度上是一个基本性现象,还是一个可能在适当时期发生逆转的暂时性现象。

10.2.1 商品贸易差额的长期变动

在国际收支中,商品贸易是一个很大的组成部分。然而商品贸易差额本身不应成为惊慌失措或兴高采烈的原因,也不应成为政策决策的唯一指南。我们应该努力用适当的观点理解商品贸易差额。在第二次世界大战之后的二十多年里,美国积累了巨大的贸易盈余。与此同时,其资本账户表明,投资资本的大量流出常常超出了商品贸易的盈余。

两个分类账户之间的关系不是偶然的,这是一个资本输出国的特征。一个资本输出国(例如日本),为了抵消其资本账户的赤字,必须产生大量的贸易盈余。出于同样的原因,人们可以预计资本输入国在其商品贸易上存在赤字。这里我们既可以说是资本输入为贸易赤字提供了融资,也可以说是资本输入生成了贸易赤字。无论因果关系是怎样,相互平衡是相伴的。

贸易赤字不一定是坏事,贸易盈余也不一定是好事。贸易盈余不一定是有利的现象,为了弄清这一点,请想一想一个国家放弃的商品比它得到的商品更多的情景,然后问问自己:"这样做的好处是什么呢?"表明贸易盈余之意的"有利差额"(favorable balance)这个术语,是重商主义时期的遗留物,那时一个国家压倒一切的目标就是积累黄金。因为那些不拥有金矿的国家只有通过商品贸易盈余才能获得黄金,所以贸易盈余渐渐就被认为是有利的。但是,我们放弃商品就失去了消费商品的满足感,黄金埋在坚固的要塞里也不会给全体公民带来什么利益。然而,我们不能据此推断出相反的想法,即贸易盈余必然是不健康的。必须估计到每一种情况自身的优点。

10.2.2 正确理解国际收支

像美国这样富有、多元和高效率的国家,不应该使其外交政策服从于国际收支的要求。有两个例子可以说明这一点。在给予发展中国家的援助以及援助额在捐赠国之间分配的问题上,其政策决策不应该考虑国际收支的因素。相反,它们应该与国家的总体目标和国家的承担能力相关。是人均收入和国民总收入,而不是国际收支,能够最好地显示我们(或任何国家)从事国外援助的能力。同样,在援助责任的公平分配上,只有收入标准才是适用的。非洲国家加纳可能存在着国际收支盈余,而英国可能存在着国际收支赤字,这一事实并不意味着加纳应该提出一个援助英国的计划。

另一个例子与美国的海外责任有关,如美国直接卷入外国冲突。任何这样的海外责任必须根据国家目标的轻重等级来做出。这并不表明成本因素在战争与和平的决策中是不重要的。必须在政策的预期潜在收益与政策的经济成本和非经济成本之间做出权衡。战争和国外责任带来的经济负担主要反映在每年的国内预算支出表上。解决任何冲突所引起的国际收支压力,在本质上是次要的。

10.2.3 国际收支信息的局限性

从大量形形色色的报告资源中收集而成的任何统计报表远远不够完美,国际收支平衡表也是这样。国际收支平衡表中的商品贸易部分被认为是最可靠的,因为当商品经过国境时,贸易商需要对商品的数量和价值做出详细的报告。也许最不可靠的统计数据就是私人资本流动。

即使国际收支平衡表是完全准确的,它也囊括不了有关一个国家国际收支地位的所有有用信息。商品贸易是以总量形式显示的,其后的细目表是一组选择性的商品。希望找出贸易全部商品构成的调查者必须求助于本书第1篇引言里提示的有关资源。更重要的是,国际收支平衡表只显示了一个国家国际收支情况的变化,而不是国际收支情况本身。国际收支平衡表中的所有项目都是指商品、服务和资本在一年时期内的流量。该表中没有给出美国在某一时点上持有的全部海外投资(而这恰恰是以往多年资本流动的结果),也没有给出美国海外子公司的销售情况。由于这些活动对美元强弱具有重要影响,美国商务部分别收集和公布这些信息。[⑥]

流量和存量:所有的国际收支项目都是指每年的流量。国际收支平衡表不显示对外直接投资的存量。

尽管国际收支平衡表是一个国家的全球性统计报表,但它常常被划分成该国与不同国家之间的关系。有一种观点认为,需要在某种程度上平衡一个国家相对于某个国家或一组国家的对外账户,这种观念是错误的。在当今工业化国家之间货币普遍可兑换的情况下,美国可以用其与某一国的盈余来支付其与另一国的赤字。只有整体的对外收支情况才是重要的,甚至不需要在所有的时间里都保持国际收支平衡。一个国家可以动用储备或借外债来为它的短暂赤字融资。只有当赤字持续了几年之后,才应当引起关注。

10.2.4 贸易增加值效应

贸易统计的传统方法侧重于最终产品的出口和进口。它并不能应对全球供应链的复杂性,在全球供应链中,商品的设计、生产和组装经常涉及多个国家。公布的贸易数字假定贸易商品的全部价值都是在贸易出口国产生的。然而,用于最终商品生产的、进口的中间产品和零部件,多达贸易商品价值的2/3,它们会被再次出口。

侧重于最终商品贸易而不是增加值贸易的官方贸易统计,误导性地表述了贸易不平衡。例如,苹果公司的iPhone手机是中国出口到美国的一项产品,由美国公司设计和产权所有,其大部分的零部件是在几个亚洲和欧洲国家生产的。然而,在官方贸易统计中,这一产品的全部价值归于中国,这一做法就夸大了中美贸易之间的不平衡。

亚洲开发银行研究所的一项研究发现,虽然iPhone手机最后是在中国组装的,但在一个价值为178.96美元的iPhone手机中,只有6.44美元的价值可以归于中国。[⑦]

---

⑥ 可参见每年《总统经济报告》中的报表。

⑦ Y. Xing and N. Deter, *How the iPhone Widens the United States Trade Deficit with the People's Republic of China*, ADBI Working Paper 257, Tokyo: Asian Development Bank Institute, 2010.

其余的价值就归于中国从美国和其他国家进口的零部件。一个 iPhone 手机价值的国别分配如下：日本 34%，德国 17%，韩国 13%，美国 6%，中国 3.6%，其他国家 27%。如果贸易统计捕获了每个国家对 iPhone 手机的真实贡献，那么在 iPhone 手机贸易中，美国对中国就有贸易顺差，而对贡献了零部件的其他国家有贸易逆差。贸易统计的增加值方法就会表明，iPhone 手机的销售有益于美国经济，而非无益。

增加值贸易：其统计数据只包括某一特定国家加工零部件所产生的价值，而不是那个国家出口产品的全部价值。

如果按照中国生产者提供的增加值的方式进行计算，那么美国对中国所有商品贸易的真实赤字就会远远低于公布数字，多达 30%；美国对日本的贸易赤字会远远高于公布数字，多达 25%，因为中国和其他国家出口到美国的很多商品中包含了大量的日本生产的零部件。如果从贸易统计中抹去进口的零部件的价值，那么全球贸易就会下降 4% 到 8%，而不是 WTO 所公布的 12.2%。

为什么我们不调整官方贸易统计，以反映不同国家生产的最终商品的实际价值呢？这一工作会非常昂贵，而且非常耗时。我们将不得不决定哪一个产品是最终产品、哪一个产品是零部件。对于什么构成了中间产品，存在着明显的分歧。一些产品用作中间产品，但与此同时，它们也会作为最终产品被消费者购买。一般而言，生产者不会披露其所进口的零部件的来源。我们将会以国别为基础，依据海关记录和企业层次材料来了解进口的零部件的来源和用途。中国进口的用于 iPhone 生产的一部分零部件，也许包含了中国自身生产的配件，这种情况也是有可能的。中间产品贸易数据并没有揭示出，它们是用于生产出口产品，还是用于生产面向国内市场的产品。

基于以上原因，各国将继续使用传统的贸易统计方法。通过清点与所有装运货物一起而来的提货单来计算最终产品的出口和进口，要容易得多。

10.2.5　一个国家与一个州

也许有人会问，国家是拥有国际收支平衡表的最小单位吗？国家之内的每一个区域、每一个州以及更小的地区都与其本身以外的世界进行交易，为什么从来没听说过西弗吉尼亚州或者落基山地区的国际收支赤字？一个表面区别是，一个州与其以外世界的经济交易数据不存在。只有商品和服务必须通过其政治边界的国家才收集这样的信息。

就一个州而言，更重要的是问题自身的表现形式。我们假定，由于技术的变化或消费者爱好的变化，对西弗吉尼亚州的产品需求出现了急剧下降。该州的对外销售也大幅下降，并不可避免地出现了对外赤字。然而，那里并没有相应的媒体报导。相反，公众的讨论会集中在对外销售产业的工人失业、产量和收入的全面下降等事实上。如果这种状况持续下去，而且不采取什么改善这种状况的措施的话，那么这个州会变成一个经济萧条的地区，人们会开始向本国拥有更多工作机会的其他地区移民——在那些州生产的产品类型符合本国和世界的旺盛需求。这样的移民在国家之间是非常困难的。换言之，对于一个独立的国家，我们可以说它有对外赤字或盈余，而对于相似贸易地位的一个州，我们可以说它有萧条或繁荣。

一个州的表现形式：一个国家内的一个地区的盈余或赤字，分别表现为这个地区的繁荣或萧条，这样的地区不能追求独立的经济政策。

区别不仅仅如此。一个国家有自己的货币,其政府可以实行旨在治愈对外失衡的财政、货币和商业政策。如果这些政策无效,它还可以实行进口控制或外汇管制。相比之下,一个州政府很少能有措施来减缓本州的萧条,其行动能力受到很大的限制。一个州不能实行独立的财政、货币或汇率政策。它不能发行自己的货币或控制货币供给,也不能对其“对外”贸易和支付实施限制。同一个国家的不同地区服从于统一的经济政策,而统一的经济政策影响了收入、价格以及国际收支。在实行独立政策的国家之间,这种统一的经济政策是不存在的。最后,一国可以改变其货币的汇率,在当今浮动汇率制下,这种汇率变化每天都发生。相比之下,纽约美元与加州美元的比率永远固定在1∶1,就像德国欧元与法国欧元的比率一样。

另一方面,州是国家的组成部分,国家政府可以采取直接政府援助、多种转移支付或鼓励私人资本流入等措施来帮助州。例如在美国,联邦政府鼓励从北方州到南方州的转移支付。[⑧] 总之,给定合适的商业环境,资本在州之间比在国家之间更具有流动性。当然,从短期看,一国之内一体化资本市场的存在,使得它依靠自身力量就可以比较容易地为经济失衡进行融资。如果这样的融资活动还不足以解决问题,调整的表现形式就是劳动力从赤字(萧条)地区流出。比较一个国家和一个政治单元(例如一个州)的结论是:就一个州而言,对外赤字具有不同的表现形式;这种赤字更可能通过劳动力、资本等生产要素的流动来抵消,而不能通过作为中央政府特权的各种政策措施来解决。

总结

国际收支平衡表概括了每个国家与世界其他国家的交易。国际收支平衡表中的经常项目账户,包括商品和服务的进出口、收入流动以及单方面转移。资本项目账户记录了资产的国际购买和出售。在所有情况下,产生美元收入(贷方或正项)的交易与引起美元支出(借方或负项)的交易是不同的。国际收支平衡表中的各项平衡情况如下所示:

商品贸易差额:商品的出口减去进口。

商品和服务贸易差额:商品和服务的出口减去进口。

经常项目账户差额:商品、服务与收入流动的差额减去单方面转移。

官方储备交易差额(或综合差额):商品、服务、收入流动、单方面转移以及非官方资本转移等方面的私人收入减去支出。在自由浮动汇率下,它会是零。在管理浮动汇率下,它通过官方储备的变化来进行平衡。

商品和服务贸易差额是国民收入账户的重要纽带。它是四个支出部分中的一个(X_n)。一国在经常项目账户上的赤字等于国内投资超过国内储蓄的部分。储蓄的不足可以由外国资本的流入来弥补。一国在经常项目账户上的盈余等于国内储蓄超过国内投资的部分,而且超出部分表现为资本的流出。美国属于第一种情况,而日本则属于第二种情况。然而,“储蓄”这个术语可以扩展到包括政府的预算盈余。预算赤字

---

⑧ “The Federal Budget and the States,” Kennedy School of Government, Harvard University, 1996.

可以被认为是负储蓄。

美国商品和商业性服务的进口变动与美国产出或收入正相关，而与外国和本国的价格比率(P_F/P_D)负相关。商品和商业性服务的出口变动与世界其他国家的产出或收入正相关，与外国和本国的价格比率也是正相关。

一国对外收支地位的所有有用信息并没有全部包含在其国际收支平衡表中。国际收支平衡表只报告了一年期间的流量，它并没有报告像外国投资存量这样的项目。

只有一个国家才有国际收支平衡表，而次一级的地理单位，例如州，是没有国际收支平衡表的。首先，这些地区的统计数据是无法得到的。其次，可以说这些地区是萧条或繁荣，而不将其表述为对外赤字或盈余。最后，这种情况可能会被生产要素从萧条地区向繁荣地区的流动所抵消。联邦政府也可能对萧条地区提供援助。

重要概念

国际收支平衡表
美元支出
美元收入
经常项目账户
资本项目账户
商品贸易差额
商品和服务贸易差额
经常项目账户差额
资产的购买或出售
直接投资
自主性项目
官方储备交易(或综合)差额
调节性项目
官方储备的变化
$X-M=S-I$
$M-X=I-S$
增加值效应

复习题

1. 给你以下美国国际收支的数据(以 10 亿美元计)：

商品进口	−300
商品出口	+200
服务出口	+100
服务进口	−80
在海外的美国资产的收入所得	+60
在美国的外国资产的收入支付	−30
在美国的外国私人资产(净增加)	+100
在海外的美国私人资产(净增加)	−50
美国或外国官方储备的变动	0

a. 计算
- 商品贸易差额
- 商品和服务贸易差额

- 经常项目账户差额
- 官方储备交易差额

b. 说明经常项目账户和资本项目账户之间的关系。

c. 你可以为美元的汇率标准提供怎样的建议?(固定汇率,还是浮动汇率?)请充分解释。

d. 上述数据是如何与美国收入和产出(GDP)账户的支出一方相联系的?

2. 以表10-1和表10-2为基础,解释1980年和2004年之间美国对外收支地位的变化。
3. 为什么加利福尼亚州不公布年度国际收支平衡表?它与一个国家有什么不同吗?
4. 一国进出口的主要决定因素是什么?
5. 商品与服务的盈余和赤字是如何与国内的储蓄和投资相联系的?请解释美国和日本的当前情况。

第11章 市场决定的汇率

与第二次世界大战刚结束的那段时期不一样，当今大多数工业化国家的货币都可以互相自由地兑换，其兑换比率服从于每天的波动。兑换比率——一单位一种货币换取多少单位的另一种货币——就是所谓的汇率。[①] 在某一日，1欧元值1.50美元，而1日元值1美分，于是这就意味着1欧元=150日元。每一个汇率都有一个相应的倒数，这一事实常常引起混淆。美元—日元的比率可表示为￥1=1¢，或等价地表示为$1=￥100。日元的价值增加至2美分就相当于美元的价值减少至50日元。因此，汇率上升（或下降）的表述需要进一步分类，因为它的含义依赖于汇率是怎样定义的。为了避免混淆，人们可以使用"美元相对于其他货币的交换价值上升了"（或"下降了"）这样的措词。

汇率的倒数：每一个汇率都有一个倒数。如果这是一个双边汇率，其中一个货币的价值上升，另一个货币的价值就下降。

关于货币的相对强弱或者汇率背后的经济情况，汇率本身什么也不能告诉我们。1欧元等值于150美分以及1日元等值于1美分的事实，并不能推断出前一种货币比后一种货币强劲150倍。它仅仅反映了这两个国家选择其各自货币的面额单位之间的差异。当一种货币首次发行时，我们可以假定它的外在价值反映了该国的总体经济状况，尤其是反映了其相对于其他货币的购买力（即内在成本和价格）。货币的这种相对地位随时间而改变，或者相对变弱，或者相对变强。如果一种货币在外汇市场上价值下降，它的对外地位就被认为变弱了。

由于汇率对商品和服务的进出口有着很强的影响，因而汇率是经济中最重要的价格之一。它也是一个非常敏感的价格，可以迅速地对任何经济变化做出反应，甚至对预期的经济变化做出反应。这就是为什么汇率的变化是以每小时为计量基础的。

交易国际货币和决定汇率的市场，被称为**外汇市场**。家庭、企业和金融机构在这里买卖外汇，进行国际支付。全世界的货币交易

外汇市场：是货币交易和决定汇率的地方。伦敦、纽约和东京是最大的外汇市场。

---

① 美国联邦储备委员会公告(Federal Reserve Bulletin)公布每月的平均汇率。主要的报纸公布每日的汇率。

量平均每天约为4万亿美元,伦敦、纽约和东京构成了最重要的外汇市场。与国际贸易相关的支付只是外汇交易总量的一小部分。更确切地说,大多数交易都是一种资产(例如股票、债券或银行账户)与另一种资产的兑换。许多个人和机构用国内资产和国外资产两种形式来维护他们的财富,以最大限度地减少风险(即避免把所有鸡蛋放在一个篮子里)。他们用国外资产交易国内资产,或者用国内资产交易国外资产,期望这些资产的回报(以利息、股息等形式)最大化,或者最大限度地降低风险。外汇市场上的大多数交易都是资产之间的交易。

自1973年以来,美元、英镑和日元等几种主要货币的汇率一直根据外汇市场的供给和需求情况而进行波动。1999年[②],德国和法国牵头的12个欧洲国家放弃了自己的货币,采用一种共同货币——欧元,欧元的汇率也是波动的。到现在为止,17个国家使用欧元,欧元是仅次于美元的第二重要的货币。本章的话题是:汇率是如何决定的?汇率波动的原因是什么?

11.1 外汇的需求和供给

自由浮动汇率:私人收支的外汇需求和外汇供给严格决定着自由浮动汇率,没有任何政府的干预。在管理浮动下,存在着政府干预。

升值和贬值:一种浮动货币的价值上升,就是所谓的升值;一种浮动货币的价值下降,就是所谓的贬值。

当政府允许货币的兑换价值在外汇市场上自由波动(没有政府的任何干预)时,它就被称为**自由浮动**(freely fluctuating)或**浮动汇率**(floating exchange rate)。它有时也被称为清洁浮动(clean float)。在这种情况下,市场力量在出清市场的水平上决定着每一个汇率。当兑换价值增加时,我们可以说这个浮动货币**升值**(appreciate)了;当兑换价值减少时,我们可以说这个浮动货币**贬值**(depreciate)了。

为了举例说明浮动货币的汇率是如何决定的,图11-1显示了欧元区外汇市场(例如法兰克福的外汇市场),在那里欧元与美元相互兑换。两条交叉的曲线表示不同欧元价格下的美元需求和美元供给。它们展现了"正常"的斜率:随着美元的欧元价格下降,就有更多的美元需求和更少的美元供给。这一对曲线的均衡汇率为1欧元=1美元,它会随着需求或供给的变动而变化。横轴表示美元交易的数量。这与任何商品的市场价格决定机制是一样的。

可是,这种分析回避了一个更基本的问题,即什么引起了这样的供给和需求,因为外国货币并不是商品。消费者需求商品是有原因的,即增加消费者自身的满足感,而生产者使用生产要素来供给商品。相比之下,人们不会消费外汇,而且外汇也不可能以制造商品那样的方式制造出来。更准确地说,在我们的案例中,美元需求反映了欧洲人的下述愿望:购买外国商品、到国外旅游并购买其他外国服务,或者为了投资和其

② 欧元货币本身是在2002年发行的,当时12个国家的货币退出了流通。

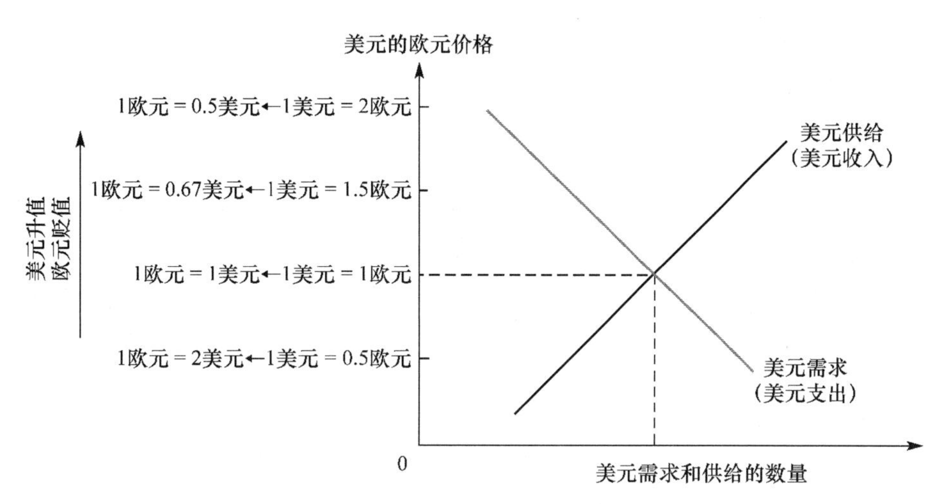

外国货币供给与需求(以美元表示)的相交点,决定着汇率。

图 11-1 欧元区外汇市场(例如法兰克福市场)的美元需求曲线和供给曲线

注:纵轴表示每 1 美元的欧元数量和等价的每 1 欧元的美元数量。

他目的而向海外转移资本等。把这些项目放在一起就构成了欧元区国际收支平衡表的支出那一方。另一方面,外汇的供给来源于商品和服务的出口以及外国资本的流入,这些记录构成了欧元区国际收支平衡表的收入那一方。这样,图 11-1 的需求曲线等同于欧元区的美元支出曲线,而供给曲线则等同于美元收入曲线。[③] 既然这两条曲线的相交决定了汇率,那么它就确保了美元收入等于美元支出。一条或两条曲线的移动也会使汇率发生变化,变化到一个再次出清市场的新水平:一个自由浮动汇率会确保国际收支的平衡。官方储备的结算余额会是零。

补充阅读

这个讨论引入一个重要问题:如果外汇的需求和供给不是与商品的需求和供给相同的现象,而是“派生”于在外国市场进行交易的愿望,那么我们如何确定图 11-1 所示的需求曲线和供给曲线的斜率是正确的? 分别考虑这两条曲线,并首先假定所有的国际收支都是由商品贸易组成的。

美元需求:**欧元区的美元需求**间接地代表了欧元区对美国商品的需求。如果 1 美元的价格从 1 欧元上涨到 2 欧元(沿着价格轴向上移动),那么花费 1 美元的一件美国商品的价格,对于欧洲消费者而言就翻了一番(从 1 欧元上升到 2 欧元),于是,欧洲就减少了商品进口数量,进而减少了支付商品进口的美元需求的数量。想一想,一台 1 000 美元的美国电脑在下述四种汇率下对于欧元区消费者的价格:

③ 给定欧洲的美元需求,我们可以推导出欧洲的欧元供给。

汇率	一台1000美元的美国电脑的欧元价格
$1=0.5€	500€
$1=1.0€	1000€
$1=1.5€	1500€
$1=2.0€	2000€

随着美元的欧元价格上升(沿着纵轴向上移动),美国商品对于欧元区消费者的价格(用欧元表示的价格)也就上升了:对于欧元区消费者而言,美元(相对于欧元)的升值使得美国商品变得更昂贵了;美国对欧元区的出口变得缺乏竞争力。于是,欧洲人会购买更少的美国商品,而且在固定的美元价格下,他们的美元需求也会变少。沿着纵轴的向上移动与沿着横轴的向左移动相结合,从而给美元需求曲线一个负斜率。也就是说,1美元的欧元价格的上升与美元支出的下降紧密联系在一起。与此相反,对于欧元区消费者而言,美元的贬值使得美国商品变得更便宜了;美国对欧元区的出口变得更有竞争力。因而,欧洲人会购买更多的美国商品,而且在固定的美元价格下,他们的美元需求也会变多。沿着纵轴的向下移动与沿着横轴的向右移动相结合,从而产生了一个负斜率的美元需求曲线。

美元供给:出于同样的原因,美元供给来源于欧元区对美国的商品出口。如果1美元的价格从1欧元上升到2欧元,那么购买欧元区进口品的美国消费者会发现,同样用1美元,他们现在可以获得价值2欧元的商品,而不是价值1欧元的商品。想一想,一个100欧元的欧洲相机在下述四种汇率下对于美国消费者的价格:

汇率	一个100欧元的欧元区相机的美元价格
$1=0.5€	$200
$1=1.0€	$100
$1=1.5€	$67
$1=2.0€	$50

升值和竞争性:美元贬值使得用美元计价的外国商品更贵,美国人将购买更少的外国商品。因为现在每个商品均以更多的美元出售,只要商品需求相对具有弹性,美国人在海外就会花费更少的美元。

贬值和竞争性:随着美元的贬值,用外国货币计价的美国商品的价格就下降了,于是,更多的美国商品就卖出去了。在固定的美元价格下,外国人就需要支付更多的美元来购买商品。

随着美元的欧元价格上升(沿着图11-1的纵轴向上移动),欧元区商品对于美国消费者的价格(用美元表示的价格)也就下降了:对于美国消费者而言,美元(相对于欧元)的升值使得欧元区商品变得更便宜了;欧元区对美国的出口变得更有竞争力。因而,美国人会购买更多的欧元区商品,但每一件欧元区商品(例如相机)的出售只赚到更少的美元。于是,如果美国对欧元区商品的需求相对富有弹性——工业化国家会符合这种情况——美国人会花费更多的美元去购买欧元区商品,因而增加了欧元区的美元收入。沿着纵轴的向上移动与沿着横轴的向右移动相结合,可以解释美元供给曲线或收入曲线的正斜率。

与此相反,对于美国消费者而言,美元(相对于欧元)的贬值使得欧元区商品变得更昂贵了;欧元区对美国的出口变得缺乏竞争力;美国人会购买更少的欧元区商品,但每一件欧元区商品的出售能赚到更多的美元。于是,只要美国对欧元区商品的需求相对富有弹性,美国人就会花费更少的美元去购买欧元区商品。在需求弹性的条件下,沿着纵轴的向下移动与沿着横轴的向左移动相结合，产生了正斜率的美元供给曲线。

总之，如果美国对外国商品的需求相对富有弹性，美元供给曲线就有一个正斜率，大多数市场都存在这种情况。

除了确定美元需求曲线和美元供给曲线的斜率之外，上述讨论还说明了另一个重要原则：当一国货币升值时，对于外国人而言，该国出口的商品就变得更昂贵；对于本国居民而言，该国进口的商品就变得更便宜。的确，当美元从 1981 年到 1985 年间迅速升值时，美国出口的商品变得没有竞争力，美国出口商发现，在海外市场出售他们的商品极为困难；与此同时，由于外国商品对于美国人而言变得更便宜，因而纷纷涌进美国。相反，当一国货币贬值时，对于外国人而言，该国出口的商品就变得更便宜；对于本国居民而言，该国进口的商品就变得更昂贵。的确，在 1993 年到 1995 年间，美元相对日元贬值了 30%，于是，与美国制造的同类汽车相比，出口到美国的日本汽车的定价高出很多。在 1999 年到 2000 年间，欧元的贬值造成了欧元区出口的增加，到 2003 年欧元升值时，这种情况发生了逆转。

在任何时候，来自国际收支的供给和需求力量都对外汇市场施加着决定汇率的影响。汇率频繁变化的原因，是供给曲线和需求曲线的连续不断的变动。它们从来就不会静止不动。当一个国家的自主性收入（商品和服务的出口加上资本的流入）超过了支出（进口加上资本的流出），该国货币的基本面就是坚挺的，其价值可以上升。当情况相反时，该国货币的基本面就是疲弱的。价格（例如它的竞争性地位）、收入和利率等一系列国内和国外因素决定着一个国家的收入和支出。任何改变这些国内和国外因素的事情都可以影响供给曲线和需求曲线的位置，并进而影响汇率。汇率深深地植根于该国相对于其他国家的经济状况和政策。

11.2　需求曲线和供给曲线的移动

> **需求和供给**：外国货币的需求曲线和供给曲线可以连续移动，汇率也随之发生变化。

从短期看，利率的变动对汇率具有很强的影响。一国利率的上升吸引着国外资金，提高了对本国货币的需求，从而增加了本国货币的兑换价值。任何影响利率的政策也将影响汇率。从长期看，一国相对于外国的通货膨胀率决定了该国货币在国外和国内市场上的竞争能力，从而决定了该国货币的汇率。除此之外，各种政治和心理因素的变化也影响着汇率。对该国状况和该国货币的不利预期可以造成该国货币的贬值，因为人们卖出了该国货币；而有利的货币预期则会造成相反的情况。下面我们将分别考察以上因素，在考察每个因素的时候都假定其他因素保持不变。

11.2.1　相对利率

假定美国的利率相对国外的主要利率大幅上升，于是，个人、公司和其他经济机构会把资金转移到美国,以购买高收益的证券和其他金融工具。为充分利用美国本土的高利率,美国人和外国人均会把其他货币兑换成美元。美元需求会上升,同时外汇市场上的美元价值也会上升。

我们看图11-2来理解这一点,图11-2描述了欧元区(例如法兰克福)的外汇市场。美元需求从 D 增加到 D':为了利用美国的高利率,在每一个汇率水平,都需要更多的美元。[4] 美元由1欧元升值至1.5欧元,相应地,欧元由1美元贬值至0.67美元。相反,美国利率的下降或欧元区利率的上升,将会引起美元的贬值。

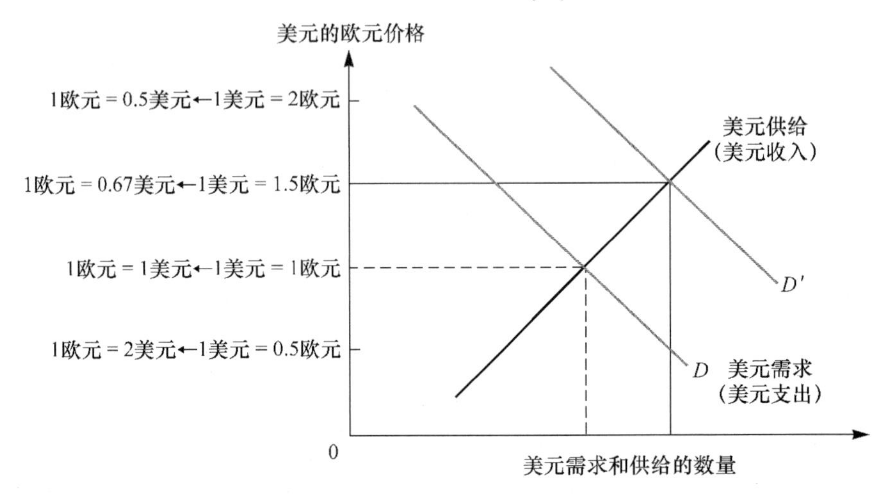

图11-2　美国利率上升对美元-欧元汇率的影响

美国利率的上升(其他因素保持不变)增加了美元需求,美元需求从 D 增加到 D',美元从1欧元升值到1.5欧元,欧元则从1美元贬值到0.67美元。

利率效应:假定其他条件相同,美国利率上升,就会增加美元需求,减少美元供给,并提高美元的兑换价值。

在20世纪80年代,美元汇率的波动经常是由利率的波动所主导的。在80年代早期,美国的高实际利率(相对于主要国外利率)吸引了外国资金,并促使美元汇率上升到15年来的最高点。1980年至1985年2月间,相对于欧洲货币,美元的价值翻了一番。然后从1985年至1988年,由于美国利率下降,美元汇率也随之下降。在2003年,主要由于英国利率攀升,英镑就升值了。加拿大在2004年的小幅度减息造成了加拿大元的贬值,而澳大利亚在2009年的升息造成了澳大利亚元的升值。

利率差异的一个有趣结果,就是所谓的20世纪90年代的套息交易。那时的日本为应对经济萧条而采取了零利率,而美国的利率在5%左右。于是,在日本借入资金,并在美国借出这一资金是有利可图的。这就引起了日本的资本流出,从而抑制了日元。这一套息交易直到2009年才结束,那时的美国已陷于严重经济萧条,美联储把利率压到了零利率。因此,美国与日本的利率差异就没有了,日元升值。

④　供给曲线也应该向左移动。为了简便起见,这里并没有标明。

补充阅读

财政政策和货币政策　财政政策指政府支出和税收的变化，而货币政策指国家货币供给的变化，由该国的中央银行实施。这两个政策的目标都是稳定经济。这两者都影响着利率，进而影响着汇率。扩张性货币政策（假定财政政策不变）将降低利率，其方式是中央银行的直接行动和货币供给的增加。于是，货币贬值。与此相反，紧缩性货币政策将提高利率，从而引起货币升值。即使货币供给变化的预期也会引起汇率的贬值或升值。与之相比，财政扩张（假定没有货币变化）增加总支出，从而提高货币需求。于是，利率上升，货币也升值。财政紧缩则有着相反的效应。我们将经济政策的效应总结如下：

货币政策和财政政策：货币扩张提高货币供给，降低利率，货币因而贬值。财政扩张提高货币需求，提高利率，货币因而升值。

政策	对货币市场的影响	对利率的影响	对汇率的影响
货币扩张	货币供给上升	下降	贬值
货币紧缩	货币供给下降	上升	升值
财政扩张	货币需求上升	上升	升值
财政紧缩	货币需求下降	下降	贬值

例如在 1993 年，美国实行紧缩性财政政策，当时克林顿总统提交了削减联邦赤字的预算计划，其方法是增加税收和减少政府支出。与此同时，日本实行扩张性财政政策，增加政府支出以应对国内经济的不景气。于是，美国相对日本的利率下降，美元相对日元贬值了 20%。

货币扩张和财政扩张都可以造成收入的增加。但是，货币扩张的实现手段是增加货币供给，而财政扩张的实现手段是增加货币需求。因此，它们对利率的影响是相反的，对汇率的影响也是相反的。

11.2.2　相对价格变化

假定美国的通货膨胀率远远超过了欧元区和其他主要贸易国家。这就意味着，相对于欧元区而言，美国的商品和服务无论在美国市场还是在国外市场都变得更贵。美国的竞争地位会恶化，欧洲人会在美国市场上销售更多的商品和服务，并购买更少的美国商品和服务。在这种情况下，欧元区会更多地对美国出口，从而增加它的美元供给；同时欧元区会更少地从美国进口，从而减少它的美元需求（图 11-3）。欧元区的美元收入曲线会上升或向右移至 S'，在美元收入曲线右移产生的每一个汇率下，会有更多的美元供给。同时欧元区的美元支出曲线会下降或向左移至 D'，在美元支出曲线左移产生的每一个汇率下，欧元区会有更少的美元需求。这两种移动都引起了美元兑换价值的减小。美元由 1 欧元贬值至 0.8 欧元，相应地，欧元由 1 美元升值至 1.25 美

> **通货膨胀效应**:随着一个国家的通货膨胀率相对于世界其他国家的上升,该国出口下降,进口上升,其货币因而走向贬值。

元。两国之间通货膨胀率的差异是货币波动的主要原因。所有提高一国价格水平的事件,例如,造成生产成本增加的工资率或能源价格的大幅度提高,或者政府规制措施的加强等,均会引起货币贬值。例如在20世纪70年代中期,高通货膨胀、劳工骚乱以及其他经济混乱情况削弱了意大利和英国的竞争性地位,并引起了它们货币的贬值。遭受严重通货膨胀的国家会看到其货币骤然贬值,例如,在1991年至1994年间,俄罗斯卢布由10卢布=1美元贬值到4000卢布=1美元。

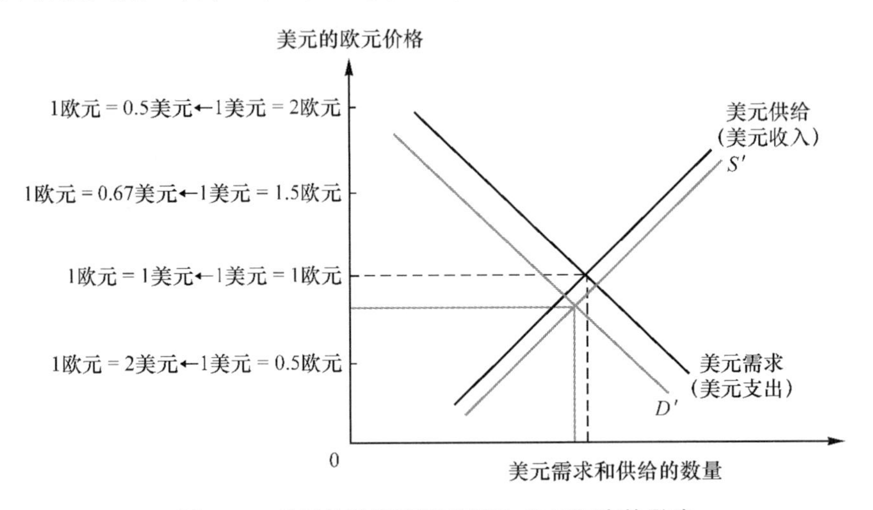

图 11-3 美国的通货膨胀对美元-欧元汇率的影响

美国通货膨胀率的上升减少了美元需求,美元需求曲线移到 D';增加了美元供给,美元供给曲线移到 S'。美元从1欧元贬值到0.8欧元,与此同时,欧元升值。

因为货币增长是通货膨胀的一个主要决定因素,所以一国货币供给的大幅度扩张往往会引发通货膨胀,并造成该国货币的贬值。相反,货币紧缩会引起货币的升值。因此,货币政策通过两个渠道影响汇率:利率和价格。由于这两个渠道的影响是在同一个方向起作用的,因而它们之间就会相互强化,于是,汇率对货币政策的变化是非常敏感的。汇率可以迅速地对货币供给的实际变化,甚至对货币供给的预期变化做出反应。如果市场参与者预期到货币存量的大幅度上升,他们也就会预期货币将随之贬值。为了避免以贬值货币计价的持有资产的损失,他们会卖掉这些资产,换取以其他货币计价的资产,于是,贬值果然就立即发生了。

> **货币政策**:货币政策对汇率具有强大的影响,它通过价格和利率两个渠道来影响汇率(同一个方向)。

> **超调**:当对干扰的短期反应大于其长期反应时,就出现了超调的情况。超调发生的原因是:价格和工资在短期内缺乏弹性,而外汇市场可以立刻做出调整,于是暂时地吸收了干扰的全部冲击。

超调[5] 汇率敏感性的一个结果,就是**汇率超调**(exchange rate overshooting)的倾向。可以认为,当对一个干扰的短期反应

⑤ 参见 R. Dornbush, "Expectations and Exchange-Rate Dynamics," *Journal of Political Economy*, December 1976。

大于长期反应时，汇率超调的情况就出现了。在图 11-4 中，左边的小图显示了美元的升值，但从水平 A 向新的长期水平 B 的上升，并不是一个单调上升的运动，而是首先超调到水平 C，然后再回到新的长期水平 B。同样地，右边的小图显示了美元贬值情况下的超调，它首先由水平 A 超调至 C，然后再稳定在水平 B。

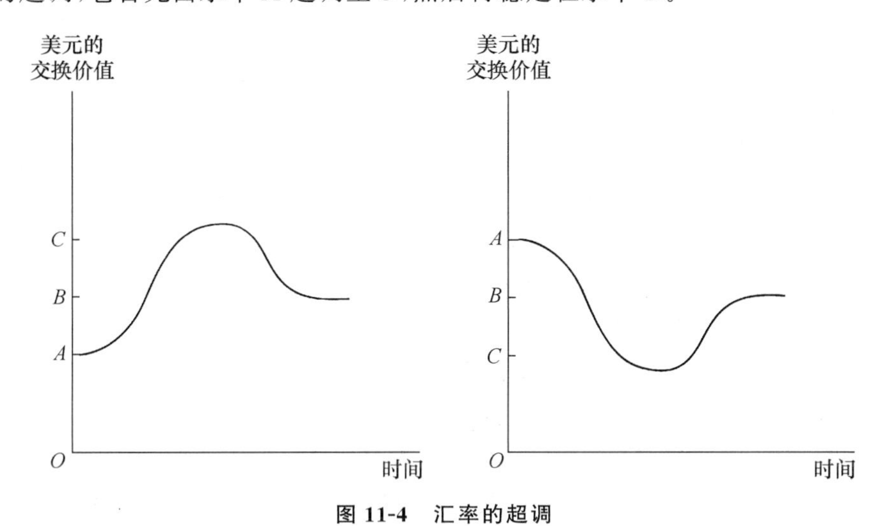

图 11-4　汇率的超调

当美元汇率从 A 上升（下降）到 B 时，它首先上升（下降）到 C，然后退回到 B。

为了理解超调的原因，假定一个国家的货币供给有一个永久性的增加（其他国家的货币供给保持不变）。从长期看，这会提高价格和工资水平，汇率也会贬值。但从短期看，与汇率不一样，价格水平是黏性的：工资合同在几年中仅谈判一次，而商品（除了原材料）价格也往往是刚性的。价格水平不会对货币存量的变化立刻做出反应。工资合同要进行新的谈判，所以工资的反应会有一个时滞。只有汇率可以立即进行调整。汇率必须吸收货币供给变化的全部影响，从而引起了汇率超调；此时汇率超调往往会造成货币的过度贬值。只有在所有价格做出调整之后，汇率才会恢复到它的长期水平。在货币供给减少的情况下，相反的现象会出现。从短期看，汇率承受着货币紧缩的全部冲击，因此它会超调到高于新的长期均衡的水平上。只有价格和工资调整到位之后，汇率才会恢复到新的长期水平。因此，这些短期调整和长期调整是汇率波动的一个主要原因。假如在短期中所有的工资和价格都具有弹性，那么就不会有汇率超调了。

无论有没有汇率超调，通胀率居于世界平均水平之上的国家，其货币都将出现持续性的贬值。这种现象对于高通胀率的国家非常重要，高通胀率国家中的货币是以每月为基础进行贬值的。[⑥]

购买力平价　从长期看，任何两国的相对价格行为是两国货币之间汇率的最重要的决定因素之一。也就是说，汇率反映了两国货币在各自国家中的相对购买力。这一

---

⑥　遭受恶性通货膨胀的国家，常常用美元等外国货币而不是本国货币来作为支付手段。例如，阿根廷在 20 世纪 80 年代末和 90 年代初就变得高度“美元化”了，即所谓的货币替代。俄罗斯在 1994 年禁止使用外国货币进行国内交易。2000 年，厄瓜多尔用美元取代了其货币苏克雷（sucre）。

购买力平价(PPP):购买力平价理论的绝对形式是,如果1美元在美国购买的商品和服务的数量,等于100日元在日本购买的商品和服务的数量,那么其长期汇率就会是\$1=¥100。汇率反映了两种货币的相对购买力。但问题是两个国家的一篮子代表性商品存在着差异。

主张就是著名的**购买力平价**(purchasing power parity,PPP)学说。它最简单的表述就是:如果1美元在美国购买的商品和服务的数量与1欧元在欧洲购买的数量一样,那么它们之间的长期均衡汇率就是1美元=1欧元。因此,购买力平价学说认为,两国之间的汇率(例如美元和欧元之间的汇率)等同于美国和欧元区价格水平的比率⑦,其中每个国家的价格水平可以用消费者价格指数(CPI)来衡量。但是,由于汇率还受到相对价格水平之外的其他因素的影响,而且国家与国家之间的一篮子代表性商品存在着差异,所以,在较长的时期中,实际汇率是偏离购买力平价的。例如,当1999年1月欧元诞生时,其汇率定在1欧元=1.17美元;相对于购买力平价而言,欧元被高估了。在随后的20个月里,欧元汇率下降到1欧元=0.83美元,相对于购买力平价而言,欧元在这个水平上被低估了。在2003—2009年间,欧元升值到1欧元=1.50美元,又变成高估货币。

实证检验往往不能证明购买力平价学说。英国刊物《经济学人》(*Economist*)进行了一项著名检验,即巨无霸检验(Big Mac test)。它经过对不同欧洲国家的巨无霸汉堡包(一种同质商品)的价格比较后发现,将价格通过汇率兑换成同一种货币后,各国巨无霸汉堡包的价格是相差很大的。即便如此,从长期看,相对价格的变化对汇率仍具有很强的影响。

贸易差额的变动 美国在商品和服务上的持续巨额赤字增加了欧洲的美元供给,在长期内就会引起美元贬值。因此,世界对美国商品需求的增加(或减少)会造成美元的升值(或贬值)。而且,对任何其他国家的可贸易商品的世界需求的变化,都会产生类似的结果。同样地,一国可贸易商品部门的生产率相对于其他国家的上升,会降低其相对生产成本,提高其竞争地位,于是,该国货币就会升值。此外,由于投资生产率的提高,所以该国可以更多吸引外国直接投资,从而进一步增加货币需求,促进该国货币的升值。相反,一国可贸易商品部门的生产率的相对下降,会引起其货币贬值。消费者偏好、产品质量、产品设计以及相关服务等难以估量的因素,也会影响一个国家的国际贸易地位。

找到上述影响的例子并不难。在过去30年中,日本可贸易商品的生产率相对提高,引起了日元的长期升值。日元从1975年的约310日元=1美元上升至2009年的90日元=1美元。在20世纪70年代后期,由于在北海油田获得了充足的产量,英国在石油方面变得自给自足了。这就减少了英国进口石油的支出,英镑由1976年的1.60美元升值至1980年的2.33美元。自2003年之后,由于美国持续的巨额经常项目赤字,美元出现了贬值。

⑦ 我们用符号形式表达如下:$E_{\$/€}=P_{U.S.}/P_E$,其中$E$表示汇率,$P$表示价格水平。我们重新整理公式,可以得到$P_{U.S.}=(E_{\$/€})(P_E)$。这说明当用同一种货币衡量时,所有国家的价格水平都是相等的。当应用于一种商品时,即所谓的"一价定律"。

11.2.3 预期

一般而言，市场参与者在可得到信息的基础上对上述任何单一或全部变化做出预测，并在实际变化发生之前采取行动。例如，货币供给的突然增加，导致人们预期货币贬值。他们会卖出（"出货"）他们持有的这种货币，结果，甚至在通货膨胀急剧发展之前，该货币就贬值了。当整个国家的工资率实质性上升（生产成本随之上升）或者预示着未来贬值的任何其他事情发生时，都会触发类似的行动。市场参与者基于这样的信息而卖出有问题的货币；货币会以自我预期实现的方式进行贬值。

而且，一种货币汇率的上升（或下降）可能触发汇率会在同一方向上进一步变化的汇率预期。于是投机者满怀赚取利润的希望买进（卖出）货币，他们的这种行动会促进汇率的上升（下降）。有人认为这种**投机泡沫**是 1984 年后期美元升值的部分原因。

11.2.4 其他因素

政治和心理因素也能够影响汇率。例如，1977 年，由于担心魁北克脱离加拿大，许多加拿大人将资金转移到美国，从而造成了加拿大元的贬值。同样，1982 年英国和阿根廷之间的马尔维纳斯群岛之战，也造成了英镑的贬值。

11.2.5 小结

所有经济事件和政府政策都影响着价格（P）和利率（i）。它们包括：影响劳动生产成本（和价格水平）的工资率和生产率的变化、能源价格的变化、财政政策和货币政策以及大量其他因素。通过对 P 和 i 产生影响，这些因素影响着汇率。它们之间的关系可以表示为下图：

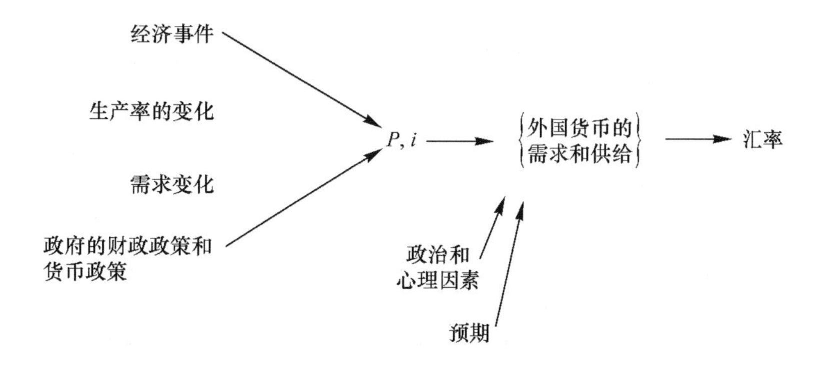

汇率深深地扎根于经济之中。

无论怎样，关键在于一国之内相对于世界其他国家变化的变化。如果两国的价格和利率同比例上升，那么支出和收入就会受到同样的影响，汇率就不会变化。根据定义,汇率至少涉及两个国家。影响汇率的几个因素可以同时发生变化。如果没有任何一个因素占支配地位,并且这些因素在影响汇率的方向上彼此抵消,那么就不能明确地预期汇率的变动。通货膨胀率上升(引起贬值),同时利率上升(引起升值),就是这样一个例子;利率大幅度上升,同时存在政治不稳定因素,则是另一个例子。

本讨论的一个重要结论是,贬值并不必然是坏事,升值也并不必然是好事。这完全取决于造成汇率波动的因素是什么。如果是为了抵御经济衰退而降低利率,那么由此造成的货币贬值就是有利的。如果货币贬值的原因是高通货膨胀率,那么这样的货币贬值就是不利的。

没有国际收支总体不平衡:一个自由浮动的汇率使私人收入和私人支出相等,因而就没有国际收支总体不平衡。

第二个重要结论是,自由浮动的汇率会出清市场,也就是使私人收入等于私人支出。私人收入和私人支出均被定义为商品与服务的贸易以及资本流动。这使我们又回到上一章国际收支平衡表的讨论之中。如果在外汇市场上完全没有政府干预(即自由浮动),那么就不会有官方储备的变化,国际收支平衡表中也没有总赤字或总盈余。汇率波动会保持外部账户的平衡,并且官方储备不会变化(官方储备是赤字或盈余的度量)。正因为中央银行干预外汇市场以使汇率朝着他们希望的方向波动,外部失衡才存在。国际储备的变化就是这样发生的。中央银行干预外汇市场的制度,就是所谓的**管理浮动**(managed float,有时也指肮脏浮动,dirty float)。大多数工业化国家的货币都是管理浮动而不是自由浮动。

在自由浮动下,汇率波动保持着国际收支的平衡。但这并不意味着国际收支的每个类目都是平衡的。1995年至2012年间,美国保持着经常项目账户的巨额赤字,资本的流入在很大程度上平衡了这些巨额赤字。由于经常项目账户对国内产出和就业具有意义,担心其商品和服务贸易差额的国家就会发现这种情况令人失望。

11.3　外汇市场

在上述讨论中我们多次提到了外汇市场。这里,我们对外汇市场做一个简短的系统性描述。

11.3.1　市场结构

国际交易需要外汇市场,外汇市场是由四个主要参与者组成的:

(1) 商业银行。商业银行为它们的公司和其他客户实施交易。有时在专业外汇经纪人的帮助下,商业银行将外汇的买进者和卖出者联系在一起。商业银行之间也进行它们各自账户的交易。事实上,外汇市场上的大多数活动是银行间交易。

(2) 公司。公司需要把收入或支出从一种货币兑换成另一种货币。

(3) 非银行金融机构,例如保险公司。

(4) 中央银行。中央银行买进和卖出货币,干预市场,从而影响汇率。

市场虽然巨大(每天的交易量是 4 万亿美元)、具有竞争性，随时为交易者提供充分的信息，但从其结构看，它不等同于股票交易。这里没有一个公布所有货币即时报价(即汇率)的“大公告牌”。外汇市场是由大银行的外汇部门以及一定数量的专业交易商组成的。他们通过电话或电脑即时地保持相互联系，持续地交流关于价格和数量的大量信息。因此，把这个市场理解为一个电话线和电缆的网络可能是有帮助的。此外，每一个大银行都在全世界的主要城市设立了代理银行(correspondent banks)，正是通过这种代理银行的关系，外汇交易的网络才可以运行。一家银行的国外代理银行可能是它自己的一个分支机构或子公司。[⑧] 因此，尽管外汇交易在全球的许多金融市场上发生，但这些市场是紧密相连的。

即时交流确保了外汇市场的有序性：在所有的主要金融中心，一种货币相对于另一种货币的价值是一样的。如果 1 美元在巴黎值 1 欧元而在纽约值 1.01 欧元，那么金融家就会在巴黎购买美元并立即在纽约卖出，从而从每 1 美元那里获得 0.01 欧元的利润。为此，他们在巴黎需求美元，从而造成了美元价格的向上压力；他们在纽约供给美元，从而造成了美元价格的向下压力。只要有利可图，这个过程就会一直持续——直到美元价格在两地之间的差别消失。这里描述的交易就是所谓的**套汇**(arbitrage)。套汇不涉及风险，仅仅是利用地理上的价格差异来实现利润。但是套汇者做了一个有用的工作，即确保一种货币在所有金融市场上具有相同的价值。

> **套汇**是指利用两个地区之间的价格差异。它产生了无风险收益，并在这一过程中保证了所有市场的汇率是相同的。

非美元货币之间的汇率被称为**交叉汇率**。市场之间的紧密联系确保了交叉汇率的有序性。如果在巴黎和东京的即时汇率是 1 美元＝1 欧元和 1 美元＝100 日元，那么 1 欧元必然等于 100 日元。偏离这个价格是不可持续的，下面我们就可以说明这一点。假定在瑞士的外汇市场上发生了奇怪的情况，欧元跌至 1 欧元＝80 日元(但是在巴黎和东京外汇市场上仍然保持着 1 美元＝1 欧元和 1 美元＝100 日元的比率)，于是金融家就会在瑞士市场上用 80 日元兑换成 1 欧元，在巴黎用 1 欧元兑换成 1 美元，然后再在东京用 1 美元购买 100 日元，从而获得利润。图示如下：

> **交叉汇率**：是两个非美元货币之间的汇率。三角套汇保证了交叉汇率是有序的(例如，如果 $1＝¥100，$1＝1€，那么，1€＝¥100)。

$$80\text{ 日元} \xrightarrow{\text{瑞士市场}} 1\text{ 欧元} \xrightarrow{\text{巴黎}} 1\text{ 美元} \xrightarrow{\text{东京}} 100\text{ 日元}$$

忽略交易成本不计，金融家利用地理位置之间存在的价格差异，获得了 20 日元的利润。在这个过程中，金融家在瑞士市场上需求欧元、供给日元，从而向上推动了欧元/日元的比率。这个过程就是所谓的**三角套汇**(triangular arbitrage)，只要有利可图，这个过程就会一直持续——直到欧元被推升到 1 欧元等于 100 日元，不再存在获利机会。

---

⑧　一家银行的国外子公司是东道国当地的法人组织，只遵从东道国当地的法律。银行的分支机构则是母公司在国外的办事处(不是东道国当地的法人组织)，既遵从东道国当地的法律，又遵从母公司所在国的法律。

如果瑞士市场上的1欧元等于120日元,那么我们的金融家会反其道而行之,以获得利润。金融家用1欧元兑换成120日元,用120日元在东京兑换成1.2美元,然后在巴黎兑换成1.2欧元,从而获得了0.2欧元的利润。在这个过程中,金融家供给欧元、需求日元,因而在瑞士市场向下推动欧元的日元价值。只要有利可图,这个过程就会一直持续——直到1欧元的价值下降至100日元。

11.3.2 远期外汇市场

从外汇市场结构上看,故事到此还没结束。部分归因于远程距离,国际交易在短时期内可能完成不了。巴黎的汽车进口商在底特律的订货时间和在法国的交货时间之间就有几个月之差。由于这一原因和其他因素,要进行国外贸易,就需要采用国内交易中没有的特殊支付工具。[9] 但对于我们的目的而言更重要的是,国际交易往往要求在未来进行支付。法国进口商经营汽车,并承担汽车贸易的正常风险。然而,由于订货和付款之间有几个月的时间差异,汇率在这段时间内的波动就会引起额外的不确定性。

进口商订购汽车之时,会承诺在交货时支付一定数目的美元。但在订货和交货之间的时期内,欧元的美元价值可能会发生变化,从而会影响到商品的欧元成本。例如,如果欧元汇率由1美元降至0.50美元,那么一辆20 000美元汽车的欧元成本就由20 000欧元升至40 000欧元。进口商希望得到保险以应对这种意外。保险措施之一就是远期外汇市场上的**对冲**(hedging),该市场允许进口商在订购商品的时候就决定到期支付时美元的欧元价格。进口商因而能够从一开始就权衡进口商品的价格。

如果交货期限为六个月,贸易商现在可以到银行购买 X 数量的六个月期限的美元。美元的欧元价格现在可以立即达成一致,但双方的真正交易——美元的欧元汇

---

⑨ 这里举一个关于国外贸易融资的事例。假定纽约出口商A出口价值2 000美元(=2 000欧元)的商品给罗马进口商B。出口商把商品装运到船上,并获得船主的货运文件。出口商A开出一张2 000美元的汇票给进口商B,并附上货运文件,并把汇票卖给纽约的一家银行。出口商A立刻得到银行的支付。纽约的这家银行把所有的相关文件邮递到它在罗马的代理银行,这家代理银行随后把相关文件已到的消息通知给进口商B。进口商B签下(承兑)这张汇票,表示接受到期支付的义务,于是,进口商B从银行那里获得了货运文件,这样他就能够在船只最终到港时获得这批商品。一旦汇票被签,它就变成了承兑汇票。罗马的这家银行在它业务联系的纽约银行账户中记入贷方,并在当地货币市场上出售(贴现)这张承兑汇票。于是,购买这张承兑汇票的投资者事实上就为这个商品贸易提供了融资,而此时商品还正在运输过程中。一旦承兑汇票到期,就可以要求进口商B进行支付。能够为承兑汇票提供融资,是一个城市成为国际贸易中心的先决条件。

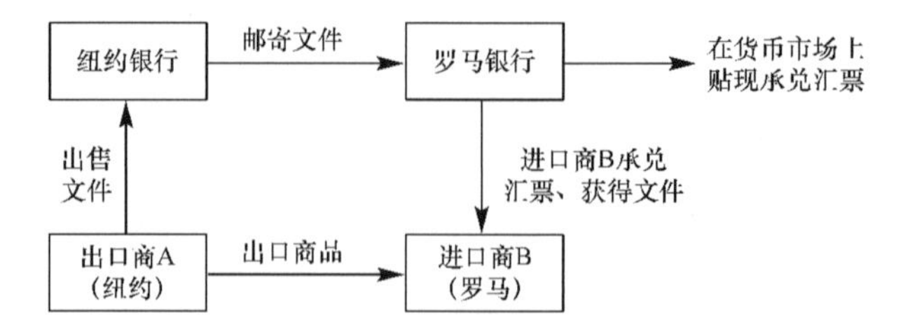

进一步的讨论,可参见"Recent Developments in the Bankers Acceptance Market," *Federal Reserve Bulletin*, January 1986。

远期汇率和即期汇率：远期汇率是规定在将来完成交易的汇率(但现在是已知的)，即期汇率是规定在两天内完成交易的汇率，这两者是有区别的。

率(或汇兑)——直到六个月之后才发生。这里涉及的价格就是**远期汇率**(forward exchange rate)，与之区别的是**即期汇率**(spot exchange rate)，后者应用于未来两天内完成的交易。在一个发展完善的金融中心，往往都有远期交易市场，该市场决定着 30 天和 90 天的期限和其他期限的远期汇率。[⑩] 如果没有汇率变化的风险，即期汇率和远期汇率会是一样的，正如加利福尼亚的美元和纽约的美元之间的比价是一样的。也就是说，在完全的确定性下，没有远期外汇市场。实际上，欧元的诞生消除了欧元区 17 个国家之间的远期外汇市场。

在有序的市场条件下，远期汇率和即期汇率之间的关联可以反映出两个金融市场的利率差异。让我们继续举法国进口商的例子。法国进口商从银行购买了六个月的远期美元。出售美元的银行不是一个投机机构。它往往希望，不仅确保在交货日获得美元，而且确保在交易中不会因汇率波动而发生损失。银行的自我补偿方式是，立即购入即期美元，并在纽约持有六个月，到六个月交货时就把美元交付给进口商。为此，法国银行获得了这些资金在这一段时期的纽约利息而不是巴黎利息。如果纽约利率低于巴黎利率，进口商就必须支付这个差额；与即期美元相比，远期美元会以一个**升水**(premium)出售，这一升水等同于两地之间的利率差异。另一方面，如果纽约利率高于巴黎利率，这实际上对银行保存资金是有利的，但在竞争的压力下，这一收益会传递给进口商；与即期美元相比，远期美元会以一个**贴水**(discount)出售，这一贴水等同于纽约和巴黎之间的利率差异。也就是说，进口商对远期美元的需求使银行有可能享受到较高利息的回报，但由于银行间的竞争，这些额外的收益传递给了进口商。如果没有这种需求，银行是不会把资金存储到纽约的，因为它担心欧元对美元升值情况下的汇率损失。

举一个数学例子有助于阐明这一点。假定法国进口商在六个月后需要 20 000 美元，而即期汇率为 1 美元＝1 欧元。如果纽约的六个月利率为 4%，而巴黎为 5%，那么卖给进口商 20 000 远期美元的法国银行，将向法国进口商收取 20 000 欧元(即期汇率)加上由于必须在纽约以 4%而不是在巴黎以 5%的利率存储资金而引起的 1%的利息损失，总费用会是 20 000＋200 (20 000 的 1%)＝20 200 欧元。六个月的远期汇率就是 1 欧元＝(20 000/20 200)＝0. 99 美元。远期欧元相对于即期欧元有一个 1%的贴水；相应地，远期美元相对于即期美元有一个升水。反过来，如果纽约的六个月利率为 4%，而巴黎的同期利率仅为 3%，那么卖给进口商 20 000 远期美元的法国银行，将向进口商收取 20 000 欧元减去由于在纽约以 4%而不是在巴黎以 3%的利率存储资金而引起的 1%的利息差额。竞争压力会迫使银行把这个利息差额传递给消费者。20 000 远期美元的总费用会是 20 000－200＝19 800 欧元。六个月的远期汇率是 1 欧元＝(20 000/19 800)＝1. 01 美元。远期欧元相对于即期欧元有一个 1%的升水，相应

---

⑩ 还有外汇期货市场。外汇期货市场提供标准化的合同，标准化的合同具有预先确定的数额和标准化的交割日期；远期外汇市场的合同可确定任何数额，具有具体的交割日期。参见 N. Fieleke, "The Rise of Foreign Currency Futures Market," *New England Review*, March 1985。

地,远期美元相对于即期美元有一个贴水。虽然即期汇率和远期汇率不相等,但它们往往会随着时间推移而趋于相等。

只要环境有序,信息完全,流动资金充足,那么远期汇率与即期汇率的比率就会反映出利率差。它们之间的任何差异都会给无风险收益创造机会,套汇者会进行操作,直到恢复这种关系为止。在这种情况下,套汇活动通过时间的推移而使得价格走向均等化,而不是通过某一给定时点上的地理中心之间的差异,但原理是一样的。

> **利率平价**:利率平价保证了即期汇率和远期汇率之间的关系等于两个金融市场之间的利率差。

在现实中,由于下述几个原因,这种远期汇率与即期汇率之间的期望关系或许是不存在的。首先,市场是不完全的,例如交易费用和不完全信息(同一城镇两家银行的储蓄账户可以有利率差异,在很大程度上就说明了这点)就能够扭曲这种关系。其次,由于各种风险的存在,例如外国政府对资金流动可能施加限制,国内资产和国外资产不能被认为是完全互相替代的。第三个原因是人们多样化持有财产以使风险最小化的愿望。我们可能会想到,所有金融从业者均有一个多种金融资产的投资组合,包括股票、债券、商业票据以及其他金融资产等。假如他们是风险规避者(喜欢规避风险),那么他们将尽量地多样化他们的投资组合,从而尽可能地最小化违约风险(他们不会把所有鸡蛋放在同一个篮子)。购买国外资产是实现风险规避的一个方法。因此,即使在没有利率差异的情况下,人们也会为了减少风险而买入和卖出国外资产,并因而造成国际资本的流动。

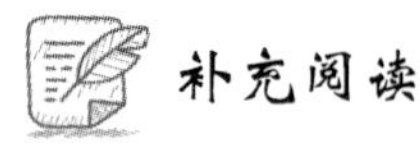

理解这种关系的另一个方法是阐述随时间而均等化的原理。每种货币的未来价值等于它的现值加上既定时期用该货币计价的资产利息(反过来说,为了把货币的未来价值转换成现值,我们应该用利率进行贴现)。因此,如果欧洲的年利率记为 i_e,那么一年后的欧元价值(用$€_f$表示)等于它的现值($€_p$)加上附加的利率。

$$€_f = €_p(1+i_e)$$

一年后的美元价值也适用于这样的公式(其中 i_{NY}表示纽约的年利率):

$$\$_f = \$_p(1+i_{NY})$$

将第二个等式除以第一个等式,我们得到下述公式:

$$\frac{\$_f}{€_f} = \frac{\$_p}{€_p} \times \frac{1+i_{NY}}{1+i_e}$$

这里显示的两个货币之间的比率分别是美元兑欧元的远期汇率和即期汇率,分别用r_f和r_p表示,则:

$$r_f = r_p\,\frac{1+i_{NY}}{1+i_e}$$

这就是著名的**利率平价**(interest rate parity)公式。它表明,远期贴水或升水等于利率差。

11.3.3 投机

> **空头和多头**：与套汇不同，无论在即期外汇市场，还是在远期外汇市场，投机都具有风险。空头是某种外国货币的远期卖出，投机者并不持有这种外国货币；多头是某种外国货币的远期买进，投机者并不需要这种外国货币。

与套汇不同，**投机**(speculation)不涉及抵补头寸行为(在我们的例子中，银行从事抵补头寸的行为)。相反，他们涉及存在外汇风险。当投机者卖出远期外汇，与此同时又没有同等数量的该货币的买进时，我们就称投机者建立了一个**空头**(short position)，以期望合同到期时用更低的即期汇率购买它。当投机者购买远期外汇，与此同时又没有在交付时间到来时进行即期支付的义务时，我们就称投机者建立了一个**多头**(long position)，以期望用更高的即期汇率卖出它，从而赚取利润。举一个例子说明这点：假定 90 天期限的远期汇率(现在已经知道)是 1 欧元=1 美元。如果你预期从现在开始 90 天后的即期汇率是 1 欧元=0.90 美元，那么你会以每欧元等于 1 美元的价格建立卖出欧元的空头头寸，目的是在合同到期时以每欧元 0.90 美元的价格买回欧元。如果你的预期实现，你将履行合同，交付欧元，并在此过程中从每欧元赚取了 0.10 美元(1.00 美元-0.90 美元)的利润。另一方面，如果你预期 90 天后的即期汇率是 1 欧元=1.10 美元，那么你会以每欧元等于 1 美元的价格建立买入欧元的多头头寸，目的是在合同到期时以每欧元 1.10 美元的价格卖出它们。如果你的预期实现，你将履行合同，并在此过程中从每欧元赚取了 0.10 美元(1.10 美元-1.00 美元)的利润。

由于投机者不从事抵补头寸的行为，因此他们不关心利率之间的关系。对于投机者而言，最重要的是市场的远期汇率与他们个人关于未来某一时期即期汇率的预期之间的关系。实际上，如果投机基金具有足够的资金数量，而且市场条件也不是那么稳定(例如市场具有汇率调整的预期)，以至于市场条件完全被投机活动所主导，那么投机基金就可能制造利率差异，然后套汇基金能够对此进行抵补。

投机也可以发生在即期外汇市场上，人们购买预期升值的货币，卖出预期贬值的货币。如果一种货币疲软，且政府捍卫它的能力又不可信，那么投机者就能通过大规模地卖出该货币并换取其他货币来施加额外的压力。短期资本，有时称为"热钱"(hot money)[⑪]，会离开这个国家而去往具有强势货币的其他金融中心。投机者会购买强势货币。这种压力常常会对国际金融市场造成严重的干扰。例如，在 1992 年和 1993 年期间，德国的高利率造成了大量金融资本从其他欧洲国家流向德国，迫使一些货币相对于德国马克贬值，并最终破坏了欧洲的汇率关系。不仅专业投机者从事投机活动，而且大型的国际公司也从事投机活动，后者调整它们的资产投资组合以适应汇率的预期变化。甚至街角的零售店主也从事投机活动，他会将多余的现金兑换成他所认为的强势货币。因此，投机者与贸易商不同，他们购买和持有外汇的原因就是购买并持有外汇，他们的需求来自从货币本身价格的变化中获取利润的愿望。

---

⑪ 严格地说，"热钱"指违背利率差的资本流动，但金融报刊常用"热钱"表示任何形式的投机性资本流动。

总结

本章解释了市场汇率是如何决定的,以及汇率每日变化的原因。国际收支的供给和需求力量影响了外汇市场,从而决定了汇率。例如,欧洲的美元需求表示美元的支出。在图形上,它表示为负斜率,因为随着外国货币的升值,以本国货币计价的该国进口就变得更加昂贵。因而居民会减少进口,并在国外花费更少的美元。另一方面,欧元区的美元供给表示美元的收入。如果对欧元区商品的国外需求是相对具有弹性的,那么美元收入表示为正斜率。一国的经济变化造成了外汇需求曲线和供给曲线的移动。从短期看,利率的变化对汇率具有很强的影响。一国利率相对于国外主要利率的上升(下降)造成了其货币的升值(贬值)。财政扩张提高了利率,从而引起本币升值;财政紧缩则有着相反的效应。货币扩张降低了利率,从而造成本币贬值;货币紧缩的情况则相反。

从长期看,相对价格的变化对汇率具有深远的影响。例如,经历持续性通货膨胀的国家,其货币将出现贬值。购买力平价理论表明,从长期看,两个国家货币的相对购买力决定了双边汇率。当汇率从一个均衡点转移到另一个均衡点时,它往往先是超调,然后再退回到新的长期水平。出现这种情况的原因是价格水平的反应有一个时滞,而汇率的反应则是迅速的,此时汇率必须吸收任何政策变化的全部影响。一些其他因素也会影响外汇的需求和供给,从而影响了汇率。

外汇市场规模庞大,而且组织良好,具有秩序性。三角套汇确保了交叉汇率的有序性。远期汇率涉及未来某个时点完成的交易。远期汇率与即期汇率的联系反映了两个金融市场之间的利率差异。这种联系就是著名的利率平价。对投机者而言,最重要的是远期汇率(现在已知)和投机者预期的未来即期汇率之间的关系。

重要概念

外汇市场
自由浮动(或浮动)汇率
升值
贬值
美元需求
美元供给
汇率超调
购买力平价(PPP)
投机泡沫
管理浮动
套汇
交叉汇率
三角套汇
对冲
远期汇率
利率平价
即期汇率
远期汇率贴水
远期汇率升水
投机
空头头寸
多头头寸

复习题

1. 假定某日主要汇率如下：

1 美元＝110 日元；　1 美元＝1 欧元

   a. 上述两种汇率的倒数各为多少？

   b. 请计算欧元和日元之间的双边汇率(交叉汇率)，以及它们的倒数。

2. 1999—2008 年期间，欧元-美元汇率符合购买力平价理论吗？

3. 根据图 11-1 到图 11-3 绘图，并用相应的图形分析美元-日元汇率。设初始汇率为 1 美元＝100 日元。

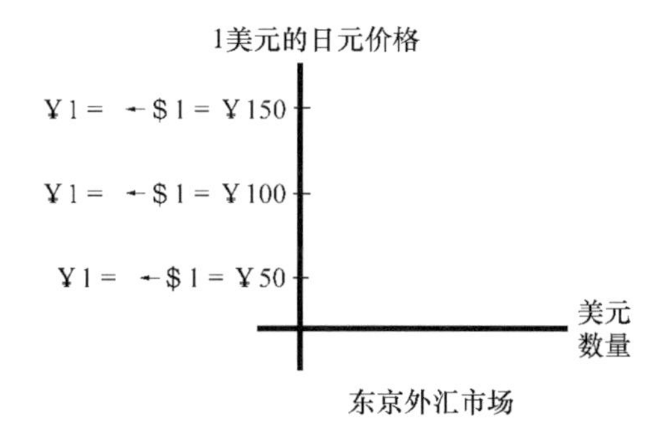

4. 20 世纪 80 年代初期，美国实行了财政扩张政策和货币紧缩政策。

   a. 你认为这种政策组合对美国利率有什么影响？

   b. 这会怎样影响美元的汇率？

   c. 美国在国内和国际上的竞争性地位有什么变化？你认为美国贸易账户有什么变化？

   d. 1984 年的美元汇率是否符合购买力平价理论？请解释。

   e. 1985—1988 年期间，美国彻底转变了这种政策组合，请描述它的影响。

5. 1993 年，美国实行紧缩性财政政策，而日本实行扩张性财政政策。假定两国的货币政策都没有变化，你认为相对利率和美元-日元双边汇率有什么变化？

6. 为什么美国出口商在 2003 年乐于看到美元贬值？

7. 货币政策和财政政策如何影响汇率？为什么？

8. 解释以下术语：

a. 套汇	b. 三角套汇	c. 投机
d. 即期汇率	e. 远期汇率	f. 远期市场
g. 空头	h. 多头	i. 汇率超调
j. 投资组合	k. 直接投资	

9. 利率是如何决定远期汇率的？解释“利率平价”。

10. 描述下列每一种情况如何影响加拿大元的汇率(浮动汇率)和加拿大制造业的竞争性地位。

a. 外国公司在加拿大的直接投资增加了10%。

b. 由于俄罗斯的大丰收,加拿大的小麦出口下降了。

c. 根据加拿大政府的命令,加拿大对美国的天然气出口削减了5%。

11. 解释下面这句话:“货币政策通过两个渠道影响汇率,因而它的影响非常大。”

12. 为什么货币政策可能造成汇率超调?

第 12 章 国际货币体系

在第二次世界大战结束之后的近三十年间，世界上的货币都相互间保持一个固定的兑换比率（即固定或钉住汇率的制度）。但是这一汇率制度于 1973 年 3 月崩溃，取而代之的是一种浮动汇率制和固定汇率制的混合体。我们将在接下来的部分讲述固定汇率制以及 1973 年以来主导的现行汇率制度。

12.1 固定汇率

> **法定贬值与法定升值**：在固定汇率制下，当市场力量推动汇率离开预定水平时，政府就通过买进和卖出外汇而把汇率固定在预定水平。货币法定贬值和货币法定升值这两个专有名词，描述了政府法令允许的货币兑换价值的下降或上升。

固定汇率制与自由浮动的汇率形成鲜明对比。正如其名字暗示的那样，**固定汇率**不允许汇率在市场上自由波动，或者随供给和需求的日常变化而波动。相反，政府固定了货币的兑换价值。图 12-1 说明，假定**欧洲中央银行**将其货币的汇率固定在 1 美元＝1 欧元或者与此等价的 1 欧元＝1 美元的水平上（假定欧元的汇率是固定的，仅仅是假定），并规定汇率波动的上限和下限。由需求和（或）供给曲线的移动所引发的汇率变动只允许在这个范围内。欧洲中央银行在法兰克福等外汇市场上购买和出售美元，以维持其货币的波动范围。为了清楚地说明这一点，图 12-1 所示的波动范围画得比实际上的固定汇率的范围宽得多。上限和下限之间的差距，称为**波动差价**（spread 或 band）。在图 12-1 中，它是 1.1 欧元与 0.9 欧元之间的 0.2 欧元。因为欧元的中心值（有时称为平价）定在 1 美元＝1 欧元的水平，所以波动差价为 20 欧分，或者在中心值两边各为 10％。

如果美元贬值到其波动差价的下限，即 1 美元＝0.9 欧元（意味着欧元升值到 1.1 美元），中央银行就买进足够的美元，卖出欧元，以“保卫”波动差价的下限。相反，如果美元升值到 1.1 欧元（意味着欧元贬值到 0.9 美元），中央银行就卖出足够的美元，买进欧元，以“保卫”波动差价的上限。我们知道，一个国家的货币供给，是由其中央银行

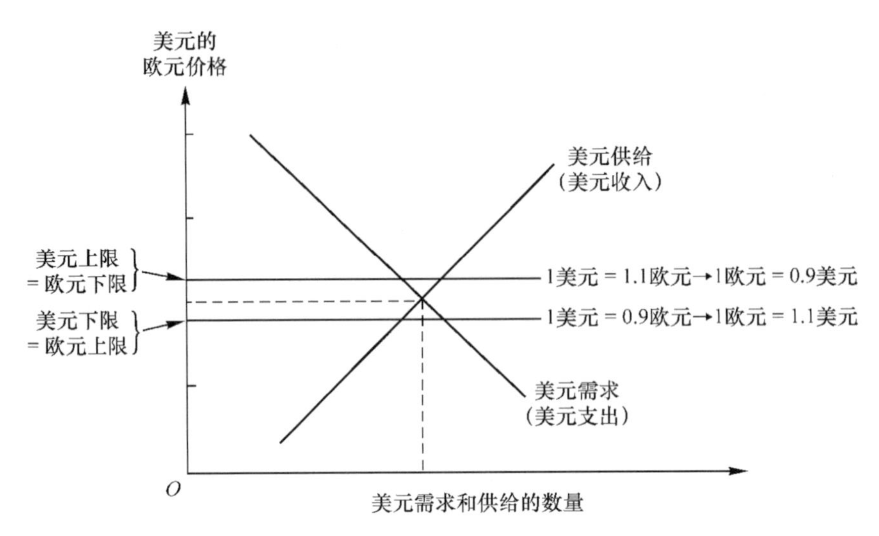

图 12-1 假定的固定汇率制

在固定汇率下,汇率可以在政府设定的“波动差价”(上限和下限)内波动,不可以超出“波动差价”。

以外的机构所持有的国内货币(对于欧元区而言,它就是欧元)来衡量的。一国中央银行以外国货币的形式持有该国的国际储备,从这个角度看,美元是欧洲的储备货币,但不是美国的储备货币。因此,当欧洲中央银行买进美元、卖出欧元时,它的美元储备增加,其以欧元衡量的国内货币供给增加。相反,当中央银行卖出美元、买进欧元时,它的美元储备减少,国内货币供给下降。

图 12-2 说明了第一种情况。美元供给增加到 S',在自由浮动的汇率下,均衡点会移动到 e 点,但由于政府设定的 0.9 欧元=1 美元的限制,产生了数量为 $\overline{ab}$ 的美元超额供给。欧洲中央银行买进 $\overline{ab}$ 数量的美元,卖出相应的欧元,并将买进的美元增加到其中央外汇储备,以维持汇率的波动差价。实际上,所有银行不得不做的事情,就是随时准备以这个价格用欧元购买无限量的美元。如果能从中央银行得到 1 美元=0.9 欧元的价格,私人贸易商就不会以低于 0.9 欧元的价格卖出美元。1 美元=0.9 欧元的汇率是欧洲中央银行的**美元买入点**。请注意,需求的下降(需求曲线左移)也能产生美元的超额供给,它可以使相应的均衡汇率移动到波动差价下限以下。

> **美元买入点**:当本国货币(如日元)的价值上升到其上限时,就产生了美元买入点。中央银行卖出本国货币,买进美元,其美元储备和本国货币供给增加。在冲销式干预的情况下,中央银行卖出政府债券,以抵消货币供给的增加。

当欧洲中央银行买进美元、卖出欧元时,它的官方美元储备增加,并且欧元区的货币供给(以中央银行以外机构持有的欧元来衡量)扩张。允许一国的货币供给受到影响的货币干预,被称为非冲销式干预。如果中央银行希望防止货币供给的增加,那么它就会卖出欧洲政府债券,以“吸收”由此产生的新货币。因而,这两个步骤等同于中央银行买进美元、卖出欧洲政府债券。不影响国内货币供给的货币干预,被称为**冲销式干预**(sterilized intervention)。大多数的货币干预都是冲销式干预。

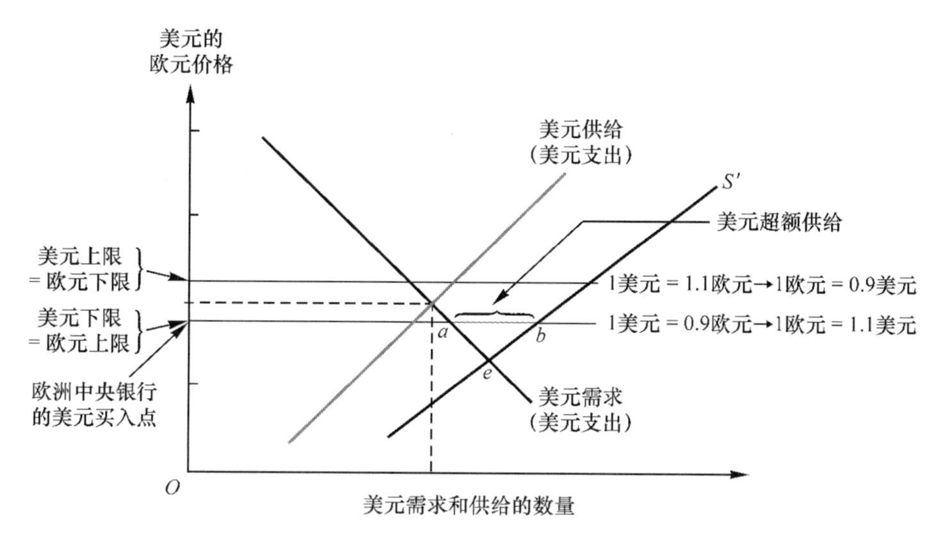

图 12-2　美元的超额供给(或者欧元的超额需求)

美元供给增加到 S',产生 $\overline{ab}$ 数量的美元超额供给,欧洲中央银行买进这一超额数量的美元,卖出相应的欧元。

如果中央银行的美元储备越来越饱和,并且不希望进一步积累储备,那么它必须允许美元价格下跌到波动差价下限之下,或者允许欧元升值。在浮动汇率制下,这种变化会时时发生,但每次的变化量很小;但在固定汇率制下,汇率的变动由政府法令宣布,这种变化不经常发生,且不连续。欧元兑换价值的增加,被称为**法定升值**(revaluation,而不是升值)。例如,欧洲中央银行宣布欧元从 1 欧元=1 美元法定升值到 1 欧元=2 美元,并将波动范围从 1 美元=0.45 欧元扩大为 1 美元=0.55 欧元。

图 12-3 说明了第二种情况。美元需求增加到 D',在自由浮动的汇率下,均衡汇率会移动到 e 点。但由于政府设定的 1.1 欧元=1 美元的限制,产生了数量为 $\overline{cd}$ 的美元超额需求。欧洲中央银行从其中央外汇储备中卖出数量为 $\overline{cd}$ 的美元(买进相应的欧元),以维持汇率的波动差价。实际上,所有银行不得不做的事情,就是随时准备以这个价格卖出没有数量限制的美元。如果能从中央银行得到 1 美元=1.1 欧元的价格,私人贸易商就不会以高于 1.1 欧元的价格买进美元。1 美元=1.1 欧元的汇率是欧洲中央银行的**美元卖出点**。请注意,供给的下降(供给曲线左移)也能产生美元的超额需求,它可以使相应的均衡汇率移动到波动差价上限以上。

> **美元卖出点**:当本国货币的价值下降到其下限时,就产生了美元卖出点。中央银行买进本国货币,卖出美元,其美元储备和本国货币供给减少。在冲销式干预的情况下,中央银行买进政府债券,以抵消货币供给的减少。

当欧洲中央银行卖出美元、买进欧元时,它的官方美元储备减少,并且欧元区的货币供给收缩。这是非冲销式干预的情况,因为它影响了欧元区的货币供给。如果中央银行希望防止货币供给的下降,那么它就会在公开市场上买进政府债券,从而补充货币供给。于是,这两个步骤等同于卖出美元、买进政府债券。因为其国内货币供给保持不变,这就被称为外汇市场上的冲销式干预。

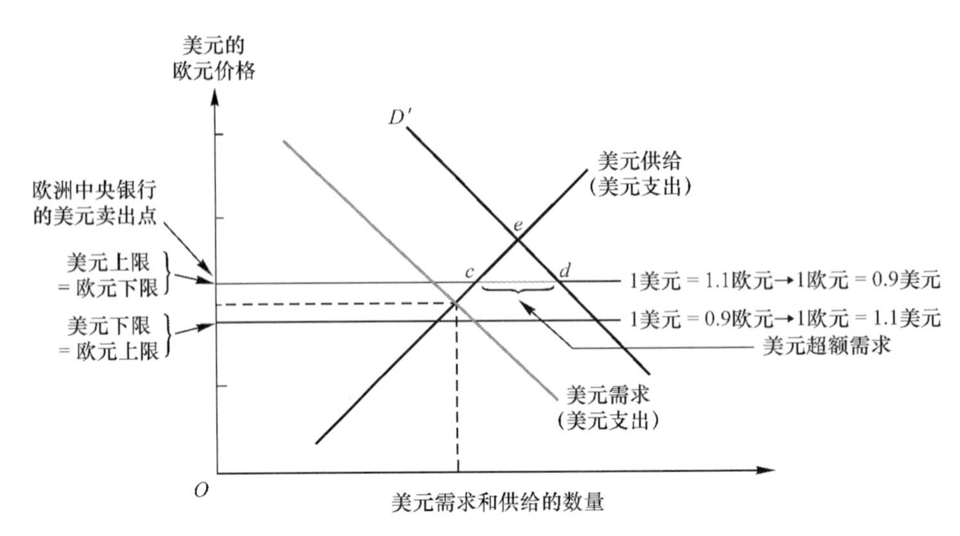

图 12-3　美元的超额需求(或者欧元的超额供给)

美元需求增加到 D',产生数量为 $\overline{cd}$ 的美元超额需求,欧洲中央银行卖出这一超额数量的美元,买进相应的欧元。

如果欧洲中央银行的美元储备枯竭,则它不得不允许美元升值到其波动差价的上限之上,或者允许欧元贬值。在固定汇率制下,政府法令宣布这些汇率变化,并且汇率变化不经常发生,且不连续。货币兑换价值的下降,就是**法定贬值**(devaluation,而不是贬值)。在刚才的例子中,中央银行希望欧元从 1 欧元=1 美元贬值到 1 欧元=0.50 美元,并且其波动范围发生相应的变化。

在固定汇率下,汇率设定在一个预先决定的水平。中央银行承诺维持该汇率水平,并维持汇率波动的上限和下限。所以,不能期望汇率自身能出清市场——出清市场的功能是指:只要允许价格不断变化,价格机制就能出清市场。因而,官方外汇储备的变化必须填补外汇超额供给或者外汇超额需求的缺口,因此,官方储备的变化是国际收支盈余或者赤字的恰当度量。

固定汇率制的历史

在两个历史时期内,所有主要货币的汇率都是固定的,即金本位制时期(1870—1914 年)和布雷顿森林体系时期(1944—1973 年)。

金本位制时期(1870—1914 年)　在**金本位制**(gold standard)下,所有货币的对外价值,均通过其价格与黄金的挂钩来保持。各国中央银行随时准备以本国货币的一个固定价格买进和卖出无限量的黄金。因为黄金是衡量所有货币之间固定关系的**一般等价物**(common denominator),因而它可以发挥维持两国货币之间兑换比率的作用。例如，如果一盎司纯金分别值 22 英镑、44 美元、88 德国马克和 264 法国法郎[1]，则汇率就固定在 1 英镑＝2 美元＝4 德国马克＝12 法国法郎（和 1 美元＝0.5 英镑＝2 德国马克＝6 法国法郎，而 1 德国马克＝3 法国法郎，等等）。围绕这些价值只会发生小幅波动，而运输黄金的成本决定了波动范围的幅度。为了能够以固定价格实现本国货币与黄金的兑换，各国中央银行不得不维持黄金储备。因此，黄金既是一般等价物，也是**官方储备资产**（official reserve asset）。

布雷顿森林体系时期（1944—1973 年）　它是第二次世界大战结束后出现的一种货币安排——黄金不再占统治地位，在美国新罕布什尔州举行的**布雷顿森林会议**发起了这一货币安排。作为该体系的核心，美元取代了黄金的地位。所有的货币以固定汇率钉住美元，图 12-2 和图 12-3 说明了这种钉住方式。买进和卖出美元的汇率波动范围只允许有 2%。因为美元是衡量所有货币之间固定关系的一般等价物，所以各个货币之间也互相钉住。例如，如果 1 美元＝0.50 英镑＝2 德国马克＝6 法国法郎，那么 1 英镑＝4 德国马克＝12 法国法郎，并且 1 德国马克＝3 法国法郎。各国中央银行在各自外汇市场上的货币干预是用美元来进行的。

为了保持本国货币和美元之间的固定汇率，各国中央银行都持有官方美元储备。当美元到达其波动范围的上限时，由此产生的美元超额需求，是由这些官方美元储备来解决的，如图 12-3 所示。它消耗了该国的官方储备。当美元到达其波动范围的下限时，由此产生的超额美元供给，就表现为官方储备的增加，如图 12-2 所示。

因而，美元是该体系的一般等价物和官方储备货币。因为各国中央银行在其本国市场上通过美元进行干预，以保持其货币对美元汇率的稳定，所以美元也是**干预性货币**。最后，为了使中央银行能在其本国货币市场上买进和卖出美元，各国不得不有一个美元私人市场。实际上，全世界的私人和私立机构在其各自的商业银行里都保持着美元账户，因而，在美国之外被持有的美元数额巨大。

如图 12-2 和图 12-3 所示，使其货币钉住美元是每一个非美元国家中央银行的责任。因为所有其他的货币都钉住美元，美国就处于被动的立场，美元的汇率也是稳定的。因而，如果美国出现国际收支赤字（盈余），那么买进（卖出）美元以阻止其货币相对升值（贬值），就成为欧洲和日本中央银行的责任。实际上在 20 世纪 60 年代和 70 年代初期，急剧增长的美元对外赤字造成了欧洲和日本美元储备的大量增加。因为它们的美元储备已经饱和，它们对布雷顿森林体系的不满就日益加剧。接着，美国也抗议这个体系，因为它不能改变美元的汇率。70 年代初期，市场力量的冲击终于导致了布雷顿森林体系的瓦解，并引入了现行的货币体系。

在 2000—2013 年，使其汇率钉住美元的主要货币（但不是唯一的货币）是中国的人民币。一些货币钉住欧元。

---

[1] 德国马克和法国法郎分别是德国和法国的货币，后来都被欧元取代。近来研究表明，"核心"国家与具有浮动汇率的外围国家进行了大量贸易，这有助于调整进程。参见 L. Catao and S. V. Solomos, "Effective Exchange Rates and the Classical Gold Standard," *American Economic Review*, September 2005, pp. 1259—1275。

12.2 现行的国际货币体系

自1973年3月19日以来,国际货币体系一直是固定汇率制和浮动汇率制的混合体。

12.2.1 浮动货币

在主要货币中,美元、欧元、英镑、日元、加拿大元和澳大利亚元都允许在市场上浮动,需求和供给条件决定着它们的汇率。自1997年以来,亚洲(例如韩国和泰国)和拉美(例如巴西和墨西哥)的几个发展中国家也采用了浮动汇率。为了平滑浮动,或者为了维护金融秩序,或者为了防止汇率向上或向下波动到他们认为过度或不可接受的程度,各国货币当局经常干预外汇市场。

有管理的浮动:指受到政府干预的浮动汇率。这种干预一般是"冲销式"的干预,即买进和卖出政府债券以阻止其干预行为对货币供给的影响。美元、欧元、英镑和日元都实行有管理的浮动。

当收入超过支出,进而推动着货币的兑换价值上升到货币当局认为过度的水平时,中央银行就卖出本国货币、买进外国货币,以减轻汇率的上升。为此,该国的国际储备和国内货币供给增加。随着货币供给增加,利率下降,货币升值就得到了缓解。如果中央银行害怕货币供给增加的通货膨胀效应,它可以在公开市场上卖出政府债券(即冲销性外汇干预)来予以抵消。也就是说,中央银行卖出国内债券、买进外国货币。相反地,当资本外流推动本国货币的兑换价值下降时,中央银行可以卖出外国货币、买进本国货币,以缓和汇率的下降。于是,货币供给减少,利率上升,货币贬值就得到了缓解,国家的国际储备也减少了。在冲销式干预下,中央银行在公开市场上买进政府债券来抵消货币供给的下降。也就是说,中央银行卖出外国货币、买进国内债券。

受到政府干预的浮动,就是所谓的管理浮动或"肮脏"浮动;而没有受到政府干预的浮动,就是自由浮动或"清洁"浮动,两者是有区别的。但即使在严格的管理浮动下,官方也不承诺去维持一定范围的波动幅度。总而言之,浮动可以是自由的或者是有管理的,而且,管理浮动下的干预可以是冲销式的(此时国内货币存量免受干预影响并且保持不变),也可以是非冲销式的。大多数浮动货币的基础都是具有冲销式干预的管理浮动制。[②] 干预有时可以是大规模的[③],例如,1999—2000年期间,几个主要国家的中

---

② 参见O. Humpage, "Exchange Market Intervention. The Channels of Influence," Federal Reserve Bank of Cleveland, *Economic Review*, 1986, no. 3; "Intervention and the Dollar Decline," Federal Reserve Bank of Cleveland, *Economic Review*, 1988, no. 2; 以及 *Economic Commentary*, March 1, 1996。

③ 冲销式干预对日元-美元汇率具有较小的但持久的影响,有关证据,可参见 *IMF Survey*, July 31, 2000, pp. 254—256。但是日本在2003年的冲销式干预并不成功。欧洲中央银行在2004年年初以"谈话方式"对欧元升值进行的干预,也不成功。*Federal Reserve Bank of New York Monthly Review* 公布有关汇率变化和政府干预外汇市场的报告。

央银行联合干预,以支持欧元。2003—2005年期间,日本中央银行出售了几万亿日元,买进美元,以阻止日元对美元的升值。其他东亚国家也做过同样的事情,中国曾经购买了几十亿美元以维持其固定的美元-人民币汇率。印度货币卢比是浮动的,但其汇率因干预而保持了稳定。用这种干预方式获得的美元,被用来购买了美国的国债,因而有助于美国预算赤字的融资。相对于老布什政府而言,克林顿政府对外汇市场的干预程度下降了。美国的外汇干预是用欧元和日元来进行的,但其他国家则主要是用美元。

上述讨论表明,固定汇率和浮动汇率之间的对比应该被视为一个连续的统一体,而不是一个双向的分裂体。一端是汇率的完全自由浮动,另一端则是汇率的完全固定不变。自由浮动的汇率能够遵从中央银行的干预,并且随着干预或者管理程度的增加,货币体系逐渐向固定汇率制的方向移动。另一方面,可以在固定汇率上增加波动差价的范围,汇率可以在波动差价范围内进行波动。随着波动差价范围的增大,货币体系逐渐向浮动汇率制的方向移动。当波动范围接近无限大,并且政府不再干预时,货币体系便成了自由浮动。

应该注意到自由浮动和管理浮动之间的两个不同。首先,在自由浮动汇率下,汇率将确立在某一点,使国际收支达到总体均衡(即,私人收入等于私人支出),但是在管理浮动下却不会出现这种情况,中央银行的干预会促使汇率偏离它的均衡值,而非接近均衡值。其次,当汇率自由浮动时,就不再需要储备,因为汇率总会出清外汇市场。与此相比,对于货币管理浮动的国家而言,当该国中央银行缓解货币升值时,就会积累其国际储备,而当它缓解货币贬值时,就会动用其国际储备。

在自由浮动汇率下,对外赤字(盈余)表现为货币的贬值(升值);在固定汇率下,对外不平衡造成国际储备的变化,并且国际储备的增加或减少分别构成了盈余或赤字的度量(参见第10章);在管理浮动汇率下,国际收支差额既引起汇率的变化,也引起国际储备的变化。因为汇率的变化在管理浮动下可以吸收国际收支不平衡的一部分,所以国际收支平衡表并不能清楚地说明该国的对外收支状况。从事国际贸易的国家面临的一个主要问题是:外汇市场的官方干预,应当在多大程度上受到IMF监督实施的一系列规则的制约。

12.2.2 欧元——17个国家的共同货币

如前文所述,另一个主要的浮动货币是欧元,它于1999年1月1日诞生,当时规定的汇率是1欧元=1.17美元。在接下来的20个月里,其汇率下降到只有约0.83美元,然后在2003—2004年期间上升到超过了1.30美元,到2009年又上升到1.50美元。最初采用欧元的12个国家是德国、法国、意大利、西班牙、葡萄牙、爱尔兰、芬兰、荷兰、比利时、卢森堡、奥地利和希腊。另外5个国家自2000年之后采用了欧元。欧元是第一个没有得到单一政府支持的主要货币。英国、丹麦和瑞典是欧盟的成员国,但选择不加入欧元区并保留其各自的货币。一些在2004—2007年加入欧盟的欧洲国家,也许有资格在未来采用欧元。

欧元:17个欧洲大陆国家用一个共同货币来取代本国货币,这个共同货币就是欧元(€)。它们建立了欧洲中央银行(ECB)来决定整个欧元区的货币政策。

为了实施整个欧元区的货币政策,欧洲中央银行建立起来了,其总部设在德国法兰克福。[④] 在1999—2008年期间,它多次改变了利率。它也偶尔干预外汇市场。有时候这种干预是与美联储和日本中央银行一起协同进行的。欧元的基础是管理浮动制。无论是作为国际储备货币,还是在全球市场上,欧元都是仅次于美元的世界第二重要的货币。

12.2.3 钉住汇率

钉住汇率:许多发展中国家(地区)将其货币钉住某个单一的货币,或者钉住一篮子货币。用货币局制度来代替中央银行对汇率进行调节,是一种保持汇率稳定的比较可靠的方式,与用美元来代替本国货币一样(美元化),是一种比较可靠的方式。

许多货币,尤其是许多发展中国家(地区)的货币,都通过政府干预钉住某种主要货币——主要是美元。中国的人民币就是钉住美元的主要货币。钉住汇率的一种可靠方式是建立货币局,货币局发行国内货币的基础是相应地存有100%的外汇储备。中国香港地区、爱沙尼亚就有这样的货币局。另一种方式是放弃本国自己的货币,使用另一种货币,例如美元。厄瓜多尔和萨尔瓦多自2000年之后就是这样做的。[⑤] 但大多数国家(例如中国)都通过政府干预来钉住它们的货币。

有些货币钉住多种主要货币(一篮子货币)的加权平均值。[⑥] 还有一些国家的中央银行另辟蹊径,根据通货膨胀或者官方储备等经济指标来调整汇率。许多发展中国家维持了对货币交易的政府管制,即所谓的外汇管制。

钉住一篮子货币将其货币钉住几种主要货币(常常是其主要贸易国的货币)的加权平均值。有些货币钉住国际货币基金组织的特别提款权(SDR),而特别提款权则是美元、欧元、日元和英镑的加权平均值。但因为一篮子货币(例如特别提款权)不能在私有市场上交易,所以干预是用美元来进行的,以管理钉住汇率。因为IMF每天公布美元和特别提款权之间的汇率,所以一个国家可以调整它的美元汇率,以维持其货币相对于特别提款权的固定汇率。例如,如果沙特阿拉伯希望将里亚尔(其本国货币)钉住特别提款权,并保持1里亚尔=1特别提款权,那么,若某天1特别提款权=1.40美元,它就使其货币在1里亚尔=1.40美元的水平上钉住美元;若第二天1特别提款权=1.30美元,它就使其货币在1里亚尔=1.30美元的水平上钉住美元。任何其他的被钉住的一篮子货币,均与此相似。

12.2.4 汇率制度小结

表12-1总结了汇率制度,将其分为三个大类型:硬钉住(完全的固定汇率)、浮动

---

④ 与很多人的预期相反,伦敦仍然是欧洲的主要金融中心。

⑤ 欧洲中央银行不鼓励其他国家采用欧元,美国对待美元化的政策也一直是被动地接受。参见D. E. Eltig, "Dollarization: What's in It for the U. S. ?" *Economic Commentary*, F. R. Bank of Cleveland, October 15, 2002。

⑥ 参见S. Takagi, "Pegging to Currency Basket," *Finance and Development*, September 1986;以及D. Burton and M. Gilman, "Exchange Rate Policy and the IMF," *Finance and Development*, September 1991。

表 12-1 汇率制度

汇率制度	
固定汇率	放弃独立法定货币的汇率[a]
(硬钉住)	货币局[b]
钉住汇率	一般的固定钉住汇率[c]
	水平波动区间内的钉住汇率[d]
	爬行钉住汇率[e]
浮动汇率	爬行波动的汇率[f]
	不预先宣布汇率轨迹的管理浮动[g]
	独立浮动[h]

a. 包括 17 个欧元区国家,以及使用其他国家货币的国家,例如厄瓜多尔和萨尔瓦多。
b. 例如,中国香港地区。
c. 包括中国人民币在内的 60 多种货币钉住一个单一的货币,而 15 种货币钉住一篮子货币。
d. 具有较宽波动区间的钉住汇率,例如斯洛伐克共和国和叙利亚。
e. 汇率维持在一个波动范围内,货币当局在一个预先宣布的小幅度范围内对汇率定期进行调整(例如哥斯达黎加)。
f. 波动范围更宽,货币当局在一个预先宣布的范围内对汇率定期进行调整(例如以色列)。
g. 例如,印度和泰国。
h. 例如,美国、欧元区、日本、瑞士、英国、澳大利亚、加拿大、巴西和韩国。

汇率,以及这两端之间的中间政策机制。近年来,一直有这样一种趋势,即从中间类型的汇率制转向两端之一的汇率制。⑦ 例如,巴西和韩国就在 1997 年用浮动汇率取代了钉住汇率,17 个欧洲大陆国家采用了欧元。研究表明,与那些固定汇率制的经济体相比,具有弹性汇率的经济体经济增长更快。⑧ 但这一问题仍具有争议性。

12.2.5 美元的作用

美元的地位:尽管与布雷顿森林体系时期相比,美元的重要性已有所降低,但仍然占据了中心地位,发挥着交易货币、储备货币、媒介货币和干预货币的功能。

与布雷顿森林体系不一样,现行的货币体系不再将其主要货币钉住美元。结果,美元现在也成为一种浮动货币。这个体系不再需要一个一般等价物;因此,美元或者任何其他资产都不能承担一般等价物的功能。但是,美元仍然居于该体系的中心位置,承担着自布雷顿森林体系时期延续而来的一些功能:

1. 尽管不再是一般等价物,美元仍然保留着汇率的参照作用,因为其他国家都用美元来衡量其货币波动。

---

⑦ 参见 Stanley Fisher, "Exchange Rate Regimes: Is the Bipolar View Correct?" *Journal of Economic Perspectives*, Spring 2001, pp. 3—24, *Finance & Development*, June 2001, pp. 18—21 以及 September 2003, pp. 24—27。还可参见 H. Stone, H. Anderson, and R. Veyrune, "Exchange Rate Regimes: Fix or Float?" *Finance and Development*, March 2008, pp. 42—43。

⑧ 参见 *NBER Digest*, January 2004。

2. 在管理浮动制下,美元是主要的干预货币。中央银行在各自的外汇市场上买进和卖出美元,以影响其汇率。大多数实行**钉住单一货币**的国家,都将其货币钉住美元,并让其货币与美元一起波动。只有私有部门广泛使用的资产或货币才能够充当稳定汇率的干预货币的作用,因为只有这样的货币才能被中央银行在各自的外汇市场上买进和卖出。

3. 美元是主要的官方储备货币,因为中央银行需要美元储备来干预各自的市场。事实上,国际上61%的储备以美元形式持有。[9] 欧元和日元从某种意义上也发挥着这种作用。拥有3.2万亿美元外汇储备的中国宣布将多样化其外汇储备,不再局限于美元。美国用欧元和日元来作为它的外汇储备。

4. 美元是主要的**媒介货币**(vehicle currency)。贸易商不可能将以色列的货币锡克尔兑换为挪威的货币克朗,因为在这两种货币之间几乎没有市场。但是贸易者可以将锡克尔兑换成美元,然后再将美元兑换成挪威克朗,因为每个国家都有活跃的美元市场。

欧洲美元:指在美国之外的银行中的美元账户(不要与欧元混淆)。

5. 最后,美元是私人部门主要的国际**交易货币**。世界上的很多个人和机构在其本国银行里都持有美元账户,即著名的**欧洲美元**(Eurodollars,不要与欧元相混淆)。与美国无关的国际交易常常用美元来结算或者融资。国际商品(例如石油)的价格用美元计价,而且联合国的贸易统计也用美元计价。[9a] 正是因为在美国之外的地方存在着这种巨大的美元私人市场,很多国家的中央银行才能在其本国市场上买进和卖出美元,以影响其汇率。也就是说,正因为美元的这种特性,它才发挥着干预货币的作用。

补充阅读

欧洲美元是非美国银行的美元存款,不要把它与欧元相混淆。一旦欧洲美元成为具有一定存期的外国银行的有息美元存款,那么在它最终成为某笔商业交易的融资之前,欧洲美元可以贷放出去,并再存入一系列银行。在一定比例准备金的银行体制下,国内货币供给可以成倍数地放大,同样,欧洲美元的存款也可以成倍数地放大,其利率与当前纽约市场的利率相关。

“欧洲美元”这个名词具有一点欺骗性。确实,大多数的欧洲美元市场是在欧洲。但是,欧洲的银行除了接受本国货币存款之外,还接受其他非美元货币存款,日本银行除了接受日元存款之外,还接受其他货币存款(主要是美元存款)。据估计,所有的欧洲货币存款估计有3万亿美元,其中绝大多数是银行间存款。

虽然政府严格控制国内货币存款,但银行在外汇交易方面还是具有很大的自由:没有存款保险;没有存款准备金,因为没有一个国家能够强制它们;资产限制和资本金要求等也难以监管。

---

[9] 参见 O. F. Humpage, “Replacing the Dollar With SDR,” Federal Reserve Bank of Cleve land, *Economic Commentary*, March 2009。

[9a] 可是,IMF 使用特别提款权。

12.3　不可能三角

> **不可能三角**：固定汇率、独立的货币政策和自由的资本流动，三者不能共存。

一国经济政策不能在长时期内同时具备以下三个特征：

(1) 固定汇率；

(2) 国际交易(尤其是资本流动)不受政府控制；

(3) 独立的货币政策，即该国的货币政策不同于其贸易伙伴国的货币政策。

我们用 1992 年欧洲外汇危机来解释为什么会是这样。1992 年以前，欧洲国家彼此之间实行固定汇率，形成了所谓的**欧洲货币体系**(European Monetary System, EMS)。它们的货币对美元和日元联合浮动。1992 年，资本可以在欧洲之内自由流动，并且各国采取其各自的国内政策。

因为害怕通货膨胀的压力(原因是在德国东部地区的巨大公共投资)，德国中央银行把利率提高到很高的程度。此举从其他欧洲货币体系国家吸引了大量的资金，这些国家货币的汇率是钉住德国马克的。法国和英国等国防止大量资金流出的唯一方法，就是提高其利率，从而减弱德国利率的相对吸引力。然而，它们本国的经济正停滞不前，而利率的提高会使其陷于严重的经济衰退。为了克服这个压力，英国和意大利于 1992 年 9 月退出了欧洲货币体系，并大幅度贬值其货币。瑞典提高了本国利率，并贬值其货币。西班牙和葡萄牙也贬值了本国货币，并对资本流出实施了政府管制。欧洲货币体系的汇率波动差价终于放宽到 30 个百分点。几年以后，欧洲货币联盟(EMU)诞生，并带来了单一的共同货币。

这三个经济政策特征的不协调性，是 1997—1999 年亚洲金融危机和布雷顿森林体系时期周期性危机的根源。它最终促使了实行固定汇率的布雷顿森林体系的瓦解。从长期看，国家(地区)需要消除这三个经济政策特征中的某一个，或者在它们之间进行一些妥协。因此，欧洲货币联盟国家放弃了独立的货币政策，并建立了共同的中央银行。中国香港地区采取了货币局制度[10]，从而放弃了独立的货币政策，而厄瓜多尔用美元取代了其本国货币。巴西、墨西哥、韩国和泰国转向了浮动汇率制，而中国和印度等国维持着对资本流动的政府管制。

12.4　贸易加权(有效)汇率的指数

因为世界主要货币都是浮动货币，因此不可能直接确定一国汇率的变化。例如，假定在一个简化的世界中只有三种货币：美元、日元和欧元。假设美元对日元贬值

[10] 根据货币局制度，流通中货币的数量不能超过该国(地区)的美元储备。

双边汇率:某种货币相对于另一种单一货币的汇率。

贸易加权汇率:表明某种货币的多种双边汇率的加权平均值变化的指数,可以用双边进口、出口或者整个贸易来作为权数。

10%,对欧元升值12%,那么美元价值的变化在某种程度上就是这两个双边汇率变化的加权平均值。事实上,因为美元对各个单一浮动货币的汇率可以发生不同程度的变化,所以就需要所有双边汇率变化的加权平均值来确定美元兑换价值的变化。这个加权平均值,就是所谓的美元的**贸易加权**(trade-weighted)**汇率**,或美元的**有效汇率**(effective exchange rate)。它是根据所有主要货币来计算的。在计算这个指数时,对每一种外国货币与本国货币之间的双边汇率,都赋予一个代表该国对本国经济相对重要性的权数。因为这些计算涉及随着时间变化而发生的汇率变化,所以它们是相对于基期而进行计算的,并以指数的形式报告出来。

在计算加权平均值时,可以用到几个可能的权数,因此每一种货币都可以有几个有效汇率。所采用的权数取决于使用这个指数的目的。因此,进口加权指数(以每一伙伴国在本国的进口份额为权数),可以衡量汇率变化对本国进口成本的效应。同样地,出口加权指数(以每一伙伴国在本国的出口份额为权数),可以衡量本国出口成本的平均变化。第三个权数方案,是把本国与每一个贸易伙伴国的进出口总额(也就是总体的双边贸易额)进行加权平均,而第四个权数方案就是全球贸易加权指数,每一伙伴国的权数相等于其在世界贸易中的份额。最后,国际货币基金组织也提出了一些权数,以评估汇率变化对国家贸易收支平衡的效应。这些权数合并考虑了进出口的价格变化和贸易流对进出口价格变化的反应,后者指每一个双边汇率的1个百分点变化引起多大程度的贸易流变化。

实际双边汇率:指根据两国之间通货膨胀率差异而进行调整的名义双边汇率。

实际的贸易加权汇率:指根据一国与其贸易伙伴国之间通货膨胀率差异而进行调整的贸易加权汇率。

迄今为止所提到的双边汇率和贸易加权汇率,都被称为**名义汇率**(nominal exchange rates),因为它们都没有计算本国和外国不同的通货膨胀。因此,它们不能充分衡量该国相对于其竞争国的竞争地位变化。假定美元从1美元=150日元贬值到1美元=100日元,而同期美国国内的通货膨胀比日本高1/3,那么美国相对于日本的竞争地位就没有改变。为了测量一国竞争地位的变化,我们采用实际汇率。**实际双边汇率**(bilateral real exchange rates)是指根据两国之间的通货膨胀率差异而进行调整的名义汇率。例如,实际的美元—欧元汇率等于名义美元—欧元汇率乘以欧元区和美国价格水平的比率。[11] 实际有效汇率是指根据本国通货膨胀率和外国通货膨胀率加权平均值的差异而进行调整的有效名义汇率(参见图12-4)。

---

⑪ 实际 $E_{\$/€}=(E_{\$/€})(P_E/P_{U.S.})$。

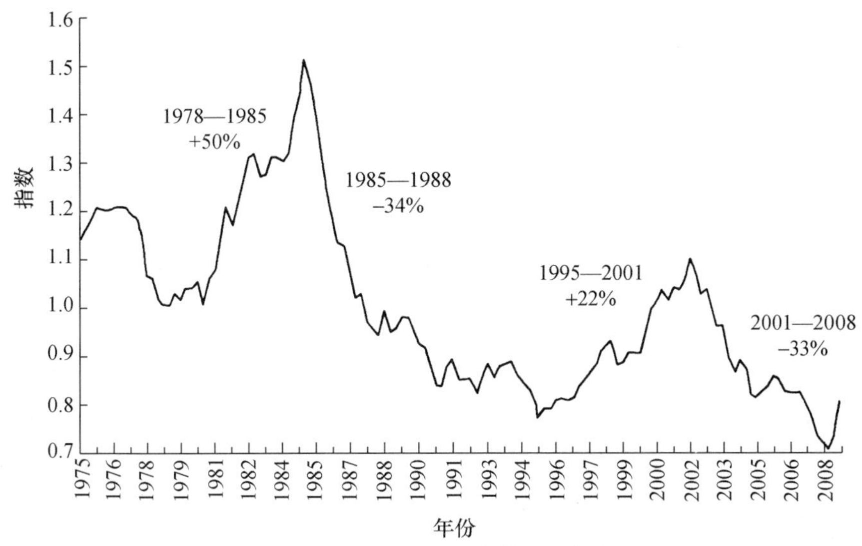

图 12-4　美元的实际有效汇率指数

资料来源:IFS On-line，March 2009。

12.5　国际货币基金组织

在国际货币体系中,国际货币基金组织起着关键性的作用。除了咨询功能之外,它还对各国中央银行在其本国外汇市场的干预进行协调和提供建议,这种协调和建议的行为有时被称为监督(surveillance)。此外,国际货币基金组织还通过其普通账户和特别提款权账户提供短期信贷,并对处于金融困境的国家提供特别援助。在 2008—2009 年全球经济危机之后,国际货币基金组织比以前更重要了,其资本份额扩大成原来的 4 倍,达到 1 万亿美元。

> **IMF**:它是总部设立在华盛顿、具有 188 个成员国、监督国际金融体系的国际组织,同时它还对有需要的成员国提供金融援助和建议。

12.5.1　国际货币基金组织的常规程序

国际货币基金组织有 188 个成员国。根据其国际支付额以及其在该组织内享有的投票权,十个主要工业化国家组成的十国集团是最重要的。每一个成员国都分配有一个**配额**(quota)[12],它必须向国际货币基金组织认缴 25%的黄金或者广泛使用的可兑换外币,以及 75%的本国货币。配额决定了每一个成员国享有的投票权以及其可以接受的信贷数目。作为一般规则,成员国可以最多借到等于其配额的 300%的信贷。所有成员国的总配额合计为 10 万亿美元,其中美国的配额为 19%[13],欧盟国家的

---

⑫　这个配额的基础是一国的国民收入、国际储备、进口、出口变化性以及出口占国民收入的比率。

⑬　因为该协定需要占总配额 85%的国家的认可,所以它把否决权交给了欧盟和美国。

配额合计占37%。

IMF的贷款条件:根据IMF的贷款条件,国际货币基金组织需要“借款国”采取一定的财政政策和货币政策,以保证恢复经济健康。

作为提供信贷的交换条件,国际货币基金组织可以要求借款国的一些保证。[14] 这就是所谓的国际货币基金组织的**贷款条件**(conditionality provisions),即要求借款国采取政策以保证其国际收支状况的有序以及其对外赤字的降低。这些政策往往明确地表述为:减少国内货币供给的增长、减少预算赤字的规模,也许还有货币贬值。同样地,由于这些政策,相关国家可能感到困窘,或者不愿意接受。外汇市场发达的工业化国家几乎不使用国际货币基金组织的贷款。另一方面,发展中国家必须证明自己遵守国际货币基金组织的规则,才能够获得私人部门的贷款。在1997—1999年期间,受到金融危机困扰的几个亚洲和拉丁美洲国家为了得到国际货币基金组织的一揽子援助,不得不实行矛盾的国内政策。2001年,国际货币基金组织削减了其贷款条件的数目。在2008—2009年全球经济衰退期间,国际货币基金组织对新兴经济体和最不发达国家的帮助非常积极。实际上,G20峰会授予国际基金组织更多的责任,以监督危机之后的国家政策。

12.5.2 特别提款权

特别提款权(SDRs):特别提款权是国际货币基金组织创造出来,并向其成员国分配的一种资产。因为成员国(和国际货币基金组织)都同意接受特别提款权作为互相之间的账户结算单位,所以它是一种储备资产。特别提款权的价值是美元、欧元、英镑和日元等四种最重要货币的加权平均值。国际货币基金组织已经创造出了200多亿的特别提款权,但这一数额预计逐渐增长。

20世纪70年代初期,在国际货币基金组织里诞生了一个新的全球资产,即特别提款权(special drawing rights,SDR)。在1970—1972年期间,国际货币基金组织把93亿特别提款权分配给了其成员国,在1979—1981年期间又分配了120亿,按成员国摊付的普通IMF份额比例进行分配。工业化国家共接受了所有特别提款权分配额度的近2/3。到了2010年,特别提款权的数量应该增长了几千亿。

起初,每个单位的特别提款权值1美元。而在浮动汇率时代的今天,特别提款权的价值是以四种最重要货币的加权平均值来定价的:美元(44%)、欧元(34%)、日元和英镑(各11%)。权数每五年变化一次。特别提款权的美元价值每天波动。2013年2月8日,一个特别提款权值1.53美元。特别提款权的利率是主要国家三个月代表性金融市场工具的利率的加权平均值。国际货币基金组织的刊物*International Financial Statistics*和*IMF Survey*,公布国际货币基金组织成员国的特别提款权交易和其他重要经济数据。

特别提款权的分配,就是记录各国在国际货币基金组织中的特别提款权分类账户的信贷变化情况。特别提款权作为一种储备资产,其吸引力来源于所有成员国彼此之间必须接受特别提款权的义务。特别提款权在国家之间的转移及其他变化,仅仅是国际货币基金组织特别提款权分类账户上的账簿变化。在解决国家之间的收支不平衡

[14] 随着特别提款权存量的增长,国际货币基金组织收取的利息也增加了。除了利息之外,还有每笔交易的服务费。

时，特别提款权是被普遍接受的，因而特别提款权是一国国际储备的一部分。但是，因为只有中央银行才可以持有特别提款权，所以中央银行不能用特别提款权来从事货币干预活动。另一方面，特别提款权被用来作为几种货币钉住汇率的标准。此外，欧洲市场上的浮动债券等私人交易，可以用特别提款权来计价。

12.5.3　特别贷款

除了普通账户和特别提款权账户外，国际货币基金组织还设计了一些特别贷款，使得信贷扩展到成员国。例如：补偿贷款，其设计目的是帮助专门出口初级产品的国家来处理其出口收入的大幅波动；体制转型贷款，其设计目的是帮助前计划经济国家向市场经济的转型。根据这些特别贷款，一国可以最多借到等于其配额的 500%的信贷。[15]

12.5.4　国际储备

一国的国际储备需求取决于几个因素，包括其货币的浮动程度。实行固定汇率的国家比实行管理浮动汇率的国家需要更多的储备，而实行管理浮动汇率的国家又比实行自由浮动汇率的国家需要更多的储备。而且，一国的储备需求必然与该国的支出规模呈正相关关系，也与该国对外不平衡的规模和变化性呈正相关关系，储备必须为对外不平衡提供融资。所有国家对国际储备的需求之和，就是国际社会的国际储备需求总量。

从国际储备供给方面看，各国的官方储备有四个组成部分：黄金、特别提款权、各国在国际货币基金组织中的储备头寸[16]，以及可自由兑换的外汇（主要是美元）。2012 年，所有国家的官方储备总量共计 7.4 万亿特别提款权，其中大多数是外汇。工业化国家的官方储备计为 2.6 万亿特别提款权，而发展中国家的官方储备则计为 4.8 万亿特别提款权（见表 12.2）。

官方储备：一国官方储备的组成包括黄金、特别提款权、其在国际货币基金组织中的储备头寸，以及可自由兑换的外汇（主要是美元）。迄今为止，可自由兑换外汇占一国官方储备的最大份额。

表 12-2　国际储备的构成，2012 年第 4 季度　（单位：10 亿特别提款权）

	所有国家	发达国家	其他国家
持有的特别提款权	204.2	125.5	78.7
可兑换的外国货币	7 106.1	2 401.4	4 704.7
在基金中的储备头寸	103.2	77.6	25.6
减去黄金后的总储备	**7 413.5**	**2 604.5**	**4 809.0**
黄金	1.0	0.7	0.3
总储备	**7 414.5**	**2 605.2**	**4 809.3**

资料来源：International Monetary Fund, *International Financial Statistics*, March 2013.
注：每盎司黄金的价值等于 35 个特别提款权。

---

[15] 国际货币基金组织向债务国收取利息，向债权国支付利息。2004 年出台的新的特别贷款，支持与贸易有关的调整。

[16] 该成员国能够无条件动用的金额，大致相当于其最初的对国际货币基金组织的硬通货贡献，并随着国际货币基金组织其后使用该国货币的交易情况进行了调整。

此外,还有一些不那么正式的储备类型。例如,主要中央银行之间的“货币互换”网络,据此中央银行可以互相贷款本国货币,且不超过一定的数额(最多为185亿美元),以用来达到干预外汇市场的目的。

总结

自由浮动汇率的另一端就是固定汇率。在固定汇率制下,中央银行(欧洲中央银行就是一个假定的例子)在金融市场上买进欧元、卖出美元,或者卖出欧元、买进美元,使其货币以固定的价格钉住美元。美元是私人部门的交易货币,这一事实使中央银行的干预成为可能。中央银行也必须持有美元储备。干预发生在货币波动的上限或下限之处,货币波动上下限之间的差距称为波动差价。图12-2和图12-3表示波动差价在货币中心值上下两边各为10%,其总的波动差价就是20%。

非冲销式干预允许一国的货币供给受到影响,而在冲销式干预下,政府债券的卖出和买进完全抵消了货币供给受到的影响。官方外汇储备也常常受到货币干预的影响。

在政府决定改变汇率水平和改变官方干预界限之前,官方汇率保持在同一水平上。在一般情况下,政府改变的汇率变化量较大,但汇率变化不经常发生。这可与浮动汇率制下汇率每天发生很小的变化区别开。政府颁布法令,降低固定汇率的货币价值,这就是法定贬值;而提高固定汇率的货币价值,就是法定升值。法定贬值或升值反映了政府决策。

固定汇率制有两个较长的历史时期:金本位制时期,那时黄金是一般等价物和官方储备资产;布雷顿森林体系时期,那时美元是一般等价物、干预资产和官方储备资产。

在现行的国际货币体系中,固定汇率和浮动汇率并存。几种主要货币实行管理浮动,并使用冲销式的货币干预。欧洲17个国家放弃了本国货币,采用欧元,而欧元对美元的汇率是浮动的。许多货币的汇率钉住单一货币,或者钉住一篮子货币(加权平均值)。一个国家对外账户的赤字或盈余(参见第10章),在浮动汇率下反映为汇率的变化,在固定汇率下反映为官方储备结算余额,在管理浮动下反映为这两者的结合。

我们从欧洲货币体系的瓦解可以得到一个普遍教训:固定汇率制、资本自由流动和独立的国内货币政策,这三者之间的协调性是不可持续的。布雷顿森林体系因为类似的原因而崩溃。虽然美元现在的作用不如在布雷顿森林体系时期那么重要,但它在现行的货币体系下仍然扮演着重要的角色。它是干预货币、储备货币、媒介货币和交易货币。

在浮动汇率下,双边汇率的变化既不表明货币的波动方向,也不表明货币的波动程度。由此,计算出双边汇率变化的加权平均值(即贸易加权汇率或有效汇率)是非常有必要的。相对于一个基期,贸易加权汇率或有效汇率是以指数形式表现出来的。双边汇率和贸易加权汇率,都既可以是名义的,也可以是实际的,实际汇率解释了一国与其他国家之间通货膨胀的差异。下面是一些相对照术语的总结:

	汇率	
名义	双边	贸易加权
实际(根据通货膨胀率差异而调整)	双边	贸易加权
	汇率的变化	
浮动汇率	贬值	升值
固定汇率	法定贬值	法定升值

国际货币基金组织处于国际货币体系的中心地位,它具有几种咨询和监督职能。它通过几种贷款形式向成员国提供资源,贷款期限不超过五年。它创造出了特别提款权,并以适当比例分配特别提款权,特别提款权构成了成员国的储备资产。特别提款权的价值是以四种最重要货币的加权平均值来定价的。一国的官方储备包括黄金、特别提款权、成员国在国际货币基金组织的储备头寸(无条件提款的能力)以及可兑换外汇(主要是美元)。

重要概念

固定汇率
波动差价
美元买入点
非冲销式干预
冲销式干预
美元卖出点
法定贬值
法定升值
贬值
升值
金本位制
交易货币
欧洲美元
名义汇率
双边实际汇率
贸易加权(有效)汇率(名义和实际)
国际货币基金组织(IMF)
一般等价物
官方储备资产
布雷顿森林体系
干预货币
欧洲货币体系(EMS)
可调整的钉住体系
特别提款权(SDRs)
钉住一篮子货币
钉住单一货币
媒介货币
国际货币基金组织的配额
欧元
欧洲中央银行(ECB)
不可能三角
欧洲货币联盟(EMU)
国际货币基金组织的贷款条件
国际货币基金组织的特别贷款

复习题

1. 解释欧洲中央银行如何维持假定的欧元与美元之间的固定汇率。
   a. 如果是非冲销式干预,欧元区的货币供给会发生什么变化?如果是冲销式干预,又会发生什么变化呢?

b. 如果欧洲中央银行不能再维持那个固定的汇率,会发生什么情况呢?

c. 表述固定汇率制的两个历史时期。

2. 设定初始汇率为1美元=100日元,且波动上下限为1美元=90日元和1美元=110日元。根据图12-1到图12-3绘图,并做相应的美元—日元汇率分析。

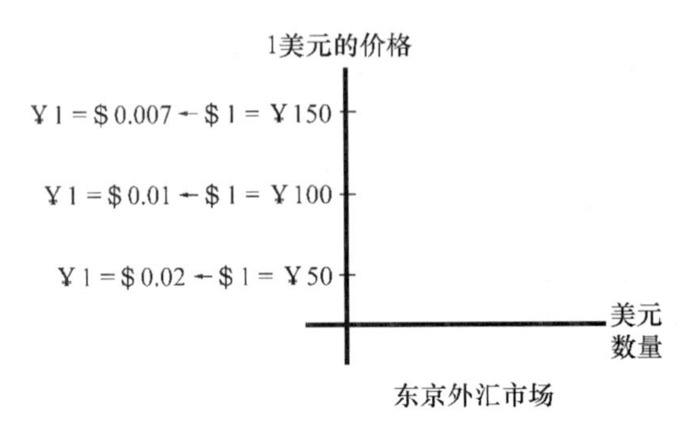

3. a. 现行的国际货币体系中存在着哪些类型的汇率制?

b. 在每一种汇率制下,对外赤字是如何反映出来的?

c. 美元发挥什么样的特殊作用?

4. 什么是"不可能三角"?为什么英国和意大利在1992年退出了欧洲货币体系?

5. 区别以下概念:

a. 双边汇率和有效汇率

b. 名义汇率和实际汇率

c. 钉住一篮子货币和钉住单一货币

6. 特别提款权是如何定价的?

7. 国际储备有哪些形式?

8. 解释下列术语:

a. 自由浮动　b. 管理浮动　c. 欧洲货币体系

d. 欧洲货币联盟　e. 储备货币　f. 媒介货币

g. 干预货币　h. 交易货币

9. 假定沙特阿拉伯的货币里亚尔钉住特别提款权。

a. 这意味着什么?

b. 中央银行用特别提款权进行货币干预吗?如果不是,如何进行货币干预?

10. 区别外汇市场上的冲销式干预和非冲销式干预。

第 13 章 调整国际收支的国内政策

本章阐述的问题是，如果一国的国际收支出现了赤字或盈余，那么实行固定汇率的该国如何能够恢复其国际收支账户的平衡。这会引起一个问题：既然固定汇率制早在 1973 年就已消失，为什么还要阐述这个问题呢？答案是，仍然有几十个国家实行固定汇率，而且渴望加入欧元区的 10 个东欧国家也把它们的货币钉住了欧元。更重要的是，本章的分析适用于实行浮动汇率的国家为改善其经常账户而实施的政策。汇率本身是由资本账户决定的，并假定保持相当长时期的稳定。本章将阐述两种恢复国际收支平衡的方法：货币机制和收入机制。

13.1 “自动”的过程

13.1.1 货币机制

货币影响实际产出和就业水平的方式，是对生产者和消费者而言的货币可获得性和货币成本（利率）。因此，不管国际收支失衡的来源如何（无论它是经常账户还是资本账户），它都可以通过减少失衡的货币方式来间接地影响经济。

国际收支的盈余或赤字表明支出并不自动地等于收入。收入是以出口赚取外汇或资本流入的形式获得的。国内的外汇持有者把外汇兑换成本国货币，并主要以支票账户的形式把本国货币存入本国银行，因而创造了新的活期存款。在现代经济中，这些存款（即支票账户）构成了货币供给的大部分。在实行一定比例准备金原则的银行体系里，新增存款为货币供给的成倍扩张提供了基础。因此，如果中央银行不主动采取抵消（或冲销）之类的行动，那么外汇（外国货币）的净流入就会造成国内货币供给的成倍扩张。相反的过程会在支出的情况下发生。外国商品和服务的购买者，或者资本的输出者，用国内货币兑换成进行支付所必需的外汇。这些国内货币往往取自活期存款，因而就造成了国内货币供给的成倍收缩。

在盈余情况下,收入超过了支出,造成新的资金流入和货币供给的增加。例如,假定欧元区有1亿欧元的对外盈余,欧洲银行的存款增加了同等的数量。如果银行的法定准备金率是20%(或1/5),那么就会创造8 000万欧元的超额准备金。货币乘数——法定准备金率的倒数——是5,因此银行能够增加4亿(8 000万×5)欧元的货币供给。赤字国发生的情况则正好相反:支出超过了收入,新的资金流出减少了银行存款,引起了货币供给的成倍收缩。

一个具体的案例是中国把它的人民币以1美元=6.8元的汇率钉住了美元。它在1992—2009年期间逐渐增加了经常账户的盈余。到2009年,其国际储备超过了2万亿美元,因此,它的货币供应扩张了,并面临着通货膨胀的风险。在2004年,中国被迫限制银行信贷以放慢其经济增长率。(在2005年中期,人民币从钉住美元转向钉住一篮子货币,但不清楚一篮子货币的具体权重。)

国际收支差额与货币供给:赤字(或盈余)国经受了货币供给的成倍收缩(或扩张)。这降低(或提高)了价格和收入的变化率,进而导致进口下降(或上升)。

想一想货币供给减少的赤字国情况。经济中的大量支出,从而产出、就业和收入,都依赖于银行贷款的可获得性。当货币变得"紧缩"或者不容易获得时,就有理由预期,具有一定利润的商业投资项目和消费者购买计划无法得到实现。而且,由于利率是由贷款的供需双方决定的,货币紧缩的影响是提高了货币市场的利率,从而增加了投资、房屋建设以及其他依赖于借贷资金的经济活动的成本。这些经济活动的相应减少降低了社会的就业和收入,就业和收入的减少又通过乘数机制扩散到整个经济之中。收入(或产出)的减少会降低进口:人们购买进口商品的能力降低,该经济体需要的进口原材料和能源减少。最后,紧缩的货币供给降低了价格,从而使该国更具有竞争力。因此,收入和价格的这一变动具有减少进口和鼓励出口的效应,并在部分程度上抵消了国际收支的赤字。

在盈余国情况下,货币供给扩张。于是,银行信贷供给放松了,利率降低了——这两个因素都有助于收入和就业的增加以及价格的上涨。于是,这就促进了进口,降低了初始的国际收支盈余。

补充阅读

铸币流动机制

交易方程式:是表示名义GDP(*PO*)等于购买它的货币支出或总需求(*MV*)的恒等式。在此基础上,货币数量论假定实际产出(*O*)和货币流通速度(*V*)不变,于是,货币供给的变化会造成价格水平的相应比例的变化。

在上述讨论中,实现货币供给变化平衡效应的方式是通过国内收入和价格。古典经济理论——1936年J.M.凯恩斯的《就业、利息和货币通论》问世之前流行的经济理论——主要强调了货币供给-价格方法。实际上,这是古典经济学家理解经济活动总体水平的方法中不可或缺的一部分。观察经济的简易方法是所谓的**交易方程式**:

$$MV = PO$$

M是货币流通数量,由银行钞票、硬币和活期存款组成;V是货币流通速度,即在一年内用于最终商品和服务(不包括中间产品)交易的美元的平均周转次数。因此，MV 等于一年内用于最终商品和服务的货币总支出。

P 是总的价格水平（指数），O 是一年内生产的最终商品和服务的实际数量。因此，PO 就是一年内生产的最终商品和服务的货币价值，或国内生产总值（GDP）。

不言而喻，这个方程式是正确的。从定义上看它是正确的，它认为，购买所有商品和服务的美元数量等于它们的货币价值（GDP）。然而，古典经济学家又向前迈进了一步，给出了两个重要假定（或许对，或许不对）：第一，货币流通速度（V）保持不变，因为它依赖于公众的支付习惯，很少发生改变；第二，最终产出的数量固定在充分就业水平。[①] 在 V 和 O 保持不变的情况下，M 的任何变动必然产生 P 的成比例变化。

这可以立即应用于国际收支平衡的调整机制。在金本位制下，赤字国流失了黄金。因为国内货币供给的基础是以黄金形式持有的一定比例的准备金，该国就经受了货币供给的成倍收缩以及相应的价格下降。这改善了该国的竞争地位；该国通过鼓励出口和限制进口，部分程度地弥补了赤字。盈余国发生的情况正好相反：货币供给的扩张提高了价格，因而削弱了该国的竞争地位，并减少了盈余。根据金本位制的游戏规则，中央银行应该采取措施来强化这些自动倾向，即在赤字情况下收缩货币供给（卖出政府债券）、在盈余情况下扩张货币供给（买入政府债券）。这个过程就是所谓的**铸币流动机制**（specie-flow mechanism）。总之，古典的铸币流动机制关注于相对价格的变化（两国之间的价格比率的变化），而在固定汇率下，相对价格的变化必须通过国内价格的变化来实现。

铸币流动机制：是以黄金流动为基础的古典的国际收支调整机制。赤字国流失黄金→其货币供给收缩→（在货币流通速度和产出保持不变的条件下）价格下跌。于是，出口增加，进口减少，赤字发生逆转。盈余国发生的情况正好相反。

但是，许多实证研究使经济学家们相信，调整机制常常过于迅速地、过于顺利地发挥作用，以至于货币供给-价格方法不能给出令人满意的解释。总之，当 1936 年出现“凯恩斯革命”的时候，经济学家们接受了它，并准备把这个新思想应用于国际贸易领域。第二次世界大战之后，实际应用就开始了。

应特别指出的是，一些古典假定是有问题的：能够假定黄金的获取和流失产生货币供给的成倍变动吗？中央银行能够通过所谓的冲销政策来中和它们的影响。根据金本位制的游戏规则，中央银行应该通过紧缩性（扩张性）货币政策来强化黄金的任何减少（增加），可是实际上，中央银行的所作所为常常恰恰相反。在这些情况下，黄金储备的增加和减少并不产生货币供给的预期变化。

另一个值得仔细研究的古典假定，是货币流通速度（V）保持不变。凯恩斯认为，货币的用途要么是交易，要么是投机。在交易领域，货币流通速度确实有赖于公众的支付习惯，因而可以大致保持不变。但是，投机资金被闲置了，因为投机者期望受益于其他金融资产的货币价值上升（或者说，因为投机者期望这些金融资产的价格下降）。投机者持有投机资金的数量，依赖于闲置资金放弃获取其他收益机会的成本。可以用利率来衡量这个成本，利率越高，持有闲置资金的成本就越大。由于闲置资金没有流通，因而它的货币流通速度为零。总的货币流通速度是投机部门的零值和交易部门的不变值的加权平均，因此，随着资金在投机部门和交易部门之间的转换，总的货币流通速度也发生变化。因为

---

① 严格地说，充分就业条件不是一个假定，而是古典模型中其他假定的一个结果：完全的价格和工资弹性，并且储蓄和投资都是利率的函数。

利率决定了资金在这两个部门之间的分配比例,因而利率可以影响货币的总流通速度。特别指出的是,利率和货币流通速度是正相关的。[②] 因此,货币供给(M)的变化会影响利率,并抵消货币流通速度的变化。实际上,当 M 增加(减少)时,利率就有下降(上升)的倾向,因而增加(减少)了投机资金,降低(增大)了货币流通速度。货币流通速度的变化具有抵消货币供给变化的内在倾向,于是,MV 和 PO 就根本不会受到什么影响。

古典观点认为,在充分就业时,实物产出保持不变,凯恩斯通过质疑得出这一结论的古典模型的架构,对这一观点提出了挑战。[③] 凯恩斯提出的观点是,在工业化经济体中,工资和价格具有刚性。因此,即使 MV 发生变化,其影响可能也是在实物产出(O)上,而不是在价格(P)上。

最后,凯恩斯称,即使价格发生了大家期望的变化,也不保证成功。赤字国相对价格的下降,意味着它将在国外卖出更多的商品。但由于现在卖出的每一单位商品具有更低的价格,这就不能保证总体收入(价格乘以数量)的上升。它取决于商品卖出数量的增加比例是否大于价格的下降比例——增加的数量是否大到足以抵消每一单位商品的更低售价。只有一国的出口需求具有相对弹性时,这个情况才会存在。[④]

凯恩斯的观点:凯恩斯对货币流通速度和产出保持不变的古典假定提出了挑战。他认为,交易方程式的所有四个构成要素都可以发生变化。

我们将凯恩斯对铸币流动机制(表示为 $MV=PO$)的挑战总结如下:(a) M 不一定发生期望方向的变化;(b) 即使 M 发生了期望方向的变化,V 的变化也可以部分程度地抵消 M 的这种变化;(c) MV 的变化不仅影响 O,也可能影响到 P;(d) 即使 P 发生了预期的变化,贸易流量的期望变化也可能不会发生。

这些批评不仅深刻,而且经济学家对调整机制还有另一种解释。这就是所谓的支出-收入方法,它植根于第二次世界大战之后被广泛接受的凯恩斯理论。

---

② 在下面的例子中,假定交易部门的货币流通速度是5,投机部门的货币流通速度是0。

部门	货币流通速度	(1) 货币数量	(2) 货币数量
交易	5	800	900
投机	0	200	100
		1 000	1 000

对于第一列1 000个单位的资金,货币流通速度是:

$$\frac{(5\times 800)+(0\times 200)}{1\,000}=4$$

对于第二列1 000个单位的资金,货币流通速度是:

$$\frac{(5\times 900)+(0\times 100)}{1\,000}=4.5$$

利率的上升提高了持有闲置资金的成本,促使从第一列改变为第二列。这就提高了货币流通速度。于是,货币流通速度与利率是正相关的:利率的上升(下降)提高(降低)了货币流通速度。

③ 具体而言,凯恩斯认为,储蓄是收入的函数,而不是利率的函数,并认为货币工资具有向下的刚性。

④ 经济学家用价格弹性(η_P)来衡量购买数量对价格变化的反应程度,定义如下:

$$\eta_P=\frac{\text{购买数量的百分比变动}}{\text{价格的百分比变动}}=\frac{\Delta Q/Q}{\Delta P/P}=\frac{\Delta Q}{\Delta P}\times\frac{P}{Q}$$

因为价格和数量的变化方向相反,所以价格弹性是负的。然而,常见的做法是忽略负号,而讨论弹性的绝对值。这样,上文中反应程度的必要条件是 $\eta_P>1$,即所谓的相对弹性需求。第14章将给出关于这个概念的更多讨论。

13.1.2　对私人支出的直接影响

收入变动　现在我们考察一国经常账户出现赤字的情况，假定赤字是由出口减少引起的，并且出口减少的原因则是国外购买者转向了其他的供给来源。国内立即受到的影响是出口产业的产出、就业和收入的下降。但是这种下降会以乘数形式扩散到经济中。出口产业的工人和职员遭受了最初的冲击，只有更少的钱用于购买其他产业生产的商品和服务。确实，他们不可能减少与其购买力下降数量相等的消费量，因为他们已经为预防这种情况而积累了储蓄。但是，毫无疑问，某些程度的消费量减少是会发生的。接着，随着收入和就业在"第二轮"产业中的下降，该产业的工资收入者在其他地方花钱更少了。这个过程在整个经济中波浪式地扩散，其力量随着逐渐远离最初的影响区域而逐渐减弱。在下降发生的每一个阶段，收入者降低消费量的程度都低于其购买力的下降程度，这仅仅是因为人们具有通过储蓄的使用来缓和收入减少对生活水平冲击的本性。总影响的程度与两个因素正相关：出口产业最初收入减少的规模；在"每轮"冲击中，收入减少转化为居民支出减少的比率（即**边际消费倾向**，marginal propensity to consume）。这个乘数过程显然需要经历一段时间才能发挥它在整个经济中的作用。

当赤字是由进口增加（而不是出口减少）引起的时候，这一过程也是类似的。由于进口取代了国内生产商品的一部分消费量，国内进口竞争产业的收入和就业就下降了。进口竞争产业商品生产的下降，以及相应的收入和就业的下降，以上文描述的方式扩散到整个经济之中。

进口的变化与收入的变化密切相关且正向相关。换句话说，收入是进口的一个重要决定因素（尽管不是唯一的因素）。因此，收入的减少造成进口的减少，并造成国内生产商品消费量的减少，从而使得国内生产商具有更多的压力去开拓海外市场。收入-支出机制的结论是，出口初始下降的一部分，被它引致的进口下降和出口增加所抵消。这些自动发生的情况缩小了国际收支的赤字，但不可能完全消除赤字。而且，它需要经历一段时间才能发挥它的全部影响。

经常账户的盈余国所发生的情况恰好相反，其盈余来自世界对其出口的需求增长。最初的影响发生在出口产业，在出口产业中，就业和收入发生扩张，以满足增长的世界需求。收入者把增加收入的一部分用于储蓄，而将增加收入的大部分消费掉，这导致了他们所购产品的产业的产出和收入扩张。接着，一部分增加的收入被用于其他地方的购买，使购买力流入"第三轮"产业。这个过程以渐次减弱的方式扩张到整个经济之中，在每一轮扩张中，新增收入的一部分都离开了消费行列。可以把这个渐次减弱的方式理解成把一块石子扔进池塘的涟漪效应：最初溅起的一个水花激起了一轮一轮的涟漪，以逐渐递减的强度从中心向外波动到整个池塘之中。这就是收入的增加如何扩散到整个经济之中的。收入的总效应可能比其最初的效应大得多；总效应与最初效应之比，就是**乘数**（multiplier）。乘数的大小与新增收入从每个阶段收入流中的漏出

> **乘数**：收入增长与投资或出口增长的比率。它等于边际储蓄倾向与边际进口倾向之和的倒数。

比例呈反方向的变化。

如果盈余是由进口减少引起的,那么最初的影响区域就是国内生产进口替代品的产业(在一定程度上,是国内生产的商品,而不是储蓄,替代了进口)。从那里开始,每一轮消费者支出都引起了其他经济部门的扩张。如果盈余是由新厂房和新设备的国外资本投资引起的,那么扩张的效应在本质上与出口上升引起的效应是一样的。

通过支出机制产生的收入增长增加了进口,也导致了国内生产商品消费量的增加,从而使得可以出口的本国商品减少了,并且国内生产商的出口压力也相应减小。这两个方面——进口的上升和出口的下降——都会减少初始的盈余,进而引起经常账户自动的部分调整。

ΔX 和 ΔGDP:出口上升产生了对外盈余。但它也产生了收入的成倍增加,这就促进了进口、减少了盈余(收入机制)。赤字国发生的情况则相反。

总之,经常账户的不均衡自身包含了部分反向调整的因子。新产生的盈余通过其乘数过程增加了收入,收入的增加又造成进口的增加(以及出口的减少),进而又部分地抵消了初始的盈余。相反,新产生的赤字造成了收入的成倍减少,于是这又降低了进口(并增加了出口),从而抵消了部分赤字。

补充阅读

第二次世界大战之后,经济学家们建立了以凯恩斯思想为基础的一系列分析方法,对上述关系提供了更为严格的表述。这是一种有用的分析方法,原因有两个:它允许我们深化对有关过程的理解;它允许我们衡量每次影响的程度。下面我们解释乘数公式,并把它应用于解决身边的问题。

对外贸易乘数 最简单的分析案例是没有政府的开放经济的小国。当产出上升,从而收入上升时,人们就会把收入增量分解为国内消费增量、储蓄增量和进口增量。因此,$\Delta Y=\Delta C+\Delta S+\Delta M$。每一个增量占收入增量的比例,就是所谓的边际倾向:

MPC, MPS, MPM:边际消费、边际储蓄或边际进口倾向,指增加(或减少)的收入中分别用于消费、储蓄或进口的增加(或减少)的比例。这三个边际倾向之和等于1。

(1) **边际消费倾向**(MPC)是消费增量占收入增量的份额:$\mathrm{MPC}=\Delta C/\Delta Y$。

(2) **边际储蓄倾向**(MPS)是储蓄增量占收入增量的份额:$\mathrm{MPS}=\Delta S/\Delta Y$。

(3) **边际进口倾向**(MPM)是进口增量占收入增量的份额:$\mathrm{MPM}=\Delta M/\Delta Y$。

(我们假定没有政府,因而没有税收。)

三个边际倾向之和必然为1,因为新增的收入要么用于消费,要么用于储蓄,要么用于进口。无论收入上升还是下降,这三个概念都适用。

假定该国的边际倾向分别是 MPC = 1/2,MPS = 1/4 和 MPM = 1/4。又假定,国外需求转向该国的出口商品,因而该国一年的出口永久性地增加了 100 美元。出口增量的生产提高了产出,因为产出等于收入,所以收入增加了 100 美元。人们如何处理这额外的 100 美元收入呢?他们只能把它分配为三种形式:消费、储蓄和进口。根据三个边际倾向,储蓄增量为 25 美元,进口增量为 25 美元,国内消费增量为 50 美元。虽然新收入中的 50

美元漏出支出项而进入了储蓄和进口项，但还是有 50 美元以消费支出的形式再次注入支出项中。这些商品的消费又增加了生产，因此，产出进一步增加了 50 美元，收入也因而增加了 50 美元。

在下一个时期，产出和收入比之前提高了 150 美元：最初的年出口增量 100 美元，加上消费支出 50 美元。然而，150 美元的一半以消费增量的形式再次注入支出项中，另一半则漏出支出项而进入了储蓄和进口项。这使新的产出和收入提高到 175 美元［100＋（150×1/2）］。在接下来的下一个时期，新的产出或收入将是 187.5 美元［100＋（175×1/2）］。在接下来的下一个时期，它又上升到 193.75 美元［100＋（187.5×1/2）］。这个过程通过收入和支出增量的“循环”方式，一直持续下去。经济中逐渐增加的产出和收入的最终水平趋向于一个收敛的数列：100，175，187.5，193.75…200。

也就是说，以出口增量形式注入的 100 美元产出，可以把产出或收入提高到 200 美元。产出的最终增量与产出的最初注入的比率，就是所谓的**对外贸易乘数**（k）。在上述例子中，对外贸易乘数为 2(200/100)。乘数公式是：

$$k=\frac{1}{1-\mathrm{MPC}}=\frac{1}{\mathrm{MPS}+\mathrm{MPM}}$$

这个乘数概念同样适用于出口下降的情况，也适用于国内投资上升或下降的情况。在上述例子中，对外贸易乘数是：

$$k=\frac{1}{\frac{1}{4}+\frac{1}{4}}=2$$

这就意味着，任何支出的变化，无论在投资上还是在出口上，都会同方向地改变社会公众的收入，而且最终收入的变化量是最初支出变化量的两倍。接下来，收入的变化又会引起进口的变化，表现为 $\Delta M=\Delta Y\times \mathrm{MPM}$。因此，国内支出的任何上升或下降，一定会产生国际收支的变化。所以，一国的对内账户和对外账户，因收入机制（以及其他机制）而相互关联，任何时候都不能把它们割裂开。

一方面，投资或政府支出等国内支出的变化对国际收支具有影响，另一方面，出口的变化对国际收支也具有影响，这两个影响是不同的。国内支出增加 100 美元，在乘数过程完全起作用的情况下，收入将提高到 100 美元 × k＝200 美元。这又使进口增加了 200 美元 × MPM＝50 美元，引起同等数量的经常账户赤字。这里需要提醒的是，政府或私人的任何国内支出项目，不仅提高了收入，而且还造成了经常账户赤字。因此，在 1996—2000 年期间，美国大量贸易赤字的部分原因，是美国经济相对于其贸易伙伴国经济的迅速复苏。

与此形成对比的是，如果支出的外生增长来自出口部门（外国人需要更多的该国商品），那么结果就是该国立即出现了 100 美元的经常账户盈余。与前述例子一样，国内收入增加到 200 美元，但 50 美元的进口增量不会引起赤字，相反，它部分抵消了初始的盈余，使之降低到 50 美元。因为我们的主要兴趣是第二种情况，所以我们将逐步进行阐述。

假定其他条件保持不变，100 美元的出口增加产生了 100 美元的经常账户盈余。接下来，它通过乘数机制对国内收入产生逐步影响：$\Delta Y=\Delta X\times k$，或者 100 美元 × 2＝200 美元

(需要一段时间才可以达到新的均衡)。在收入上升的条件下,进口也会相应地增加⑤,增加量为 $\Delta M=\Delta Y\times MPM=200$ 美元 × 1/4 = 50 美元。初始的经常账户盈余是 $\Delta X=100$ 美元,现在它被 $\Delta M=50$ 美元部分地抵消了,即 $\Delta X-\Delta M=50$ 美元。通过国内支出-收入机制产生的进口增加,将 100 美元的盈余减少到 50 美元。这种移动在方向上是"正确的",但不足以恢复经常账户的均衡。

总结上述等式,可完整地描述收入的进口效应:

$$\begin{aligned}\Delta M &= \Delta Y \times \mathrm{MPM} = \Delta X \times k \times \mathrm{MPM} \\ &= \Delta X \frac{1}{\mathrm{MPS}+\mathrm{MPM}} \times \mathrm{MPM}\end{aligned} \tag{1}$$

在我们的例子中,它可变为:

$$\Delta M = 100\text{ 美元} \times \frac{1}{\frac{1}{4}+\frac{1}{4}} \times \frac{1}{4} = 50\text{ 美元}$$

在 MPM = 0.25,但 MPS 取多个值的条件下,下表给出了 100 美元的出口增量产生的效应,其计算方法与我们刚才得出 50 美元的方法是一样的。

ΔX	**MPM**	**MPS**	**MPC***	***k***	**ΔY**	**ΔM**	**ΔS**	**ΔC**	**ΔB of T** = Δ(X−M)**
$100	0.25	0.25	0.50	2.0	$200	$50.00	$50.00	$100	50.00
100	0.25	0.05	0.70	3.3	330	82.50	16.5	231	17.50
100	0.25	0.00	0.75	4.0	400	100.00	0.00	300	0.00

* 提醒:MPC = 1 − (MPS + MPM)。

** 贸易差额的变化。

随着 MPS 的降低,进口增量(ΔM)就会上升。但是,只有在 MPS = 0 时,进口增量才可以完全抵消初始的 100 美元的出口增量。当 MPS = 0 时,可以得出下面的结果:

$$\begin{aligned}\Delta M &= \Delta Y \times \mathrm{MPM} \\ &= \Delta X \times \frac{1}{0+\mathrm{MPM}} \times \mathrm{MPM} = \Delta X\end{aligned} \tag{2}$$

即 $\Delta M=\Delta X$。只有在 MPS 为零的条件下,进口的变化才可以等于出口的最初变化。而在其他所有条件下,都不能恢复收支平衡。

如果最初的变化是 100 美元的出口减少,那么就产生了 100 美元的经常账户赤字,于是,收入减少了 100 美元 × 2 = 200 美元,进口减少了 50 美元。这里也有一个推动经常账户走向平衡的自动收入机制。但是,进口变化量小于初始的出口变化量,使得对外账户出现一些失衡。⑥ 除了 MPS 为零的极端情况之外,支出变化诱导的收入机制只能对收支失衡构成部分程度的矫正。

⑤ 收入增长的其他效应还体现在储蓄(S)和国内消费(C):$\Delta S=\Delta Y\times \mathrm{MPS}=200$ 美元 $\times 1/4=50$ 美元,$\Delta C=\Delta Y\times \mathrm{MPC}=200$ 美元 $\times 1/2=100$ 美元。因此,进口、储蓄和消费的增量之和等于收入增量 200 美元。

⑥ 赤字的原因也可能是初始的 100 美元的进口增加。这些进口在一定程度上替代了国内生产商品的消费,国内支出就会有初步的减少。国内支出的减少量低于进口的增加量,两者之间的差额由储蓄融资,而不是被替代为国内消费。在本文的例子里,假定初始的进口增量是 80 美元,而不是 100 美元,那么它造成的收入减少量为 80 美元 × 2 = 160 美元,并引起进口减少了 MPM × 160 美元。

强调贸易对国民经济的关系是有用的。出口与投资、消费一样，构成了一种支出渠道。出口的上升可以有很多原因：该国价格变得更有竞争力；外国偏好该国产品；或者外国降低了它们的进口壁垒。如果出口增加，该国产出就会成倍数地增加，收入和就业随之扩张。也就是说，让经济从低就业均衡转移到充分就业均衡的一个方法，就是增加出口。与此相反，出口的减少，无论何种原因，都产生了 GDP 成倍数的减少，并造成就业的减少。

进口是收入的函数，因此，随着美国收入的上升，其商品和服务的进口就会上升。例如，美国在 1996—2000 年期间的进口增加，主要归因于美国产出和收入的增加。一个长期的强劲经济扩张会造成进口的增加，并引起美国经常账户的赤字。相反地，当美国经济陷入衰退时，进口就会大幅度下降。

迄今我们一直假定进口和收入之间的关系是稳定的。尽管通常情况是这样，但也有例外。许多美国进口的商品，例如汽车，在美国国内有很多相近的替代品。假定由于担心汽油供应，美国公众把他们的汽车购买从国内汽车转移到了节能的小排量外国汽车。于是，汽车进口上升，但这并不是由收入上升引起的。确切地说，在每一个收入水平，商品的进口都增加了，国内商品的消费都减少了。结果就是美国 GDP 成倍数地减少，收入和就业也随之下降。如果进口商品的价格相对于国内替代品的价格下降，也会产生同样的结果。

在第二次世界大战结束之后的一个时期里，凯恩斯的支出方法居于主导地位。而现在的经济学家们对此不再那么深信不疑了。一个学派认为，货币流通速度比乘数更稳定、更具有预见性，货币供给比支出更能影响经济活动。于是就形成了一项共识：从长期看，价格是有弹性的，经济会处于充分就业，可获得的资源决定着产出水平。但从短期（可能跨越几年时间）看，价格是缺乏弹性的，所以其经济可能处于远低于充分就业的水平，产出水平是由总需求（$C+I+G+X-M$）决定的。因为人们对影响经济过程的财政政策和货币政策的相对有效性的态度并不一致，所以有必要以平衡观点看待调整机制，协调货币和支出这两种影响收入和价格的方法。

我们现在补充阐述**自动调整机制**。

> **收入和价格机制**：收入机制有助于国际收支调整的部分平衡，补充了经典的价格机制。在固定汇率下，这两个机制在相同的均衡方向上发挥作用。

价格变动　在现今的工业化经济体中，经济活动水平的变动常常伴随着价格变动。因此，赤字国收入和就业水平的下降，具有抑制价格上涨的副效应。当工作岗位不足时，工会往往更多地克制工人的工资要求，因而降低了生产成本；当销售量下降时，生产者更可能“维持价格不变”。第二次世界大战结束以来，事实确实如此，产业的工资和价格在向下调整方向上越来越具有刚性或黏性，在固定汇率下极大地弱化了价格调整机制的有效性。但是，因为我们主要关心的是该国相对于其他国家的状况，所以即使该国价格上涨程度的下降也会有助于其竞争力的提高，假定其他国家没有发生这样的下降。这种下降鼓励了出口，限制了进口，从而有助于自动调整。其影响程度依赖于贸易流量对相对价格变化的反应程度（也就是价格弹性）。

盈余国发生的情况恰好相反，收入和支出的扩张可能加速了国内价格上涨。这有益于减少初始的盈余。总之,这些价格变动在一定程度上冲抵了自动因素引起的收支失衡,从而强化了收入机制。

13.2 国际收支"自动"调整的总结

固定汇率下的自动调整机制是总支出和货币供给的函数,两者都在同一方向起作用,并通过收入和价格机制影响着经济。有关的四个联系环节可图示如下:

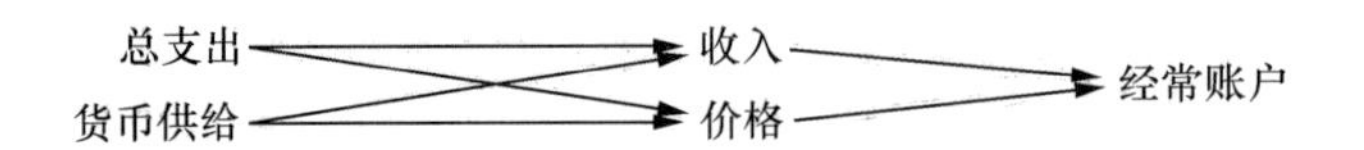

国际收支账户上的赤字会通过货币的与非货币的(有时指实际的)因素自动地引起该国经济活动和价格上涨的放慢,而盈余则会刺激经济活动和加速价格上涨。赤字造成的经济衰退,包含了能部分地反向调整赤字的机制因子,因为主要是社会公众的收入决定了进口。国民收入的减少意味着商品和服务的消费减少,包括进口商品的消费减少。同样地,生产过程中的原材料进口也减少了。国民收入变动转化为进口变动的比例就是所谓的边际进口倾向(MPM)。边际进口倾向越高,国民收入减少对进口的影响就越大。而且,一国总需求水平的下降,意味着生产能力中的更大比例被释放出来,用于面向出口市场的生产。国内需求水平越低,生产商开拓其商品的海外市场的压力就越大,而当国内需求走高时,生产商就几乎没有动力去开拓海外市场。

通过对增加的生产资源的利用以及持续相互影响,就实现了本国在国内和世界市场上竞争地位的改善。国内价格和国外价格的相对变化决定了一国的竞争地位,通常情况下,赤字国的通胀程度是下降的。因竞争地位改善而降低进口和增加出口的程度,取决于社会公众对价格变动的反应程度(或经济学家所称的价格弹性)。反应程度越大,经常账户改善的程度就越大,这可以从相对价格的下降中反映出来。总之,因赤字而启动的收入-价格机制往往会减少赤字。

货币供给机制与支出机制相伴随。如果货币当局不采取行动来抵消或冲销赤字,那么赤字国的货币供给就会减少。这会造成通胀水平和收入水平的下降,或者至少造成收入增长率的下降。于是,进口减少,出口增加,这两方面至少在一定程度上反向调整了对外赤字。

出于同样的原因,大家可以看到,因价格上涨的加速,盈余国经历着收入和货币供给的扩张以及竞争地位的恶化。这两方面都导致了较高的进口和较低的出口。因此,盈余和赤字都包含了其自身的反向调整的因子。而且,如果盈余国和赤字国是重要贸易伙伴的话,那么它们发生的变化可互相强化。图13-1给出了上述过程的图例。总之,在固定汇率制下,收入和价格以同一个方向(矫正方向)影响国际收支。在浮动汇率制下,上述分析适用于经常账户。

固定汇率下国际收支调整的收入－支出和货币机制的各个联系环节

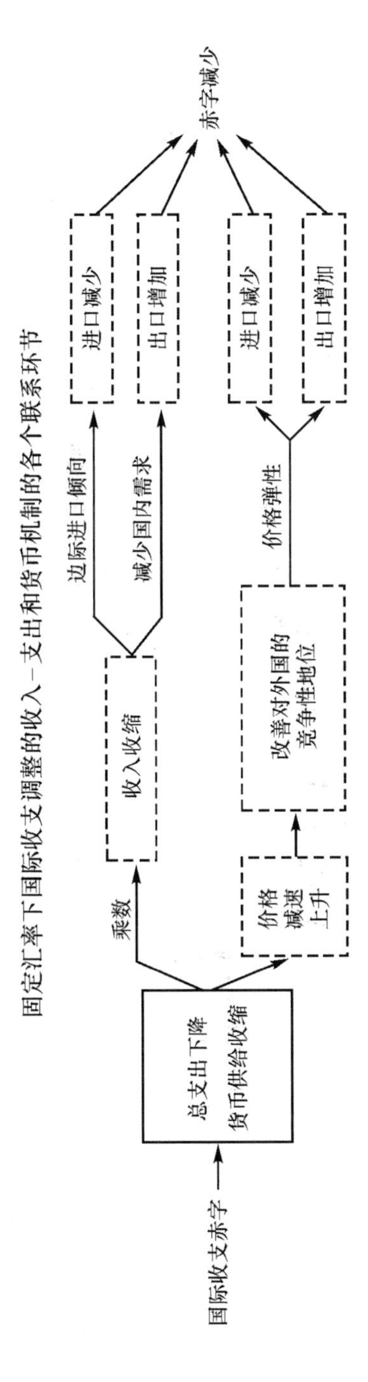

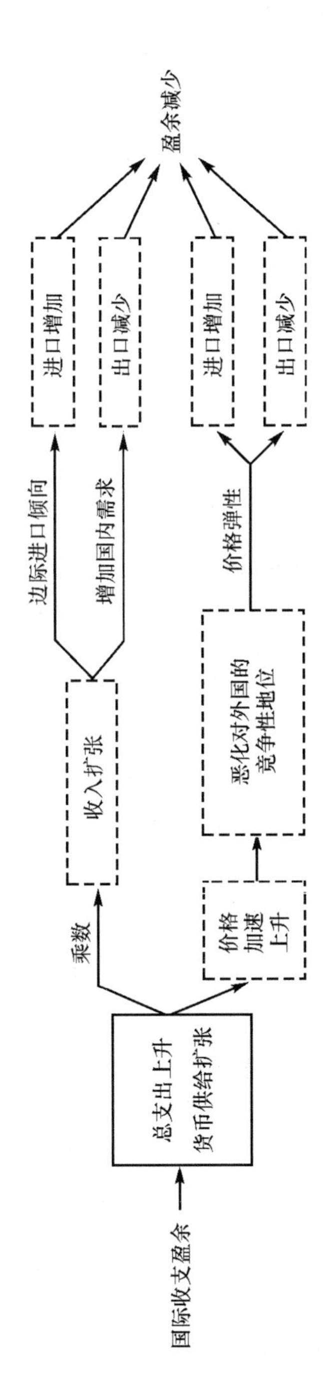

图13-1　固定汇率下对外失衡逆转的自动过程

13.3 政府政策

自动的收入机制和价格机制在恢复国际收支平衡方面互相影响和强化。可是,由于它们规模不足、见效缓慢,因而,需要政府政策来进一步强化收入机制和价格机制的影响。但是,在一个自由的私有经济中,政府并不直接控制国际交易,它只能间接地影响国际交易。由于收入和价格(还可能有利率)是国际收支的关键决定性因素,政府必须采取措施来影响收入和价格,进而影响国际收支。因此,这两个联系环节必然会发生交叉:政府政策──→收入、价格──→国际收支。

13.3.1 国内政策措施与经常账户

政府可采用两套政策工具来影响经济活动的水平(即收入和价格),并以此来影响国际收支。它们是**货币政策**(monetary policies)(通过控制货币的供给来影响经济)和**财政政策**(fiscal policies)(通过改变政府的收入和支出来影响经济)。首先考虑经常账户赤字的情况。在货币政策方面,中央银行可以提高利率,因而提高了借款的成本[⑦];中央银行可以提高商业银行的准备金要求,因而减少了贷款;中央银行可以向公众和银行出售政府债券(即公开市场操作),因而从经济中撤回了货币。这些措施控制了公众对消费类资金的获取,并提高了资金的成本。随着商品和服务的消费下降,生产和收入也会下降。在乘数过程的作用下,生产和收入的下降以倍数放大的方式扩散到整个经济中。同时,紧缩的货币政策降低了通胀率,使价格和收入的变化有利于商品和服务赤字的减少。

> **调整政策**:为了强化自动机制,赤字国需要采取紧缩的财政政策和货币政策。这就降低了收入,从而降低了进口,改善了经常账户。盈余国可采取相反的政策。这就是所谓的支出调整政策。

在财政政策方面,财政部门可以提高税收或降低政府支出,或两者一起使用,进而从社会公众那里撤回了购买力,引起了经济活动的直接放缓,经济活动的放缓又通过乘数过程扩散到整个经济中。收入的下降与价格增长的下降相伴随,这两个因素又以前面所描述的方式发挥着消除赤字的作用。

这一分析可以解释 IMF 的**贷款条件**(conditionality)政策。当遭受对外赤字的国家希望获取 IMF 资金的时候,国际货币基金组织经常坚持要求借款国采用紧缩的货币和/或财政政策(还有其他措施)。这样做是为了确保赤字国国际收支平衡的恢复,以便它们能够归还贷款。例如,在 1996 年,IMF 坚持要求俄罗斯以紧缩的财政政策来作为获取 100 亿美元贷款的一个条件。在 1997—1999 年,几个遭受危机的亚洲国家为接受大规模的一揽子援助,不得不遵从了 IMF 的条件,2000 年的阿根廷亦是如此。

在经常账户盈余的情况下,恰好需要相反的政策。货币供给的扩张和预算赤字的增加促进了经济膨胀,其收入效应和价格效应共同带来盈余的减少。实际上在 20 世

⑦ 在具有国际资本流动的开放经济中,货币当局很难完全控制利率。

纪 90 年代，日本就颁布了扩张性政策，以刺激国内经济，同时减少对外盈余。

这些恢复经常账户平衡的货币和财政措施，就称为**支出调整政策**（expenditures-changing policies），因为它们通过减少（增加）总支出的方式来解决赤字（盈余）问题。它们在固定汇率和浮动汇率下都有效；如果在浮动汇率情况下，政府关心的是实现经常账户的平衡。

13.3.2 对直接投资资本的影响

政府政策带来的平衡机制，有可能部分程度地被直接投资资本的国际流动所抵消。一般而言，这些资本对国内外的相对利润机会做出反应，流到高利润的地方。

预期的投资利润水平与收入和就业水平呈正相关的关系。当盈余国采取扩张性的政府政策时，其自动扩张对贸易平衡的影响是减少了盈余。可是，扩张也吸引了外国投资，增加了资本项目的盈余。赤字国的情况与此相反，国内紧缩减少了赤字，但也鼓励了长期资本的外流（或阻碍了长期资本的流入），因而使赤字状况恶化。尽管还不清楚这些影响的程度，但是它们部分地抵消了国内政策的平衡效应。

13.3.3 对其他资本流动的影响

证券投资资本流动：指在外国债券、股票和银行账户上的资本（不是对外直接投资）的移动。这些资本对国家之间的利率差非常敏感。

除了直接投资，人们还投资于外国证券、银行账户以及其他方面。这类资本就是所谓的**证券投资资本**（portfolio capital）。这类资本的大部分，特别是短期资本，对金融中心之间的利率差异十分敏感。如果伦敦利率高于纽约利率的利率差大于远期英镑的贴现率（如果抵补的利率差存在的话），那么资本流到伦敦就是有利可图的。因此，英国政府可以通过提高利率和吸引短期资本的方法来解决暂时的国际收支账户的赤字。[⑧] 效果的大小（甚至是在短期内）取决于资本流动对利率差的敏感性。例如，美国在 20 世纪 80 年代早期的高利率吸引了大量的资本流入。但是，关于这个问题的各种实证研究却产生了各种观点，不同的观点迫使经济学家重新思考对于这个问题的答案。

投资组合方法：（不要与证券投资资本相混淆）它认为，利率变化对资本流动的影响是有限的。

过去认为，固定利率差的存在会导致资本的持续流动，直到这种利率差消除为止。但**投资组合方法**（portfolio approach）给出了不同的结论。

投资组合方法认为，国内资产和国外资产并不是完全替代的，因为有事实表明，美国投资者持有的外国股票只占他们全部财富的 12%。人们为了保护自己、回避风险，在国内外资产之间多样化地分配他们的财富。其多样化的程度取决于许多因素，其中一个因素就是国内外的相对利率。如果国内利率上升，金融从

⑧ 这对英国政府来说代价高昂，因为它意味着国内公共债务（即政府债券）的较高利息。为了避免这个成本，并仍然达到同样的目的，政府可以选择操作远期外汇市场。

业者就会将部分资本转移到国内,以调整他们的资产分配,但是,他们将继续在其投资组合中持有外国资产。因此,国内利率的提高会引起资本一段时期内的显著性流入。这个调整大约需要一年的时间完成,但资本流入不会持续到利率相等为止。

尽管如此,我们还是设想一个国家想要获得刚才那种类型的资本流入的情况——例如,该国赤字要求在一年之内恢复平衡。那么,如何使用所讨论的政策工具来实现这个目标呢?

货币政策和财政政策:货币紧缩减少了货币供给→提高了利率→引起了资本流入。财政紧缩减少了货币需求→降低了利率→引起了资本流出。货币政策在国际收支对外失衡的调整方面优于财政政策,这是因为它可以同方向影响经常账户和资本账户,而财政政策具有对资本账户的负面效应。

由于中央银行的直接行为——提高联邦基金利率和在市场上卖出政府债券(压低了债券的价格,这意味着更高的利率),以及由于货币供给的减少,货币紧缩(假定没有财政变动)提高了利率。另一方面,财政紧缩(假定没有货币变动)引起了总支出(包括私人支出和公共支出)的减少,因而引起信贷需求的减少。假定没有货币方面的变化抵消它,这就会降低信贷的价格——即利率。因此,对赤字国而言,货币紧缩在两方面有助于恢复国际收支的平衡:商品和服务的出口相对于其进口的增加、利率上升引起国外资本的流入。财政政策只有第一种有益效应,而没有第二种有益效应。

财政政策和货币政策之间的一个相当重要的区别是,货币政策并不需要立法机构的批准,而财政政策在我们的制度框架下却是不那么灵活的;特别是税收,其法律制定需要一个很长的时间。因此,许多经济学家建议用货币政策来处理对外失衡。的确,实证调查表明,利率变化是工业化国家最常用的处理对外失衡的方法。

总之,财政政策和货币政策都引起了有助于恢复经常账户平衡的收入-价格机制。货币政策可以通过利率及其对短期资本流动的影响来平衡收支。一项实证研究表明,当经常项目赤字占到GDP总值的5%时,典型的经常账户的反向调整就开始了。[9]

13.4 国外的反响

可以进一步进行分析。每当国家之间通过固定汇率彼此联系在一起时,一国采取的任何行动都会对他国的经济状况产生影响,与该国有密切贸易往来的国家尤其如此;这些影响也会传回到该国,带来了就业、收入和贸易的相应变动(尽管变动的力度减弱了)。这些在国家之间相互作用的影响,形成了循环。

设想一国(A国)因自身原因而采取紧缩性的财政政策和货币政策。其收入的减少降低了进口,这意味着其贸易伙伴国B国和C国的出口也减少了。这就减少了B国和C国出口产业的收入和就业,而收入和就业的减少又通过乘数机制扩散到B国和C国的经济之中。这就进一步降低了它们从A国的进口,加重了A国国民收入的

⑨ C. I. Freund, "Current Account Adjustment in Industrialized Countries," Federal Reserve Board, *Discussion Papers*, no. 692, December 2000.

减少。如果 A 国采取扩张性的国内政策，那么发生的过程就正好相反。这些效应表明，固定汇率体制将那些具有密切贸易往来的国家的经济命运紧密联系在了一起。经济衰退和通货膨胀会从一个国家蔓延到另一个国家，没有哪个国家可以隔离于外部扰动。有关经常账户的这些相互关系，在浮动汇率制下也成立。

这个循环机制具有什么含义呢？第一个含义是，如果领先的工业化国家希望关心其他国家的命运，它就得承担更多的责任。人们常说，美国打个喷嚏，加拿大和拉丁美洲就会得肺炎，因为它们依赖于美国的繁荣来维持其较高的出口水平，并进而维持其较高的国民收入和就业水平。因此，在 1995—2000 年期间，美国是唯一的连续保持较高增长率的工业化国家。它的进口和贸易赤字迅速增长，这意味着世界其他国家的出口也上升了。这里，美国充当了**火车头国家**(locomotive country)的角色，带动着其他国家的经济向前发展。相反地，在 2001 年早期，美国经济的低迷对严重依赖于美国市场的拉美国家特别是墨西哥造成了不良的影响。而且，加拿大降低了利率，以防止美国经济的低迷扩散进本国。

> **大国**：大国的发展也会影响其他国家。通过自身的经济增长，美国或欧洲能够充当世界其他国家的火车头，因为它们的进口就是世界其他国家的出口。

第二个含义是，为了正确估算一项政策的外贸乘数效应，一国必须考虑**国外的反响**(foreign repercussions)，因为这些国外的反响以循环的方式对最初实行这一项政策的国家产生影响。前面我们用一个发生自主性出口扩张的国家为例，说明了外贸乘数的作用。如果该国是一个重要的大国，那么它的出口增长必然意味着其贸易伙伴国的进口的明显自动增加。贸易伙伴国收入的相应减少又会降低它们从本国的相应进口，从而削减了本国出口、降低了计算出来的外贸乘数。对于一个两国世界(这里的情况是，A 国对 B 国的出口自动增加)而言，国外的反响可以图示如下：

> **国外的反响**：指一个大国的发展对其贸易伙伴国经济的影响。一个大国的乘数效应小于小国的乘数效应。

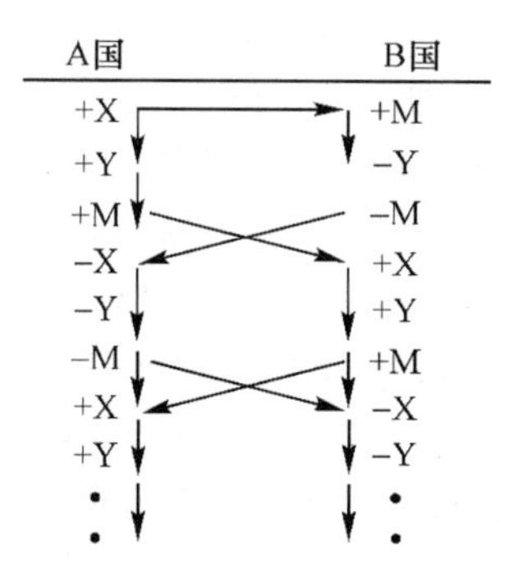

沿着上图的两列往下移动，这些国外的反响在力度上逐渐减弱。但是，它们抑制了 A 国最初的出口自动增长效应。先前给出的乘数公式忽视了这些国外反响，并在一定程度上仅适用于小国。对于一个大国而言，因为在分母之中加入了一个反映国外反响的分数项，所以乘数就比较小。

固定汇率下相互依赖的第三个含义是，没有一个国家可以完全自由地实行独立的国内政策，所有的国家都受到国际收支平衡的约束。如果一国不接受约束，就很容易产生危机。影响收入、价格和利率的不完全协调的国内经济政策，以及固定汇率、自由的资本流动,这三者的组合从长期看不具有可持续性。这就是所谓的**不可能三角**(incompatible trinity)。

甚至在浮动汇率下,也存在着一定程度的相互依赖。美国在多个时期采取了扩张性的财政政策和紧缩性的货币政策。于是,美国的利率,尤其是实际利率(名义利率减去预期的通胀率)上升,吸引了大量的外国资本流入美国(提高了美元的兑换价值)。这迫使其他工业化国家提高利率以阻止一些资本流出,于是就损害了它们刺激经济的能力。在1986年,为了使美联储能够降低美国利率而无须担心大量资本从美国撤走,欧洲和日本的中央银行就一起降低了它们的利率。这一事件反映了主要工业化国家之间在降低利率方面的协调努力。在2001年,英国、日本和加拿大紧随着美国降低了它们的利率。

我们不应该得出这样的结论:资本市场的一体化是个坏现象。我们只能建议,有自由资本流动的国家必须要么放弃固定汇率,要么放弃许多国家近年来采取的独立的货币政策。事实上,一个一体化的资本市场,远远优越于一个国际资本流动受到种种控制的体系。

我们现在讲述单个国家的情形。

13.5 一般政策目标中的国际收支

既然政府采取的每一种经济手段会影响到国际收支和国内经济状况,经济学家就必须关注整个形势。如果对外赤字国正好同时面临国内通胀的压力,那么该国是相对幸运的,因为消除国内通胀的国内政策也就是那些处理对外赤字的措施。这两种情况都需要紧缩性的财政政策和货币政策,这就导致了一个**一致**(consistent)的情形,例如美国在20世纪60年代后期就遇到了这样的情形。

同样,当一个国家同时面临国内衰退和国际收支盈余时(如20世纪90年代和2000年的日本就是这样),它也处于一个一致的情形,因为这两个困境的处理都需要扩张性的政策。在货币政策方面,中央银行应该降低利率、降低商业银行的准备金率,并在公开市场上买进政府债券。在财政政策方面,政府应该减少税收,或者增加支出(或两者均实行),为经济输入充足的购买力。收入和价格的上升有助于增加进口和减少出口,因而有助于对外盈余的减少。因此,同样的一套政策可以用来处理国内外两方面的问题。

不一致的情形:指失业和对外赤字并存(就像美国),或者通货膨胀和对外盈余并存(就像中国)。这种国内和国外的状况需要正好相反的政策。汇率调整是唯一可行的解决方法。

可是,一个国家也可能发现它处于一个**不一致**(inconsistent)的情形。它可能在同一时期既存在国际收支赤字,又存在国内失业,如美国;或者国际收支盈余与国内通货膨胀并存,如中国。在第一种情况下,减少赤字需要紧缩性政策,但治理失业需要扩张性政策。在第二种情况下,减少盈余需要扩张性政策,但治理通胀又需要紧缩性政策。表13-1列举了这四种组合。

表 13-1　经济状况和政策要求的组合

国内状况	国内政策反应	收支平衡状况	国内政策反应	情形
失业	扩张	盈余	扩张	一致
通货膨胀	紧缩	赤字	紧缩	一致
失业	扩张	赤字	紧缩	不一致
通货膨胀	紧缩	盈余	扩张	不一致

前两种经济状况可通过适当的国内政策来解决，而后两种情况是有问题的。美国在 20 世纪 60 年代初为失业和赤字的组合而大伤脑筋，而联邦德国和日本在 20 世纪 70 年代初却都遇到了对外盈余和通货膨胀并存的局面。

在开放经济中，国家有两个政策目标：对内平衡，包括充分就业和价格稳定；对外平衡，通常指经常账户的平衡。如果一个小规模的对外赤字并没有造成无法处理的该国对外负债，并且与此相联系的资本流入到了生产性投资领域以便未来能够偿还债务，那么这个小规模的对外赤字还是可以持续的。同样地，如果一个小规模的对外盈余并没有造成无法解决的外国偿还其债务的困难（外国不能偿还其债务，盈余国也会失去部分财富），并且政策制定者也愿意允许国内储蓄投资于国外而不仅仅是国内，那么这个小规模的对外盈余也是可以持续的。因此，即使在浮动汇率下，经常账户不平衡的规模也常常是一国的政策目标。

然而在任何时候，决不应该孤立地看待国际收支目标。并不存在一个单一的、孤立的政策目标。在任何时候，政府都有几个与国内和国外经济绩效相关的目标。这些目标包括充分就业、高增长率、价格稳定以及对外平衡。政府也有一批政策工具，包括货币政策、财政政策和汇率政策。每一个政策工具的运用对每一个政策目标都具有不同的影响。理性的政策制定者会从总体上评估经济状况，并选择合适的政策工具组合来实现一系列的政策目标。政策目标的数量越多，它们之间的潜在冲突就越大，实现这些政策目标所必需的政策工具的数量就越多。仅依靠财政政策和货币政策不能处理不一致的经济情形，除非这些不一致的经济情形在本质上是暂时的。除此之外，所有其他情形都需要汇率调整，我们将在下一章介绍。

13.6　一些未回答的问题

迄今为止，大部分的讲述内容都围绕着作为各种政策应用结果的经济调整方向。但是，经济调整的方向并不足以作为经济政策决策的指南。另外两个相互关联的信息是非常重要的。第一，我们必须知道，每一项政策措施的经济效力有多强。这决定着作为对政策措施的反应，经济在政策目标方向上能够走多远——或者，换句话说，为了实现既定的政策目标，每项政策工具的应用力度应该为多大。第二，我们必须知道，各种政策工具的全部效应需要多长时间才可以发挥出来，以及经济向政策目标方向移动的时间路径是什么。第二点可以使政府官员估计政策启动之后的各个阶段会出现什么情况。

13.6.1 影响度

假定政策设计的意图是减少国际收支赤字,我们就必须弄清,一个特定的财政政策和/或货币政策在多大程度上影响着实际GDP和价格水平,以及相应的经济变化在多大程度上影响着国际收支。回答这些问题并不容易。在任何时候,都有很多因素影响着经济,有必要通过研究来理解单独的政策的效应。为了确定政策效应,我们需要比较有政策和无政策两种情况,此时假定所有其他条件不变。人们阅读经济学家的著作时,经常会怀疑"其他情况相同"假定的有效性。如果经济总是处于变动状态,它怎么能有效呢?答案是,无论是在有政策还是无政策的情况下,所有其他变化都会发生。"其他情况相同"的假定就等同于比较有政策和无政策两种情况。在自然科学中,可以通过可控实验来完成这样的研究。但这在经济学中是不可能的,我们必须利用理论抽象和统计技术来达到同样的目的。

> **计量经济方法**:估算每项政策需要多大的力度才可以处理一定规模的失衡,每项政策需要多长时间才可以产生预期的矫正效应。

这就是在社会科学中建立模型的作用所在。为了得到有关估计参数大小的结论,经常有必要构建一个整体经济的简化模型。构建模型意味着用数学公式来表示各种经济变量之间的关系,以便适合于统计估算。与这类研究相关的经济学分支就是计量经济学。由于很大程度地改进了估算技巧,政策制定者现在至少可以对有关的变量大小有一个粗略的了解。下面的几个例示,摘自一项关于20年浮动汇率的计量研究成果。[10] 就美国贸易而言:

- 美国实际GDP每增加1个百分点,美国的进口额就会增长1.7%。这个进口的需求收入弹性在1995—2005年期间上升到3%,表明美国经济的开放度日益提高。
- 世界其他地区的GDP每增加1个百分点,美国的出口就会增长1.3%。这种所谓的"收入不对称"表明,与外国人对美国出口的需求收入弹性相比,美国进口的需求收入弹性相对较高。因此,美国和世界其他地区之间相似的经济增长率,会恶化美国的经常账户平衡。
- 进口价格指数相对于国内批发价格指数每下降1个百分点,美国的进口就会增加1.2%。大部分效应在这种变动的两个季度之后发生。
- 竞争国的价格每下降1个百分点,美国的出口就会减少0.9%。

也可以找到关于其他工业化国家的类似研究成果。

---

[10] D. Warner and M. Kreinin, "Determination of International Trade Flows," *Review of Economics and Statistics*, February 1983; 对于其他估计的总结可参见 P. Hooper and J. Marquez, "Exchange Rates, Prices, and External Adjustment in the U.S. and Japan," Federal Reserve Board, *International Finance Discussion Papers*, no. 456, October 1993; 以及 M. Kreinin, "The U.S. Import Surge in 1995—2000," in "Essays in Honor of Peter Lloyd," Edward Elgar, Surrey, U.K., 2005。

13.6.2　时滞

第二个很重要的问题，是关于政策的时间选择和经济向目标方向移动的时间路径。一个政策工具是在一年内还是在五年内达到其目标，这当然有很大的不同，因为在一个较长的时间段内很多事情会发生，从而改变经济的进程。

实际上，所有外生于经济的政策**时滞**有两个：经济状况要求采取行动的需要与政策制定者认识到这个需要之间的时滞，政策制定者认识到这个需要与其开始采取经济行动之间的时滞。接下来是内生的政策时滞——依赖于经济系统本身的运转。这里有两个相关的问题：一定的财政政策和货币政策措施，需要多长时间才可以在国内总产出和价格水平上完全实现其效应？收入和价格变动对国际收支的效应，需要多长时间才可以全部地或部分地显现出来？这些问题需要动态化的研究来具体说明经济逐渐适应于新政策冲击的时间路径。

总结

本章讲述了固定汇率制下为恢复国际收支均衡，以及浮动汇率制下为恢复经常账户平衡而制定的国内政策。有两个矫正不平衡的自动调整机制：收入-支出机制、货币供给-价格机制。出口的自主减少会引起一个初始的贸易赤字，但出口的减少意味着产出以及收入的减少，并通过乘数效应而放大。它反过来减少了进口，部分地修复了赤字。同时，赤字意味着支出超过了收入，所以货币供给就缩减了。这降低了国内通胀率，使经济更具有竞争力，于是又减少了赤字的规模。盈余情况下所发生的过程恰好相反，出口增加或进口减少引起了这种盈余。产出和收入通过乘数过程而增加，进而增加了进口。货币供给的扩张加速了通胀，使经济具有较弱的竞争力。这两个因素都有助于减少盈余。

国内支出的上升——通过国内投资或政府支出——也对产出和收入产生了乘数效应。然而，由于最初没有对外盈余，于是外部效应仅仅是增加了进口，从而造成了贸易赤字。实际上，这种赤字预期可以作为一个防止国内支出过度扩张的纪律性措施。同样地，国内支出的减少会降低产出和收入，并减少了进口，从而造成了贸易盈余。

在对外不平衡的所有情况下，自动机制只能予以部分程度的矫正。必须通过政府政策加以强化。在赤字情况下，政府需要采取紧缩性的财政政策和货币政策。它减少了产出和收入，降低了进口，因而改善了贸易赤字。在盈余情况下，政府需要采取扩张性的政策。它扩大了产出和收入，增加了进口，因而减少了贸易盈余。在实行浮动汇率的国家里，如果政府关注于经常账户，它也可以采用相同的政策药方。

经常账户可以对上述政策做出反应，沿着期望的方向变化。但是，只有货币政策(而不是财政政策)才会引起资本在赤字情况下的流入和在盈余情况下的流出。货币政策既可以影响经常账户，也可以影响资本账户，使其朝期望的方向变动。

大国需要关心国外的反响。如果它实行了紧缩性(扩张性)的政策，出现了经常账户盈余(赤字),那么该国的贸易伙伴国就出现了赤字(盈余)。这些变动有如下含义:大国可以扮演世界“火车头”的角色,它的国内扩张可以提高以该国为主要市场的其他国家的产出。如果大国出现了经济衰退,那么其他国家的经济就可能会停滞下来。而且,一旦将国外反响考虑在内,大国的外贸乘数就要小于公式计算值。最后,固定汇率、自由资本流动和独立的货币政策,三者是不能共存的,从长期看,三者的结合是不可持续的。

面临国内失业和对外盈余的国家在这两方面上都需要扩张性的政策,而面临国内通货膨胀和对外赤字的国家在这两方面上都需要紧缩性的政策。这些是一致性的情形。但是,一个国内失业和对外赤字的组合则要麻烦得多,因为它们分别需要扩张性和紧缩性的政策。同样,一个通货膨胀和对外盈余的组合需要相互抵触的紧缩性和扩张性政策。这些是不一致性的情形。不一致情形的唯一矫正措施就是调整汇率,下一章将阐述这一政策。

除了上述分析中的调整方向,政策制定者还需要知道每项政策对经济的影响程度,以及政策实施时间与其发挥经济效应之间的时滞。

重要概念

边际消费倾向
边际储蓄倾向
边际进口倾向
乘数
IMF的贷款条件
支出调整政策
证券投资资本
证券组合方法
外贸乘数
铸币流动机制
货币流通速度(V)
需求弹性
自动调整机制
货币政策
财政政策
火车头国家
国外的反响
一致情形
不一致情形
影响度
时滞
不可能三角(也可参见第12章)

复习题

1. a. 假设丹麦政府将年度国内支出增加了100亿克朗。假定MPS=1/4和MPM=1/4,请计算该支出对GDP、C、S、M和贸易平衡的效应(计算上述数值的变化)。丹麦克朗是钉住欧元的。假定丹麦只与欧元区国家进行贸易。
   b. 如果丹麦的出口增加了100亿克朗,将会对上述变量产生什么影响?
2. 总结固定汇率下的国际收支调整的自动机制(支出和货币)。
3. 证明当MPS=0时,支出机制能确保国际收支的完全调整。

4. a. 1983 年，墨西哥面临着一个固定汇率下的对外赤字和国内失业的组合。这意味着一致性的情形还是不一致性的情形？为什么？可以通过国内政策解决吗？为什么？
   b. 如果它是一个对外盈余和通胀的组合，情况又会怎样呢？
5. 在 20 世纪 90 年代，美国要求日本降低关税并增加预算赤字以努力减少其对外贸易盈余。这个国内政策会如何影响日本的贸易地位？对其国内经济会产生什么样的影响？
6. 财政政策和货币政策如何影响国内利率？利率如何影响资本流动？
7. 已知下列信息：

ΔX	MPM	MPS	k	ΔY	ΔM	ΔS	ΔC	Δ贸易差额
a. −1 000	0.2	0.3						
b. −1 000	0.2	0.2						
c. −1 000	0.2	0.1						
d. −1 000	0.2	0.0						

   计算出每行空栏的值。
8. 解释支出调整政策。
9. 给出某一（私人）经济的下列信息：MPC＝ 0.5，MPS＝0.2，MPM＝？作为货币贬值的结果，该国的出口上升了 100 个单位。计算出口增加对其 GDP、C、S、M 和贸易平衡的影响。
10. 在一篇 1985 年的文章中，《华尔街日报》认为，欧洲的经济复苏在很大程度上是由美国的经济复苏拉动的（美国是火车头），而不是由其内部产生的。
    a. 解释美国的经济复苏如何能刺激欧洲的经济复苏。
    b. 如果美国经济增长放慢，会发生什么事情呢？
11. 为什么中国不得不在 2004 年放慢其经济增长率？

第14章 汇率调整对经常账户和国内经济的效应

因为国内政策不能很好地处理不一致性的情形，所以就需要汇率的调整来处理。在对外赤字和国内失业并存的情况下，可选择的政策是钉住货币下的法定贬值或浮动汇率下的自动贬值；在对外盈余和国内通胀并存的情况下，可选择的政策则是法定升值或自动升值。汇率调整是一个重要的经济政策工具。实际上，在布雷顿森林体系时期，以及在1979—1993年期间的欧洲货币体系内部，固定汇率的调整大量发生。而且，浮动货币兑换价值的实质性变化也一直在发生。例如，在1995年中期之后的两年里，日元相对于美元贬值了50%，因而改善了日本公司的竞争地位。英国1992年9月退出欧洲货币体系之后，英镑贬值了25%，这之后，英国的贸易收支状况改善，而且国内产出和就业增加。意大利也经历了相似的过程。在1999年1月1日欧元诞生之后的头20个月里，欧元的兑换价值从1欧元=1.17美元贬值到1欧元=0.83美元（贬值了近30%），结果欧元区的出口在2000年显著增长。但在2002—2009年期间，1欧元升值到1.50美元，欧洲出口减少，国内产出和就业也相应地减少了。

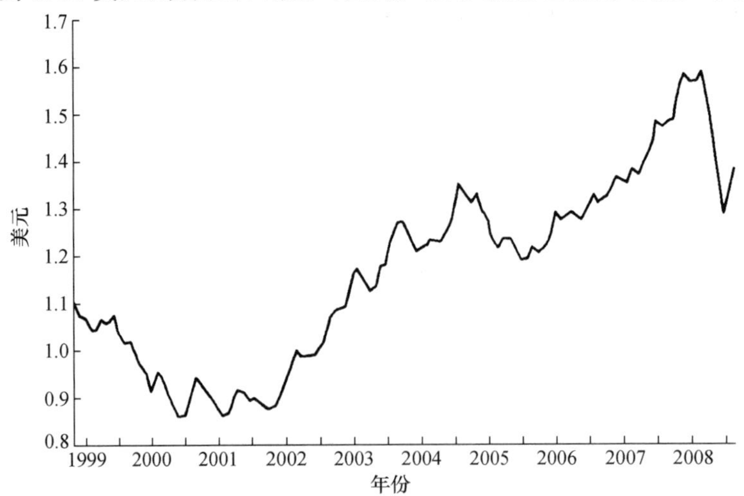

欧元对美元的汇率变化

资料来源：IFS On-line，March 2009。

在固定汇率制下，政府法令宣布贬值或升值，其发生的频率很小。然而，在浮动汇率制下，市场力量每天推动着汇率发生很小幅度的变化。一般而言，国际收支平衡表的资本账户决定着汇率，汇率变化是由资本流动引起的。经过一个时期，汇率的日常轻微变化可以累积为显著的汇率调整，如前述例子所示。因此，弄清楚汇率调整对商品和服务贸易差额以及对国内经济的效应，是很有意义的。我们知道，即使其总的国际收支处于平衡状态，政府也经常关注于经常账户的改善。

本章以由 17 个国家组成的欧元区为例，分析汇率变化对一国的效应。假定欧元区面临国内失业和经常账户赤字的情况，欧元从1.2美元贬值到0.8美元，贬值了 1/3(这意味着美元从0.83欧元升值到1.25欧元，或升值了 1/2)。这一贬值会有什么效应呢？

14.1　相对价格效应

贬值和竞争力：货币贬值可以使本国出口的商品对外国人而言变得更便宜(以外国货币计价)，使进口的外国商品对本国居民而言变得更昂贵(以本国货币计价)。

贬值的影响迅速体现为欧洲生产的商品和服务的价格相对于其他国家变得便宜，因而欧洲商品无论在国内市场还是在国外市场上都变得更有竞争力。也就是说，以欧元计价的欧洲进口商品变得更贵，从而使国内生产的替代品变得相对便宜，而以国外货币计价的欧洲出口商品在销售地则变得更便宜。当欧元从 1.2 美元贬值到 0.8 美元时，作为贬值的结果，一辆 10 000 美元的美国汽车将花费欧洲消费者 12 500 欧元而不是 8 300 欧元，而一件 30 欧元的欧洲衬衫对美国消费者而言，价格就从 36 美元下降到 24 美元。同样地，对于一项 500 欧元的包价旅游，现在美国旅游者去欧洲只需花费 400 美元而不是 600 美元。相反地，对欧洲旅游者而言，一项 1 200 美元的美国之行的成本就从 1 000 欧元上升到 1 500 欧元。事实上，在 1999—2000 年期间欧元贬值时，对美国人而言去欧洲度假变得更便宜，对欧洲人而言去美国度假变得更昂贵。而当欧元在 2003—2009 年期间升值时，发生了相反的情况。

最后，在欧洲的美国潜在投资者会发现，一定欧元支出的美元成本减少了 1/3，而计划在美国建立工厂的欧洲企业，则面临着相反的情形。

可是，降低相对价格从而变得更具竞争力，这本身并不是目的。它是消除用美元计价的对外赤字的一种手段，国际上一般用美元来作为解决国际收支失衡的媒介。也就是说，欧洲的政策目标是降低进口的美元价值(总的美元支出)和提高出口的美元价值(总的美元收入)。降低价格就是为了实现这个目的。相对价格变化对贸易流量价值的效应，取决于数量对价格变化的反应程度。因为收入和支出两边的结果并不对称，所以要分别考虑两边的贸易流量。

在进行具体分析之前，我们需要更加精确地界定价格变化反应程度的含义。首先看一看图 14-1(A)所示的需求曲线，它表示在不同价格水平(纵轴)下的购买数量(横轴)。它向右下方倾斜(即斜率为负)，显示出价格与数量的反方向关系：价格越低，购买的数量就越大。在本图中，当价格从 P_1 下降到 P_2 时，数量从 Q_1 增加到 Q_2。绝大部分商品都具有这种价格和数量的反方向关系。但是，购买商品的美元价值可能增加，也可能不增加。因为价值是价格乘以数量($V=P\times Q$),同时由于价格随着数量增加而下降,所以,我们并不能说商品的价值($P\times Q$)是上升还是下降。商品价值可由需求曲线相关点以下的矩形面积来表示,该面积等于 $OP\times OQ$,或者价格乘以数量。在我们的例子中,这块面积从 OP_1AQ_1 变化到 OP_2BQ_2。因为面积($P\times Q$)对应于进口者的美元支出,或者等价于出口者的美元收入,所以我们关注于这块面积随价格变化而变化的方式。

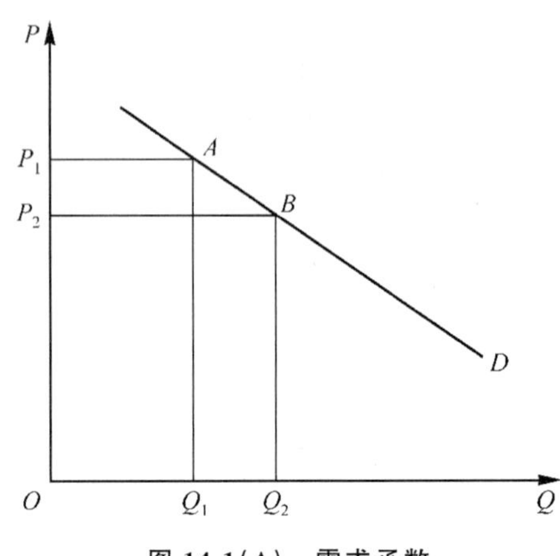

图 14-1(A)　需求函数

随着价格从 P_1 下降到 P_2,需求数量就从 Q_1 增加到 Q_2。

某一价格变化对 $V=P\times Q$ 的效应,取决于数量反应的规模。需求曲线越平坦,它代表的数量反应就越大。反应程度的标准衡量,就是所谓的需求价格弹性(η_p):

$$弹性系数=\eta_P=\frac{购买数量的百分比变化}{价格的百分比变化}=\frac{\Delta Q/Q}{\Delta P/P}=\frac{\Delta Q\times P}{\Delta P\times Q}$$

这里,Q 和 P 是把绝对变化 ΔQ 和 ΔP 转化为百分比变化的基础。因为价格和数量一般是相反方向的变动,所以弹性一般是一个负值。然而,人们常常忽略负号,并以绝对值的形式来衡量需求弹性。

> **需求弹性**:用于衡量商品需求数量对价格变化的反应程度。如果购买数量的百分比变化大于、等于或小于引起数量变化的价格的百分比变化,那么需求就分别具有相对弹性、单一弹性或相对无弹性。

看看 $\eta_p=1$ 的情况。它意味着价格的百分比变化恰恰等同于相应的商品购买数量的百分比变化。也就是说,购买数量的增加恰恰足够抵消每一单位出售商品的价格减少。这使得 $P\times Q$(需求曲线下的面积)的美元价值不变。当**需求弹性**(demand elasticity)大于 1 时,因为购买数量增加的百分比大于价格下降的百分比,所以价格下降引起了购买商品的美元价值的增加。当弹性小于 1 时,情况正好相反,价格下降产生了一个更小比例的购买数量的增加,相应的美元价值(需求曲线下的区域)因而下降。我们称第一种情况为单一弹性需求,第二种情况为相对弹性需求,第三种情况为相对无弹性需求。

当沿着一条直线式需求曲线移动时,各点的弹性值发生相应的变化。特别地,如果需求曲线上的某个点到横轴的距离与该点到纵轴的距离之比等于 1,则这点代表单一弹性($\eta_p=1$);曲线上该点以上的所有点代表曲线的相对弹性部分,曲线上该点以下的所有点代表曲线的相对无弹性部分。当需求曲线是水平线时,需求是无限弹性的($\eta_p=\infty$),因为在那种情况下价格的百分比变化是零。当需求曲线是垂直线时,需求是零弹性的，因为数量保持不变。

对于供给者对价格变化的反应，我们也有兴趣。供给曲线向右上方倾斜（即斜率为正），显示出价格与数量的同方向关系：价格越高，供给的数量就越大，反之亦然（图 14-1(B)）。因此，**供给弹性**(supply elasticity)是正的，可用定义需求弹性的同样方法来定义供给弹性，在这里，Q 指供给数量：

供给弹性：衡量商品供给数量对价格变化的反应程度。一个水平的供给曲线表示了供给的无限弹性。

$$\eta_S = \frac{\Delta Q/Q}{\Delta P/P}$$

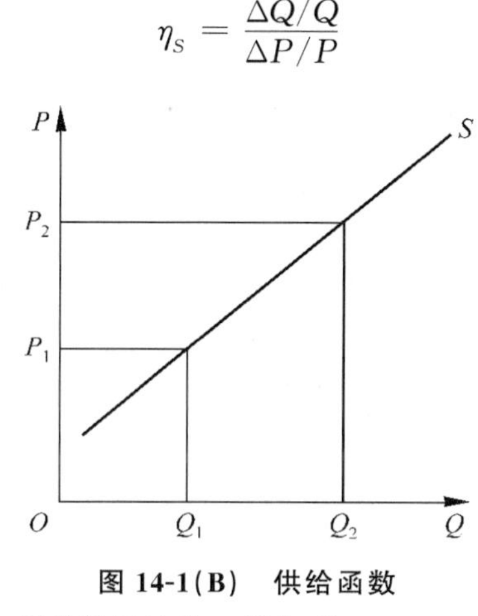

图 14-1(B)　供给函数

随着价格从 P_1 上升到 P_2，供给数量就从 Q_1 增加到 Q_2。

可以宽泛地说，供给曲线越平坦，表示供给弹性就越大。一个水平的供给曲线表示了供给的无限弹性，而一个垂直的供给曲线表示了供给的零弹性。

供给曲线和需求曲线的相交决定着市场现行的价格和交易的数量。其中一条曲线的移动，例如需求曲线的上移，意味着在每一个价格水平上具有更多的商品需求（例如，由于更高收入的缘故）。这与一个点沿着曲线变动的情况不一样，不能互相混淆。在图 14-2 中，需求曲线从 D_1 移动到 D_2，引起供给曲线上的点从 A 点变动到 B 点，从而形成了更高的价格和更多的数量。

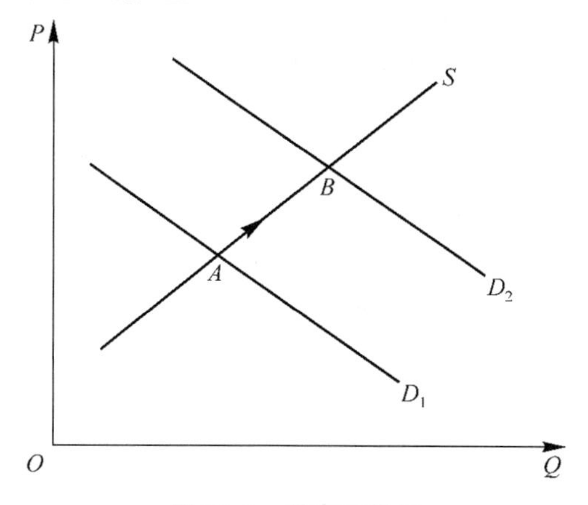

图 14-2　需求和供给

随着需求从 D_1 上升到 D_2，均衡就从 A 点转移到 B 点。

我们现在来分析欧元贬值对欧元区美元收入和美元支出的效应。请注意,在本讨论中,供给曲线指每一个国家对其贸易伙伴国的出口供给,需求曲线指每一个国家从其贸易伙伴国的进口需求。

14.1.1　对美元支出的效应

欧元贬值使得欧洲的进口以欧元计价更贵,而其美元计价则保持不变。因为欧洲消费者用欧元交易,所以其进口量[①]不可避免地出现下降,美元支出(进口数量乘以不变的美元价格)也一定出现下降。因为美元价格是保持不变的,所以仅仅进口数量的下降就决定着美元支出数量的下降,下降的程度取决于欧洲消费者对进口商品的欧元价格如何反应,即进口需求的价格弹性。反应的程度越大,下降的数量就越大。影响反应程度的一个因素,是国内生产的替代品的可获得性。替代品越容易获得,消费者转向国内替代品的可能性就越大,因而就减少了对外支出。因此,如果其他条件相同,具有多样化经济的大国的进口需求弹性就很可能大于小国的进口需求弹性,因为大国往往会生产出大部分进口商品的替代品。

贬值和支出:贬值肯定减少了以外国货币计价的支出。随着以本国货币计价的进口商品价格的上升,进口商品的数量下降,而进口商品的外国货币价格保持不变,于是,$P \times Q$下降。

同样地,欧洲旅游者因为他们必须为所需美元支付更多欧元而不愿意出国,欧洲公司期待的海外投资也因企业的欧元成本增加而踌躇不决,此时美元支出就减少了。总之,所有形式的美元支出必定下降,下降的程度取决于其对价格变化的反应程度。

可以用供给和需求的分析工具来阐述这一点。图14-3的上下两个小图显示了某一特定商品的价格-数量关系。它们只在一个方面存在差别:上小图的价格以美元表示,下小图的价格以欧元表示。两个图的数量轴是一样的。我们首先观察贬值之前的曲线情况。为简便起见,假定美国对欧洲的供给($S_{U.S.}$)是无限弹性的(水平线),如果美国存在失业或者欧洲市场仅仅吸收美国一小部分产出,这一假定条件是可以存在的。

在每单位商品1.2美元的价格水平,美国的供给曲线如图14-3中的上小图所示,因为美国供给者是以美元计价的。以贬值之前的汇率1.2美元=1欧元,将供给曲线变换到图14-3中的下小图中,表现为每单位商品1欧元价格水平的水平线。欧洲对美国的进口需求(D_E)如下小图所示,表现为负斜率,因为欧洲消费者是以欧元计价的。以贬值之前的汇率1欧元=1.2美元,将需求曲线变换到上小图中,表示为D_E。

欧元贬值并不影响以美元计价的美国供给或者以欧元计价的欧洲需求。但是,它影响了以欧元计价的美元供给或者以美元计价的欧洲需求。1欧元现在只值0.8美元的事实,就意味着1.2美元的价格转变为1.5欧元(1.2美元/0.8),而不是1欧元,这可以用下小图中贬值之后的$S'_{U.S.}$曲线表示。[②] 它造成了进口数量的减少——从Q_1

---

① 单词“volume”和“quantity”可以互相使用,指以某个单位或某个指数衡量的商品数量。另一方面,价值等于数量乘以价格。

② 贬值之前的汇率是1欧元=1.2美元,此时在美国计价1.2美元的商品等于1欧元。随着欧元贬值到0.8美元,同样的商品就计价1.5欧元。

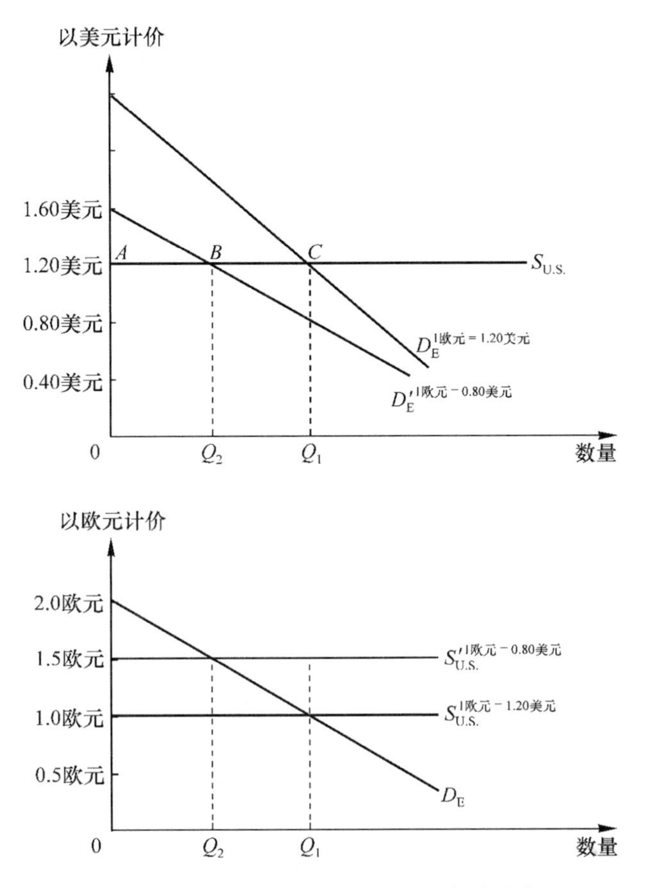

图 14-3　欧元贬值对欧洲美元支出的效应

欧元贬值并不影响以美元计价的美国供给。但是，因为它提高了以欧元计价的欧洲进口价格，于是，在以美元计价的小图中，D_E下降到 D_E'，欧洲的美元支出从 C 点之下的矩形面积降低到 B 点之下的矩形面积。

减少到 Q_2。由于美元价格保持不变，所以减少的数量必然转化为美元支出的减少。美元支出减少数量的大小取决于进口数量的变化，而进口数量的变化是欧洲的需求弹性的函数；需求弹性越大，美元支出的减少就越多。[③]

只有在欧洲需求零弹性的极端情况下（D_E是一条垂直线），进口数量保持不变，美元支出也因而保持不变。在这种情况下，以欧元计价的价格上升比例与欧元的贬值比例完全相同，而美元价格保持不变。也就是说，欧洲商品的竞争地位没有改善。

图 14-3 中的上小图可以表明同样的结论。虽然 $S_{U.S.}$ 保持在 1.2 美元的价格水平，但以美元计价的 D_E必然发生改变。欧洲需求曲线表示消费者在各种假定的欧元价格下愿意购买的商品数量，这些是保持不变的。但是，每一种欧元价格现在只能兑换到贬值之前的 2/3 的美元数量。因此，以美元计价的欧洲需求曲线（上小图）一定会

③　注意，以欧元计价的总支出可能增加也可能减少，这取决于 D_E的弹性。它如下小图所示。但是，这里的焦点还是美元支出。

从 D_E 下降到 D_E'，产生了进口数量 Q_2。美元支出——进口数量乘以它们的美元价格——就是均衡点下的区域面积。它从 $OACQ_1$ 下降到 $OABQ_2$。只有当需求曲线的弹性为零（需求曲线垂直）并且不移动时，美元支出下降的情况才不会发生。一般而言，需求弹性越大，美元支出的减少就越多。

14.1.2 对美元收入的效应

在美元收入方面，情况就不是那么清楚。因为欧洲出口商品的美元价格对国外消费者而言下降了 1/3，因而欧洲出口商品就变得更具竞争力了。欧洲出口商品的美元价格下降，一定会促使美国消费者购买更多的欧洲商品。但是，欧洲的兴趣不在于在美国本土卖出更多的商品，而在于获得更多的美元。作为欧元贬值的结果，欧洲每一单位出口商品比以前卖更少的美元。欧洲的全部美元收入等于欧洲出口数量乘以出口到国外的每单位商品的美元价格。因为美元价格已经下降了 1/3，所以商品卖出数量增加的比例必须多于 1/3，这样美元收入才会增加。总之，只有当销售数量增加的百分比大于价格下降的百分比——大到足够补偿现在每单位商品卖更少美元的损失时，美元收入才会上升。

相应的，这种情况取决于外国对欧洲商品价格下降的反应程度。如果外国消费者的反应足以抵消价格的下降（如果外国对欧洲商品的需求具有相对弹性），那么美元收入就会上升。国外旅游者访问欧洲、外国人享用所有的欧洲服务，均可以运用同样的原则。希望到欧洲投资的外国公司，也可以运用这样的原则。他们会发现，他们现在可以用更少的美元来购买交易所需的每一个欧元。但是，他们是否在欧洲花费更多的美元，取决于他们对价格下降的反应程度。只有当他们购买欧洲服务的增加比例大于美元价格的下降比例时，美元收入才会增加。第 11 章第 1 节的欧元区美元收入曲线的斜率，就提示了相关规定。

同前面一样，可以用需求-供给分析来阐述这一观点。与前一个图不同的是，此时欧洲是具有无限弹性供给曲线的供给者（水平线 S_E），美国是需求国。图 14-4 的下小图显示了价格水平为每单位 1 欧元的欧洲（某商品）供给曲线，因为欧洲供给者是以欧元来计价的。以贬值之前 1 欧元＝1.2 美元的汇率，将供给曲线变换到上小图中，表示为每单位 1.2 美元价格水平的水平线 S_E。美国的需求曲线就是上小图中的 $D_{U.S.}$，因为美国消费者是以美元计价的。以贬值之前 1 欧元＝1.2 美元的汇率，将需求曲线变换到下小图中，表示为 $D_{U.S.}$。

> **贬值和收入**：只有当国外对本国出口的需求相对有弹性的时候，贬值才能增加以外国货币计价的收入。以外国货币计价的出口价格的下降，会产生更多数量的出口（但是价格较低）。如果国外需求弹性分别大于 1、等于 1 或小于 1，那么收入（$P \times Q$）分别上升、不变或下降。供给弹性假定是无限的。

我们主要关注的美元收入，就是上小图中均衡点下所示的区域面积 $OABQ_1$。它等于价格乘以数量（$\overline{OA} \times \overline{OQ_1}$），这里 $\overline{OA}=1.2$ 美元。以美元计价时，贬值并不影响美国的需求曲线 $D_{U.S.}$。但是，以欧元计价而保持不变的 S_E 曲线（下小图），在以美元计价时就受到了影响（上小图）。具体来说，贬值之前，1 欧元的供给价格等同于 1.2 美元，但在贬值之后，它却只等同于 0.8 美元。相应地，S_E 移动到 S_E'，这表明，相对于美国消费者而言，欧元贬值使得欧洲的

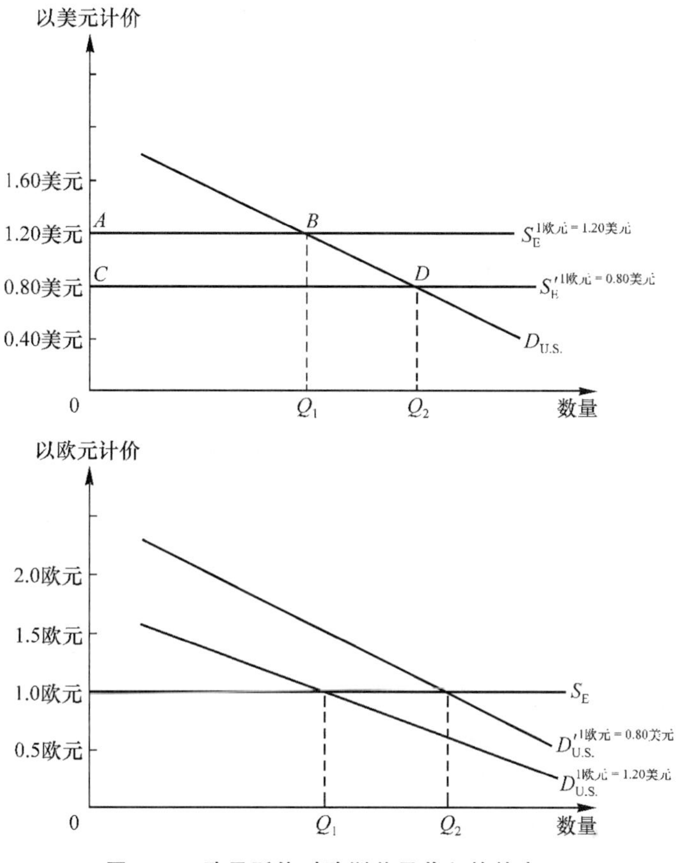

图 14-4　欧元贬值对欧洲美元收入的效应

欧元贬值并不影响以美元计价的美国需求。但是，它提高了以美元计价的欧洲供给，从 S_E 上升到 S_E'。欧洲的美元收入从 B 点之下的矩形面积变化为 D 点之下的矩形面积。

商品更便宜了。新的均衡点是 D。贸易数量上升到 Q_2。现在总的美元收入等于矩形面积 $OCDQ_2$。如果美国的需求弹性大于 1，那么现在的美元收入就比贬值之前的美元收入（$OABQ_1$）多；如果美国的需求弹性小于 1，那么现在的美元收入就比贬值之前的美元收入少。[④] 一般而言，美国对欧洲进口的需求弹性越大，贬值之后欧洲的美元收入就越多。

货币贬值相当于对进口商品的单一税和对出口商品的单一补贴。但是，税收/补贴仅仅适用于贸易商品，而货币贬值还可以影响到服务贸易和资本流动。

为了阐述和强调上述原则，我们用 20 世纪 90 年代中期的美元-日元汇率波动为例来说明。图 14-5 给出了 1994 年到 1996 年期间的汇率波动情况。在 1994 年和 1995 年之间，美元汇率从 1 美元＝110 日元下降到 1 美元＝80 日元，这意味着日元升

---

④　在图 14-4 的下小图中，以欧元计价的欧洲供给（S_E）保持不变。但由于欧元贬值，美国的需求曲线向上移动，反映了某一个数量的美元现在能购买更多欧元的事实。贸易数量上升至 Q_2，因而总的欧元收入必然上升。但这个贸易数量的上升是否可以转化为美元收入的上升，取决于贸易数量上升的比例是否大于欧元贬值的比例。

值超过了 30%。1995 年,日本公司抱怨它们无法在如此之高的日元汇率下参与竞争。接着在 1995 年和 1996 年之间,美元汇率爬升到 1 美元＝110 日元,这意味着日元贬值了近 30%。

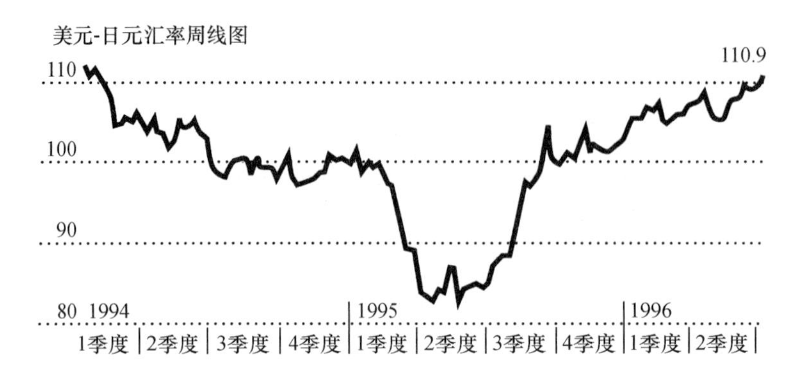

日元汇率变化对日本汽车价格的影响:

生产和销售一辆日本汽车的平均成本	1 美元＝80 日元(1995 年 4 月)	1 美元＝110 日元(1996 年中期)
完全在日本生产	20 475 美元	15 600 美元
在美国组装,只用一些日本零部件,如丰田和本田公司	18 410 美元	16 980 美元

图 14-5　美元-日元汇率周线图

资料来源:《纽约时报》,1996 年 7 月 15 日。

假定我们比较两个时期的日本汽车价格。在 1995 年 4 月,完全在日本生产的日本汽车,在美国市场的销售价是 20 475 美元,此时汇率是 1 美元＝80 日元;但在 1996 年中期,这一售价就仅仅为 15 600 美元,此时汇率是 1 美元＝110 日元。用一些日本零部件在美国组装的日本车型,其售价在这两个时期分别为 18 410 美元和 16 980 美元。到 1997 年 3 月,美元汇率进一步爬升,超过了 120 日元,日本公司因而在所有产业中都变得很有竞争力。日本出口大幅度扩张,而进口收缩。

因为日本汽车对美国消费者而言变得更便宜,所以更多的日本汽车会在美国销售,但每辆日本汽车只能卖出更少的美元。只有当销售数量的增加比例大于美元价格的下降比例,即美国对日本汽车的需求具有相对弹性($\Sigma D_{U.S.} > |1|$)时,日本才能从其汽车销售中赚取更多的美元(美元收入)。

请注意,由于日元贬值,所以即使日本的美元收入没有上升,其美元支出也会减少,这有助于改善日本的经常项目账户。

对外国直接投资的效应　货币贬值对外国直接投资流入的效应是不确定的。对货币贬值的国家进行投资,确实比较便宜。因此,如果欧元从 1.2 美元贬值到 0.8 美元,那么一个 100 万欧元工厂的成本就从 120 万美元下降到 80 万美元。而且,企业生产的商品变得更具竞争力。但是,需要考虑两点负面效应:第一,以投资来源国货币计价,企业产生的利润会减少。在 1999—2000 年期间,欧元区的美国公司的利润急剧下降,因为欧元贬值 30%后,在那里赚取的欧元只能换回更少的美元,并且美国公司是以美元来报告它们的收入的。当美元在 2003 年贬值 30%时，相反的过程发生了。

第二，货币贬值（升值）的方向，有时在短期内就能这样。在 1999—2000 年期间，由于欧元相对于美元和英镑的贬值，一些日本公司把它们的生产设备从英国迁移到了欧元区，从而变得更有竞争力。但是，在 2003—2004 年期间欧元升值时，日本公司的竞争性地位就恶化了。

贬值和外国直接投资：贬值对外国直接投资的效应是不确定的。

对于每一个外国直接投资的事例，我们都必须根据事情的本身情况来考虑它。货币的贬值（升值）和货币的预期贬值（升值）并不必然是一个决定性因素，因为它们对获利能力的影响是混合的。

我们现在转向关于欧元贬值的话题。

14.1.3　美元支出效应和美元收入效应的结合

简而言之，欧元贬值之后，虽然欧洲的美元支出必然下降，但欧洲的美元收入却并不必然下降。在这里，不仅欧洲美元收入的增加幅度，而且欧洲美元收入是否因此可以增加，都取决于美国消费者对欧洲商品美元价格下降的敏感性。美元收入和美元支出之间存在上述差别的原因如下：因为欧洲进口商品的欧元价格上升，进口数量就减少；因为欧洲进口商品的美元价格保持不变，所以欧洲进口商品的美元价值（美元支出）就一定下降，美元支出的下降幅度取决于欧洲消费者的反应；在美元收入方面，欧洲出口数量的上升是因为欧洲出口商品的美元价格的下降；只有当欧洲出口商品数量的上升比例大于欧洲出口商品价格的下降比例时，欧洲的美元收入才会上升；它是否会发生，取决于美国消费者对价格下降的反应。

当然，欧洲关心的是贬值对其汇率地位的净效应。其目标是收入减去支出后有一个增加（或者，支出减去收入后有一个减少），两者都以美元计价。虽然在理想状态下，支出应该降低，收入应该上升，但是等式的两个部分可能相互抵消。即使美元收入实际上降低了，但更大程度的美元支出下降可能抵消美元收入的实际下降，因而改善了经常项目账户。

如果想使贬值的立即影响是美元支出减去美元收入之后差额的减少，必须满足什么条件呢？经济学家为此已经提出了复杂的公式。这个条件就是所谓的**稳定性条件**或**弹性条件**（stability 或 elasticity condition），也就是马歇尔-勒纳条件（以研究出这个条件的学者命名）。通过图 14-3 和图 14-4 可以直观地理解这个条件。假定 D_E 的弹性是零，$D_{U.S.}$ 的弹性是 1。欧元贬值时，欧洲的美元支出和美元收入保持不变。因此，只有当需求弹性的绝对值之和等于 1，即 $\sum D_E + D_{U.S.} = 1$（此时供给弹性是无限的），欧洲贸易差额才不会受影响。根据这一观点，我们可以把 D_E 弹性提高到零以上，就可以获得美元支出的下降；把 $D_{U.S.}$ 弹性提高到 1 以上，就可以获得美元收入的增加。事实上，这两个弹性可以互为补充。

稳定性条件：一个国家的进口需求弹性和外国对该国的出口需求弹性之和必须大于 1，贬值才可以改善该国的经常账户。它的基本假定是，供给弹性是无限的。

因而,如果两个国家的供给弹性都是无限的[⑤],那么成功的条件就是这两个国家的需求弹性之和必须大于1。如果供给弹性是有限的,公式就变得更加复杂。而且在现实情况下,弹性之和必须大于极小的一个值。值得强调的是,我们这里整个讨论的内容是,弹性达到多大数值才可以促使经常账户发生期望方向的变化,而不涉及贬值影响的程度,或者贬值行为与贬值效应之间的时滞。

大量的实证证据表明,工业化国家实际上是满足这些条件的。例如,大量研究估计,一国的进口需求弹性和外国对该国的出口需求弹性之和,美国是2.7,日本是1.7,加拿大超过了2.0。[⑥] 对价格变化的反应足够大,以至于可以确保相对价格变化具有提高收入和降低支出的有益效应。货币贬值很可能减少该国的对外赤字。国际收支地位的变化是否大到足以消除对外赤字,要取决于货币自身贬值的大小和下文阐述的因素。

相对价格变化会引起居民把支出从进口商品转移到国内替代品(而国外消费者把支出从本地商品转移到进口商品),或者相反,汇率调整机制就依赖于这样的相对价格变化,这就是所谓的支出转换(expenditure-switching)政策。它不同于支出调整(expenditure-changing)政策,支出调整政策依赖于总支出的变化来恢复对外平衡(第13章)。[⑦]

14.1.4 国内收入效应

在国内方面,刚才得到的结论表明,生产出口商品和进口替代品的产业扩大了产出,从而提高了就业和收入。这种产出扩大的原因是国内需求和国外需求的增加,它对产出的最初影响是出口的增加加上进口的减少($\Delta X-\Delta M$)。这种产出扩大通过乘数机制扩展到经济之中,产生了国内生产总值的成倍数的增加。如前所述,其乘数是1/(MPS+MPM)[⑧]。因此,产出(或收入)的增量就是:

$$\Delta Y=(\Delta X-\Delta M)\times\frac{1}{\text{MPS}+\text{MPM}}$$

赤字和失业条件下的贬值:在符合稳定性条件的情况下,由于($X-M$)上升,于是产出增加$\Delta(X-M)$乘以乘数。这又增加了进口,使一部分初始的经常账户的改善发生了逆转。因此,贬值改善了经常账户,增加了产出。

随着收入增加,进口也增加,部分程度地逆转了相对价格对国际收支的效应。这个逆转因素的大小取决于ΔY和MPM(对外国投资的吸引可以部分地抵消这个逆转因素)。在汇率调整的情况下,相对价格和收入变化在相反的方向上影响了国际收支。

然而,对于遭受失业的经济体,收入和产出的国内扩张是受到欢迎的,欧洲就是这样的例子。这解释了为什么贬值是处理对外赤字和国内失业并存的一个有力工具:它减少了赤字,增加了产出

⑤ 这一分析包含了另一个隐含假设:贬值是从贸易平衡($X=M$)的初始位置开始发生的。

⑥ 进一步的讨论,参见 P. Hooper and J. Marquez, Federal Reserve Board International Finance, *Discussion Papers*, no. 456, October 1993。

⑦ 如果IMF为某个国家设计调整方案来作为该国获得贷款的条件,它一般推荐这两种类型政策的组合。参见 *IMF Survey*, November 16, 1987, pp. 339—343。

⑧ 大国(例如欧洲)的乘数比较小,因为外国反响的情况加入了计算乘数的分母中。

和就业。实际上，英镑在 1992 年秋季的 25%的贬值，带来了英国贸易收支的改善，以及国内产出与就业的增加，正如分析所预测的那样。[9] 意大利也发生了相类似的情况。2004—2005 年期间，美元贬值虽然不够充分，但改善了美国的竞争性地位，提高了产出。

货币升值的效应正好相反。例如，欧元在 2003—2005 年期间的升值阻碍了欧洲出口和欧洲复苏。加拿大元在 2003—2005 年期间升值 16%，损害了加拿大企业的出口和产出。同样，由于日元升值，本田公司和丰田公司的利润在 2003 年下降了。

14.1.5　国内价格效应

贬值的一个可能副产品是国内价格水平的上升。它不利于国际收支平衡，构成了第二个逆转因素，并部分程度地消除了因贬值而获得的竞争性优势。但是，不同于收入扩张，国内价格水平上升在国内是不受欢迎的。欧元贬值 33⅓%，会把所有进口商品的欧元价格提高 50%。而且，因为许多进口商品是作为原材料进入该国生产过程的，而其他进口商品（例如食品）是作为生活成本进入该国的，所以前者可以部分程度地决定工资率，于是，随着生产商努力以更高的物价形式把上升的生产成本传递给消费者，他们就触发了工资-物价的通货膨胀的螺旋式上升。[10] 通货膨胀的程度取决于贬值国的"开放"程度——即该国在多大程度上依赖于价格必须上升的国外进口——以及政府通过紧缩性政策控制通货膨胀势头的成功程度。坚持严格的价格调整条款（把工资率和生活成本紧密相连）和主张其他利益的强硬工会组织，会抵消掉贬值的许多好处。

通货膨胀：贬值直接提高了进口商品的本国货币价格，在充分就业条件下，它会提高所有物价，进而造成通货膨胀。

收入的扩张和国内物价水平的上升，都具有鼓励进口和限制出口的效应，因而部分程度地逆转了贬值对国际收支的相对价格效应。因此实际上，贬值成功所必需的弹性条件比上述概括的条件更为严格，因为购买者对价格变化的反应必须足够高，以至于可以抵消国内价格效应和收入效应。

正因为如此，政府有责任尽其所能地遏制物价的上涨。不断上升的通货膨胀会消除整个竞争性收益，并造成连续不断的无效贬值。通货膨胀的心理甚至更为危险，它能自我发展。人们开始预期物价上升，并购买商品以对冲通货膨胀，正是通过这些行

---

⑨　参见 *Financial Times*, Sept. 24/25 1994, front page。英国利率从 10%下降到 6%，这有助于英国的国内扩张。但是，假如英国还继续留在欧洲货币体系（EMS），英镑钉住德国马克，那么它的利率是不可能降低的。

⑩　一些经济学家，例如全球货币主义者，就进一步发展了这个观点。他们坚持认为，在开放的全球市场条件下，每个商品——可以是小麦那样的同质商品，也可以是汽车那样的差异化商品——的价格，在所有的国家必须一致。这就是所谓的一价定律。根据这个假定，欧洲出口商品的美元价格不会受到欧元贬值的影响。这些商品的欧元价格必须以欧元贬值的同一个比例上升，以实现这个结果。在这些条件下，欧洲的美元支出仍然是不受影响的，因为它仅仅依赖于国内欧元价格的上升。然而，欧洲的美元收入如何呢？在先前的分析中，美元收入的上升依赖于美元价格的下降。全球货币主义的支持者认为，美元收入的增加仍然是可能的。与贬值比例相称的出口商品的国内欧元价格的上升，会提高出口的盈利能力，促使出口商把资源从其他产业中转移出来，并扩大海外销售。

动,他们推动了物价上涨,并助长了通货膨胀的火焰。此时,货币丧失了其作为价值储藏手段的功能,这不仅损害了国际收支平衡,而且还损害到了国内经济增长率,因为人们此时削减了他们的储蓄率。一些拉美国家和俄罗斯的以往经历就是很好的例证。

1999—2001年的欧元贬值导致了欧洲中央银行利率的上升,欧洲对此的担心主要就是围绕着贬值的通货膨胀效应。相反地,美元在1981—1985年期间的升值产生了可观的贸易赤字,但却有助于抑制美国的通货膨胀。2003—2005年期间的美元贬值引起了人们在2005年对通货膨胀的担心。墨西哥比索的迅速贬值能够对美国的边境城市产生破坏性的影响:墨西哥人停止在那里购买商品,而大量的美国人开始去墨西哥的边境城市购买商品,因为那里商品的美元价格显著下降。

对贬值国家而言,消除收入扩张是不可能的,也是不受欢迎的。产出和就业的增加是贬值的一个目标。在涉及对外赤字和国内衰退并存的不一致性的情形下(例如在我们假定的事例中,欧洲所遇到的情况),贬值应该足够大,以至于可以抵消一些来自实际收入的相对价格效应。只有当实现充分就业,从而进一步扩张的影响将主要集中在价格水平上时,政策制定者才有责任紧急刹车。

14.1.6 国内资源的重新分配

资源再分配:贬值提高了贸易商品相对于非贸易商品的价格,从而使得资源从非贸易产业转移到出口和进口替代产业。

在改善国际收支方面,虽然贬值的国内价格效应和收入效应与其相对价格效应的作用方向是相反的,但贬值也会引起有利于其成功的国内**资源再分配**(resource reallocation)。请回忆一下,出口商可以获得国外的竞争力优势,而与此同时,以国内货币计价的进口价格上升。因此,欧洲生产商可以在一定程度上提高出口商品和进口替代品的欧元价格,但仍然保持竞争力。也就是说,因贬值而产生的国内价格上涨倾向,不会均匀地扩散。对外贸易产业(出口产业和进口替代产业)的价格上涨比纯粹国内部门(例如建筑产业)的价格上涨更多,因此,在国内经济中,出现了相对价格的重大变化:贸易商品与非贸易商品之间的价格比率增加了。这吸引了资源转移到生产国际贸易商品的产业,它在大多数情况下促进了经济效率的提高,并同时促进了可以改善经常账户的生产。

货币的法定升值或升值具有相反的效应,吸引了资源从出口产业和进口竞争产业转移到经济中的非贸易产业。这有助于解释美国在1983—1985年期间经济复苏的不对称性质。虽然美国经济总体上看起来强劲有力,但它主要集中在非贸易产业,例如建筑业和服务业。由于美元在1981—1985年期间升值了60%,某些贸易产业在国内外都无法与外国商品相竞争,所以这些贸易产业就没有参与美国经济的复苏。接下来,美元在1985—1988年期间发生贬值,一些资源又重新转移到贸易产业。

14.1.7 贬值的成本

由于贬值对经常账户和国内产出具有有利的效应,因此,有人可能把持续的贬值理解为一项好政策。真理再往前走一小步，就会变成谬误。像任何其他经济情况一样，贬值的收益必须与成本相平衡。这些成本有三个方面：第一，通货膨胀常常与贬值相伴而生；第二，资源再分配的效应可能具有破坏性，特别是在开放的小国；第三，贬值会引起该国贸易条件的恶化，因为此时出口只能交换较少的进口。这些因素可能导致生活水平的下降。因此，在 20 世纪 90 年代后期，澳大利亚元的大规模贬值使澳大利亚避免了当时亚洲危机的影响，并帮助它维持了竞争地位，但其贸易条件却大大恶化了。

贬值的成本：贬值不是无成本的；贬值可以破坏国内经济稳定。

贬值是好还是不好，要取决于经济条件。美元在 2003—2004 年期间主要相对于欧元，同时也相对于日元和其他货币的贬值，来得恰是时候：没有通货膨胀，经常账户存在大规模赤字，国内经济增长率很低。贬值有助于减少赤字，并同时刺激经济，而且无须担心通货膨胀。那些把其货币钉住美元的国家，例如中国，也因此在欧洲和日本变得更具竞争力。实际上，中国的外汇储备已达到了 7 000 亿美元，承受着人民币升值的国际压力。人民币升值也许有助于遏制可能的通货膨胀，从而符合中国自身的利益。假如中国希望人民币只对美元升值，它就可以把人民币钉住特别提款权而非美元。随着美元对特别提款权的贬值，人民币就可以对美元升值。

在前几小节中，我们分别阐述了贬值的四个效应，并分析了它们可能的相互作用。由于商品的市场弹性在这一分析中的重要性，把这些效应综合起来，就是所谓的贬值的**弹性方法**(elasticity approach)。具体而言，这一分析表明，贬值可能有助于改善一国的对外平衡地位，并同时促进收入和就业的扩张。虽然没有明说，但国内扩张常常被认为是改善国际收支的先决条件，因为出口商品和进口替代品的生产增量需要使用新的资源。显然，可以投入生产用途的劳动力和机械设备的可获得性，对于货币贬值的成功至关重要。

14.2　贬值的另一个观点：吸收方法

为了强调贬值的外部效应和内部效应之间的关系，我们现在转向另一种分析贬值的方法：**吸收方法**(absorption approach)。该方法关注经常账户和国内经济之间的关系，对我们迄今为止的观点是一个很好的补充。

吸收方法：关注国内经济和经常账户之间的关系。国内吸收($C+I+G$)减去产出等于经常账户赤字，这表明一国的生活水平超过了本国的生产能力。在失业情况下，货币贬值提高了产出，而吸收的增加则相对较少，经常账户因而得以改善。在充分就业情况下，货币贬值就需要相应配套的减少吸收的国内措施。

设想一个只有商品生产、消费和贸易的经济。下面的两个等式在所有时期都可以成立：生产商品的价值(Y)与所有使用者在国内吸收[11]的商品的价值(A)之间的差额，一定等于出口(X)和进口(M)之间的差额。也就是说：

$$A-Y=M-X \quad 或 \quad Y-A=X-M$$

[11] 吸收指私人消费、公共消费和资本积累之和。

补充阅读

从国民收入账户可以推导出吸收方法的恒等式。国民收入是由四个支出构成的:消费、投资、政府支出和净出口。

$$Y = C + I + G + (X - M) \tag{1}$$

如果我们省略 C、I 和 G 中的进口部分,并将这四个支出仅仅局限于国内生产的商品,那么我们还必须删去 M。于是,我们得到

$$Y = C_d + I_d + G_d + X \tag{2}$$

这里的 d 代表国内。等式(2)表明国民产出或收入的组成部分是:国内生产和吸收($C_d + I_d + G_d$),加上出口(X)。国内生产和吸收的商品和服务,被称为国内吸收(A_d)。即 $A_d = C_d + I_d + G_d$。因此,

$$Y = A_d + X \tag{3}$$

另一方面,总的吸收(A)的组成部分是:国内生产(和吸收)(A_d),加上进口(M)。它记为

$$A = A_d + M \tag{4}$$

因此 $A_d = A - M$。我们把它与等式(3)合并,可得到

$$Y = A_d + X = A - M + X = A + X - M \tag{5}$$

所以,

$$Y - A = X - M \quad 或 \quad A - Y = M - X$$

举例说明:

在美国,吸收多于生产:$A - Y = M - X$;

在中国,生产多于吸收:$Y - A = X - M$。

如果国内吸收超过生产,这两者之间的差额必须用进口超过出口的部分来弥补;如果生产超过国内吸收,这两者之间的差额可以用出口超过进口的部分来表示。[12] 这是吸收方法的基本恒等式。

我们从赤字情况开始,此时进口(M)超过出口(X),因此吸收(A)必须超过生产(Y)相同的数量。本质上这是一个国家生活水平超过其生产能力的情况(吸收大于生产),或者投资超出国内储蓄的情况。当货币贬值时,价格效应和收入效应开始在经济中发挥作用。如果国际收支的相对价格效应比作用力相反的收入效应更强,那么最终的结果就是贸易赤字($M - X$)的减少。但是,这必然意味着 $A - Y$ 同等程度的减少:要么吸收(A)减少,要么国内生产(Y)增加,或者这两者都发生。

---

[12] 假定具有一种商品的经济——例如,只生产汽车。如果每年生产 1 000 辆汽车,国内所有使用者(包括库存)的吸收是 800 辆汽车,那么出口必须比进口多 200 辆。因此,300 辆的汽车出口和 100 辆的汽车进口,会产生一个适当的平衡。再假定生产 1 500 辆汽车,而汽车进口是 500 辆,那么可用于使用的汽车总数量是 2 000 辆。如果国内使用者吸收 1 700 辆汽车,那么 300 辆汽车就留给了出口商。因此,可以得到:

$$\underset{(A)}{1\,700} - \underset{(Y)}{1\,500} = \underset{(M)}{500} - \underset{(X)}{300}$$

给出四个数字中的三个,我们就可以用这个恒等式找到第四个数字。

如果在失业条件下发生了贬值，例如 2003 年美元贬值就是这样，那么贬值的主要影响是：出口商品和进口替代品的生产上升，并通过乘数机制扩散到整个经济。先前没有使用的资源，现在投入生产中，生产那些因竞争地位改善而可以销售出去的商品。[13] 因此，持续的经常账户赤字和国内经济中没有使用的资源，共同构成了贬值的"理想"条件。

在充分就业条件下，没有多余的资源可用于提高 Y 的生产。贬值必然对稀缺性资源构成压力，很可能仅仅造成通货膨胀，价格（而不是实际产出）会上升。的确，人们有理由期望资源配置在贬值之后更有效率，这样用现有资源就可以生产更多的商品。当以贬值代替混杂的汇率控制和进口控制时，这一点尤其明显。在发展中世界，汇率高估的国家常常采用复杂的控制体制，从而不可避免地导致了资源的严重错误配置和广泛的低效率。当最终实现贬值时，人们期望的经济效率能够提高。但在工业化国家，情况不是这样，改善资源配置的效应不可能很大了。

因此，在充分就业条件下，一个关键问题是经济体减少其国内吸收的能力。只有吸收减少了，才能够释放出在其他方面被占据的资源，用于出口商品和进口替代品的生产，以便充分利用贬值的好处。人们有理由期望，出现贬值之后，吸收会出现一些减少。原因之一就是前面部分讨论过的资源再分配效应。即使在充分就业条件下，一些资源也会受到吸引，从非贸易产业转移到出口产业和进口竞争产业。社会公众对贬值之后国内价格总体上升的反应，预计可以有助于减少吸收。这涉及经济理论的许多知识，我们在这里不再赘述。[14] 最后，贬值的成功依赖于政府采取适当的国内政策以降低吸收的能力。

14.3　政策分析的总结

14.3.1　政策组合的需要

现在我们应该清楚，为什么那些处于经济不一致情形的国家适合进行汇率调整了。因为贬值改善了国际收支，并扩张了产出和就业，所以它适用于处理国内失业和对外赤字并存的情况。在布雷顿森林体系下，美元是共同的计价货币，因此它不可能贬值（即使美国出现赤字和失业的时候），这一事实促使美国的政策制定者对布雷顿森林体系日益不满，并成为布雷顿森林体系瓦解的原因之一。

升值具有相反的效应：一国竞争地位的恶化降低了收入，或增加了支出——或者

---

[13] 由于生产和收入增加，吸收也将增加，但是不如收入增加得多，因为收入增加的一部分漏到储蓄中。MPS 越高，ΔY 和 ΔA 之间的差额就越大，贬值在改善贸易收支方面就越成功。

[14] 这里举出这一效应的一个例子。价格的总体上升降低了人们储蓄的实际价值，因为这些储蓄投入到债券、储蓄账户等固定货币价值的资产。在一定程度上，获得一定程度的实际储蓄的愿望支配着人们的行为，他们会努力多储蓄，以弥补他们的货币收支损失。他们可能降低任何给定收入中消费的数量，这就意味着吸收的减少。

两者兼有。与此同时,出口产业和进口竞争产业的产出和就业下降,而且,这一经济收缩从这里开始扩散到整个经济中。加拿大和德国在2004年就经历了这种情况。所以,汇率的向上调整,适用于同时具有持续的经常账户盈余和急剧的通货膨胀(过度就业)的国家。升值可以减少盈余,抑制通货膨胀。一个非常适合升值的货币是中国的人民币:中国具有很高的对外盈余和过热的国内经济。30%的人民币升值会有利于解决其国内和国际经济问题。但在2005年中期,人民币仅仅升值了2%。

政策组合:在所有情况下,为了实现一组目标,都需要某种政策组合。一国面对的经济情况和各种政策的相对效力共同决定了政策组合。支出调整政策适用于开放的小国经济,而汇率调整对封闭的大国经济相对更有效。

要获得对内和对外经济的期望结果,就需要适当的国内政策以及相应的汇率调整。实际上,所有的情况都需要一个**政策组合**(policy mix)而不是单一政策。政策的最终目的是同时实现令人满意的经济对内目标和对外目标,包括国际收支平衡、价格稳定、充分就业、期望的经济增长率,以及社会公认的其他目标。从给定条件出发,为实现一个目标而设计的任何一种政策工具,都可能会过多或过少地实现预定的目标。因而,我们必须在这些领域运用其他政策工具来发挥必要的调整作用,让经济走上平稳之路。一种政策工具能实现多个目标,这是很少有的情况。一般而言,有多少个目标数量,我们就必须采用多少种政策工具。例如在1996年,巴基斯坦宣布卢布贬值,但紧随贬值的却是一揽子紧缩性财政政策。巴基斯坦这样做的部分原因是为了获取IMF的贷款。

14.3.2 政策的效力

政策效力:对于封闭的大国,汇率的变化更合适;对于开放的小国,总支出的变化更合适。

除了一国面对的经济情况,最优的政策组合也取决于政策本身的相对效力——这种相对效力在各国之间是不同的。

例如,想一想支出政策在解决经常账户赤字方面的效力。GDP减少10亿美元,于是进口减少,出口增加,但进口的减少量和出口的增加量只是10亿美元的一个比例。该比例的具体大小,取决于边际进口倾向和经济开放程度,或者该国对国际贸易的依赖程度。用十分简单的方式说,经济越开放,处理外部失衡的支出调整政策的效力就越大,因为GDP的一定变化对贸易收支的影响,在开放经济中比在封闭经济中更大。相反地,在一个具有较低进口倾向的相对封闭的经济(例如美国)中,GDP的一定变化只会产生一个相对非常小的贸易收支变化。只有GDP大量减少,贸易收支才可以获得明显的改善。

另一方面,在封闭经济中实施转换政策的成本,例如贬值,可能小于开放经济。转换政策(switching policy)是一种主要依靠相对价格(进口价格与国内价格的比率)变化来影响经常账户的政策:贬值促使了从进口商品向国内替代商品的转换,而升值的情况正好相反。

在一个开放的小国经济中,转换的成本可能很高。根据工业化国家一般存在的贸易弹性，贬值的结果是贸易条件恶化。[15] 实际上，这是贬值的一个主要成本。如果对外贸易在生产和消费中占有较大的份额，它就会对国内经济活动产生深远的影响。外国进口在生产与生活成本中占有重要的份额，此时进口价格的上升就可能造成经济的许多混乱，并降低实际收入。在汇率调整之后，生产贸易商品和非贸易商品的产业之间的资源再分配，也可能是大规模的。另一方面，在一个相对封闭的经济中，所有这些效应的规模是比较小的，在效果上也是比较弱的；转换政策比支出调整政策的措施具有相对较低的成本和较小的破坏性。此外，与小国相比，大国可能需要一个较小的转换政策来矫正经济失衡。因此，转换政策的效力或成本，在各国之间是不同的。

总之，最优的政策组合不仅取决于一国面对的经济情况，而且还取决于各种政策的相对成本或效力——这种效力在各国之间是不同的，而后者又取决于经济的封闭或开放程度，或者取决于对外贸易占国内生产总值的比例。

14.3.3　国外的报复

与国内政策一样，贬值也有国外反响。当一国货币贬值时，该国出口扩张、进口萎缩，于是，该国出现了产出、就业和收入的上升。但是，它还隐含了其贸易伙伴国出口萎缩、进口扩大，出现产出和就业下降的情况。贬值国越大、重要性越高，其他国家受到的影响就越大。如果一国为了摆脱国内衰退而贬值本国货币，那么它就把衰退注入了其他国家。这种以邻为壑(beggar-thy-neighbor)[16]的政策在 20 世纪 30 年代全球经济衰退中相当常见。正如 30 年代那样，贸易伙伴国可以比较容易地竞争性贬值本国货币，以进行报复。在有管理的浮动汇率制时期，这种报复的威胁得到了强化。在高度管理的浮动汇率制中，一国可以通过市场干预和维持一种人为的低估汇率来迫使本国货币贬值，从而使本国的出口产业和进口竞争产业获得竞争优势。这就是人们有时所指的汇率保护[17]，在 1970—2005 年期间这种行为的事例很多。它表明了国际经济政策协调的必要性。在多国世界中，一国不再可能使用自己的政策工具来获得对内和对外平衡，其他国家可以容易地打破这种平衡。[18]

---

[15] 贸易条件的定义是出口价格指数与进口价格指数之间的比率。贸易条件的恶化，意味着该国一定数量的商品出口只能换取更少数量的商品进口，或者说，该国必须以更多的商品出口来获取一定数量的商品进口。

[16] 此时贬值恶化了其他国家的经济环境，只有利于本国，所以被称为以邻为壑的政策。

[17] 参见 M. Corden, "Protection, the Exchange Rate, and Macroeconomic Policy," *Finance and Development*, June 1985。

[18] 多国世界的政策组合的另一个特征，就是所谓的冗余问题。因为世界上所有国家的国际收支加总起来必然等于零(表现为既没有赤字，也没有盈余)，所以，如果某国以外的所有其他国家都实现了对外收支平衡，那么该国就可以实现对外收支平衡。于是，如果 N 个国家中的每一个国家都有两个政策目标——对内平衡和对外平衡——除了一个国家以外(这个国家只关心其中的一个政策)，那么，目标的总数目以及所需的政策工具的总数目，就是 $2N-1$。在某种意义上，系统里一个剩余的政策工具，就给了这个国家一些机动性的自由。在 20 世纪 50 年代，这个自由属于美国，美国不关心它的国际收支问题，因为其他国家都乐意积累美元资产。

14.3.4 什么支配着汇率变动?

当汇率不受拘束地对市场力量做出反应时,什么因素决定着汇率?首先,从长期看,一国贸易产业相对于其他国家贸易产业的生产率的提高,很可能造成本国货币的升值。因此,日元从1967年的$1=¥360升值到2009年的 $1=¥100。

其次,在本国之外的事态发展,可以直接影响到该国的国际收支。对一国传统出口的国际需求增加,会提高这些出口商品的数量和价格,从而造成该国货币的升值。相反地,对一国传统出口需求的下降,或者该国主要海外市场的经济衰退,会损害该国的出口,从而造成该国货币的贬值。在进口价格迅速上升而其他因素保持不变的情况下,会发生相似的结果。1973年,在欧佩克(OPEC)卡特尔的操纵下,石油价格上涨为原来的4倍,在1979年,石油价格又翻了一番,这实际上造成了所有重要货币汇率的大幅度波动。本国没有能源从而在很大程度上依赖原油进口的国家,其货币相对于较少依赖原油进口的国家的货币发生了贬值。相反地,在20世纪80年代,国际石油价格迅速下降,造成了几个石油生产国的货币贬值。它也是造成英镑和墨西哥比索贬值的原因之一。

汇率的决定因素:虽然从长期看,生产率差异支配着汇率波动,但从短期看,相对通货膨胀、相对利率和其他因素具有深刻的影响。

再次,我们将一国政府的政策进行分类。一国对商品进口实施限制,或者对资本流出实施限制,将提高该国货币的汇率。这一观点的反例是,美国政府在1974年1月取消了投资资本流出美国的控制,于是,美元在外汇市场上的价值迅速下跌。其他国内经济事件和政府政策也可能促进货币的贬值,如果它们:

(1) 直接干预了生产和出口能力。

(2) 提高了相对于其他国家价格的国内价格,因而损害了该国在国外和国内市场的竞争能力。

(3) 降低了相对于外部世界利率的该国利率,因而刺激了短期资本的流出,限制了短期资本的流入。

第(2)项和第(3)项是货币供给增加影响汇率的途径。如果相对于商品和服务贸易的资本流动数量巨大,那么常常是该国的资本账户而不是经常账户决定着汇率。

货币升值的一个有趣事例是所谓的**荷兰病**(Dutch disease)。英国的传统出口产业是制造业。20世纪70年代北海石油的发现和开发,使英国摆脱了对进口石油的依赖。于是,英镑迅速升值。这对抑制通货膨胀率具有有益的效应。但从消极方面看,英国制造业的竞争地位(无论在国内还是在海外)受到了严重损害。其长期效应可能是严重侵蚀了英国的产业基础,使其难以恢复元气。这就是所谓的荷兰病,它是以荷兰因发现和开发天然气而产生类似现象来命名的。新近发现大量自然资源的国家常常患有荷兰病。[19]

荷兰病描述了新发现的自然资源对工业化经济体的影响。大量自然资源的发现,使货币升值,并侵蚀了制造产业的竞争地位。

---

[19] 制造业的另一个压力来源于:如果自然资源的世界市场价格很高,那么与自然资源产业相比,制造业的生产要素竞争能力就减弱了。参见 Max Corden, "Booming Sector and Dutch Disease Economics: Survey and Consolidation," *Oxford Economics Papers*, 1984, pp. 359—380。

投机资本流动也可能造成短期的汇率波动，而预期和谣言是触发投机资本流动的因素。预期的基础是现在的经济趋势，也可能来自政治和社会领域的纯粹信心因素。

14.3.5　浮动汇率的作用

在稳定的条件下，外汇市场在市场出清的价格水平上决定着汇率。我们可以依赖自动汇率波动来确保国际收支的均衡：赤字会造成货币贬值，盈余会造成货币升值。这些调整包含了恢复国际收支均衡的机制。是市场而不是政府官员的判断，决定着恢复对外平衡所必需的汇率调整的程度。

汇率波动影响了国内经济——影响了产出、收入、价格以及贸易商品与非贸易商品生产之间的资源配置——其影响方式类似于政府发起的汇率调整。因此，货币的贬值提高了国内产出和价格，促使资源从非贸易商品的生产转移到出口产业和进口竞争产业；而货币升值的情况正好相反。这两种汇率制度之间的区别在于：在浮动汇率下，调整的形式是小幅度的、每天发生的，而不是以一个大规模的步骤进行（虽然很多同一方向的小变化能在相对较短的时期里达到一个显著的变化），并且这种调整是对市场力量的反应，而不是对政府法令的反应。

自由浮动汇率免除了政府对国际收支调整的直接责任；国际收支的调整只能依靠市场来提供必要的均衡机制。于是，政府可以集中关注国内政策目标，因而可以消除那些经济不一致情形下的政策目标之间的互相冲突。而且，没有必要去积累和持有国际储备，因为这些国际储备只是维持固定汇率之需。相反地，在有管理的浮动汇率下，汇率有时是偏离其均衡水平的，从而产生了国际收支的赤字或盈余，因而需要国际储备来管理这个浮动。

> **自由浮动汇率**使总体的国际收支处于平衡，避免了对外汇储备的需要。但是，它并不必然地使国际收支的子项目处于局部平衡，也不能保护经济免受冲击。

在任何一种浮动汇率类型下，总体的收支平衡并不意味着国际收支平衡表中的每一个子项目都处于平衡状态。如果经常账户或者贸易差额的规模是一个政策目标，那么政府在其政策决策中就不能忽视对外经济地位。实际上情况往往如此。中央银行干预外汇市场，是为了影响该国的竞争性地位、稳定产出和控制通货膨胀。为此，它们需要国际储备。事实上，在1972—2008年期间，全球性的国际储备增加了10倍。

最后，因为美元仍然是当今管理浮动制度的主要干预货币，所以外国中央银行的行为在部分程度上决定了美元的汇率。

因为汇率对市场力量做出反应，所以浮动汇率制能够部分程度地保护本国不受来源于国外的干扰的影响。例如，由于世界需求下降，本国出口和产出也下降，造成了本国货币的贬值。接着，贬值减少了进口、增加了出口，从而使产出恢复到初始的水平。而在固定汇率下，则不存在这种缓冲，经济衰退和通货膨胀更容易在国家之间扩散。另一方面，在自由浮动汇率下，国内经济的波动往往在本国就受到了“抑制”。

可是，使本国经济绝缘于国外波动的影响，并不总是完全有效，这是因为，汇率波动通过贸易条件的变动和产业之间的资源转移而产生了国内干扰。但是，还是可以采用某些绝缘措施的。实际上，这是加拿大选择浮动汇率的原因之一，因为它担心美国的经济波动传导入本国。

关于对外贸易乘数的讨论并不全部适用于浮动汇率制。一国出口的自主上升,或进口的自主下降,并不必然地扩大本国的收入,也不必然地使本国收入扩大到上述乘数分析指出的那个数量。更确切地说,出口的上升或进口的下降,可以使本国货币升值。出口的下降或进口的上升,可以造成本国货币的贬值。然而,从短期看,主要是资本流动决定着汇率,贸易收支在很大程度上并不影响汇率。就此而言,乘数过程继续起作用。

当国内政策缺乏国家之间的协调时,每一个国家都谨慎地捍卫其独立经济行动的权利,此时浮动汇率比固定汇率更合适。然而,即使在管理浮动制下,也有必要避免竞争性的货币贬值。

不同汇率制度下的财政政策和货币政策

假定资本在国家之间完全流动,我们现在比较固定汇率下和自由浮动汇率下的财政政策和货币政策的相对效力,财政政策和货币政策的目的是稳定国内经济(实现充分就业和价格稳定)。

财政政策

财政政策在固定汇率制下完全有效,在浮动汇率制下无效。财政扩张,包括增加政府支出或减税,增加了总需求和产出,从而增加了货币需求。于是,利率上升,吸引了国外资本流入。在固定汇率下,中央银行通过买进外国货币(或外国资产)卖出国内货币,以阻止本国货币的升值。因此,国内货币供给增加,直到利率下降到初始的水平,货币的升值压力消失。国内货币供给的增加进一步提高了产出。类似地,财政紧缩降低了产出,造成了利率的下降。资金外流的结果是产生了货币的贬值压力,中央银行必须通过买进本国货币、卖出外国货币来解决这个问题。因此,国内货币供给下降,进一步降低了产出。在任何一种情况下,首先是财政政策,其次是维持固定汇率的货币供给的变化,这两者影响着产出,使其朝着所期望的方向变化。

我们再看看浮动汇率制下的情况。财政扩张提高了产出和利率。但是,较高的利率吸引了外国资金流入本国,本国货币升值。在这种情况下,中央银行并不阻止本国货币的汇率变化。升值减弱了本国竞争力,降低了$(X-M)$,因而降低了总产出,从而抵消了初始的产出扩张。产出没有发生改变。财政紧缩降低了产出和利率,但是本国货币的贬值增加了产出,因而抵消了财政紧缩引起的产出萎缩。

总之,在固定汇率下,财政政策强化了它对国内支出的影响,而在浮动汇率下,财政政策抵消了它对国内支出的影响。

货币政策

货币政策在浮动汇率制下完全有效,在固定汇率制下无效。货币扩张通过增加货币供给而扩大了总支出和产出。产出上升、利率下降,造成了资金流出,对货币产生了贬值压力。在固定汇率制下,中央银行买进本国货币、卖出外国货币,以阻止本国货币的贬值。因此,国内货币供给减少,从而抵消了初始的货币扩张,抵消了产出的增长。货币紧缩降低了产出,提高了利率。为了阻止外国资金的流入、避免本国货币升值,中央银行买入外国货币、卖出本国货币。于是,国内货币供给上升,抵消了初始的货币减少和产出的萎缩。在固定汇率制和完全一体化的资本市场中,中央银行丧失了对货币供给的控制,货币政策因而无效。

我们看看浮动汇率制下的情况。货币扩张增加了产出,降低了利率。较低的利率促使资金流出,造成本国货币的贬值。在这种情况下,中央银行并不阻止本国货币的汇率变化。贬值提高了本国竞争力,增加了$(X-M)$,因而增加了产出。因此,货币扩张通过对国内消费和投资支出(国内渠道)的影响,以及对贬值引起的对外支出的影响,而增加了产出。货币紧缩降低了产出,提高了利率。货币紧缩造成的货币升值,造成了产出的进一步萎缩。

总之,在浮动汇率下,货币政策强化了它对国内产出的影响;而在固定汇率下,货币政策抵消了它对国内产出的影响。

> **货币政策和财政政策的有效性**:货币政策在浮动汇率制下完全有效,在固定汇率制下无效。财政政策的情况正好相反。

小结　假定资本完全流动,利率在国家之间均等化,那么我们可得出以下结论:在固定汇率制下,在稳定国内经济方面,财政政策完全有效,而货币政策无效。相反,在浮动汇率制下,货币政策完全有效,而财政政策无效。然而,如果一个国家很大,或者资本不是完全自由流动的,那么每一种政策在这两种汇率制度下都具有一些效力,因为国内利率和国外利率不需要完全相等。但是,这两个政策在不同汇率制度下的相对效力仍然是重要的。

14.4　一些未回答的问题

许多经济研究致力于确定什么样的政策工具组合可以最大限度地促使经济走向预定的目标。但是,我们的知识鸿沟仍然很大。高层人士经常发出这样的评论:“经济调节”效应几乎是不可能的,从这样的评论可知我们的知识是很有限的。与上一章的情况一样,我们以对一些未回答问题的讨论作为本章的结尾。

14.4.1　影响度

在持续的国际收支赤字,也许还伴有失业和过剩的生产能力的情况下,经济学家必须确定汇率是否高估,以及是否通过汇率的向下调整来修正高估的汇率。如果是这样,他们必须估算所需要的贬值程度。同样的原则适用于持续盈余条件下的汇率升值问题。[20]

[20] 关于贬值效应的一些估计,参见 E. L. Fruend, “Current Account Adjustment in Industrial Countries,” Federal Reserve Board Discussion Paper, no. 692, December 2000;以及 *IMF Survey*, July 31, 2000, pp. 249—250。

关于均衡利率,有两种互相对立的观点。[21] 一个被广泛认可的观点是,汇率应该平衡经常账户收支和长期私人资本流动。因此,假如固定汇率下的一个国家进行贬值或升值,它需要提前确定均衡点,并在均衡点的水平上确定新的汇率,或者至少使汇率向均衡点移动。经济学家已经提出了一些精致的汇率变化模型,可以把价格效应、收入效应以及它们的相互作用结合在一起,而且能够大致地估算达到均衡所需要的调整程度,尽管它有较大的误差范围。但是,事先准确地确定均衡汇率几乎是不可能的,在任何情况下,汇率都随着基础性条件的变化而频繁地发生变化。这就是浮动汇率的魅力,市场力量决定着汇率的波动。

第二个观点是,两种货币之间的汇率必须反映出两国的相对购买力或相对价格水平。这就是所谓的购买力平价理论,它指导着汇率的决定。

相对购买力平价:相对购买力平价理论将两国的价格水平与某个代表均衡的基期相联系,该基期被认为代表均衡。如果A国的价格相对于基期上涨两倍,B国的价格上涨四倍,那么B国货币相对于A国货币就应该贬值50%。虽然它解决了两国间不一样的代表性商品篮子问题,但它也提出了如何寻找适当基期的问题。

购买力平价(PPP)　购买力平价理论最初是在20世纪20年代被提出的,它分为**绝对购买力平价**理论和**相对购买力平价**理论。绝对购买力平价理论(在第11章讨论过)是在一个给定的时间点进行两国之间的平均价格水平的比较,认为该时间点上的两国货币之间的汇率可以反映相对物价水平。当两国使用相同种类的商品时,这个代表性的一篮子商品可以用两国货币来计价:如果它在欧洲花费1000欧元,在美国花费1000美元,那么均衡汇率就是1欧元=1美元。这里的一个问题是,两国的代表性一篮子商品往往是不一样的(由于不同的消费习惯等),而不一样的商品篮子会产生不同的结果。

为了解决这个难题,有人提出了相对购买力平价理论。该理论假定,以基期的汇率为基础,两国货币的购买力随着时间的变化而发生了变化,汇率也随之发生变化。相对购买力平价理论认为,两国货币之间的汇率在某一段时期的百分比变化,等于这段时期国民价格水平百分比变化之间的差额。例如,如果美国价格上涨了两倍,而欧洲的价格上涨了三倍,那么欧元对美元的汇率不得不相对于基期贬值1/3。[22] 虽然绝对购买力平价暗示着相对购买力平价,但反之则不成立:即使绝对购买力平价无效,相对购买力平价可能还是有效的。

然而,两种购买力平价理论都有许多未解决的问题。(在相对购买力平价的情况下)如何找到一个可作为基期的理想的均衡时期?应该选择哪一个价格或生产成本指数进行比较呢?

最常用的是消费者价格指数,即CPI。但消费者价格指数包含了许多非贸易的商

---

[21] 进一步的详细讨论,参见有关文章,R. McKinnon, R. Dornbusch, and J. Williamson, *Journal of Economic Perspectives*, Winter 1988, pp. 83—120;以及 *IMF Survey*, November 28, 1994。

[22] 进一步的全面讨论,参见 L. H. Officer, *Purchasing Power Parity: Theory, Evidence, Relevance*, Greenwich, Conn.: IAI Press, 1982。

品和服务，其价格在国家之间很难均等化地比较。[23] 即使是贸易商品，其价格也很难均等化地比较，原因有两个：第一，运输成本和贸易壁垒造成了国家之间的价格差异；第二，买方垄断和卖方垄断的实际情况可能造成价格差异。例如，一个巨无霸汉堡包的价格在各国之间是不一样的，这一事实表明了国家之间替代品可获得性的差异。麦当劳公司在没有良好替代品的国家里收取更高的汉堡包价格。因此，违背所谓的一价定律的情况经常发生。[24]

其他违背购买力平价的原因包括：两国人民生活和购买习惯的差异性变化；影响资本流动进而影响汇率的利率的差异性变化；收入和就业的差异性变化。

从短期看，这两个购买力平价理论都没有通过实证检验。那么从长期看呢？图 14-6 给出了 1970—2008 年的实际美元-马克汇率（以虚线表示），以及建立在德国和美国单位劳动成本相对变化

汇率围绕着购买力平价波动。

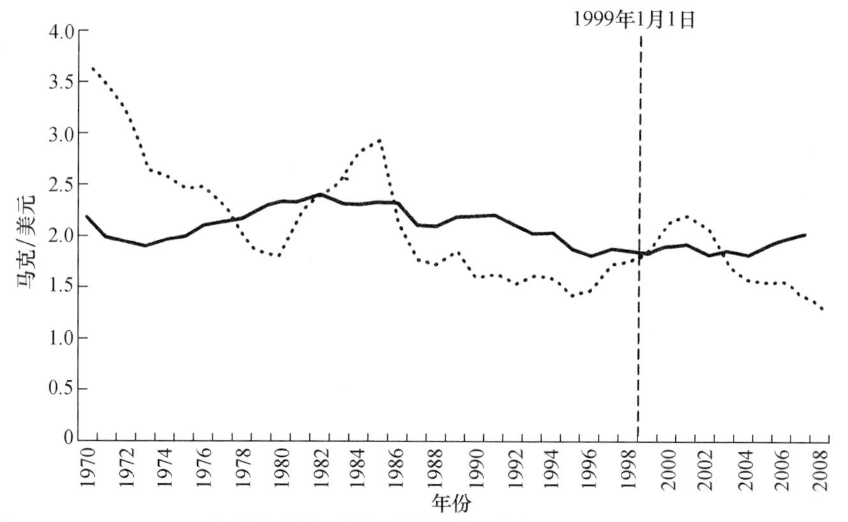

图 14-6　1970—2008 年期间的相对购买力平价（实线）和实际美元-马克* 汇率（虚线）

资料来源：IFS On-line and OECD. StatExtracts, March 2009。

注：相对购买力平价的基础是美国和德国制造业的单位劳动成本。

* 从 1999 年 1 月 1 日起，此汇率表示欧元/美元。

市场汇率长期偏离购买力平价。

---

[23] 发达国家的非贸易商品价格与贸易商品价格之间的比率高于发展中国家。美国的个人服务价格（例如理发和衣服干洗）必定高于发展中国家，例如墨西哥。这一差异的一个解释根植于这样一个命题：穷国的劳动力在贸易商品上的生产率远远低于富国，但在非贸易品生产上，两者之间的生产率差异可以忽略不计。

国际贸易商品（例如工业品）的价格，因贸易流动而趋向于一定程度的均等化。因为美国的劳动生产率（因为机械化程度更高以及其他原因）是墨西哥的几倍，所以美国对外贸易部门的工资率比墨西哥对外贸易部门的工资率高得多。在一个国家之中，劳动力的流动对所有产业（相同技能）的工资率均等化发挥了很大的促进作用。这意味着美国服务业的工资率比墨西哥服务业的工资率高得多。因为在服务产业里没有国际生产率的差异，所以美国的价格最终是墨西哥的几倍高。而且这种价格差异可以存在于服务业，是因为服务业是没有国际贸易的。这就是所谓的巴拉萨-萨缪尔森效应。

个人服务：为什么理发在墨西哥比在美国便宜。

[24] 一价定律认为，在没有运输成本和贸易壁垒的竞争市场里，如果用同一货币计价，那么每一个商品的价格在所有国家里都是一样的。一价定律为绝对购买力平价理论提供了基础。如果每一个商品的价格在合适的汇率下实现国际均等化，那么各国的平均物价水平必然是相等的。参见 J. H. Rogers, "Price Level Convergence, Relative Prices, and Inflation in Europe," *International Finance Discussion Papers* (Federal Reserve Board), no. 699, March 2001。

基础之上的相对购买力平价(以实线表示)。该图显示,汇率长期地偏离购买力平价。例如,相对于购买力平价而言,美元的汇率在1981—1985年被高估了,而在1986—1997年被低估了,在1999—2002年又被高估了,在2003年之后又被低估了。在任何一个时间点,汇率都没有反映购买力平价,除了在这两条线的交点之处。另一方面,汇率看起来围绕着购买力平价波动,在长度和振幅上进行"周期性"的变化。在一个相当长的时期里,汇率确实反映了相对价格,因此,相对价格总体上可以(和其他因素一起)作为固定汇率下汇率确定的指标,尽管这一指标并不精确。

在通货膨胀严重的国家里,价格水平变化往往支配着所有其他影响汇率的因素,此时购买力平价理论可以作为决定汇率的一个强有力工具。以色列在1982—1985年的年通货膨胀率都是三位数。以色列货币锡克尔对美元持续贬值,贬值的程度大致反映了两国之间的通货膨胀率差异。同样的原则适用于某些拉美国家和俄罗斯。

但是,在通货膨胀率的差异较小的情况下,汇率公式的其他因素就变得重要了。无法确定均衡汇率,是许多经济学家转而主张汇率灵活性的一个原因,在这里,市场力量决定着汇率。

购买力平价和GDP的测量:用购买力平价而不是市场汇率,把每个国家的GDP转换成美元,于是,这促进了以人均GDP表示的生活水平的跨国比较。

尽管有缺点,但在进行产出和收入的跨国比较方面,购买力平价是有用的。每一个国家都以本国货币汇编它的GDP数据。为促进GDP和人均GDP(人均GDP代表着该国的平均生活水准)的跨国比较,可以在市场汇率的基础上,把这些数据转换成美元。但如图14-6所示,市场汇率并不代表两国货币的相对购买力,因此不适合于这样的转换。为处理这个问题,IMF做了一项国家之间GDP的比较研究(在1993年5月发表),以购买力平价为基础将各国GDP转换成美元。该项研究表明,工业化国家在全球产出中的份额只有54%(而不是以汇率为基础进行转换的73%),发展中国家的份额是34%(而不是仅仅18%)。根据总产出的标准,中国从世界第十位跃升到第三位(位于美国和日本之后),而印度的排名则从第十一位跃升到第六位。[25] 在OECD国家中,人均GDP最高的国家是美国,其次是瑞士、德国和日本。

图14-6表明,从1986年到1997年,相对于购买力平价而言,美元汇率被低估了。相反地,德国马克和日元的汇率被高估了。汇率高估削弱了德国和日本的竞争力,因而降低了德国和日本公司的盈利能力。为了对抗这种势头,在20世纪90年代,这些国家越来越多的公司将生产转移到了海外。日本的工厂已经转移到了其他亚洲国家,以及美国和墨西哥。日元的高汇率不仅使其海外投资本身变得便宜,而且使海外生产的成本也比在日本便宜。另一方面,以日元衡量的日本海外子企业的利润却变少了。

14.4.2 时间路径

贸易对汇率变化的反应,常常经过相当长的一个时滞之后才发生。在1981—

---

[25] 参见IMF, *World Economic Outlook*, 1993; 以及 *IMF Survey*, May 31, 1993。

1985 年,美元的贸易加权的实际汇率上涨了 80%。在经过一个长时间的大幅度汇率高估的时期之后,美元在 1985—1987 年贬值了 60%。但是直到 1988 年,贬值才改善了美国的贸易收支。事实上,贬值的立即影响是增加了美国的贸易赤字。是什么原因造成贸易收支对美元急剧贬值的反应延迟了两年半时间呢?

J-曲线　术语 **J-曲线**描述了贸易收支(和经常账户)对汇率调整做出反应的调整路径。贬值的初始效应是恶化了贸易收支。在贬值的头几个月里,出口和进口的数量反映了在旧有汇率基础上的决策,因为大部分进口和出口的订单已经提前几个月就订妥了。贬值的唯一影响是提高了进口商品的价格,进而提高了以本国货币计价的合同约定的进口商品的价值,而出口价格没有变化。因此贸易收支恶化,这可以用字母 J 的下降部分来表示。只有当贸易数量对相对价格的变化做出反应之后,贬值才会改善经常账户。这可以用字母 J 的上升部分来表示。J 曲线可以持续 6 个月到 12 个月。

> **J-曲线**:在贬值之后,贸易收支的立即表现是恶化;只有在随后的几个月里,贸易收支才会改善。

不完全传递　随着外国货币的升值,外国出口商试图通过降低用它们货币表示的价格来保持它们在美国市场的份额,因而就限制了它们出口商品的美元价格的上升。例如,日本企业通过降低生产成本和削减利润,吸收了日元升值的近一半部分。因此,如果美元对日元贬值 60%,日本生产商就会将它们出口商品的日元价格降低 30%,因此其美元价格就提高了 30%。此时,我们说贬值的传递效应是 30/60,或 50%。**不完全传递**(pass through)这个术语,指贬值的一部分被转化为贬值国较高的进口价格。[26] 近年来,汇率的传递效应下降。例如,2003 年的日元升值被日本企业吸收了一部分(通过提高生产率和其他手段),没有表现为较高的美元价格。较低的汇率传递效应肯定延长了时滞。

> **不完全传递**:以国内货币计价的价格上升,可以侵蚀因贬值而获得的竞争性优势的一部分。

> **滞后**:在汇率高估消失之后,汇率高估的效应往往还会持续一个较长的时期。

滞后　贸易收支对美元贬值反应延迟的第三个因素,就是所谓的**滞后**(hysteresis),在这一情况下,变量(如出口)的价值取决于其自身的历史表现,当然也取决于其他因素。举个例子,如果进入一个市场具有相当高的固定成本,例如建立分销网络,那么一个长时期的汇率高估(1981—1985 年)就导致生产商放弃国外市场,并可能永久性地减少了出口的平衡值:国外市场一旦丧失,就不再容易重新获得。同样地,国外出口商一旦获得国内市场稳固的立足点,就不再容

---

[26] 参见 J. E. Ganon and J. Ihrig, "Monetary Policy and Exchange Rate Pass-through," Federal Reserve Board, *International Finance Discussion Papers*, no. 704, July 2001; M. Knetter, "International Comparison of Pricing-to-Market Behavior," *American Economic Review*, June 1993; R. Dornbush, "Exchange Rate and Price," *American Economic Review*, March 1987;以及 M. Kreinin, S. Martin, and E. Sheerhey, "Differential Response of U. S. Import Prices and Quantities to Exchange Rate Adjustments," *Weltwirtschaftliches Archiv*, September 1987。

因为美国市场和海外市场的传递效应是不一样的,所以在海外市场的美国商品出口因美元升值而受到的损害,要大于在美国市场的外国商品出口因美元贬值而受到的损害。参见 C. Mann, "Prospects for Sustained Improvement in the U. S. Trade Balance," Federal Reserve Board *Discussion Paper*, no. 373, January 1990。

易退出。通过干中学的技术进步也许具有类似的影响:如果生产率水平取决于过去的产出水平,那么竞争力的退化就导致了今天产出的下降,并降低了生产率和未来竞争能力。

在美国,20世纪80年代出现的长时期的大幅度美元汇率高估,可能已经导致美国产业格局发生了半永久性的改变,因为美国企业把生产设施转移到海外,甚至完全不再在美国生产。而且,由于美国大量进口日本商品,例如VCR等,因此美国生产的替代品已不复存在。[27]

这三个因素延迟了汇率变化对贸易流量的影响。

总结

本章阐述了汇率变化对经常账户的影响。贬值提高了以本国货币计价的进口商品的价格,减少了进口的数量。因为外国货币价格保持不变,所以以外国货币计价的支出就下降了。贬值降低了以外国货币计价的一国出口商品的价格,因而增加了出口的数量。但是,外国对本国的出口需求必须对出口商品的数量具有相对弹性,即数量增加的比例必须大于价格下降的比例。只有这样,以外国货币计价的收入才会上升。把收入和支出结合在一起,一个成功的贬值(假定供给弹性是无限的)要求一国的进口需求弹性和外国对该国的出口需求弹性之和大于1。一般可以满足这些条件。

随着贬值之后的出口上升和进口下降,产出和收入增加了$(\Delta X-\Delta M)\times\frac{1}{\text{MPS}-\text{MPM}}$。这就是贬值在解决国内失业和对外赤字并存的问题上有效的原因。升值具有相反的效应,它恶化了经常账户,损害了经济活动,它在解决通货膨胀和对外盈余并存的问题上是有效的。

除了相对价格效应和收入效应之外,货币贬值提高了国内价格,造成了资源从非贸易产业转移到贸易产业。升值的情况正好相反。必须在贬值的优点与贸易条件恶化、通货膨胀和国内经济不稳定等形式的贬值潜在成本之间做出权衡。上述的四个效应,就是所谓的弹性方法。

另一个分析贬值的补充方法是吸收方法。它突出了经常账户收支和国内经济之间的关系,强调为了改善对外平衡,必须提高产出,或者降低吸收。

虽然汇率调整是解决经济不一致情形的必要工具,但是仅仅只有它是不够的。一般而言,它必须有一些后续的国内政策。为解决某种对外失衡而所需的汇率调整的规模,很可能会过多地或过少地解决相应的国内问题。收入政策和汇率政策的相对效力,在各国家之间也是不同的。

国内与国外的种种长期和短期影响,支配着汇率的波动。对于一个具有工业基础和自然资源部门的国家,如果全球自然资源的价格上升,那么该国的货币汇率就会上

---

[27] R. Baldwin给出了关于美元汇率高估产生的滞后现象的证据。参见他的"Hysteresis in Import Prices: The Beachhead Effect," *American Economic Review*, September 1988。

升。而且,那可能会侵蚀该国制造业的竞争地位。在发展中国家,这种所谓的荷兰病现象会削弱产业的发展。

虽然自由浮动汇率保证了国际收支的总体平衡,但国际收支的子项目可能仍然显示为盈余或赤字。由于在就业方面的意义,政府政策经常关注于贸易或经常账户的平衡。只要汇率是有管理的浮动,国家就需要持有国际储备。

在国内经济稳定方面,在固定汇率制下,财政政策有效,而在浮动汇率制下,货币政策有效。

均衡汇率的其他定义是,它是平衡经常账户和长期私人资本流动的汇率,或者是反映购买力平价的比率。购买力平价分为绝对购买力平价和相对购买力平价,汇率围绕着购买力平价而波动。只有在交点处,汇率才等于购买力平价。

与汇率调整相关的三个因素,有助于解释贬值和其经常账户收支效应之间的长时间时滞。这三个因素是:J 曲线、不完全传递和滞后。

国际收支理论的总结

理论	理论适用的汇率制度	调整机制的实质
铸币流动理论	固定汇率	货币流动→相对价格
收入-支出理论	主要是固定汇率	收入乘数→进口
弹性理论	贬值	相对价格和其他效应
吸收理论	贬值	相对于吸收变化的收入(产出)变化

上表提供了一个关于国际收支调整机制的各种理论的总结。

重要概念

相对价格效应
需求弹性
供给弹性
稳定性或弹性条件
国内价格效应和收入效应
资源再分配效应
弹性方法
财政政策和货币政策的效力
吸收方法
政策组合
荷兰病
绝对购买力平价和相对购买力平价
J-曲线
不完全传递
滞后

复习题

1. 假定欧元从 1 欧元=2 美元贬值到 1 欧元=1 美元。请使用“弹性方法”分析欧元贬值对欧元区的四个效应(必要时使用图形和公式)。
2. 假定英镑从 1 英镑=3 美元贬值到 1 英镑=2 美元。请使用“弹性方法”分析英镑贬值对英国的四个效应(必要时使用图形和公式)。

3. 在1981—1985年,美元升值了80%。解释这次美元升值对美国贸易地位和国内经济的效应。
4. a. 在2001年中期,新西兰经历了出口导向的经济增长,其部分原因是新西兰元的低汇率。请解释。
   b. 澳大利亚元在1997—2000年的贬值如何保护了澳大利亚的竞争地位?
5. 墨西哥政府在1983年面临着对外赤字和国内失业,将比索贬值了50%。解释这个贬值的效应,并分别利用:
   a. 弹性方法(四个效应);
   b. 吸收方法;
   c. 对内平衡和对外平衡的方法。(解释为什么贬值一定需要其他政策的配合来达到一定的目标组合?)
6. 为什么IMF经常要求申请IMF援助的国家实行货币贬值和国内紧缩政策?
7. 解释贬值的吸收方法。在充分就业的条件下,贬值的效力是什么?大规模经常账户赤字的存在表明这个国家"生活水平超过了本国生产能力"吗?为什么?
8. 美元在1985—1987年的贬值在1988年具有以下效应:
   a. $(X-M)$和GDP都增加了;
   b. 资源从非贸易产业转移到贸易产业;
   c. 国内通货膨胀迅速下降。
   你预计这次美元贬值会改善1985—1986年还是以后时期的美国经常账户?请解释原因。
9. 解释下列名词:
   a. J-曲线
   b. 相对购买力平价
   c. 绝对购买力平价
   d. 不完全传递
   e. 滞后
   f. 荷兰病
   购买力平价在实证检验中的情况如何?为什么?你可以想出购买力平价概念的一些用途吗?
10. 1986年7月25日,《华尔街日报》描述了以下情况:
    日本的经济产出在1986年的第一个季度下降了0.5%,这是11年以来日本GNP的首次下降。下降的原因是猛烈升值的日元,使日本出口在第一个季度下降了4.9%。
    用日元升值和日本出口下降之间的关系、出口变化和GDP下降之间的关系,来解释上述故事。必要时使用图形和公式。
11. 在1986年7月,"为振兴出口、旅游和外国投资",中国贬值了人民币。解释13%的人民币贬值如何实现这些效应。
12. 美元在20世纪80年代和90年代的汇率与购买力平价相一致吗?
13. 比较财政政策和货币政策在固定汇率和浮动汇率下的效力。
14. 请辨别支出调整政策和支出转换政策。

第 16 章
其他汇率制度

在前述章节中,我们回顾了固定汇率和浮动汇率下的国际收支调整机制,以及汇率变化对国内经济的效应。但是,还有一些其他的汇率制度值得仔细研究。首先,在固定汇率和浮动汇率之间存在着一些货币安排,包括:更宽波动范围的货币浮动;各组货币彼此互相钉住,并且对某组货币或者美元联合浮动。关于后一个货币安排的分析讨论,可以归入最优货币区这个题目之下。欧元作为货币安排的极端事例,值得特别注意。其次,许多发展中国家不允许其居民在没有政府事先许可的情况下用本国货币兑换外国货币,这种货币安排就是所谓的外汇管制,有时采用复式汇率和双边清算安排。本章将阐述这些汇率制度。我们首先回顾一下固定汇率和浮动汇率的相对优点,然后讨论这些汇率制度的不同特征,最后分析政府外汇管制的情况。

16.1 固定汇率与浮动汇率的比较

通过自由浮动汇率的支持者和反对者之间的一个假想争论,可以有益于我们比较自由浮动汇率和固定汇率。虽然这种方式肯定反映了每一方的一致性观点(实际上是不存在的),而且过于简单化,但是它抓住了争议的要害。

支持方 自由浮动汇率的主要优点,是所有货币的价值都设定在可以出清外汇市场的价格水平上;也就是说,汇率的变化使外汇需求和外汇供给相等。因而我们可以依靠汇率的波动来维持整个国际收支的平衡。这种汇率制度不仅解决了调整问题,而且也消除了储备的需要。只有在固定汇率的时候,才存在储备的需要。浮动汇率也使得货币政策成为国内经济稳定的有效工具(第 14 章)。

自由浮动:自由浮动汇率的主要优势是:国际收支处于平衡,而且不需要国际储备。然而,汇率并不能使国际收支的分类账户处于平衡,国际收支风险可以减少贸易和对外直接投资。浮动汇率的支持者认为这种汇率具有合理的稳定性,使贸易商可以购买保险以避免受到汇率波动的损害。浮动汇率的反对者则认为,投机行为和汇率超调可以轻易地加剧汇率的波动。

反对方 浮动汇率给所有的国际收支带来了相当大的风险,因而与固定汇率相比,它减少了对外贸易和投资的数量。与任何其他价格不一样的是,汇率涉及货币价值,而货币是衡量一切其他事物的标准。纽约的美元和加利福尼亚的美元之间保持着固定的比率,这是很重要的;与此类似,不同国家的货币之间保持固定的比率也是很有益的。否则,商品贸易者和投资者就不能对成本和价格做出预先的估计。

在高度依赖对外贸易的开放经济中尤其如此。持续不断的汇率波动,引起国内价格水平以及贸易品与非贸易品相对价格的持续变化。这又会造成不断的资源再配置,甚至会造成对作为价值储备的某种货币的信心丧失。至少可以认为,汇率的这种波动具有高度的破坏性。

自由浮动汇率可以保证整个国际收支的平衡,这是确定无疑的,然而某些分类账户的差额仍然可能显示为赤字或盈余。政府常常希望可以获得贸易或经常账户的平衡,而这又需要可以影响汇率的措施。总之,汇率仍然是一个可以与其他目标相冲突的政策目标。浮动汇率赋予国家政策自主的想法仅仅是个幻想。

在固定汇率下,财政措施是充分有效的,足以处理国内收入和就业的稳定。实际上,在固定汇率下,国际收支对政府构成了制约,迫使它们避免过度的通货膨胀,因为过度通货膨胀会导致国际收支赤字。而在浮动汇率下,通货膨胀情况下发生的事情是货币贬值,国际收支平衡所要求的反通货膨胀约束也就丧失了。此外,为了改善国内宏观经济条件,国家常常会采取竞争性货币贬值的不合意政策。

支持方 浮动汇率带来的风险以及它对交易数量的效应,被极大地夸大了。事实上,这种风险取决于波动的程度:如果波动程度小,那么在远期外汇市场上防止波动的成本就应该比较低。实际上,自1973年以来,远期货币市场的作用显著地增强了。

理论上,我们可以认为浮动汇率具有合理的稳定性,因为外汇市场的竞争性很强,基本的需求和供给因素都涉及对价格变化的迅速反应。在这种条件下,价格(即汇率)仅仅发生小小的变化,就可以造成市场任何一方情况改变所需要的数量反应。例如,如果由于某种原因,需求增加,则价格仅仅发生小小的上升就可以造成出清市场所需要的供给增加。同样地,需求减少,仅仅需要价格的小小下降就可以造成出清市场所需要的供给减少。

在任何市场上,对价格变化的反应程度(弹性)和价格稳定之间都具有正相关性。为了说明这点,比较需求曲线向下移动在高弹性和低弹性两种条件下的价格效应(图16-1)。从均衡点(P_1,Q_1)开始,我们将需求曲线从D_1移动到D_2。很显然,需求的同样移动(上述两个图中D_1和D_2之间的水平距离a是一样的)所引起的价格降低,在低弹性条件下比在高弹性条件下明显得多。向右移动需求曲线,或者把供给曲线向任一方向移动而同时保持需求不变,也可以得到一样的结果。高弹性与价格稳定联系在一起,而低弹性则与急剧的价格波动联系在一起。

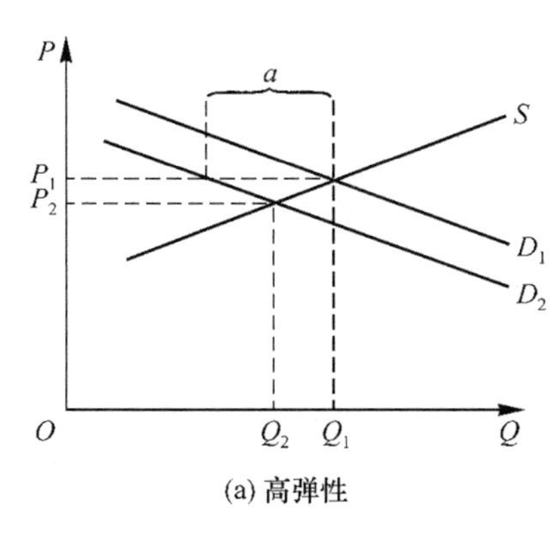

(a) 高弹性

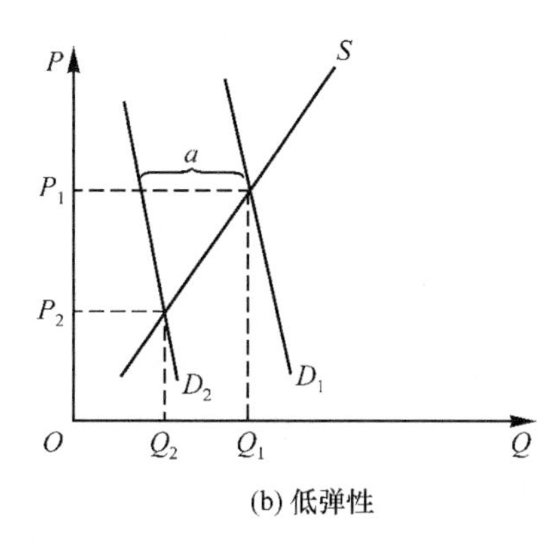

(b) 低弹性

图 16-1　高弹性和低弹性的需求曲线

高弹性的供给曲线和需求曲线导致相对价格稳定。

供给方和需求方对价格变化具有强烈反应，这是外汇市场的特点，正因如此，浮动汇率是相对稳定的。像这样的汇率波动同样不应构成贸易和投资的一种障碍，当远期外汇市场能够提供防止汇率波动的保护时尤其如此。另一方面，作为处理国际收支赤字的一种措施，固定汇率常常会造成外汇和进口管制，而与适度的浮动汇率相比，这些措施大大限制了国际交易。

此外，把固定汇率比喻成纽约的美元与加利福尼亚的美元之间的比率，也是不合适的，因为不仅同一国家的不同地区要服从相同的货币政策和财政政策，而且生产要素(例如资本和劳动)也可以在不同地区之间不受政府管制地自由流动，并且可以弥补对外赤字。也就是说，在固定汇率下，地区与地区之间的调整机制比国家与国家之间的调整机制有效得多。

如果开放的小国经济在浮动汇率下面临着特别严重的问题，那么经常性的解决办法，就是把它们的货币钉住与之进行大量国际贸易的某一大国的货币。事实上，许多国家就是这样做的。

最后，货币当局在国内经济事务的管理中实行它们自己的反通货膨胀约束。实际上，固定汇率对价格和工资行为的这种约束效应，已经受到了很大的质疑。而且，主要国家之间的政策协调，也可以预防竞争性的货币贬值。

反对方　一般而言，贸易量变化对价格变化，尤其对汇率变化的反应存在着时滞，这与快速调整的观点是相抵触的。国际贸易的价格弹性，预计在长期中比在短期中高。要使贸易商在国内与国际之间进行商品来源和目的地之间的转换，就需要相当大的价格变化。根据这些情况，汇率波动可能比前述观点所认为的更加剧烈。

其他反对者承认，商品和服务贸易的基本因素有助于稳定性的汇率，然而他们担心对汇率波动作出反应的资本流动的性质。即使汇率波动很小，也可能引起投机行为；随着某种货币相对于外国货币的升值，投机者可能预期它将进一步升值，从而大规模地买进该货币。于是，这又会引起该货币的预期升值(也就是自我实现的预期)。汇率超调加重了这一情况。当某种货币相对于外国货币贬值时,会发生与此相反的情况。因而,置于基本市场因素之上的投机行为,会加剧汇率波动,本质上就是不稳定的因素。投机者能够把温和的汇率波动转化为剧烈的汇率波动。控制汇率剧烈波动不仅成本高昂,而且对于长期合同而言,也没有远期外汇市场的风险对冲,因此,外国投资承诺不能得到保护。[①]

支持方 认为投机是汇率的长期不稳定因素的看法是不合理的。实际上,为了获得利润,投机需要投机从业者在一国货币价格高时卖出(而不是在预期的基础上购买),而在一国货币价格低时买进。因而一般来说,投机一定是一种稳定性的现象,具有缩小汇率波动范围而不是扩大汇率波动范围的效应。另一方面,在固定汇率制下,投机却可能是高度不稳定的因素。当某种货币是弱货币时,投机者就会理性地知道,如果这种货币可以波动,那么它只能向一个方向波动:贬值。他们卖出这种弱货币,买进能够升值的强货币,从而稳稳当当地赚钱。这是一种"单方向"的赌博。事实上,在固定汇率下,投机行为利用一定基本面的弱势或强势,就能够造成汇率的变化。因为所涉及的风险很低,这种投机常常是过度的,并成为造成不稳定的因素。在1997—1999年亚洲金融危机期间,就发生了这种情况。

16.1.1 1973—2008年的记录

在过去的30多年期间,浮动汇率实际上如何影响国内经济政策呢?中央银行重新获得了货币政策的自主权,而且国与国之间的通货膨胀率差异非常大。货币政策和财政政策的效应可以通过它们对实际汇率的影响而转移到国界之外[②],因此浮动汇率并不能使本国绝缘于所有的海外经济扰动。另一方面,20世纪80年代初期工业化国家之间协调一致的反通货膨胀措施,表明中央银行的约束在浮动汇率下也是可以存在的。当然,并没有发生汇率变化造成的通货膨胀和贬值之间的恶性循环。

中央银行并非认为汇率不重要。更确切地说,汇率成为一种有时同其他目标相抵触的政策目标。中央银行干预外汇市场,以稳定产出、控制通货膨胀,或者维持贸易产业的竞争地位。尽管美国在里根政府的第一任期暂时停止了对外汇市场的干预,但自1985年以来,大力加强了干预。在1999—2008年期间,欧洲和日本的中央银行多次对外汇市场进行了干预,以色列和其他一些小国也是如此。

汇率的走势是怎样的呢?汇率的波动程度很大,并且经常是混乱的。无论是名义

---

① 为了抑制投机行为,诺贝尔经济学奖获得者詹姆斯·托宾提出,对涉及货币兑换的所有即时交易实施统一的国际税收。请参见P. Spahn和J. Stotsky的有关论文*Finance and Development*, June 1996, pp. 24—29,以及其中引用的论文。

② 参见E. Levy-Yeyati and F. Sturzenegger, "To Float or to Fix: Evidence on the Impact of Exchange Rate Regimes on Growth," *American Economic Review*, vol. 93, no. 4, September 2003, pp. 1173—1192;以及J. Frankel, A. Razin, J. Sachs, and M. Feldstein on "The International Dimensions of Fiscal Policy," *American Economic Review*, May 1986, pp. 330—346。

汇率还是实际汇率，无论是长期汇率还是短期汇率，其波动都是非常显著的。浮动汇率制下的汇率变化一直比布雷顿森林时期的汇率变化更大。有些中央银行为了其本国利益而试图操纵汇率的情况一直存在。此外，还有许多偏离基本市场条件的汇率超调的重要事例。在一个较长的时期，汇率对相对购买力平价的偏离程度是很大的。

汇率变化的大部分原因是混乱的全球经济条件：石油冲击、干旱、滞胀、国家之间不同的通货膨胀率，以及相差很大的经济增长率。固定汇率制从来就解决不了这些事情。因此，这里适当的问题是：这种汇率波动程度比经济扰动引起的汇率波动程度更大吗？衡量经济环境变化程度的一个指标就是股票和债券价格的波动。汇率比其他金融资产的价格变化的波动程度更小，这一事实意味着汇率波动相对于基本经济情况的变化而言并不过分。

在墨西哥货币危机（1994年）和亚洲货币危机（1997—1999年）之后，许多发展中国家采用了浮动汇率。

在20世纪90年代，作为向市场经济转型的一部分，苏联和东欧国家加入了国际货币基金组织。大多数苏联的共和国选择了发行新货币。一个国家发行独立货币，首先是因为它是民族独立的象征，其次是因为它赋予了这些国家货币政策和汇率政策上的自主权。作为发行独立货币的先决条件，建立国家中央银行是十分必要的。除此之外，国家必须选择其汇率制度。一些国家选择把货币钉住其主要贸易伙伴国的货币。高通货膨胀的国家，例如乌克兰和罗马尼亚，采用了自由浮动汇率。[3] 那些在2004年加入欧盟的东欧国家，希望在未来的10—15年采用欧元。

经验：实际上，尽管汇率的波动程度很大，但它仍然小于其他一些金融资产的波动程度。目前许多国家纷纷转向建立一种共同货币（欧元），或者转向浮动汇率。

浮动汇率从来就没有破坏过国际经济关系，这一汇率制度很好地经受住了20世纪70年代经济危机的考验。[4] 正如人们所期望的那样，远期外汇市场发展迅速。没有证据显示，浮动汇率造成了贸易和投资数量的显著性下降。[5]

一些观察者要求回归固定汇率，可是，只要国家之间的基本经济条件相差很大，那么这种回归就是不切实际的。尽管如此，在浮动汇率和固定汇率这两种极端之间，还存在着几种货币安排。

---

③ 参见 *IMF Survey*, February 21, 1994, pp. 52—59; P. Montiel and J. Ostry, "Targeting the Real Exchange Rates in Developing Countries," *Finance and Development*, March 1993; P. Quirk and H. Cortes-Douglas, "The Experience with Floating Rates," *Finance and Development*, June 1993; H. Cortes-Douglas and R. Abrams, "Introducing New National Currencies," *Finance and Development*, December 1993。

④ 进一步的讨论，参见 R. Blackhurst and J. Tumlir, "Trade Relations under Flexible Exchange Rates," Geneva, GATT Studies, no. 8, September 1980；以及 M. Goldstein, "Whither the Exchange Rate System," *Finance and Development*, June 1984。

⑤ 参见 J. Gagnon, "Exchange Rate Variability and the Level of International Trade," Federal Reserve Board, *Discussion Paper*, no. 369, December 1989。

16.1.2 宽带浮动与爬行钉住

宽带浮动:意味着固定汇率可以在具有上下限的更宽的波动区间内进行浮动。

爬行钉住:如果市场汇率在一个特定时期内沿着波动区间的上限或者下限移动,那么爬行钉住就要求官方汇率进行自动调整。

采用固定汇率,但拓宽固定汇率下的汇率波动的区间,就是**宽带浮动**的建议。1992年危机之后,欧洲货币体系(EMS)就是这么做的。其他汇率安排包括所谓的**爬行钉住**,它允许一国在其经济不均衡时每个月对其汇价做出事先宣告的小小变化,直至实现经济均衡。波兰和匈牙利就采用了爬行钉住的货币安排。与固定汇率相比,爬行钉住具有两个优势:在一个国家面临的压力达到临界点之前,可以允许汇率调整;可以免除与幅度较大的一次性汇率变化有关的政治污名。其缺点在于,事先宣告的汇率调整会刺激投机行为,国家需要通过控制利率来阻止具有不稳定作用的资本流动。

爬行钉住的市场汇价在每一个交易日都是自动变化的,是一个预定时期汇率(或者储备变动)的移动平均数。如果汇率在某个特定时期沿着下限移动,那么官方汇率与它的整个波动区间就会逐渐地轻轻向下移动。相反,如果汇率在某个时期沿着上限移动,那么官方汇率就会向上移动。也就是说,每种货币官方汇率的移动(以及其波动区间上下限),会依赖于过去某一时期实际汇率和波动区间上下限之间的关系。爬行钉住可以如下图所示:

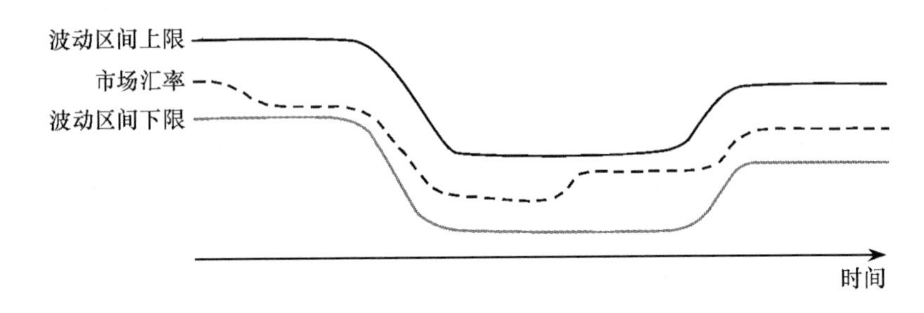

16.1.3 目标区

目标区:要求国际货币基金组织确立主要货币的汇率目标的提议。

最后,一直有这样的提议:国际货币基金组织应该建立各个主要货币的**目标区**,各国中央银行通过市场干预,使其汇率维持在各个货币目标区之内。目标区描述了可持续汇率的波动区间,可以定期发生变化。国际货币基金组织使用成本-价格比等一系列指标,以及与资本流动有关的指标,来决定这个目标区。然而,由于未来的国际交易存在着许多不确定性,所以决定目标区是很困难的。[⑥]

16.1.4 最优货币区

> **最优货币区**(OCA):几个国家组成一个区域,这几个国家之间的汇率是固定的。决定一组国家有资格组成货币区的几个标准是:工资-价格弹性、政策协调等。

另一项提议是:在一组联系非常密切的国家之内建立固定汇率,同时允许不同国家组之间的货币自由浮动,同一组国家的货币对外联合浮动。这样一组国家常常被称为**最优货币区**(optimum currency area,OCA)。虽然没有具体的规则来准确定义什么样的一组国家有资格成为一个最优货币区,但还是有一些指标。组成货币区的这些国家需要具备财政政策和货币政策上的高度协调措施,以及成员国之间生产要素的高度流动。这些条件有助于润滑固定汇率下的调整机制。请回忆一下,当资源可以在国家之间高度流动时(与资源在一国之内流动一样),这一调整过程就造成了资源从赤字(萧条)地区流向盈余(繁荣)地区。

其次,加入最优货币区的国家需要采取高度弹性的价格-工资措施,因为即使在固定汇率下,这一措施也可以保证该国能够(通过降低国内价格)改善其竞争地位。而且,成员国之间高水平的金融一体化对于最优货币区也是有益的,因为那时成员国之间的资本流动能够为对外不平衡提供融资。最后,对于开放经济而言,尤其对于小国的开放经济而言,固定汇率更可取。[⑦]

决定最优货币区标准的因素,是国际收支调整过程在不同汇率制度下的相对容易程度。在固定汇率下,对外赤字的调整涉及产出的减少,以及由此带来的收入和就业的减少,在这种情况下,损失可计为放弃的产出。在浮动汇率下,采用货币贬值来调整对外赤字,其成本是贸易条件的恶化、资源从非贸易产业转移到贸易产业所引起的不稳定性,以及有时候的总体价格不稳定。这些成本的高低随着经济体开放程度的不同而不同。

一般来说,对于相对封闭的大经济体而言,调整成本在浮动汇率下比在固定汇率下要低;而对于相对开放的小经济体而言,情况则相反。这是因为,当经济体中的对外贸易比重相对较低时,贸易条件、资源流动、贬值的价格不稳定成本等就相对较小,大国也面临同样的情形。另一方面,处理对外赤字所需要的产出减少,在相对封闭的大经济体中比在相对开放的小经济体中更大,这是因为大经济体的边际进口倾向更低。于是我们可以认为:大国的汇率应该独立浮动,而小国(尤其是那些具有高价格-工资弹性的小国)加入货币区则更好。

---

⑥ 参见 Lars E. Svensson. "An Interpretation of Recent Research on Exchange Rate Target Zones," *Journal of Economic Perspectives*, fall 1992, 119—144; A. Dixit, "In Honor of Paul Krugman: Winner of the John Bates Clark Medal," *Journal of Economic Perspective*, spring 1993, 183—185; John Williamson, *The Exchange Rate System*, Policy Analyses in International Economics, no. 5, Washington, Institute for International Economics, 1983; Hans Genberg, "On Choosing the Right Rules for Exchange Rate Management," *The World Economy*, vol. 7, December 1984; 以及 J. Frankel, M. Goldstein 与其他人总结在 *IMF Survey*, April 6, 1987 中的论文。

⑦ 参见 G. Tarlas, "The Theory of Optimum Currency Areas," *Finance and Development*, June 1993;以及 C. N. Wang, "On the Choice of Exchange Rate Regimes," Federal Reserve Bank of Cleveland Working Paper 9002, April 1990。

采用共同货币是最优货币区金融一体化的最高形式。如果在一个大区域实行单一货币,那么这个货币就可以最好地发挥交易媒介、价值储藏等功能。更高储蓄率和更快增长率的潜在好处,吸引了17个欧洲国家(欧盟27个成员国中的17个)放弃了其本国货币,转而采用共同货币欧元( )。

16.2 欧元——17个欧洲大陆国家的共同货币

欧盟领导者始终认为,货币统一是欧洲一体化的本质性因素,而货币统一包括资本的自由流动和一种共同货币。[8] 这一目标导致了1991年12月的《马斯特里赫特条约》。《马斯特里赫特条约》的条款包括共同的社会和劳动力政策、协调的防务和外交政策。本书感兴趣的,是该条约中旨在建立欧洲共同货币和独立的欧洲中央银行的欧洲货币联盟(European Monetary Union)的条款。德国迄今为止仍是欧洲货币联盟中最大的经济强国。该条约要求,潜在的欧洲货币联盟成员国要达到一定的共同标准,即协调一致的利率、通货膨胀率、年预算赤字与GDP的比率(不超过3%),以及国家公共债务与GDP的比率(不超过60%)。后两者就是著名的"稳定性条款"。

欧元和最优货币区:虽然欧盟不是最优货币区,但是欧盟采取的政治决策是:用一种共同货币(欧元)来取代12个(现在是17个)欧洲大陆国家的各自货币,并建立一个共同的中央银行。为此,这些国家放弃了经济政策四个方面的主权。

1999年1月,欧洲货币联盟正式成立,并诞生了新的欧洲货币。2002年,新的统一货币取代了12个欧洲国家的各自货币,这就是欧元(符号是)。截止到2010年有16个国家使用欧元。爱沙尼亚在2001年加入欧元区。德国马克或法国法郎不再存在,只有欧元,或者更确切地说,只有"欧元和欧分"。欧元区的这12个国家是:德国、法国、西班牙、意大利、葡萄牙、比利时、卢森堡、荷兰、爱尔兰、奥地利、芬兰和希腊。[9] 英国、瑞典和丹麦选择不加入欧洲货币联盟,而且英镑对欧元实行浮动汇率。在未来的年份里,一些新的欧盟成员国可能会加入欧元区。

欧洲中央银行的总部位于德国法兰克福,于1999年1月1日开始运行。其职能是控制欧元数量、决定整个欧元区的利率,以此保证低通货膨胀。而各国的中央银行(如德国德意志联邦银行)则变成欧洲中央银行的支部。欧洲中央银行行长和执行委员会的5个成员具有一届8年的任期,并免受政治压力。

加入欧元区的国家放弃了下述有力的经济政策工具:

1. 货币政策。各国中央银行不再可以调整货币供给和利率,以处理本国的通货膨胀率和(或)失业率。更确切地说,整个欧元区适用统一的政策。实际上,1999—2004年,欧洲中央银行几次调整了利率。可是,"适合一切"的货币政策可能令人失望,尤其在初始时期。

---

⑧ 欧元诞生之前,欧洲几个国家曾尝试将货币互相钉住,并对美元联合浮动,但结果并不成功。

⑨ 国际货币基金组织的 *International Financial Statistics* 公布欧元的有效名义汇率和实际汇率。

2. 汇率政策。各国不再能够改变其货币对于其他欧洲货币的兑换值(如法国法郎兑德国马克),以达到其经济目标。相反,一个"法国的欧元"价值相等于一个"德国的欧元",这与一个纽约的美元相等于一个加利福尼亚的美元完全一样。这16个前国家货币之间的汇率风险消失了,其远期外汇市场也不再存在。

3. 财政政策也受到"稳定性公约"的制约,各成员国的预算赤字不能超过GDP 3%的比例。可是,包括德国和法国在内的一半成员国都突破了这个比例。于是,欧盟考虑给予稳定性公约更大的弹性。方法之一是,预算赤字不超过GDP 3%比例的时间基础是商业周期,而不是每一年。这会使成员国恢复在财政政策方面的某些主权。

4. 作为关税同盟的成员国,这17个国家放弃了独立的商业政策。

于是,欧元区的一个国家(在经济上)就类似于美国的一个州,但没有美国的劳动力流动、工资弹性和联邦财政转移等特征。

因为主权损失和大量过渡成本的代价,欧元区成员国期望通过共享单一货币而获得长期的收益。整个欧洲大陆的价格都用一种货币计价,这样国与国之间的价格比较是即时可见的,因而提高了批发业和零售业的竞争水平。

国际贸易中的交易成本降低了,能够节约GDP的0.4%,而且消除了汇率风险。欧洲中央银行的单一货币政策有助于价格稳定,欧元区的巨大市场有助于投资稳定、促进资本形成。[10]

欧元诞生时的汇率是1欧元=1.17美元。从那时起,它逐渐下降到2000年11月的1欧元=0.83美元,但在2003—2009年又逐渐升值到1欧元= 1.50美元。实际上,从长期看,欧元的前景是光明的。10年或者20年之后,它可能会发展成为与美元相抗衡的国际交易和储备货币,因为欧洲货币联盟具有发挥这种作用的特征:一个大范围的、稳定的、没有通货膨胀的、具有巨大资本市场的经济体。如果英国采用欧元,这一特征还会跨进一大步。

虽然欧洲共同市场的最初设计者期望实现政治一体化,但欧元的诞生是否会导致欧洲的政治联盟,仍然是个问题。

在下面一部分,我们将讲述涉及货币交易的政府管制的汇率制度。

16.3 外汇管制

固定汇率的国家可以选择维持高估的汇率。在面对长期持久的对外赤字时,拒绝货币贬值可能是基于以下理由:保持汇率在公众心目中的威信,或者存在着以外国货币计价的巨额债务。在这些情况下,政府可能被迫实施**外汇管制**(exchange control),因为如果外国货币价格被低估(在均衡水平之下定价),或者如果国内货

> **外汇管制**:根据这一机制,政府控制所有外汇交易。它限制了进口商品的供给,因而往往提高了国内价格水平。

[10] 参见Philip Lane and Kathryn Dominguez在*Journal of Economic Perspectives*, Fall 2009, pp. 47—88中关于欧元的文章。

币被高估,那么价格机制就不能出清外汇市场。相反,它产生了对被低估的或者“廉价”的外国货币的超额需求。

使用储备或者借债,可以暂时缓和这种情况。但是,如果它持续几年时间,那么该国可能会被迫寻求另一种市场机制,这就是直接的外汇管制。虽然全面的外汇管制对于工业化国家而言已经成为历史,但它在发展中国家却相当普遍。另一方面,从第二次世界大战以后直到20世纪50年代末期,欧洲国家就采用了这种外汇管制。

在图16-2中,人民币代表本国货币,美元则代表外国货币。纵轴表示1美元的人民币价格,横轴表示美元的交易数量。图中画出了美元的名义供给曲线和需求曲线:均衡价格或汇率是1美元=8元人民币,或1元人民币= 0.125美元。这是市场出清的价格,发挥着在竞争性用途之间配置美元的功能。

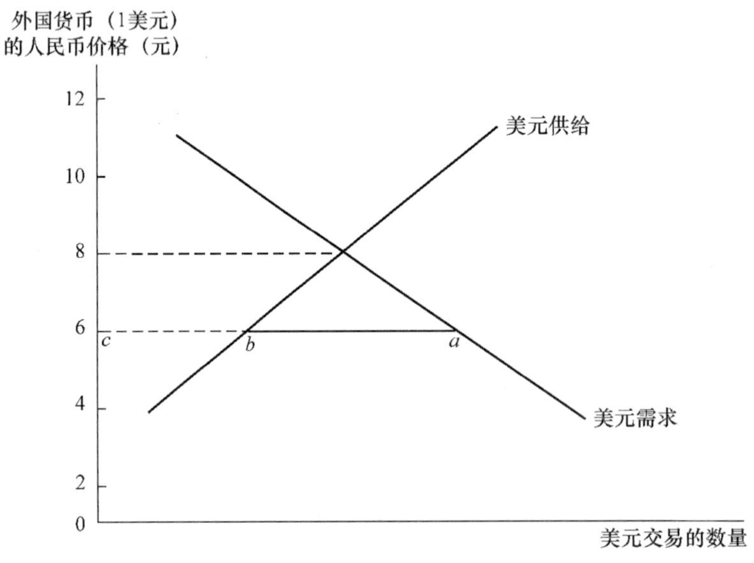

图16-2 中国的外汇市场(假想的)

虽然市场出清汇率是$1=¥8,但中国政府将汇率固定在$1=¥6,产生了美元的超额需求$\overline{ab}$。

假定中国政府决定把汇率固定在1美元=6元人民币。于是,相对于其均衡价格而言,美元被低估了;相应地,由于此时1人民币=0.167美元,而非0.125美元,那么相对于其均衡价格而言,人民币被高估了。这种武断决定的汇率不可能长期维持,因为它创造出$\overline{ab}$数量的超额美元需求。如果政府拒绝把人民币贬值到0.125美元,那么它会被迫实行外汇管制。维持一种偏离均衡价值的汇率,在外汇管制下是可能的。此时政府机构代替市场机制来执行配置功能,它必须决定如何在更大的$\overline{ac}$数量的美元需求之中配置可获得的$\overline{bc}$数量的美元。(这里中国的例子是假想的。)

在全面外汇管制的体制之下,外国货币的所有获得者必须将外国货币交给管理当局(中央银行或者财政部下属的职能部门),以换回本国货币。为了从事国际交易,外国货币的使用者必须首先获得政府许可证,然后才能够以官方汇率用本国货币买进外国货币。

在外汇管制下，**货币的可兑换性**(currency convertibility)是受到限制的。实际上，外汇管制下的货币通常被称为是不可兑换的，因为居民没有政府许可证就不能将其货币兑换成其他货币。根据管制的规定，货币在经常账户项下是可以兑换的，但在资本账户项下则不可以兑换。

> **可兑换货币**：指可以自由地兑换成其他货币而不受政府干预的货币。

在外汇管制体制下，是政府官员而不是市场力量来决定如何分配稀缺的外汇，这种外汇分配是在种类众多的商品和服务之间、在供给来源(供给国)之间、在进口商和其他用户之间进行的，以及在不同时间段之间分配。这种决定可能是武断的，而且有时是反复无常的。由于进口商品的供给因外汇管制而受到了限制，它们在国内市场上的价格因而上升。与没有外汇管制时相比，进口商在每单位商品上可以获得更高的利润。因此，外汇许可证本身就具有相当高的市场价值，有时会引起发放许可证的政府官员的腐败和欺骗行为。在一些情况下，实行外汇管制的政府会拍卖外汇许可证。

补充阅读

这里的例子是：外汇管制引起了一定程度的价格上升，造成了垄断利润。假定印度政府决定把进口汽车所需的美元数量限制为自由市场数量的一半。由于印度不生产汽车，图 16-3 中的供给曲线和需求曲线就是进口汽车的曲线。供给曲线是水平的，表明印度是国际市场的汽车进口小国，它可以在一个固定的价格进口它所需要的所有数量的汽车。假定自由市场价格是 P_1，进口汽车数量是 Q_1，因而总的美元支出是 OP_1RQ_1。此时，管理当局决定削减一半的美元支出，也就是说，管理当局允许进口商进口汽车的美元支出只能为 OP_1MN。

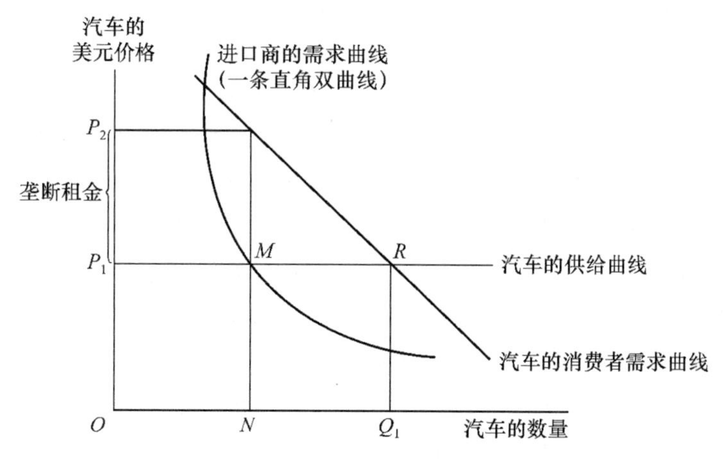

图 16-3　外汇管制的效应

在外汇管制下，配置给某商品进口的外汇固定数量决定着进口商的需求曲线。进口商的需求曲线是一条直角双曲线，它偏离了消费者的需求曲线。价格从 P_1 上升到 P_2，这两个价格之间的差额归进口商所有。

虽然消费者的需求曲线保持不变,但此时进口商的需求曲线与之偏离,因为它受到外汇数量配置的限制。新的进口商需求曲线的特点在于:该需求曲线之下的面积(总的美元支出,或者价格乘以数量)固定为 OP_1MN。经过 M 点的直角双曲线,可以表示进口商的需求情形。直角双曲线表示单一弹性需求曲线,即曲线上任何一点的价格乘以数量都保持不变。该曲线与外汇供给函数相交于 M 点。因此,进口数量减少到 N,而进口价格保持为 P_1。总的美元成本是 OP_1MN,恰好等于管理当局的配置数量。

但是,国内消费者的需求没有变化。进口数量 N 决定了国内市场价格为 P_2,P_2-P_1 代表着进口商进口每辆汽车的垄断租金。[⑪] 国内市场对汽车的需求弹性越小,则每辆汽车的单位利润就越高。通过画一条经过 R 点的更陡的需求曲线,可以证实这个看法。

处于外汇管制国家(例如印度)中的公司,在计划进行生产或销售活动的时候,就需要提前确定其商业活动赚取的利润是否会返还到自己手中。

与关税或者配额一样,外汇管制可以限制商品进口。当局可以限制进入国内的汽车数量,或者可以限制分配给汽车进口的外汇数量,这两者之间几乎是没有区别的。

因为政府决定进口什么、进口多少和进口来源,所以外汇管制使得发展中国家政府可以指导国家的整个发展进程。但是它也可能导致国家偏离而非趋近比较优势。

可是,对于处理国际收支赤字而言,外汇管制比贸易限制更有效,因为它包含了所有交易(包括服务贸易和资本移动),而关税和配额只限制商品贸易。而且,外汇管制的焦点和目的往往是维持对外收支平衡,而关税的焦点和目的则是保护国内产业,使其免受外国竞争。

政府或许希望只对资本转移实行管制,而不对经常项目实行管制。20世纪30年代欧洲开始实施外汇管制的最初意图就是这样的。国际货币基金组织宪章允许实施外汇管制的条件是防止严重的资本外流,因为在这种情况下,直接管制可能是防止资本外流的唯一方法。1998—1999年,马来西亚就为了防止资本外流而实施了外汇管制。[⑫] 然而,1976年到1984年期间,从发展中国家外逃的资本数额估计在710亿美元和1 320亿美元之间,这一事实表明外汇管制对阻止资本外逃并非完全有效。人们规避管制和进行资本转移的一个方法是以正常交易作为伪装。出口商少算外国进口商的费用,并要求他们在出口商的外国银行账户中存放等于这个差额的款项,而进口商多付外国出口商的费用,并要求他们在进口商的外国银行账户中存放等于这个差额的款项。而且,与任何其他的配给制度一样,外汇管制造成了黑市的产生。商品贸易商的规避行为在一定程度上导致了未申报的外汇供给,这是外汇黑市的供给方。外汇黑市的需求方是外汇的潜在使用者,例如旅游者,因为管制当局没有分配给其外汇配额,

⑪ 这是政府官员腐败的潜在根源。对于进口商(通常十分富裕)而言,外汇许可证意味着丰厚的利润,而且它是由收入有限的政府官员签发的,因此,这很容易引起贿赂。

⑫ 关于13个国家资本管制的讨论,参见 *IMF Survey*, January 24, 2000, p.32。

所以他们愿意支付比官方汇率更高的价格。因此,外汇就以比官方汇率更高的本国货币价格进行交易。

从经济学观点看,外汇管制和相应的外汇配给常常会造成资源的不合理配置。市场价格不再显示出生产者和消费者需要什么以及需要多少的偏好。让政府官员的武断决策来合理配置这些偏好,是没有保证的。

此外,为了在货币高估的情况下促进出口,政府采取了**复式汇率**(multiple exchange rates),这会进一步扭曲经济结构(并增加了政府管理的复杂化)。如果官方汇率是 1 美元=6 元人民币,中国政府可能会为了鼓励某些商品的出口、限制其他商品的进口,就在那些商品上设定更低的人民币汇率,例如 1 美元=9 元人民币。这相当于与那些商品有关的人民币贬值了 50%。出口商比以前多获得了一半的人民币收入,而进口商为了得到购买商品所需要的美元,就必须支付更多的人民币,这与货币贬值的情形完全一样。政府可以采用一个更具歧视性的方法,即引入一组汇率,这些汇率是根据对商品的出口和进口的鼓励程度或限制程度来进行分类的。最近的一个例子是,委内瑞拉在 2010 年 1 月贬值了其货币玻利瓦尔,从 1 美元=2.15 玻利瓦尔贬值到 1 美元=4.3 玻利瓦尔;但为了保护穷人免受价格上涨之忧,对于食品、医药和其他必需品的进口,委内瑞拉采用了 1 美元=2.6 玻利瓦尔的另一个汇率。

复式汇率:根据这一机制,政府对本国货币设定了几个不同的汇率,每一个汇率都对应于某一类交易的管理。

顺便提一句,对自由贸易和国际收支的许多类型的干预,都等价于部分形式或者伪装形式的货币贬值。例如,假定一国为尽力防止对外赤字,征收进口关税并提供出口补贴,关税率和出口补贴率各为 10%。对于政府收入而言,这两者效应大致互相抵消,因而其总效应是中性的。然而,它们的实际效应却是进口变得更昂贵、出口变得更便宜,这与货币贬值 10%的影响完全一样。但是,贬值会影响到所有的国际收支项目,包括服务和资本项目,而贸易措施仅仅适用于商品。

一般而言,纵横交错的贸易限制和外汇管制能够阻碍进口,例如要求进口商在中央银行提供期限 3—6 个月、没有利息、等于他们进口商品额一定比例的存款。这就是所谓的进口押金。类似地,对外国货币兑换本国货币实行一个更加有利的汇率,对出口商品的生产商安排更廉价的原料来源,对出口提供成本更低的官方信贷等,这些措施鼓励了出口。实际上,以利率补贴来提供官方的出口信贷,已成为工业化国家的普遍做法。

许多发展中国家饱受这些精巧的管理体制之苦,这些管制体制取代了单一的市场机制,而且大量的管制措施又是政府官员武断决策的。这造成了大量的资源配置不当,从根本上扭曲了贸易、投资和生产结构,从而阻碍了发展进程。当管制变得如此笨重以至于无法控制时,货币的公开贬值就常常取代了伪装的贬值。有时,一国会废除具有多个汇率的复杂体制,而采用这样的双重汇率:对某些特定的交易实行固定汇率,而对所有其他交易则实行浮动汇率。在 20 世纪 90 年代,作为全面自由化的一部分,许多发展中国家废除了它们的外汇管制,并转向浮动汇率。2001 年,俄罗斯放松了外汇管制,允许出口商留存一半外汇收入。中国的外汇管制也越来越松,在2005年采取了资本流动自由化的措施。但许多观察者认为,中国应该允许人民币自由浮动,期望人民币能够对美元升值(在2003—2004年,人民币钉住美元,并与美元一起贬值)。另外一个解决方法就是把人民币从“钉住美元”转向“钉住特别提款权”。这样一来,当美元对特别提款权贬值时,人民币就可以对美元升值,而对欧元和日元却没有升值。实际上,在2005年中期,人民币从钉住美元转向了钉住一篮子货币(并且升值了2.1%),但一篮子货币的具体内涵还不清楚。

许多国家对资本流动实行控制,但对贸易交易却保持自由。然而,这些控制措施却经常产生减少贸易的副效应。最后,一些国家为了防止引起其货币升值的货币投机,有时会对资本流入征税。

16.4 双边清算协定

双边清算协定:指两国之间为了避免使用外汇而用商品交换来进行互相支付的协定。

自身缺乏或几乎缺乏外汇,但仍然希望促进贸易的国家,有时会采用**双边清算协定**(bilateral exchange-clearing agreements)。第二次世界大战刚刚结束之后,欧洲就大规模地采用了这种做法。直到今天,双边清算协定仍然存在于一些发展中国家和前社会主义国家。

例如,印度和俄罗斯之间的双边清算协定是这样运作的:从俄罗斯进口商品的印度进口商,对设立在印度中央银行的一个专门账户支付卢比(印度货币),而出口商品到俄罗斯的印度出口商则从该账户上提取卢比付款。同样地,从印度进口商品的俄罗斯进口商,对设立在俄罗斯中央银行的一个专门账户支付卢布(俄罗斯货币),而出口商品到印度的俄罗斯出口商则从该账户提取卢布付款。只要双边贸易平衡,那么这两个账户均收支平衡。于是这两个国家之间的贸易就简化为易货贸易,不需要货币之间的兑换来进行支付。为了处理双边贸易不平衡的情况,这两个国家需要事先就信用贷款的相互限额达成协定,称为摆动信贷(swing credit),即信贷的变动不超过预先决定的水平。只要累积性的贸易赤字超过了该限额,债务国就有义务用美元或者其他硬通货来偿付。国家从事相互贸易时,均要回避这种情形。尽管具有高度的不稳定性,但双边清算协定的货币安排优于易货贸易(也就是所谓的**对销贸易**,countertrade)。[13]

---

[13] 虽然可兑换货币的转移为工业化国家之间的贸易提供了支付,但是前社会主义国家或发展中国家经常采取易货贸易的货币安排。伊朗的石油和捷克斯洛伐克的发电站之间的交换,就是一个事例,而南斯拉夫的火车车厢和新西兰的黄油之间的交换,是另一个事例。如果进口国没有出口国所需要的商品,就会产生比较复杂的情况。例如,一个美国出口商以很有吸引力的价格将制造轮胎的旧机器卖给某个东欧国家,但得到了这个东欧国家不可兑换的货币。由于这个东欧国家具有对土耳其的贸易盈余,所以其不可兑换的货币可以兑换成土耳其货币里拉,然后用土耳其里拉购买土耳其的铬金属,其后再把铬金属卖给第四个国家,换取硬通货。对销贸易现在占国际贸易总额的5%。参见“Countertrade: Trade without Cash,” *Finance and Development*, December 1983;“Countertrade,” *UNCTAD Bulletin*, March 1987。后面这篇文章讨论了对销贸易的不同形式、原因以及成本和收益。

尽管工业化国家之间的这种双边清算协定现在已经很少了，但在第二次世界大战结束之后的几年里，一个具有 400 多个这样协定的网络覆盖了整个西欧。每一个国家都不得不平衡其与其他 17 个欧洲国家的双边对外账户——这真是一个管理上的噩梦。

为了克服这个问题，**欧洲清算同盟**（European Payments Union，EPU）于 1950 年建立，并一直在欧洲运行到 1958 年。所有的双边账户都集中在欧洲清算同盟，欧洲清算同盟提供一种多边收支清算的机制。对于一对国家而言，如果 A 国对 B 国有盈余，那么 B 国就欠欧洲清算同盟的钱而不是欠 A 国的钱，同样地，欧洲清算同盟欠 A 国的钱而不是 B 国欠 A 国的钱。在这种方式下，A 国对 B 国的盈余可以适用于它对 C 国的赤字，因而就避免了双边收支结算的需要。除了清算功能之外，欧洲清算同盟还对其成员国提供信贷。随着欧洲货币逐渐对美元实现了可兑换，欧洲清算同盟在完成使命之后，于 1958 年解散。

> **欧洲清算同盟（EPU）**：是由一系列清算协定组成的欧洲中央网络，还包括从盈余国向赤字国的自动贷款。它促进了货币可兑换性的恢复。

总结

在讲述固定汇率和浮动汇率的相对优点之后，本章回顾了其他的汇率安排，例如最优货币区和外汇管制。

浮动汇率的优势是实现了整个国际收支平衡，从而避免了国际储备的需要。它也使货币政策成为保证国内稳定性的一种有效工具。另一方面，它也给国际收支带来了风险，而且可能造成外国投资活动的减少。另外，浮动汇率只能保证总体国际收支的平衡，而并不保证国际收支分类账户的平衡。因为政府常常关注于分类账户的平衡，所以汇率本身就成为一种政策目标。固定汇率不能保证总体国际收支的平衡，从而要求使用国际储备。但它降低了国际收支的风险，除非该货币被怀疑太弱（或太强）了，或者陷于贬值（或升值）的危险之中。另外，固定汇率约束了国内政策的行为，因为导致通货膨胀的国内政策会产生不可持续的对外赤字。

虽然浮动汇率制的历史记录好坏兼有，并显示出相当大的、长时期的汇率波动，但浮动汇率制很好地经受住了国际经济多次危机的考验。许多发展中国家选择从固定汇率转向了浮动汇率。

固定汇率和浮动汇率之间的其他汇率安排，包括宽带浮动、爬行钉住、目标区和最优货币区。最优货币区是一组联系非常密切的国家彼此建立固定汇率，并对其他国家集团的货币实行联合浮动。如果通过收缩国内收入来消除对外赤字比通过汇率贬值来消除对外赤字的成本要低，那么该国就会加入最优货币区。一般情况下，具有高价格-工资弹性的开放的小经济体，可以符合这一条件。货币区成员国需要协调它们的国内经济政策，并提供援助贫困地区的广泛的地区性政策。

虽然欧洲小国符合这些标准，但德国、法国和意大利不可能是最优货币区的候选者。可是它们选择了欧元这种共同货币以及共同的中央银行。欧元区 17 个成员国均放弃了货币、财政、汇率和商业政策等经济政策主权。

实行固定汇率的国家可能选择维持高估的汇率。在这种情况下,它对其居民实施外汇管制:所有的外汇收入必须提交给政府,以官方汇率换取本国货币,而希望使用外汇的居民必须首先获得政府许可,然后在官方汇率的水平上用本国货币买进外汇。由政府进行稀缺外汇在竞争性用途之间的配置。这种制度往往会造成资源分配不当、进口商品价格上升、外汇黑市和政府官员的腐败行为。

外汇管制的副产品是复式汇率和双边清算协定。与单纯的外汇管制相比,它们与对销贸易一起,对经济效率的损害更大。

重要概念

宽带浮动
爬行钉住
目标区
最优货币区(OCA)
《马斯特里赫特条约》
欧洲货币联盟(EMU)
欧元( )
外汇管制
货币的可兑换性
出口商少算外国进口商的费用
进口商多付外国出口商的费用
复式汇率
双边清算协定
对销贸易(易货贸易)
欧洲清算同盟(EPU)
欧洲中央银行(ECB)

复习题

1. a. 比较固定汇率制和浮动汇率制。
   b. 介于这两种汇率制之间的其他汇率制度是什么?
2. 在过去的30年里,浮动汇率表现如何?
3. 浮动汇率制缓解了政策制定者对汇率和国家对外经济地位的担心吗?它带来了国家在货币政策方面的独立性吗?
4. 欧盟是理想的最优货币区吗?为什么?最优货币区是什么?
5. 法国采用欧元之后,必须放弃哪些政策工具?
6. a. 用类似于图16-2的图形来解释印度的外汇管制。请查找卢比-美元的真实汇率图。
   b. 用类似于图16-3的图形说明印度进口计算机的价格会发生什么情况。
   c. 你预计会出现外汇黑市吗?如何出现?

第 17 章 历史回顾[①]

为了恰当地分析当今国际金融领域，回顾过去 130 年的全球金融史是有益的。

17.1 金本位制(1870—1914 年)

在这个时期，大多数货币都钉住黄金，各国中央银行按照以其货币表示的某一固定价格买进和卖出黄金。伦敦是主要的世界金融中心。汇率很少发生变化，而且欧洲货币的核心就是其汇率完全保持不变。中央银行声称，遵守其本国货币政策的**游戏规则**(rules of the game)(一般不使用任何形式的财政政策)，就可以实现这一目标：对外赤字时则通货紧缩，而对外盈余时则通货膨胀，因而强化了国际收支不平衡对本国货币供给的自动效应。国际收支平衡目标的实现及其维护，是政策制定者永远关心的问题。虽然如此，历史研究告诉我们，由于中央银行限制资本流动，这一游戏规则经常被违反。

> **金本位制**：在金本位制下，所有的汇率都是固定的，黄金是共同的计价货币和储备资产。关于调整的铸币流动机制就是在这个时期提出的。

几个因素有助于实施国际收支不平衡的调整。价格和工资无论向下还是向上调整，都是具有弹性的。因此，在赤字的时候实行通货紧缩，那么价格机制和收入机制就可以发挥强大的平衡压力。而且，这个时期的欧洲对国际贸易和国际收支完全没有直接政府管制，例如完全没有进口配额和外汇管制。于是，价格机制在国际舞台上几乎自由地发挥功能，发挥着稳定性的作用。

第一次世界大战结束了**金本位制**(gold standard)。战争的创伤以及不同国家的不同通货膨胀率，破坏了基本性的价格-成本关系，而这种关系是战前汇率赖以存在的基础。

---

① 更全面的研究，请参见 R. I. McKinnon, "The Rules of the Game: International Money in Historical Perspective," *Journal of Economic Literature*, March 1993。

17.2 浮动汇率和货币稳定

这一体制出现于第一次世界大战时期,在该体制下,主要货币保持浮动。这种货币安排(1918—1923年)被视为一种过渡,一旦情况稳定,各国就返回到金本位制。在这种背景下,购买力平价理论首次被提出。假定第一次世界大战之前的均衡汇率为£1=\$5,如果战争期间美国的价格上涨到2倍,而英国的价格指数上涨到4倍,则战后汇率应该定为£1=\$2.5。尽管第一次世界大战期间国家之间的成本和价格比率发生了剧烈变化,但是各国都认为,恢复其战前平价是关系到国家威望的一项事务。从1923年到1928年,各国都相继返回到战前汇率水平上的金本位制。例如,1英镑稳定在5美元。而对于币值高估的货币而言,这一行为成为进一步波动和国际收支压力的诱因。

17.3 贬值周期(1930—1939年)

几个国家屈服于压力而放弃了金本位制。1930年,英镑成为一种浮动货币。其他国家,首先是**英镑区**(Sterling Area)[②]的国家,将其货币钉住浮动的英镑。在那一时期,为了弥补国际收支赤字,或者为了减少国内失业,大多数国家都采取了贬值的措施。

第一次世界大战之后的汇率制:一战结束之后,各国汇率出现浮动,但在其后的一段时期里,各国汇率是稳定的,一些欧洲国家的货币出现了贬值。

但不是所有的国家都采取了贬值的措施。以法国为首的一小部分国家仍然以先前的汇率钉住黄金,因而被称为黄金集团。法国选择实施进口配额的方法来解决国际收支赤字。这是一个经济强国第一次使用进口配额,其目的是消除国际收支赤字,而不是贸易保护。另一方面,德国采取了外汇管制来避免货币贬值。英镑、法郎和美元成为主要的可兑换货币。1936年,法国、英国和美国谈判达成了一项协议,允许法郎贬值而不会采取报复。这次谈判所产生的三国声明,其后被其他四个国家所遵守,它开辟了国际金融的一个非正式合作时期,也是两次世界大战之间的唯一一个国际金融非正式合作时期。然而,好景不长,第二次世界大战的爆发打断了这种合作,大多数参战国都实施了外汇管制。

布雷顿森林体系:在第二次世界大战结束之后的布雷顿森林会议上建立了这个固定汇率制。它的基础是:美元是锚货币、干预货币和储备货币。由新创立的国际货币基金组织监督该体系。该体系从1944年一直延续到1973年。

17.4 布雷顿森林体系(1944年7月)

第二次世界大战末期,44个国家的代表在美国新罕布什尔州的**布雷顿森林镇**举行会议,讨论紧迫的经济问题。这次会议审视了国际货币体系的两个计划:凯恩斯起草的英国计划、亨利·怀特

② 英联邦成员国以及其他使用英镑的国家。

起草的美国计划。凯恩斯提出创建一个国际清算同盟,为国际收支的清算、大规模信贷的自动提供、创造国际储备的能力等提供充分的机会。

布雷顿森林会议的结果是出现了一个基金组织(即国际货币基金组织),而不是清算同盟。它类似于美国代表团提出的怀特计划。会议一致同意建立两个姊妹机构:国际复兴与开发银行,现在被称为世界银行[3],它当时的使命是帮助欧洲的重建,其后发展成为经济发展提供金融服务的机构;国际货币基金组织发展成为核心的国际金融机构。所有货币都与美元挂钩的固定汇率制,成为布雷顿森林体系的组成部分。各国中央银行以图 12-2 和图 11-3(第 12 章)所描述的方式,将其货币钉住美元。因为各国货币与美元挂钩,所以美元本身就钉住了各国货币。美国货币当局采取被动的立场,对货币市场不进行干预。因而,如果英镑升值(贬值)到其上限(下限),那么,是英格兰银行而不是美国联邦储备委员会来卖出(买进)对应于美元的英镑。任何其他货币均与此类似。美元是共同的计价货币,也是国际交易货币、媒介货币、干预货币以及储备货币。

17.5 欧洲重建(1945—1958 年)

在 1945—1950 年期间,欧洲进行了重建工作,根据英美贷款协定和其后的马歇尔计划,美国对欧洲进行了大量援助。欧洲内部的贸易,是通过双边清算协定的网络来进行的。欧洲大陆渴求美元,因为美国是资本和消费品的唯一来源。于是**美元短缺**的情况就出现了。欧洲清算同盟在 1950 年成立,并在欧洲发挥其职能,一直到 1958 年恢复了货币可兑换性为止。欧洲共同市场于 1958 年建立,这并不是偶然事件,它需要相应地取消汇率和贸易的限制。

17.6 美元泛滥(1959—1970 年)

从 20 世纪 50 年代后期开始,美国一直具有国际收支赤字,其赤字规模达到平均每年 30 亿美元。而欧洲则具有国际收支盈余,积聚了美元储备。但到了 60 年代,欧洲国家开始觉得其美元储备业已饱和(即美元泛滥,dollar glut),并要求将其兑换为黄金。美国则试图通过一系列管制措施来解决赤字。

美元泛滥:随着美国经常账户从战后时期的盈余转变为 20 世纪 60 年代的赤字,整个世界从美元短缺转变为美元泛滥。但是,美元作为锚货币和其他货币的价值标准,是不能根据美国的意愿进行贬值的。

为了阻止欧洲公司从纽约筹集资本,美国政府开始对美国人购买欧洲证券的行为征收税收,并限制美国公司到欧洲投资,限制美国银行向欧洲借款者贷款。直到 1974 年,这些管制措施才被取消。

---

③ 尽管其名为世界银行,但世界银行绝不是国际中央银行。它向发展中国家提供长期贷款,其资金来源是成员国的认缴股本和国际资本市场的募集资金。

根据20世纪60年代的情况,当时美元如果贬值会更好。但是,由于美元作为国际价值标准的独一无二的作用,它不能贬值。更确切地说,盈余国的责任是使其货币对美元升值,如果采取这种措施,美国的竞争地位会得以改善,与此同时,货币升值国自身的利益也会得到最大限度的维护。联邦德国不仅遭受国际收支盈余的"痛苦",而且也经历了国内的通货膨胀。如果汇率升值,它会提高联邦德国消费者的生活水平,因为他们以德国马克计价的工资可以买到更多的外国商品。它也会有助于控制联邦德国的通货膨胀。但有两个强大的经济集团反对货币升值:大的出口利益集团,他们希望维持其在外国市场上的竞争地位;农场主集团,他们害怕外国农产品进口价格下降的影响。

1970年,另一个重要强势货币出现,这就是日元。日本的GDP以惊人的10%—13%的年增长率增长,同时日本出现了巨大的贸易盈余。日元与德国马克一起,成为20世纪70年代初期汇率升值的一个主要候选者。

1968年,黄金的价格双轨制出现,它分离了官方与私人的黄金交易价格。这标志着黄金在国际金融中的作用开始下降。与世界上主要中央银行领导人们的这一决策同等分量的另一个决策,是在1970年开始创造的国际货币基金组织的特别提款权,它是一种新的储备资产形式。

17.7 《史密森协定》

1971年,美国的官方储备赤字达到了300亿美元,而且其贸易赤字第一次在这个世纪里出现,当年达到了27亿美元。另外,美国正遭受失业和难以忍受的高通胀率的困扰。为了克服这些问题,尼克松总统在1971年8月采取了刺激性的财政和货币措施,并实施价格和工资的管制措施以抑制通货膨胀,管制措施一直持续到1974年。在国际领域,尼克松总统宣布了一系列措施,以实现美元的贬值。

根据新宣布的政策,美国不再用黄金赎回外国中央银行所持有的美元。外国中央银行继续使其货币钉住美元,从而使世界处于直接的美元本位。与此同时,美国还要求外国货币对美元升值。为了进一步鼓励日元和欧洲大陆国家货币的升值,尼克松总统还对美国进口征收10%的附加关税,一直持续到发生汇率调整为止。

大多数主要国家的即时反应就是停止其货币钉住美元,并实行管理浮动制。1971年12月18日,在华盛顿举行的史密森学会上,主要金融国宣布了一项关于汇率再调整和货币再稳定的协定。根据《史密森协定》,黄金的价格从每盎司35美元提高到每盎司38美元,主要货币对美元均升值。从那时起,国际货币基金组织的账户是以特别提款权来设立的。

17.8　1973 年 3 月——布雷顿森林体系的瓦解

布雷顿森林体系的瓦解：市场力量的强大冲击造成了固定汇率制的崩溃。其后，有管理的浮动汇率以及一些发展中国家的钉住汇率，取代了布雷顿森林体系。

美国和欧洲都有不满布雷顿森林体系的理由：对美国而言，布雷顿森林体系使美元不能改变汇率，而对欧洲（和日本）而言，它们逐渐丧失了对美元作为国际储备货币功能的信心。实际上，市场力量的强大冲击，而不是世界上中央银行领导人们深思熟虑的决策，最终导致了布雷顿森林体系的瓦解。新的货币混乱出现了，迫使中央银行领导人们寻求一种更持久的解决办法。

经过深思熟虑的商议，一种新的汇率制度出现了，即普遍性的、有管理的浮动汇率制。这标志着布雷顿森林体系的结束，以及现行国际货币体系的开始。1978 年，国际货币基金组织修改了其宪章条款，允许浮动汇率，并呼吁国际货币基金组织对成员国政府的汇率政策实行监督。

17.9　1974—1975 年的世界性衰退及其后果

1973 年年末 1974 年年初，阿拉伯世界石油供给的削减，以及石油输出国组织的大幅度提高石油价格，深深影响了世界金融。1973 年期间，原油价格上涨为原价的四倍（1980 年原油价格又翻了一番），这给大多数国家的经济带来了深远的影响。从全球意义上看，价格上涨意味着实际资源从石油进口国转移到所有的石油生产国。但是价格上涨对不同国家造成的影响是不同的。发展中国家可以分成三组：生产石油的沙漠国家，人口稀少，例如沙特阿拉伯和科威特；生产石油的“高吸收”发展中国家，例如印度尼西亚和尼日利亚；石油进口国。第一组国家面临的主要问题是过度富裕问题：怎样处理聚集的巨额财富、如何保证足够的实际财富和金融资产的积累，以便一旦油井干涸时，它们能够产生替代石油收入的新收入。大部分的第一组国家把其石油收入存放在美国和欧洲的银行，并与工业化国家订立关于在其国土上建立新产业的协议。对于第二组石油生产国而言，高油价构成了纯粹的福音。它们加速发展经济，并没有出现其石油收入的投资出路问题。遭受沉重负担的是第三组发展中国家。它们不但缺少资源来支付石油的额外成本，而且还遭遇了以石油为基础的基本产品（如化肥）的价格上涨，从而增加了农业产出减少的忧虑。当然，这会阻碍它们的经济发展。为了缓和这种冲击，这些发展中国家从金融市场上大量借款。因而，**石油美元**经过大银行从石油输出国组织的成员国循环到石油进口国。[4] 虽然这减轻了进口石油的发展中

---

④　**石油美元的循环**在 1974 年的一个问题，是阿拉伯国家倾向于将其资金安置为短期存款，而接受这些存款的（欧洲美元）银行却面对着长期贷款的需求。这些长期贷款的需求大多来自国际收支困难的国家。谨慎的银行政策要求对这种“存款短期、贷款长期”的现象实施限制。因而，需要政府之间的贷款来补充私人资本市场。

国家的迫切问题,但它却为20世纪80年代发展中国家的债务问题埋下了隐患。

石油价格上涨对工业化国家产生了三大影响:(1)它在一定程度上造成了工业化国家1974年到1975年的两位数的通货膨胀,因为所有产品的生产实际上都需要能源投入。[⑤] (2)它在一定程度上造成了同一时期漫长而严重的经济衰退,因为每年大约800亿美元以类似于税收的方式从工业化国家转移到石油输出国组织的成员国。石油价格上涨的这两方面影响合并起来,在一定程度上就造成了20世纪70年代中期的**"滞胀"**(stagflation)。(3)进口石油的更多支出造成了大范围的对外赤字。

滞胀:20世纪70年代中期出现了全球性的滞胀,即通货膨胀加上经济停滞,石油价格的暴涨至四倍和其他因素共同造成了这次滞胀。

在工业化国家中,只有美国在1976年和1977年采取了刺激性的货币政策和财政政策。与此相反,部分是由于对通货膨胀的忧虑,德国和日本经济在这两年期间实际上处于停滞状态。美国GDP增长率是5%到6%的水平,而德国和日本GDP增长率只维持在2%或者更低的水平。美国的通货膨胀率是德国和日本的两倍。不同的通货膨胀率和经济增长率,有助于解释1977年和1978年美国的巨额贸易赤字,以及德国和日本的巨额贸易盈余。这一时期也标志着欧洲高失业的开始,在此后的30年中,高失业始终是欧洲的主要问题。

浮动汇率制经受住了石油冲击,因为它允许各国选择其本国的通货膨胀率。实际上,固定汇率制是否可以在20世纪70年代存续下来是令人怀疑的。不同的通货膨胀率和经济增长率共同造成了美元的急剧贬值,这有助于扭转美国的贸易表现。美国贸易在1979年和1980年就出现了扭转势头,对外出口的大量增加提高了美国制造业在所有工业化国家中的出口份额,从14.7%提高到15.6%。

17.10 美元汇率的上升(1981—1985年)

原因 在其后四年间,情况发生了剧烈变化,美元实际汇率的不断提高成为国际金融的中心议题(第12章的图12-4)。扩张性的财政政策和紧缩性的货币政策把美国利率推向了空前高度,使其经济陷入了严重衰退。其后货币供给的扩张使经济终于得以好转,1983年至1989年之间,美国的货币供给继续扩张。

尽管经济得以复苏,但**美国的预算赤字**在整个20世纪80年代持续增加(很大程度上是由于里根政府在80年代初期的减税),1985年的预算赤字达到了GDP的5%。无论相对于美国的历史标准还是相对于外国利率,美国实际利率(名义利率减去预期通货膨胀率)仍然处于高位。这吸引了大量的欧洲和日本资本进入美国,购买美国的金融工具,包括美国的国债。随着外汇市场上美元需求的上升,美元的价值也在上升。1980年至1985年2月之间,美元的有效汇率提高了60%以上。相对于德国马克,美

---

⑤ 造成全球性通货膨胀的其他因素,是大范围的干旱、南美海岸的鱼类消失(农民用鱼来喂养家畜)以及反污染规则的实施。

元的价值翻了一番。

对美国的影响 美元相对于购买力平价的高估有助于遏制美国的通货膨胀。但另一方面，它限制了出口、鼓励了进口，造成了从 1983—1984 年开始的每年超过 1 000 亿美元的贸易赤字。美元的强势可以解释贸易赤字原因的 2/3，而另外 1/3 的原因则是美国实际收入的快速增加和其他因素。

1985 年贸易赤字接近 GDP 的 3.5%，抵消了预算赤字的大部分刺激性效应。实际上，美元的高估延缓了贸易产业（主要是农业和制造业）的经济复苏。美国的经济复苏主要集中于服务业等非贸易产业，而上述的农业和制造业并没有参与到整体的美国经济复苏之中。20 世纪 80 年代中期，美国自第一次世界大战以来首次成为净债务国；外国人（以各种形式）在美国持有的资产多于美国人在国外持有的资产。[6] 2004 年，美国的净国际债务额达到了 2.5 万亿美元。

总之，美元升值对美国有如下影响：抑制了通货膨胀，造成了巨额的贸易赤字，产生了资源从贸易产业转移到非贸易产业的再配置，并引起了美国国会层出不穷的贸易保护主义法案。

对其他国家的影响 对于其他国家而言，美元的升值刺激了其出口产业和进口竞争产业。特别是德国和日本的贸易盈余在其 GDP 中的比例，可与美国的贸易赤字在其 GDP 中的比例相提并论。这对它们的经济具有刺激效应，并有助于全球经济复苏。另一方面，美国实际利率的居高不下，使得欧洲国家不得不维持高于它们理想目标的利率，而这又对经济活动具有阻碍效应。[7]

欧洲经济也遭受了结构僵化的痛苦，僵化的经济结构严重地阻碍了资源（主要是劳动力）在经济部门之间的流动性。在快速技术变革时期，僵化的经济结构会导致失业，尤其会导致夕阳产业的失业。从 20 世纪 80 年代、90 年代一直到 2005 年，欧洲的失业率一直徘徊在 10%左右。

17.11 美元的衰落（1985—1989 年）

美元贬值的程度 虽然有利于美国的利率差在 1984 年中期开始缩减，但美元在 1984 年全年继续升值，并于 1985 年 2 月达到顶峰（见图 11-4）。[8] 主要国家中央银行

---

⑥ 有时也比较美国与具有大规模对外债务的发展中国家，例如墨西哥。实际上，这两个国家的对外债务都表明了一国的生活水平超过了本国的能力。但是，它们之间有两个差别。首先，美国的债务是由于外国人希望持有美元资产而出现的；而墨西哥债务的原因，无论如何都不是世界对墨西哥货币比索的高需求。其次，美国债务是用美元计价的，而美元是美国自己发行的货币；发展中国家的债务也是用美元计价的，但这些国家不发行美元。

⑦ 估计表明，美国预算赤字对其他工业化国家总产出的净效应是正的。参见 P. Hooper, "International Repercussions of the U.S. Budget Deficits," Federal Reserve Board, *Mimeographed*, January 1985。

⑧ 1984 年，随着市场参与者期望获益于进一步的美元升值，投机性泡沫可能进一步增强了高利率的吸引力。进一步的评论和分析，参见 *Economic Journal*, March 1987，第 1—48 页的一篇专题报告。1984 年美元升值的另一个原因，是日本取消了资本流出的管制，这可能有助于对美元计价资产的大规模需求。

协同一致的大规模的美元抛售,强化了1985—1986年期间的美元贬值。这是**《广场协定》**(Plaza Accord)的结果,《广场协定》是五个主要工业化国家的财政部长们压低美元的协定。对于美国政府而言,这一干预表明了其早些年份不干预立场的彻底改变。随后,七国集团[9]在1987年谈判达成的《罗浮宫协定》,设定了一个非正式的(而且未公开宣布的)美元目标区。

国内影响 美元贬值恢复了美国的竞争地位,增加了某些产业的出口,刺激了资源重新转移到贸易产业,并且带来了产业生产的有限复苏。日本经历了与此相反的一些影响。但日本公司的主要反应是削减生产成本、将生产转移到远东国家和美国。日本对美国投资的不断增加提高了美国的生产率,也改善了管理技能。

对美国贸易平衡的影响 美国的贸易赤字继续增加,1987年达到了1 600亿美元的顶峰,而1989年回落到1 190亿美元。[10] 贸易赤字改善延缓的原因,包括正常的J曲线效应、不完全传递效应(外国出口商吸收了外国货币对美元升值的大部分冲击)、滞后作用(美元的长期高估使外国进口商品深深地渗透进美国,很不容易消除)以及美国的充分就业。出口产业和进口竞争产业并不能轻易地获得它们扩张所需要的资源。

17.12 20世纪90年代

20世纪90年代:美国经济在90年代初期出现了短暂的衰退,其后进入了长期扩张,在1996—2000年期间强劲增长,并于2001年结束了扩张。虽然美国的预算赤字转变成预算盈余,但是美国的贸易赤字进一步恶化。美国是当时世界经济唯一的火车头。

经过8年不间断的扩张之后,美国经济从1990年7月开始进入了一个持续8个月的经济衰退期。1991年3月经济衰退结束,但经济复苏缓慢,GDP增长率只有战后经济复苏平均水平的1/3。20世纪90年代中期,美国经济复苏获得了动力(技术发展的刺激),1995—2000年期间,每年的经济增长率超过了4%,失业率也在降低,2000年达到了30年来的最低水平3.9%。欧洲和日本的情况则非常糟糕:产出停滞不前、失业率居高不下。于是,美国进口从1991年经济衰退的低谷开始迅速增长,到90年代末期,贸易赤字上升到GDP的4%左右。不断上升的美国对中国的贸易赤字开始引起这两个国家之间的政治摩擦。

1992年,欧盟爆发了一场危机,因为德国提高了利率,吸引了其他欧洲国家的大量资本。欧洲的固定汇率制度(即欧洲货币体系)就此瓦解。1999年,12个欧盟成员国采用了一种共同货币,即欧元。

---

⑨ 七国集团包括美国、日本、德国、英国、法国、意大利和加拿大,它现在扩展到第八个国家俄罗斯。

⑩ 参见D. Howard, "Implications of the U. S. Current Account Deficit," *Journal of Economic Perspectives*, Fall 1989。

17.13　20 世纪 80 年代发展中国家的债务问题

> **发展中国家债务**：发展中国家对西方国家银行的巨额债务，是 20 世纪 80 年代的一个问题。它来源于 70 年代中后期发展中国家的借款，借款的部分缘由是购买石油。1981—1982 年的世界性经济衰退、全球利率的上升以及美元的升值(因为这些债务是以美元计价的)，使得这些国家偿还债务十分困难。国内管理不善也是一个原因。

20 世纪 80 年代初期，世界开始痛苦地觉察到**发展中国家债务**问题。发展中国家欠了 7 000 亿美元的外债，占它们 GDP 之和的近 40%。它们每年的债务偿付超过了其出口收入之和的 1/5。拉美国家的债务负担最重。1989 年年底，发展中国家的债务已接近 1.2 万亿美元。

债务危机的原因　多年来国内储蓄的短缺，迫使发展中国家依赖于资本流入来寻找投资资金。大多数资本流入是私人银行(高利率的吸引)、政府和国际借款机构的贷款。直接投资以及其他形式的股权融资是很少的。无论是否赚到利润，所借入的债务都是需要偿还的。一般而言，发展中国家的政府承担了偿还债务的责任，因为它们或者是借款者，或者是私人企业借款的担保者。

20 世纪 70 年代中期，发展中国家的借款急剧增加；1979—1980 年由于石油价格的暴涨，它们的借款再次急剧增加。为了支付石油进口，它们从商业银行和其他渠道借入了巨额的资金。当偿还债务的时间来到时，这些发展中国家又遭受了多重打击。1981—1982 年世界范围的经济衰退，使得它们对工业化国家的出口更为艰难，而且它们出口的初级产品的价格急剧下降。全球范围的利率上升增加了它们偿还债务的成本。[11] 而且由于这些债务是用美元来计价的，美元的急剧升值又增加了用其他货币计价的债务的数额。

它们本国经济的管理不善也是很重要的原因。过度扩张的财政政策和货币政策、高估的实际汇率，以及价格和利率管制，都是关键因素。例如，从 1979 年到 1982 年，主要拉美国家的公共部门赤字占 GDP 的比例，从 7%上升到 15%。高估的实际汇率抑制了出口商品的生产和竞争力，同时却鼓励了进口。而且，对货币即将贬值的担心，常常造成了严重的资本外逃。

管理良好的经济体，例如韩国，在那几年经受住了债务问题的考验。但其他国家和地区，包括巴西、阿根廷和墨西哥，在履行偿债义务上遇到了极大的困难。[12] 在墨西哥，20 世纪 80 年代后期的石油价格急剧下降和 1985 年的地震，进一步恶化了它的债务问题。大规模的美国贸易赤字在某种程度上有助于债务问题的调整进程，因为它使得墨西哥和巴西积累了可观的贸易盈余。可是，大部分债务被推迟了偿债期(即延期几年)。在 1983 年和 1984 年，1680 亿美元的对外债务被推迟了偿债期。

虽然发展中国家得到的外国资本在 20 世纪 80 年代显著下降，但是没有发生主权违约的情况。因为大多数发展中国家的债务是政府债务，所以违约是一项政府决策，即所

---

[11] 大多数债务的合同利率是“可变的”，与伦敦同业拆放利率(LIBOR)相挂钩。在 1980 年到 1983 年期间，债务利率从 9.7%上升到 13.1%，使每年的利息增加了 200 多亿美元。

[12] 在 17 个债务最多的国家中，许多国家是中等收入的发展中国家，而不是低收入的发展中国家。

谓的主权违约。虽然政府不会因主权违约而遭受法律制裁,但它也是成本高昂的,理由有以下几个方面:主权违约国的债权人可能劝说其政府查封债务国在债权国的资产;主权违约国未来很难在国际资本市场上借款;主权违约国可能不能继续获得贸易信贷。⑬

债务危机的解决办法⑭ 因为许多发展中国家改善了其国内经济绩效,债务危机问题已大大失去了迫切性。实际上,许多债务国采用了市场导向的战略,并实施了相应的财政和货币约束⑮,而且它们的经济增长率超过了工业化国家的经济增长率。它们的出口扩张迅速,私人资本重新流入拉丁美洲和亚洲。美国和其他地方的债权银行提高了它们的储备,以预防对发展中国家的贷款出现问题。因此,大银行倒闭的危险以及相应的金融体系动荡的可能性,都已经消失了。最后,债务国还采取了许多方法来减轻债务偿还的负担,包括债务国企业资产所有权的债务互换、在"二级市场"上销售占其账面价值一定比例的债务工具。⑯

但许多国家仍然存在债务问题。大约60个国家仍然没有完成债务偿还。⑰ 2001年,国际货币基金组织宣布了对22个最不发达国家的减债措施,免除了它们的一部分债务。

17.14 1994年12月的墨西哥货币危机

> **墨西哥货币危机**:到了20世纪90年代初期,债务问题已丧失了它的大部分紧迫性。取而代之的是1994—1995年的墨西哥货币危机。

1987年年底,墨西哥实行了一项稳定性计划,包括紧缩性的财政和货币政策、比索和美元之间的固定汇率。结果,其通货膨胀率从三位数下降到一位数的水平,投资迅速增加,资本流入增加,墨西哥经济在1988年至1993年期间呈现出繁荣局面。

1994年集中发生的几个事件破坏了其经济繁荣的进程。在政治领域,墨西哥南部的起义以及两个重要政治人物的被暗杀,损害了

---

⑬ 参见B. Eichengreen, "Historical Research on International Lending and Debt," *Journal of Economic Perspectives*, Spring 1991, pp. 149—170。

⑭ 关于债务问题的讨论和可能的解决办法,参见Symposium on Developing Country Debt, with papers by K. Rogoff, P. Kenen, J. Sachs, J. Bulowa, J. Eaton, in the *Journal of Economic Perspectives*, Winter 1990, pp. 3—56; papers by A. Krueger, S. Fisher, and R. Heller on "The International Debt Crisis," *American Economic Review*, May 1987, pp. 159—175; articles by R. Cline, K. Griffin, M. Blackwell and S. Nocera, and P. Regling in *Finance and Development*, June 1988; and by B. Nowzard in *Finance and Development*, March 1990。

⑮ 参见E. Truman, "U. S. Policy on the Problems of International Debt," *Federal Reserve Bulletin*, November 1989。

⑯ 这里提出了一些特别方法:债务回购,就是债务国以一定的贴现率用现金重新买回债务;退出债券互换,就是债务国用一种新的债券来交换货币债务,新的债券常常具有较低的利率或本金偿还率;债转股,就是债务国用本国货币重新买回债务,往往专门作为债务国之内的某项投资,因为它涉及新货币的创造,所以这一方法具有通货膨胀的性质;最后,以债务替换自然资源(debt-for-nature swap),就是环保组织重新买回债务国的一些债务,并把它转换为本国货币债券,债券的利息是专门用来资助国内环保项目的。例如,一项美国—墨西哥协定涵盖了485亿美元的墨西哥政府的中期和长期银行债务,相当于墨西哥总体外债的大约一半。银行有三个选择:通过承兑新的已贴现的墨西哥政府债券来减少35%的墨西哥未偿还债务本金;通过接受较低利率的债券来减少35%的利息支出;或者借给墨西哥资金,资金量相当于他们目前持有的未来三年内应该归还的墨西哥政府中期和长期债务的25%。

⑰ 参见UNCTAD, *World Development Report*, 1993; UNCTAD *Bulletin*, September-October 1993, 11; *IMF Survey*, July 15, 1996。

人们对政府的信任。在经济领域，不但货币政策过于宽松，而且由于相当稳定的汇率以及高于美国的通货膨胀率，墨西哥的竞争地位也恶化起来。于是，墨西哥的经常账户赤字增加到了难以承受的水平。人们对墨西哥比索的信任迅速下降，导致了资本的大量流出和墨西哥国际储备的急剧减少。为了解决这次危机，美国组织了一项 500 亿美元的一揽子援助计划。墨西哥方面也采取了紧缩性的财政政策和货币政策，并且把比索从 1 美元＝4 比索贬值到 1 美元＝8 比索。这些国内措施使墨西哥经济陷入了衰退：产出下降、失业率上升和生活标准下降。另一方面，由于货币贬值和国内收缩，墨西哥的出口增长了 35％。墨西哥对外经济地位的改善加上国际社会的支持，使人们对墨西哥经济恢复了信心。到了 1996—1997 年，墨西哥终于又能在私人金融市场上借款了，它还清了一揽子援助计划的贷款，国际储备稳定，经济重新开始增长。

17.15　1997—1999 年的亚洲金融危机[18]

在 1997 年下半年，韩国、泰国、马来西亚、菲律宾和印度尼西亚发生了经济危机。韩国经济已发展到了准许进入 OECD 的水平，泰国和马来西亚的发展水平次之，而发展水平最低的则是印度尼西亚和菲律宾。印度尼西亚是世界上第五大人口国，其 2 亿人口分布在许多岛屿上。在苏哈托总统当政期间，印度尼西亚的贪污腐败和裙带关系问题十分严重。在这五个国家中，它的危机程度最深，在经济衰退的同时，通货膨胀率达到了 75％。

在 1997 年之前的 30 年中，这些经济体的经济增长率都是每年 6％到 10％，是世界上最高的。它们被称为"亚洲虎"，经受住了 20 世纪 80 年代债务危机的考验，而拉美国家则饱受债务危机之苦。大不相同的是，1998 年这些经济体的年增长率转变为－5％到－7％之间（印度尼西亚的增长率下降了 13％），出现了严重的经济衰退、失业率上升和贫困人口急剧增长。"从亚洲奇迹到亚洲崩溃"，成为东南亚形势的一般性表述。

近邻经济巨人——日本经济，已经停滞了好几年，并面临着本国严重的银行危机，这一事实加深了亚洲金融危机的程度。日本的许多银行受困于高达 5 000 亿美元的坏账。到了 1998 年 8 月，日本经济停止增长，失业率上升。它在 1998—2002 年期间采取的一揽子财政刺激措施并没有起到作用（只在 2004—2005 年期间，恢复了一些经济增长）。日本本身具有充足的国际储备和巨大的

> **亚洲危机**：1997 年中期，一场危机在东南亚 5 个国家发生了，始于金融部门，并扩展到实体经济。它们的实际产出急剧减少，货币贬值了几乎 50％，股市价格也急剧下跌。这场危机的根本原因，是固定汇率、独立的货币政策、资本自由流动三者之间的不相容。除了这三者之间的冲突之外，亚洲国家也有几个独特的问题。这场危机通过不同的渠道扩展到拉丁美洲和俄罗斯，但其对工业化国家的影响是有限的。作为解决危机的措施，国际货币基金组织提供了大规模的紧急援助，遭受危机的国家也采取了紧缩性的货币政策和财政政策（这是紧急援助的条件）。到了 2000 年，所有这些经济体又恢复了经济增长。但是日本长达十年的经济停滞在 2002 年仍在持续。

[18] 参见 John Williamson "The Years of Emerging Market Crises: A Review of Feldstein," *Journal of Economic Literature*, September 2004, pp. 822—837; Stanley Fischer, "Financial Crises: Review of Eichengreen and Tirole," *Journal of Economic Literature*, XLII, December 2004, pp. 1094—1097; B. B. Aghevli, "The Asian Crisis: Causes and Remedies," *Finance and Development*, June 1999, pp. 28—30; M. F. Montes, "The Currency Crisis in Southeast Asia," Singapore: Institute of Southeast Asian Studies, 1998。

贸易盈余,可是,日本是亚洲出口的重要市场,是亚洲投资和贷款的重要来源地,这一事实使得日本经济的停滞不前成为东南亚经济复苏的一个核心问题。面向日本的出口以及日本的资本流出停滞不前了。

再回到这五个饱受折磨的国家,不仅是它们的实体经济陷入了衰退,而且其金融部门受到的冲击甚至大于其实体经济受到的冲击,这才是问题的起因。股票市场和其他资产市场(包括房地产市场)的下降幅度高达40%,汇率也是这样。虽然大多数东南亚国家的货币都以固定的汇率钉住了美元,但这场危机迫使这些货币浮动起来,并造成它们贬值了39%到83%。

亚洲危机的原因 这场危机的根源是一个古老的问题:完全的货币可兑换性(尤其包括资本账户的完全可兑换)、固定或目标汇率、独立的货币政策,这三者不能共存。这五个国家取消了对资本流入和流出的限制之后,亚洲危机就爆发了。事实上,像中国[19]和印度这样的国家保留了资本账户的管制,就没有受到这场危机的直接影响。这五个饱受折磨的国家也维持了一个固定(或目标)汇率,而且每个国家均实行独立的货币政策。

这三者之间的冲突比早期其他国家的这种冲突更大,因为此时下述问题处于严重的程度,掩盖了固定汇率和自由资本流动。这些问题包括:高比例不良贷款的银行危机、数量不菲的经常账户赤字、高估的汇率、高估的股票市场和房地产市场。通过消费、投资以及其他渠道的负财富效应,这场危机从金融部门扩散到实体经济。

对其他国家的影响——传染 这场大规模的危机不可能不影响到东南亚地区之内和之外的其他国家。新加坡的出口,甚至中国的出口都减少了,而且产出也下降了。1998年,俄罗斯、委内瑞拉和南非也爆发了危机。它们的货币贬值,股票市场急剧下跌,俄罗斯还被迫拖欠债务。俄罗斯的卢布贬值了80%。那么,俄罗斯、委内瑞拉和南非有什么共同之处呢?它们是石油和(或)金属的出口大国,以出口这些产品作为外汇收入的主要来源。由于亚洲严重的经济衰退,亚洲就减少了对石油和原材料的需求。巴西和阿根廷也深受其苦。另一方面,进口原材料的美国和欧洲国家,则受益于低价格的进口成本。

总之,这场危机是从这五个国家的金融部门开始的,然后从金融部门扩散到其实体经济部门,然后再扩散到其他国家。对其他国家的传染效应是通过两个渠道而发生的:实体经济部门,因为面向受到危机影响的国家的出口下降了;金融部门,因为投资者丧失了信心,甚至从经济状况良好的国家撤回资金。

解决措施[20] 国际货币基金组织处理这场危机的措施,是向每一个遭受危机的国家提供了数十亿美元的一揽子"紧急援助"。作为交换条件,这些国家被要求从多个方

---

⑲ 中国也有3 600亿美元的国际储备。

⑳ 参见 Symposium on, "International Financial Architecture," *Journal of Economic Perspectives*, vol. 17, no. 4, Fall 2003, pp. 51—118。

面重建其经济。在银行危机非常严重的国家(例如泰国),其货币当局着手关闭一些失败的机构,加强那些能够恢复元气的机构,并且解决坏账问题。所有部门都需要提高透明度:广大投资者,无论在国内还是在国外,必须能够完整而又准确地了解公司行为。

除了结构性改革之外,国际货币基金组织还常常要求实行紧缩性的财政政策和货币政策。其基本依据大概是:紧缩性的财政政策和货币政策能带来进口的减少,而进口的减少又可以改善国家的经常账户。但它往往成为争论的焦点,因为一些著名的经济学家质疑国内紧缩活动的必要性。假定遭受危机的国家陷于严重衰退和失业,而且危机之前其财政状况良好,那么这些经济学家就提倡采用凯恩斯式的扩张性(而不是紧缩性)政策。另一个争议性的问题是马来西亚在危机期间实施的外汇管制,它于 2000 年被取消。

到了 2000 年,大多数亚洲经济体(日本在 2004 年)恢复了经济增长;现在它们的货币实行浮动,比危机之前价值下降了 40%,而利率也下降了。

这使我们又回到了这次危机的根本原因:完全的货币可兑换性、固定汇率制、独立的货币政策,这三者不能长期共存。每个国家或许不得不选择放弃这三者中的某一个。12 个欧洲国家放弃了独立的货币政策,并建立了共同的货币和共同的中央银行。厄瓜多尔和萨尔瓦多均放弃了本国货币,并采用了美元。一些国家则选择了资本管制。[21] 而韩国、泰国和巴西等许多国家选择了浮动汇率制。总之,长期以来一直有这样的动向,即货币脱离"中间钉住"而转向浮动汇率或"硬钉住"。国际货币基金组织则把自己定位于采取先发制人的措施来阻止危机的发展,并着手研究出一些指标来帮助预测危机。[22]

17.16　新世纪

美国经济复苏:在 2003—2004 年期间,刺激性的财政政策和货币政策导致了美国经济复苏。

2001 年,美国发生了一次短暂的经济衰退。2002 年的经济复苏是缓慢的,实际 GDP 的年增长率只有 1%—2%,失业率却攀升至 6%。到了 2003—2004 年,大规模税收减免等刺激性财政政策,以及(在 2002 年)联邦储备委员会把联邦基金利率从 6.5%降低到 1%的连续 12 次减息措施,产生了预期效应。美国经济每年以 4%—5%的速度增长。但是,预算赤字和经常账户赤字[23]分别上升到占 GDP 的 4%和 5.5%。

2004 年,日本开始走出十多年之久的经济停滞,然而欧洲经济仍然停滞不前,只

---

[21] 资本管制具有多种形式。智利和哥伦比亚对短期的海外借款流入实施征税。巴西曾经对其股票市场的外国投资征收 1%的税收,以限制短期交易。墨西哥曾经限制其银行持有的外汇债务不得超过其贷款总额的 10%。捷克共和国对银行的所有外汇交易征收费用。

[22] H. J. Edison, "Do Indicators of Financial Crisis Work?" F. R. Board Discussion Paper no. 675, July 2000; and S. Sharma in *Finance and Development*, June 1999, pp. 40—42。

[23] 参见 Owen Hampage, "A Hitchhiker's Guide to the U. S. Current Account Problem," *Economic Commentary*, F. R. Bank of Cleveland, October 1, 2004。

有1%的增长率。欧洲中央银行继续实行其保守政策,利率的降低幅度只有0.5%(欧元区的利率降为2.5%),同时,“稳定性公约”限制了欧元区国家着手实施大规模的财政赤字(2003—2004年,法国和德国的赤字均超过了各自GDP的3%,因而出台了一些修改“稳定性公约”的计划)。欧洲的刚性劳动力市场,以及2003年欧元对美元的显著升值(有利于美国而不利于欧洲),使欧洲经济进一步恶化。

实际上,美国的巨额债务积压(超过了2.5万亿美元)和其大规模的经常项目赤字,造成了美元的显著贬值,美元对欧元的贬值幅度达到了35%,对日元、加拿大元和一些拉丁美洲货币的贬值幅度小一些。人民币仍然以固定的汇率钉住美元,而其他远东国家(包括印度)和巴西等国买进美元来防止它们货币的升值。2008年,外国中央银行已经积累了4 000亿美元的储备,本书的表10-1第17行就反映了这一情况。中国面临着让人民币浮动起来的压力,它的另一个选择就是让人民币钉住特别提款权而不是钉住美元。这样,随着美元对特别提款权的贬值,人民币可以对美元升值,但对欧元、日元不升值。对于美国而言,美元贬值是值得欢迎的。从短期看,美元贬值增加了公司海外利润的美元价值,从长期看,美元贬值又可以改善美国商业的竞争地位。可是,在2005年中期之前的美元贬值(尤其是美元对亚洲货币的贬值)是不够的,美元贬值的目标是将经常账户赤字减少到可管理的程度,与此目标相比,美元贬值的进程只走了一半。

> **美元贬值**:在2003—2004年期间,美元贬值,尤其对欧元贬值。

日本自2001年以来一直处于通货紧缩,而德国在2003年则开始担心通货紧缩。通货紧缩是通货膨胀的反面,它是价格水平下降的过程。通货紧缩是坏事吗?是的!理由如下:

(a) 因为预期价格在未来变得更低,消费者和投资者就推迟购买行为。

(b) 在通货紧缩时期,通过降低名义利率而降低实际利率,就变得不可能了。例如,如果通货紧缩率是2%,名义利率为零,就意味着实际利率为2%。因为把名义利率降低到零以下是不可能的,因此把实际利率(真正重要的利率)降低到2%之下也就是不可能的。这就降低了货币政策在刺激投资、克服衰退等方面的效力。

> **通货紧缩的负效应**:通货紧缩使货币政策无效,并提高了实际工资。

(c) 如果雇用者不能降低名义工资,价格的通货紧缩就意味着实际工资的上涨,因而阻碍了就业率的增长。

(d) 价格的通货紧缩导致财富从债务者重新分配到债权者。企业如果是净债务者,其收支平衡表就恶化起来,它们就会难以获得外部融资。

在发展中国家中,中国和印度呈现出6%—10%的年平均增长率。然而,阿根廷却陷入危机。由于国内经济衰退、对外赤字和巴西货币的贬值(巴西是阿根廷在南方共同市场中的主要竞争者),阿根廷面对这种经济不一致情形,不能够维持1比索=1美元的固定汇率。它最终采用了浮动汇率,并限制短期资本的流入。阿根廷比索在2002年急剧贬值了。

17.17 2008—2009年的全球经济衰退

美国经济在2001年到2007年期间持续扩张，但到了2007年12月，扩张戛然而止，并陷入了漫长的深度经济衰退，且波及了全世界。国际货币基金组织认为，这是20世纪30年代的世界经济大萧条以来最严重的经济衰退。

2008—2009年的美国经济大衰退，比1981—1982年那一次衰退更严重，并蔓延到全世界。

问题的根源：家庭和信贷市场 它始于美国住房市场。在上一个经济繁荣阶段，房屋价格飞涨（就是经常说的房价"泡沫"）刺激了新的住宅建设。很多人纷纷用远远超过他们支付能力的抵押贷款来借款购买住房，并依赖不断上升的房屋价值来维持他们的净资产。但是到了2007年的某个时候，住房的供给过剩开始显现，于是"泡沫"破裂，房屋价格开始下跌，起初房价下跌速度慢，但到了2008年，下跌速度惊人。很多房屋的价值跌破抵押贷款的债务水平，迫使很多房主离开他们的住房，并停止支付他们的住房抵押贷款。在2007年中期，房屋债务高于房屋价值的房主人数是500万人，但在2008年年底，这一数目上升到1 200万人，而到了2009年的第一个季度，这一数目达到了1 500万人。

大衰退从2007年12月房屋市场的崩溃开始。

这些抵押贷款到底怎么了？它们以10个、100个或者其他任意数量的方式捆绑在一起，并作为"证券"（即抵押贷款包）向世界各地的银行、保险公司和其他金融机构出售。在这些金融机构的账目上，它们往往表现为资产。随后就出现了拖欠支付按揭贷款的"雪崩"，许多人背负着超过他们支付能力的抵押贷款（因为他们起初拿到了过高的抵押贷款），抵押贷款超过房屋价值的事例数以百万计。于是，房屋被查封的情况成倍增加。

通过销售"抵押贷款支持证券"，大衰退蔓延到其他国家。

在这种情形下，代表抵押贷款包的"证券"失去了它们的大多数价值（达到了数万亿美元）。全球范围内的金融机构将其列为"有毒资产"，2009年年底，它们的名字被改为"不良资产"。没有人知道它们的市场价值，因为它们没有市场，因此许多大型商业银行都认为其价值为零，并对自身资产负债表的资产一端构成了巨大压力。国际货币基金组织认为，世界范围内的银行亏损了4万亿美元，其中的2.7万亿美元来自美国的贷款和资产。因为它们没有市场价格，所以银行不能购买它们。相反，为了支持银行，政府就借钱给银行。在布什政府的最后日子里，美国国会设立了一个7 000亿美元的特别基金[24]（即所谓的问题资产救助计划，The Troubled Asset Relief Program，TARP），提供了这种支持。2009年之前，超过一半的钱支付给了大型金融机构（如果没有给经济造成无可挽回的损失，大型金融机构就被认为是"太大而不能倒"（too big to fail））。

购买违约抵押贷款（它现在没有市场价格）的银行，害怕提供贷款。信贷流动停止了，引起了大衰退的蔓延。

---

[24] 对通用汽车公司的资金援助也来自这个基金。

信用衍生工具是把风险从一方转移到另一方的安排。

最重要的是,大型金融机构遭受的这些损失,来自早些时候的金融操纵,例如信用衍生工具。它们是一种机制,允许贷款和其他资产的风险从一方转移到另一方,其中的一个金融安排就是信用违约互换(credit default swaps)。简单地说,一家保险公司(例如,巨大的美国国际集团,AIG)销售信用违约保险。它承诺,如果保险客户贷款违约,保险公司可以为他/她支付资金。这些承诺在2008年达到了几万亿美元。然而,如果情况变得糟糕,保险公司并没有足够的钱来兑现它的承诺。因此,当违约风潮来临时,像美国国际集团这样的公司,就不能够履行它的付款义务。大型公司和投资银行,要么倒闭(例如雷曼兄弟公司),并对世界造成巨大的负面冲击,要么在政府巨大的资金注入支持下勉强生存(例如美国国际集团)。

商业银行停止了贷款发放,使经济陷于停滞。在欧洲也发生了银行信贷限制。

就商业银行而言,有毒资产(或不良资产)的负担如此沉重,以至于许多商业银行停止了贷款发放,而另一些商业银行则使贷款变得更难。然而信用是经济的命脉,消费者需要借钱来购买汽车和耐用消费品、支付大学费用,或者进行信用卡消费。企业需要借债来支出库存积压、扩大工厂和设备,并维持按时支付工资之类的日常开支。如果没有信贷流动,经济就会停顿下来。严格的信贷限制,会抑制消费者和企业的购买(一些信贷限制甚至持续到2009年年底)。于是总支出急剧下降(2008年的圣诞节销售季创下了多年来最缓慢的零售销售纪录),把经济抛入了深度衰退,经济增长率变成负数(2008年第四个季度的增长率是-6.3%,2009年第一个季度的增长率是-6.1%),2009年10月的失业率达到了10%,产能利用率下降到了69%。

一个旨在应对大衰退的7 870亿美元的财政刺激项目,在2009年初期予以实施。

一个专项基金也设立起来,以帮助住房所有者。

财政和货币刺激措施 新当选的奥巴马总统应对大衰退的措施,是《美国复苏和再投资法案》,一项7 870亿美元的一揽子财政刺激项目:减税占1/3,对基础设施和其他项目的政府支出占2/3。因此次大衰退而陷入巨额预算赤字的美国一些城市和州,也可以得到它的援助。此外,上述TARP基金也旨在帮助金融机构处理一些有毒资产。在2009年3月,奥巴马总统还设立了具有750亿美元的专项基金,以帮助下述两类住房所有者:那些挣扎着偿还每个月的抵押贷款并处于房屋被赎回的风险之中的房主,以及那些因房产价值低而被拒绝再贷款的房主。预计这项措施可以帮助数以百万计的家庭避免房产丧失。

相当大的援助来自美国联邦储备委员会。美联储把联邦基金利率降低到零,并进行巨大规模的扩张性公开市场操作,除此之外,它还开始直接应对非银行企业。2009年3月,美联储推出了一项1万亿美元的计划,被称为"短期资产支持证券贷款工具"。根据此计划,美联储可以借钱给投资者,以支持他们购买证券化的消费贷款和其他贷款。也就是说,在直接应对非银行机构和购买政府债券以外的资产方面,美联储承担了"跳出常规"的功能。

联邦储备委员会采取了高度扩张性的货币政策,既有传统措施,也有新措施。

总之,为了克服经济大衰退,数万亿美元被投入经济之中,使得规划中的预算赤字提高到GDP的10%,公共债务提高到GDP的80%以上。几年下来，我们将需要从经济中撤出这些流动性，以防止螺旋式上升的通货膨胀。这就是所谓的“退出战略”。

这次危机也引发了加强对保险公司等非银行金融机构活动的政府监管的呼声。(银行已受到美联储和美国联邦存款保险公司的规制。)这些监管直到 20 世纪末才结束，并于 2010 年被重新实施。

全球层面　如前所述，通过销往海外的抵押贷款支持证券，大衰退从美国蔓延开来，并演变为全球性的经济衰退。在上一个 10 年年均增长率达到 4%—5%的世界经济，在 2009 年出现负增长，这是 27 年来的第一次。在 2008 年的最后一个季度，美国实际 GDP 的年增长率下降了 6.3%，而英国的这一数字是 5.9%，德国的这一数字是 8.2%，日本的这一数字是 12.7%，韩国的这一数字是 20.8%。东欧和其他新兴发展中国家也陷入了困境。甚至习惯于年均增长率 10%的中国和印度，在 2009 年的上半年，其增长率也只有以前的一半，造成了失业和混乱。结果，世界贸易在 2009 年萎缩了近 9%，这是十年来的第一次；对外直接投资甚至下降了更多，流向发展中国家的资本也减少了。

2008—2009 年的大衰退是全球性的。

由于不再担忧通货膨胀，中央银行纷纷推行扩张性货币政策，把基准利率降到历史低点，并增加货币供应量，下图表示了美国、欧元区和英国基准利率(加拿大银行在 2009 年 4 月把基准利率降低到 0.25%)。

许多国家采取了扩张性的货币政策和财政政策。

资料来源：*Wall Street Journal*, March 6, 2009.

与此同时，大多数国家都采取了规模各异的一揽子财政刺激措施。但是，除了中国和俄罗斯之外，它们的财政刺激措施与本国 GDP 之间的比例都小于美国的财政刺激力度。中国的财政刺激措施接近于其 GDP 的 25%，在 2009 年其经济刺激效应就已十分显著。虽然美国提倡协调一致的经济刺激方式，但欧洲人对全球金融监管更感兴趣。例如，国际货币基金组织的资金资源扩大 4 倍至 1 万亿美元(2009 年获得批准)，并旨在协助东欧、亚洲和拉丁美洲的新兴市场国家。

保护主义　正如在 20 世纪 30 年代经济大萧条发生的情况一样，所有这一切的一个不良副作用就是保护主义压力的上升。美国的刺激方案包含了一个针对国产钢铁产品的“购买美国货”的条款(该条款后来在外

对保护主义的担忧。

国压力下受到了软化)。法国经济刺激方案则把工程项目推荐给法国公司。西班牙、捷克共和国和日本的政府,给移民发放让他们回家的钱。包括俄罗斯在内的一些国家增加了一定的关税,而其他国家则扩大了倾销之类的行政保护。甚至中国也越来越成为贸易保护主义者。总之,以欧盟为首的主要国家采取了数以百计的保护主义措施。任何一个国家的这种保护主义条款,都会招来报复,从而损害了所有国家的利益。

世界贸易组织的作用,就是遏制这种保护主义趋势。事实上,一个协调一致的财政刺激方案(例如所有国家GDP总值的2%—3%)就会减少保护主义的危险,因为它会减少贸易差额造成的不对称收入效应的风险。2010年,保护主义压力已经减轻了。

大衰退非正式地结束了。

失业率居高不下。

金融危机结束了,但失业率居高不下 关于金融危机我们知道的一个事情,是它终将结束。在2009年的第三个季度,随着美国的实际GDP增长2.8%,美国的经济大衰退终于非正式地结束了。研究表明,美国的经济刺激计划是有用的:由于经济刺激,美国的GDP在2009年第三个季度增长了2.8%,而如果没有经济刺激,那么它的经济增长率将会低于1%,而相关的就业数据却是负增长:-2%—-4%。欧洲也回归到增长的轨道,虽然其增长率比较低。然而中国和印度分别增长了10%和7.8%,其他的较小国家也从经济衰退中恢复过来,第一批提高利率的中央银行是以色列、澳大利亚和挪威,美联储和欧洲中央银行也正在考虑采取这样的"退出战略"措施。

可是,美国虽然恢复了经济增长,但其失业率却仍然居高不下,徘徊在10%左右。有人建议动用未支用的TARP资金来投资公共基础设施,从而创造就业;也有人建议对雇用更多工人的企业实行税收抵免,对经济拮据的州和城市实施援助。如果没有TARP资金,那么就可能需要额外的国会拨款。对巨额赤字和公共债务的救济也将被推迟到随后的几年。

由于这次金融危机,美国国会正在考虑新的金融工具,以防止金融危机的再次发生,例如,保护消费者的新的机构,有权对"太大而不能倒"的大型企业进行金融监管的新的委员会。正在考虑的最具有破坏力的措施,是美国国会对美联储的政策实行审计,但这会造成货币政策的政治化。因此,它很可能给美联储的政策带来通货膨胀压力,我们应该不惜一切代价予以避免。

17.18 欧元区主权债务危机(2010年至今)

大量举借债务的那些欧元区国家面临着主权债务危机,使得外国投资者对这些国家的金融可持续性丧失了信心。于是,对这些国家的私人借贷就停止了。

危机的原因 受到**欧元区**主权债务危机影响很深的国家,在2010年之前的几年,都进行了大量的对外借款,允许国内支出超过收入。这些国家加入欧洲货币联盟,推动了它们对外国借款的严重依赖。希腊和爱尔兰、意大利、葡萄牙、西班牙等外围国家一旦加入了欧洲货币联盟,他们就能够以比以前低得多的利率获得融资,因为外国投资者此时判断,对这些国家的投资价值不再遭受货币贬值的冲击。较低的利率，鼓励了公共和私人部门的大量举借外债，刺激了国内支出，并导致了经常账户赤字的迅速增长。充裕的外国资本涌入了希腊和葡萄牙的国内消费，以及爱尔兰和西班牙的繁荣房市，而不是用于提高生产率的投资，以便让这些外国资本服务于其日益增长的债务和国家福利义务。

欧元区是一个货币联盟（即共同货币）。它不协调成员国的财政政策（税收和政府支出）。

危机开始于 2010 年初期，那时希腊政府宣布，其财政预算赤字的估计值达到了 GDP 的 13%，是前一年的估计值 6%的两倍多，而且，这也是欧元区“稳定与增长公约”允许的最大值的四倍多，该公约要求欧元区成员国的财政赤字不超过 GDP 的 3%。于是，外国投资者很快对这些欧洲外围国家维持其财政状况的能力失去了信心。在希腊和其他陷入财政困境的外围国家里，借款利率走向过高水平。人们担心，爱尔兰、西班牙、葡萄牙，甚至意大利将步其后尘，从而损害欧元的稳定性。较高的利率提高了还本付息成本，并使得私人对外借款的活动几乎不可能。为应对危机，欧盟和国际货币基金组织提供了资金支持，以替代那些不再有私人投资者投资的基金。它们谈判商定了针对爱尔兰（2010 年 11 月）、葡萄牙（2011 年 5 月）、希腊（2010 年 3 月、2011 年 7 月、2011 年 10 月）的紧急救援计划。在危机之前的年份里，这些国家依赖于低成本的对外借款来支持他们的消费和增长。迄今为止，希腊已经采取了最严厉的紧缩措施，导致了大规模的抗议、骚乱和社会动荡。紧缩措施降低了财政赤字相对于 GDP 的比例，但也是希腊经济衰退走向恶化的原因。

欧元区的设计缺陷是欧元区债务危机的重要原因。没有一个财政联盟的货币联盟，本质上是不稳定的。“稳定与增长公约”对财政预算赤字相对于 GDP 的比例，设置了最高限额，但却没有一种手段来执行。成员国享有自由的税收和政府支出政策。但是，一个更深层次的财政联盟需要共享税收收入和支出计划。财政一体化将允许集中性的财政风险分担，并促进对财政政策调整的支持。加强国家之间财政政策的协调，使得各国采取有助于其他国家的积极的宏观经济调整。欧元区也缺乏一个能够协调银行业监管的银行联盟。一个银行联盟和更大范围的财政一体化，将恢复投资者的信心，并使得各国能够以较低的利率借款。

储蓄—投资失衡 一个国家的国内储蓄和投资之间的差额，等于国内储蓄减去国内投资。当一个国家的储蓄超过所需要的资本投入时，盈余部分就会转移到国外去购买外国资产。但欧元区外围国家的情况并非如此，这些国家没有足够的国内储蓄来提供投资所需要的资本。他们依靠欧洲货币联盟成员国的身份，以较优惠的利率从国外借款，以弥补资本不足。

本书第 10 章的国民收入会计恒等式告诉我们，国内储蓄减去国内投资等于经常账户差额，这可以说明对外贸易差额与国内储蓄—投资差额之间的联系。一个国家的经常账户盈余，等于国内储蓄超过国内投资的差额，它包含了资本外流。一个国家的经常账户赤字，等于国内投资超过国内储蓄的差额，这种储蓄赤字需要通过外国资本的流入来弥补。在 2010 年之前的多年里，那些深受债务危机打击的国家就已经积累了大量的经常账户赤字。但经常账户高赤字的这些欧元区外围国家却保持着更高水平的国内消费，并降低储蓄，而如果它们没有大量举借外债，则这种情况不会这么严重。欧元区外围国家的储蓄—投资失衡,威胁着增长与稳定,并导致了其后的债务危机。

调整政策 减少对外借款将引起国内储蓄相对于国内投资支出的增加,最直接的实现方法就是使用**财政紧缩措施**(fiscal austerity measure)。储蓄的范围需要扩大,包括政府预算盈余。预算赤字可以被认为是负储蓄。欧盟各国政府一直在削减支出和提高税收。过分依赖财政紧缩措施,从而减少了经济增长和经济税基,往往是事与愿违的,而欧元区外围国家发生的事情恰恰就是这样。国民收入公式也告诉我们,必须提高相对于进口的出口。更强劲的出口增长将以较高的出口收入来取代对外借款。快速提升全球竞争力的传统方法就是贬值,以降低国内生产商品的外国货币价格,但由于它们的货币联盟成员国身份,这并不是欧元区国家的一个选择。要提高出口产品和进口竞争产业的全球竞争力,就必须提高生产率,或者降低工资和价格水平。劳动力和产品市场也需要进行改革,以提高生产率、经济增长和就业。西班牙和意大利已经引入了劳动力市场改革,包括更灵活的工作规则,以提高劳动生产率。迄今为止,生产率已经得到了一定的提高,但还需要进一步提高生产率,以避免对抑制国内消费和投资支出起作用的较低工资和较低经济增长的过分依赖。

财政紧缩措施包括政府支出的削减和/或税收的提高。

全球经济的再平衡 储蓄投资和经常账户的不平衡也对其他国家带来了挑战。德国、日本和中国都曾经历大规模的持续性经常账户盈余,严重依赖净出口来推动经济增长。中国长期实行促进出口和限制进口相结合的政策,在过去的十年中,中国已从世界的第六大经济体成长到第二大经济体。中国采取的促进出口的战略包括:专门用于出口的经济特区、出口退税,以及本国货币的低估。体制性政策偏重于国内企业和政府部门,而不是家庭部门。从全球角度看,中国的巨额贸易盈余,就是美国和其他地方的同等巨额贸易赤字的另一面。美国的持续性经常账户赤字,主要归因于其国内消费和住宅地产建设的不可持续性的增长。未能达成赤字削减战略和法定债务上限的政治共识,使得美国经常账户赤字的减少一直没有进展。

"全球再平衡"(一个新的时髦词)需要协调一致的努力来解决这些不对称的问题。发达经济体需要一个更为平衡的增长模式。像美国这样的赤字国家,必须提高储蓄率,提高国内投资和净出口,以促进经济增长(见第10章)。具有持续性经常账户盈余的国家,例如中国、日本和其他远东国家,必须降低储蓄率,提高消费和投资,并减少增长对净出口的依赖(见第10章)。对于中国而言,这意味着收入的部门分配调整:从企业和政府部门转移到家庭部门。应该允许美元对远东国家的货币,尤其是中国的人民币大幅度贬值。通过提高储蓄等方式释放出来的美国经济中的资源,将被引导到出口产品和进口替代产品的生产,而不会造成经济衰退。[25] 正如二十国集团2009年会议

---

[25] 见下述有关论文:Richard Cooper and Martin Feldstein, "Global Imbalances", *Journal of Economic Perspectives*, Summer 2008, pp. 93-125; M. Higgins and T. Klitgaard, "Saving Imbalances and the Euro Area Sovereign Debt Crisis", *Federal Reserve Bank of New York Current Issues in Economics and Finance*, September 9, 2011, pp. 1-11。

所建议的那样，我们需要这些措施来恢复全球经济的平衡。

总结

本章回顾了130年的国际金融史。它包括固定汇率制的两个时期：金本位制时期（1870—1914年），在这一时期所有的货币都钉住黄金；布雷顿森林体系时期（1944—1973年），在这一时期所有的货币都与美元挂钩。两次世界大战之间的时期是国际金融的一个混乱时期，反映了大萧条对世界经济的冲击。

布雷顿森林体系崩溃之后，国际金融体系是浮动汇率制和固定汇率制的混合产物。它很好地经受住了20世纪70年代和80年代国际货币动荡的考验。国际金融体系在80年代的显著特点是美元汇率先上升、后下降，其原因是美国的货币政策和财政政策的组合。美国大规模贸易赤字自此以后开始出现，并一直延续到21世纪。

20世纪80年代的另一个特点是发展中国家外债危机的爆发。其原因既有发展中国家自身的国内经济管理不善，也有它们无法控制的全球经济力量。在90年代，这个问题得到了很大程度的解决，因为许多发展中国家改善了其经济绩效，并采取了许多方法来缓解债务负担。但是，在1994年年底，墨西哥爆发了严重的货币危机，并一直持续到1997年。在1997—1999年，几个东南亚国家受到了严重经济危机的重创，并且经济危机扩散到了世界其他地区。到了2000年，大多数这些国家才解决了困难，恢复了经济增长。

20世纪90年代初期，美国贸易账户和经常账户继续出现赤字；到90年代中期，由于美国和其贸易伙伴国之间不同的收入增长率，赤字问题进一步恶化了。1992年，欧盟遭受金融危机，德国利率的上升引发了这次危机。1999年1月1日，欧盟15个成员国中的12个采用了共同货币（即欧元），并建立了欧洲中央银行。最终，东欧的转型经济体也正在逐渐融入国际经济体系，其中一些国家已加入欧盟。2004年，美元相对于欧元和其他货币贬值了。最后，2008—2009年的全球经济大衰退，使得许多国家采取了扩张性财政政策和货币政策。到了2010年，世界经济开始从大衰退中恢复。

欧元区主权债务危机出现于2010年初期，当时希腊政府宣布其财政预算赤字会超过“稳定性公约”允许最大值的四倍多。较低的利率鼓励了希腊和其他欧盟外围国家大量举借外债，导致了国内过度消费，并引起了其预算和经常账户赤字的快速增长。希腊的财政预算赤字上升到了其GDP的13%，从而引发了对“主权债务违约”的担忧。这种担忧蔓延到了其他欧盟外围国家。欧盟和国际货币基金组织提出一系列救援计划，予以应对。欧元区国家采取了财政紧缩措施，从而减缓了经济增长。在2012年及其以后的年份里，欧洲主权债务危机会继续威胁欧洲和全球的经济恢复。

尽管本书只讲述到2013年，但世界并不处于停顿状态。本书讲述的分析工具将有助于学生们紧紧跟上未来国际经济事件的进展。

重要概念

金本位制
游戏规则
布雷顿森林体系
美元短缺
美元泛滥
《史密森协定》
通货紧缩
石油美元的循环
美国预算赤字
《广场协定》
发展中国家债务
亚洲金融危机
欧元区主权债务危机
主权债务违约

复习题

1. 比较金本位制和布雷顿森林体系的职能。
2. 什么是《史密森协定》?什么造成了布雷顿森林体系的崩溃?
3. 为什么说20世纪80年代中期的美国贸易赤字是一个宏观经济现象?美国和外国的财政政策和货币政策,与美国的贸易赤字有什么关系?在80年代,资本账户在何种意义上推动了经常账户?
4. 为什么1995年到2004年期间美国的贸易赤字迅速增加?
5. 刺激欧洲和日本经济的发展,有助于缓解美国的贸易赤字和发展中国家的债务问题,为什么?
6. 解释下列术语:
   - 汇率的不完全传递
   - 主权违约
   - 滞后作用
   - 债务的重新安排
7. 如何解释1985年美国贸易流动对美元贬值的长期滞后反应?
8. 请解释“20世纪80年代美国大规模贸易赤字出现的主要原因是相对价格效应,而90年代赤字继续扩大的主要原因则是相对收入效应”。
9. 20世纪90年代欧洲发生的主要金融事件是什么?
10. 1997—1999年亚洲金融危机的起因是什么?
11. 2003年美元发生了什么?为什么?
12. 什么是通货紧缩?它是有益的还是有害的?为什么?
13. 回顾2008—2009年的全球经济衰退。

参考文献

由于本书的脚注已给出大量的阅读材料，所以这里的参考文献仅限于书目、补充读物、统计资料来源和官方报告。

书目

希望布置一篇关于政策问题书评的教员，可参考：

1. 国际经济研究所（Institute for International Economics）的大量书籍：11 Dupont Circle，Washington，D. C. 20036，电话：(202)329-9000；传真：(202)328-5432。

2. 从 OECD 出版办公室可得到 OECD 的出版物：2001 L St. N. W.，Suite 700，Washington，D. C. 20036-4910，电话：(800)456-6323；传真：(202)785-0350。

3. 美国对外政策理事会的出版物：58 East 68th Street，New York，N. Y. 10021，电话：(212)734-0400；传真：(212)861-2759。

补充读物

希望找到一些重要论文作为教材补充材料的教员，可参考：

King，Phillip(ed.). *International Economics and International Economic Policy：A Reader*，3rd ed.，New York：McGraw-Hill，2000.

Kolb，Robert(ed.). *The International Finance Reader*. Miami：Kolb Publishing Co. 阐述了关于国际金融的话题。

对有关问题的更进一步阐述，可参见：

Jones，R. and P. Kenen (eds.). *Handbook of International Economics*. North-Holland，1984. 每一章都对国际贸易或国际金融中的一个问题进行了全面阐述，并包括了丰富的参考文献。

国家及区域的统计资料来源

以下是国际经济学使用最广泛的数据来源：

美国

美国商务部《当今商业调查》(*Survey of Current Business*)(月刊)

美联储《美联储公报》(*Federal Reserve Bulletin*)(月刊)

经济顾问委员会《总统经济报告》(*Economic Report of the President*)(年刊)

美国国际贸易委员会《贸易协定计划的运行》(*Operation of the Trade Agreements Program*)(年刊),以及对下述问题的报告:反倾销和反关税的影响、美国重大进口限制措施的影响、乌拉圭回合协议对美国经济的影响。

美国贸易代表办公室《年报》(*Annual Reports*)。

工业化国家

美国商务部《国际经济指标》(*International Economic Indicators*)(季刊)

OECD《国民账户季度公报》(*Quarterly National Accounts Bulletin*)(季刊);《主要经济指标》(*Main Economic Indicators*)(月刊和年刊);《对外贸易》(*Foreign Trade*)

欧盟统计出版物

所有国家

IMF《国际金融统计》(*International Financial Statistics*)(月刊)和《世界经济展望》(*World Economic Outlook*)(年刊)

世界银行《世界发展报告》(*World Development Report*)(年刊)和《世界银行图表集》(*World Atlas*)(年刊)

WTO《国际贸易》(*International Trade*)(年刊)和《焦点》(*FOCUS*)(双月刊)

IMF、世界银行和WTO年度报告(*Annual Reports*)

联合国《统计月报》(*Monthly Bulletin of Statistics*)

联合国经济委员会《世界主要区域报告》(*Reports about the Main Regions of the World*)

联合国贸易和发展会议《国际贸易与发展统计手册》(*Handbook of International Trade and Development Statistics*)和《世界投资报告》(*World Investment Report*)(年刊)

有用的网站[①]

www.chi.frb.org	芝加哥联邦储备委员会(汇率市场)
www.bea.doc.gov	美国经济分析局
www.bls.gov	美国劳工统计局
www.census.gov/foreign-trade/sitc 1/1996	美国人口普查局(贸易数据)
www.usitc.gov	美国国际贸易委员会
www.ustr.gov	美国贸易代表办公室
www.imf.org	国际货币基金组织
www.worldbank.org	世界银行
www.wto.org	世界贸易组织
www.unctad.org	联合国贸易和发展会议
www.ita.doc.gov	美国商务部国际贸易管理局
www.iep.doc.gov/nafta/nafta2.htm	北美自由贸易协定主页
www.oecd.org	经济合作与发展组织主页
www.americasnet.com/mauritz/mercosur	南方共同市场主页
www.ecb.int	欧洲中央银行主页
www.sice.oas.org	美洲国家组织
www.stls.frg.org/fred	圣路易斯联邦储备委员会
www.jpmorgan.com	J. P. 摩根公司(事件风险指标)

① 感谢密歇根州立大学的 Firmau Witoelar 先生提供的帮助。

http://mkaccdb.eu.int	欧盟委员会
www.oanda.com	Olsen and Associates 公司(汇率查询)
www.cnie.org/nle/crs_main.htm	(有用的案例研究网站)
www.stat-usa.gov/	美国商务部
www.fedstats.gov	美国联邦机构